HISTOIRE DE L'EUROPE

ET

PARTICULIÈREMENT DE LA FRANCE

depuis la fin du Cinquième siècle
jusqu'à la guerre de Cent ans

COURS COMPLET D'HISTOIRE

à l'usage de l'enseignement secondaire
rédigé conformément aux programmes officiels de 1923

HISTOIRE DE L'EUROPE

ET PARTICULIÈREMENT DE LA FRANCE

DEPUIS

la fin du Ve siècle jusqu'à la guerre de Cent ans

SOMMAIRES — RÉCITS — LECTURES

PAR

Désiré BLANCHET

ANCIEN ÉLÈVE DE L'ÉCOLE NORMALE SUPÉRIEURE
ANCIEN PROFESSEUR AGRÉGÉ D'HISTOIRE ET DE GÉOGRAPHIE AU LYCÉE CHARLEMAGNE
AU LYCÉE FÉNELON ET À L'ASSOCIATION DE LA SORBONNE
PROVISEUR DU LYCÉE CONDORCET

ET

Jules TOUTAIN

AGRÉGÉ D'HISTOIRE ET DE GÉOGRAPHIE, DOCTEUR ÈS LETTRES
PROFESSEUR À L'ÉCOLE DES HAUTES-ÉTUDES

CLASSE DE QUATRIÈME

PARIS

LIBRAIRIE CLASSIQUE EUGÈNE BELIN

BELIN FRÈRES

8, RUE FÉROU, 8
A l'angle de la rue de Vaugirard, 50

1925

SAINT-CLOUD. — IMPRIMERIE BELIN FRÈRES.

AVERTISSEMENT

L'arrêté ministériel du 3 décembre 1923 a modifié le programme d'histoire de la classe de Quatrième. Ce programme comporte l'histoire de l'Europe et particulièrement de la France depuis la fin du cinquième siècle jusqu'à la guerre de Cent ans.

Le volume que nous offrons aujourd'hui aux maîtres et aux élèves est conforme à ce nouveau programme.

Nous avons conservé le plan et la méthode de nos ouvrages précédents.

Chaque chapitre comprend un *sommaire*, plan et résumé de la leçon; un *récit*, exposé court et substantiel des principaux événements; des *lectures* extraites des documents ou des principaux historiens.

Des *gravures*, copies d'œuvres et de monuments, et des cartes intercalées dans le texte complètent l'enseignement par la vue.

Nous souhaitons que ces livres continuent à être un auxiliaire utile pour l'enseignement du maître.

HISTOIRE DE L'EUROPE

ET PARTICULIÈREMENT DE LA FRANCE

DEPUIS

la fin du Ve siècle jusqu'à la guerre de Cent ans

CHAPITRE Ier

LA GAULE ANCIENNE : Principaux peuples. La religion et les mœurs.

SOMMAIRE

1. LA GAULE ET LES GAULOIS. — Les anciennes populations de la Gaule comprenaient : 1° les descendants des populations préhistoriques; 2° les Ligures; 3° les Ibères; 4° les Celtes ou Gaëls; 5° les Belges; 6° les colonies phéniciennes ou grecques.

Les Gaulois étaient belliqueux, braves, généreux et hospitaliers.

2. LA CIVILISATION GAULOISE. — Les Gaulois cultivaient la terre, exploitaient les mines, avaient des industries actives et un commerce assez étendu.

La Gaule était divisée en petits États rivaux. La société comprenait quatre classes : les nobles, les prêtres, les hommes libres et la plèbe. Ces divisions entretenaient partout des luttes et des désordres.

3. LA RELIGION GAULOISE. — Les Gaulois adoraient un grand nombre de divinités. Les fêtes du culte se célébraient dans les forêts. La plus célèbre était celle de la récolte du gui.

Les prêtres de la religion gauloise s'appelaient les druides. Ils avaient une grande autorité. Ils étaient à la fois prêtres, professeurs, médecins et juges.

4. LES EXPÉDITIONS GAULOISES. — Les Gaulois, peuple guerrier, ont fait de nombreuses expéditions. Ils s'établirent en Italie, dans la Gaule Cisalpine, vainquirent les Romains et s'emparèrent de Rome (390 av. J.-C.).

RÉCIT

1. **La Gaule primitive.** — A une époque très lointaine, dans les temps préhistoriques, c'est-à-dire antérieurs à toute histoire, notre pays n'était pas ce qu'il est aujourd'hui. Les volcans d'Auvergne n'étaient pas éteints; les gla-

ciers des Alpes s'étendaient beaucoup plus loin. Ni les vallées des fleuves, ni le littoral de la mer n'avaient l'aspect actuel.

Le climat lui-même était différent, beaucoup plus chaud dans certaines régions, plus froid dans d'autres.

Des animaux vivaient alors sur notre sol qui en ont disparu : le lion, le tigre, l'éléphant, l'hippopotame, le rhinocéros, l'ours blanc, le renne.

Quelques-uns même, dont on a retrouvé les restes fossiles, n'existent plus nulle part : tels le mammouth, sorte d'éléphant gigantesque, et l'ours des cavernes.

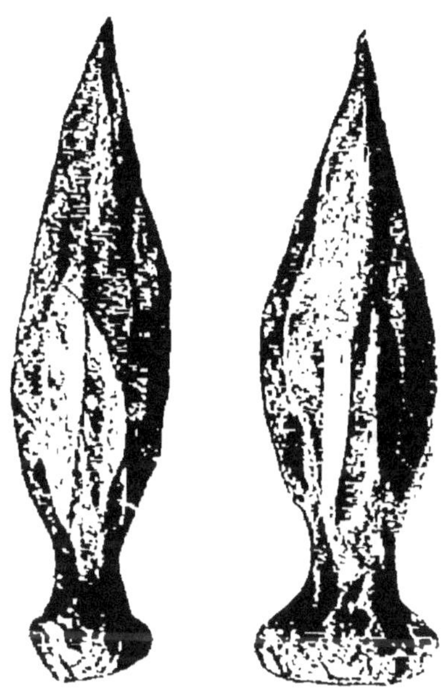

Silex taillés.

2. Les populations primitives. — Nos ancêtres les plus reculés furent les contemporains de ces animaux étranges. Ils vivaient comme vivent encore les tribus les plus sauvages. Ils avaient pour abris les cavernes. Aussi les appelle-on *troglodytes*, c'est-à-dire hommes des cavernes. Ils avaient pour vêtements des peaux d'animaux, pour nourriture les produits de la chasse ou de la pêche. Leurs outils étaient grossiers. Ils taillaient ou aiguisaient en forme de haches des pierres dures de silex. Ils fabriquaient avec les cornes du renne et avec les os de poisson des hameçons pour pêcher et, peu à peu, toutes sortes d'outils.

3. Les cités lacustres. — A cette première période succéda celle des *cités lacustres*, ainsi nommées parce qu'elles étaient construites sur des planchers au milieu de lacs peu profonds. Ces planchers étaient fixés sur des pilotis enfoncés dans l'eau et dans la vase : quelques-uns d'entre eux portaient jusqu'à trois cents cabanes. Un pont de bois, formé de deux poutres, les reliait à la terre ferme. La nuit, les

habitants enlevaient le pont de bois et se trouvaient ainsi à
l'abri des attaques des animaux. Ils savaient déjà travailler
le bronze; ils menaient la vie pastorale ; ils commençaient
même à cultiver le sol et à semer quelques graines.

4. Monuments mégalithiques. — C'est probablement à cette époque que se sont élevés sur notre sol les monuments qu'on appelait à tort *druidiques*, et qui remontent plus loin que la période gauloise. On les appelle *mégalithiques*, c'est-à-dire formés de grandes pierres.

Ce sont d'immenses pierres plantées debout (menhirs), rangées ou en cercle (cromlechs), ou en alignement. Quel-

Maison lacustre.

quefois, elles sont placées en équilibre sur quelque pointe de rocher (pierres branlantes), ou bien elles sont disposées horizontalement sur deux roches verticales (dolmens).

Ces monuments étaient probablement les tombeaux de quelque chef puissant. On en rencontre en grand nombre en Bretagne.

5. Les premières invasions. — A l'époque où commencent les temps historiques, la Gaule était habitée par un grand nombre de peuplades, dont la plupart étaient, comme les Pélasges et les Hellènes, originaires de la haute Asie. Ces peuplades étaient réunies en trois familles : les Ligures, les Ibères et les Celtes.

Les Ligures habitaient la vallée inférieure du Rhône et la

partie des Alpes qui, de leur nom, s'appelle encore aujourd'hui les Alpes Ligariennes.

Les Ibères occupèrent d'abord tout le pays entre les Pyrénées et la Loire ; plus tard, ils furent refoulés au sud de la Garonne, où ils s'établirent sous le nom d'Aquitains ou de Vascons. Les *Basques* semblent être les descendants des Ibères de l'antiquité. La langue qu'ils parlent encore aujourd'hui ne ressemble à aucune des langues européennes.

Les Celtes occupèrent tout le pays entre le Rhin et l'Océan. Plus tard, une seconde bande de Celtes, appelés Belges, repoussa les premiers envahisseurs au delà de la Seine et occupa le nord-ouest de la Gaule : ce territoire s'appela désormais la Gaule belgique.

6. Les Phéniciens en Gaule. — Les hardis navigateurs de Tyr et de Carthage, qui parcoururent de si bonne heure tous les rivages de la Méditerranée, fondèrent quelques comptoirs dans le midi de la Gaule. Plus tard, Carthage entretint des relations suivies avec les principales colonies grecques de cette région.

7. Les Grecs en Gaule. — Les Grecs, en effet, avaient suivi de bonne heure la route ouverte par les Phéniciens. Vers 600 avant Jésus-Christ, les Phocéens, chassés de l'Asie par Cyrus, abordèrent, sous la conduite de leur chef Euxène, vers les bouches du Rhône. Le pays était habité par des peuples de race ligure, les Salyes. Les Grecs obtinrent d'eux un territoire. Ils y fondèrent une ville, Massalia ou Massillia. C'est l'origine de Marseille.

Les Grecs de Marseille créèrent sur le littoral de nombreuses colonies. Les principales furent Monaco, Nice, Antibes et Agde.

8. La civilisation grecque. — Marseille conserva longtemps, même après l'arrivée des Romains, sa civilisation hellénique. La langue était grecque ; la religion également. Les temples d'Apollon, de Diane, de Minerve, étaient nombreux dans la région. On retrouve encore dans la langue provençale et dans certains types de la population, à Arles, notamment, des traces évidentes de l'influence grecque.

Les Grecs de Marseille apprirent aux indigènes l'usage de l'alphabet et de la monnaie.

9. La Gaule et les Gaulois. — Les Romains, qui vinrent après les Grecs, donnèrent le nom de Gaule à toute la région comprise entre l'Océan, le Rhin, les Alpes, la Méditerranée et les Pyrénées. Ils appelèrent Gaulois tous les habitants de cette région.

Mais les Gaulois ne formaient pas un peuple. Ni les Ibères, ni les Celtes, ni les Belges, ni les Ligures, ne parlaient la même langue. Ils n'obéissaient pas au même chef : ils étaient divisés en un nombre considérable de peuplades dont quelques-unes étaient puissantes, les Arvernes (Auvergne), les Éduens (Bourgogne), les Séquanes (Franche-Comté), les Allobroges (Dauphiné).

Chacune de ces peuplades avait son gouvernement. Nulle entente entre elles. Les jalousies et les rivalités les excitaient fréquemment à la guerre.

Elles en venaient souvent à un tel point d'inimitié qu'elles appelaient l'étranger. Ainsi les Éduens, en querelle avec les Arvernes, provoquèrent l'intervention des Romains.

La division fut le malheur de la Gaule.

10. Caractère des Gaulois. — Les Gaulois avaient la taille élevée, le teint blanc, la chevelure blonde, les yeux bleus. Ils aimaient à porter de grandes moustaches et des cheveux longs qu'ils rejetaient fièrement derrière la tête comme la crinière des chevaux. Aussi avaient-ils un aspect terrible. La guerre était leur passion favorite.

Gaulois.

« Le caractère commun de toute la race gauloise, dit un écrivain ancien, c'est qu'elle est irritable et folle de guerre, au point de la faire non seulement aux hommes, mais encore à la nature et aux dieux. Les Gaulois lancent des flèches contre le ciel, quand il tonne ; ils prennent les armes contre la tempête et marchent l'épée à la main au-devant des fleuves débordés ou de l'océan en courroux.

» A la moindre excitation, les Gaulois marchent droit à l'ennemi, et l'attaquent de front, sans s'informer d'autre chose. Aussi, par la ruse, on en vient facilement à bout. Leur caractère est franc et généreux, mais léger et fanfaron. La

victoire les rend d'un orgueil insupportable, tandis que la
défaite les abat. »

Les Gaulois étaient généreux ; ils prenaient volontiers en
main la cause de l'opprimé. Sociables, ils étaient hospitaliers
pour l'étranger. Enfin, ils étaient curieux et bavards, à ce
point qu'ils arrêtaient les voyageurs sur les marchés et sur
les routes pour entendre le récit de leurs voyages.

11. La société gauloise. — La société gauloise était
divisée en quatre classes : les nobles, les prêtres, les hommes
libres et la plèbe.

Les nobles faisaient la guerre ; les prêtres étaient chargés
du culte religieux, instruisaient la jeunesse et rendaient la
justice. Parmi les hommes libres, les uns cultivaient la terre ;
d'autres s'adonnaient à l'industrie et au commerce ; d'autres
enfin se groupaient autour d'un chef noble, dont ils devenaient les compagnons et les clients dévoués. La plèbe était
en majeure partie composée de serfs de la glèbe et d'esclaves.

Ces divisions sociales entretenaient dans toutes ces petites
sociétés gauloises les factions et les désordres. Elles affaiblirent la Gaule et furent la cause principale de sa défaite.

12. La civilisation gauloise. — Un demi-siècle avant
notre ère, la Gaule était en plein mouvement de civilisation.
Avant l'arrivée des Romains, les Gaulois n'étaient pas des
barbares. L'agriculture avait fait chez eux de grands progrès : ils cultivaient l'orge, le seigle, l'avoine et le millet ;
ils fabriquaient de la bière et, dans le sud de la Gaule,
du vin. Sous l'influence des Phéniciens et des Grecs, plusieurs industries s'étaient développées. Les Gaulois exploitaient les mines, travaillaient le fer, l'argent et l'or. Ils
savaient étamer le cuivre, plaquer ou argenter les métaux,
tisser et teindre les étoffes. Leurs guerriers portaient des
cottes de mailles en fer, et leurs femmes des bijoux en émail.
Ils connaissaient l'écriture : les uns se servaient de l'alphabet
grec ; les autres, des caractères latins. Des ponts jetés sur les
fleuves, des routes établies au milieu des marais et une navigation fluviale très active facilitaient les échanges ; leurs
marchands parcouraient la Gaule, la haute Italie, la Germanie et la Bretagne ; leurs principaux ports de commerce
étaient, sur la mer du Nord, Portus Itius (Calais) ; sur l'océan
Atlantique, Burdigala (Bordeaux) ; sur la Méditerranée,
Narbonne, colonie romaine, et Marseille, cité grecque.

13. La religion des Gaulois. — La religion commune à tous les Gaulois était le druidisme, c'est-à-dire la religion des druides. Cette religion divinisait soit les grandes forces de la nature comme le soleil, la lumière, la foudre ; soit les forces intellectuelles et morales, par exemple l'ordre, l'harmonie, le génie de l'invention, la poésie, l'éloquence. C'était donc un polythéisme assez semblable à celui des Grecs et des Romains.

Les principaux dieux, ceux qui recevaient à peu près partout des hommages, étaient : Belen, le dieu du soleil ; Tarann, le dieu du tonnerre ; Teutatès, l'inventeur du commerce et des arts ; Ogmius, le dieu de la poésie et de l'éloquence, représenté avec des chaînes d'or qui sortaient de sa bouche pour lier ses auditeurs ; enfin Esus le Terrible, dieu mystérieux et suprême, que ses adorateurs appelaient le seigneur de la forêt.

Chaque pays avait, en outre, ses divinités particulières et ses cultes locaux. Tels étaient : Vosagus, le dieu des Vosges ; Arduina, la fée des Ardennes ; Nemausus, la divinité protectrice de la ville de Nîmes, etc.

14. Les fêtes gauloises. — C'est au milieu des forêts de chênes que les Gaulois célébraient les fêtes de leur religion. Une des plus populaires était la récolte du gui. Les Gaulois attribuaient à cette petite plante, surtout à celle qui naît sur les branches du chêne, la vertu de guérir tous les maux. Lorsqu'on avait trouvé le gui, un prêtre coupait avec une faucille d'or la plante sacrée, qui était reçue sur un voile blanc. On immolait deux jeunes taureaux sans tache, et toute l'assemblée prenait part à un immense banquet. Les Gaulois conservaient précieusement le gui ; ils le regardaient comme le symbole de la vie.

Les fêtes religieuses étaient quelquefois sanglantes. Les Gaulois croyaient apaiser la colère de leurs dieux par des sacrifices humains. Ils remplissaient d'hommes vivants des mannequins d'une grandeur immense et tissés en osier ; ils y mettaient le feu et faisaient périr leurs victimes dans les flammes. Ils pensaient que le supplice des criminels était plus agréable aux dieux ; mais, quand les criminels manquaient, ils prenaient des innocents.

15. Les druides. — Les prêtres de cette religion s'ap-

pelaient les druides, c'est-à-dire les hommes des chênes. Ils
paraissent avoir eu des croyances plus élevées que celles
du peuple. Ils avaient l'idée d'un Être suprème, d'un Dieu

Druide.

unique, et croyaient à l'immortalité
de l'âme. Leur autorité était très
grande sur les populations gauloises ; et, même longtemps après
l'occupation romaine, leur influence persista. Seuls, ils instruisaient les enfants ; seuls, ils exerçaient la médecine ; seuls enfin, ils
rendaient la justice. Les druides
étaient donc à la fois les prêtres,
les professeurs, les médecins et les
juges des Gaulois. Aussi avaient-ils
de grands privilèges. Ils ne payaient
pas d'impôt et étaient exemptés de
tout service militaire. La Bretagne était la terre sacrée des
druides ; elle fut leur dernier asile.

16. Les Gaulois hors de la Gaule. — A l'origine,
les peuplades gauloises, peu attachées au sol qu'elles cultivaient mal, se déplaçaient fréquemment, « par nécessité ou
par goût, pour se soustraire aux attaques d'un voisin plus
fort, pour se transporter dans de nouveaux pâturages, à la
suite de quelque dissension intérieure, ou bien aussi pour
le seul plaisir de guerroyer, de courir les aventures, pour
échapper à l'ennui d'une vie monotone. Les Gaulois de toute
race allaient, en bandes quelquefois très nombreuses, chercher au loin du butin et un établissement. L'Espagne, l'Italie,
la Germanie, la Grèce, l'Asie Mineure, l'Afrique, ont été le
théâtre de ces expéditions gauloises. »

17. Les Gaulois en Grèce. — Six cents ans avant
Jésus-Christ, une bande de Gaulois, conduits par Sigovèse,
chef des Bituriges (Berry), franchit le Rhin, s'établit en Bavière et dans la Galicie (pays des Gaulois). Là, on n'entendit
plus parler d'eux jusqu'à l'époque d'Alexandre. Plus tard, le
conquérant de l'Asie fut frappé de leur bravoure, leur donna
le titre d'alliés et les appela en Grèce.

Désormais ils furent mêlés à tous les événements de l'histoire de ce pays. Une de leurs bandes alla attaquer le temple

de Delphes ; une autre passa en Asie Mineure et s'établit dans le pays qui, de leur nom, s'appela la Galatie.

18. Les Gaulois en Italie. — A la même époque, une autre bande gauloise, conduite par Bellovèse, franchissait les Alpes, descendait en Italie, le pays de la vigne et des moissons, et s'établissait dans les riches plaines du Pô. Le nord de l'Italie prit alors le nom de Gaule Cisalpine.

A cette époque, la cité guerrière de Rome grandissait dans l'Italie centrale. Un jour les Gaulois passèrent les Apennins et voulurent s'emparer des terres de la vallée de l'Arno. Les Romains déclarèrent qu'ils prenaient ce territoire sous leur protection, et envoyèrent des députés au camp du *brenn*, ou chef gaulois, qui assiégeait la ville de Clusium. Le brenn, irrité, marcha sur Rome. Il battit l'armée romaine sur les bords de l'Allia, près du Tibre, et s'empara de la ville en 390 avant Jésus-Christ.

Plus tard, les Romains se vengèrent en exterminant quelques-unes des tribus gauloises établies dans le nord de l'Italie et en asservissant les autres. Plus tard encore, ils poursuivirent les Gaulois dans la Gaule elle-même.

LECTURE. — Les fêtes gauloises.

Les grandes fêtes des Gaulois correspondent à celles que nous célébrons encore aujourd'hui. A l'époque de notre Noël, c'est-à-dire au solstice d'hiver, on allumait, la nuit, des feux sur les montagnes, en l'honneur du dieu soleil, et on se livrait aux danses et aux festins.

Dans la nuit du 1er au 2 novembre, on célébrait la fête du dieu Nouveau : tous les feux étaient éteints dans toute la Celtique pour être ensuite rallumés à la flamme de l'autel. C'était aussi la fête des défunts : cette nuit-là, le dieu Teutatès procédait au jugement des morts.

La fête de la cueillette du gui était aussi la fête de l'année nouvelle : on s'invitait à des festins et l'on échangeait des étrennes.

Au solstice d'été, c'est-à-dire en juin, on célébrait une autre fête en l'honneur de Belen : des feux étaient encore allumés sur les montagnes ; on plantait des arbres ornés de fleurs et de rubans et l'on s'offrait mutuellement des œufs.

A l'époque des moissons, les prêtres parcouraient les champs en invoquant la protection des dieux sur la récolte ; c'est une des origines des Rogations, instituées par l'Église chrétienne au cinquième siècle.

(RAMBAUD, *Histoire de la civilisation française*. — Paris, A. Colin.)

Livres à consulter : HENRI MARTIN, BORDIER et CHARTON, DARESTE, MICHELET, *Histoire de France*. — AMÉDÉE THIERRY, *Histoire des Gaulois*. — Musée de Saint-Germain à visiter.

CHAPITRE II

LA GAULE ROMAINE : **Villes, monuments, routes.**

SOMMAIRE

1. **LES ROMAINS EN GAULE.** — Les Romains furent appelés dans la Gaule par la ville de Marseille. Ils conquirent la Provence et la Narbonnaise. Marius défendit la Gaule contre l'invasion des Teutons par la victoire d'Aix (101 av. J.-C.).

2. **CONQUÊTE DE LA GAULE PAR CÉSAR (58-50 av. J.-C.).** — La conquête de la Gaule fut l'œuvre de Jules César. Dans ses trois premières campagnes, il repoussa l'invasion des Helvètes et celle des Suèves commandés par Arioviste, il soumit la Belgique et l'Armorique; dans la quatrième et la cinquième campagne, il fit une expédition dans la Germanie et dans la Grande-Bretagne; enfin, dans la sixième et la septième campagne, il triompha de Vercingétorix, s'empara d'Alésia et pacifia tout le pays.

3. **LA GAULE ROMAINE.** — La Gaule resta province romaine malgré quelques tentatives d'insurrection. Elle fut divisée en quatre provinces (Narbonnaise, Aquitaine, Lyonnaise et Belgique) et en soixante cités. Les Gaulois adoptèrent les mœurs, la langue et la religion des Romains. Ils donnèrent à Rome des empereurs, des poètes, des historiens et des artistes.

4. **LA CIVILISATION ROMAINE.** — La civilisation romaine pénétra en Gaule. Les villes de Lyon, Toulouse, Bordeaux, Autun, Trèves, Paris, furent embellies par de magnifiques monuments et eurent des écoles florissantes. L'industrie gauloise fournit des produits très recherchés; le commerce fut facilité par la construction de nombreuses routes. La prospérité de la Gaule déclina dans les dernières années de l'empire.

RÉCIT

1. Les Romains en Gaule. — Lorsqu'ils se furent rendus maîtres de toute l'Italie, du nord de l'Afrique et de l'Espagne, les Romains voulurent conquérir le midi de la Gaule pour s'assurer une route entre les Alpes et les Pyrénées. Après avoir vaincu les Gaulois de la Cisalpine, ils n'attendirent qu'une occasion pour franchir les Alpes.

Marseille, depuis longtemps alliée des Romains, leur fournit cette occasion. Menacée par ses voisins, les Ligures,

elle implora le secours de Rome. Les légions romaines
accoururent à cet appel, vainquirent les tribus gauloises
et donnèrent à Marseille les territoires enlevés aux
vaincus.

Appelée une seconde fois par la cité grecque, Rome revint
en Gaule, fut de nouveau victorieuse, et garda, au moins en
partie, le fruit de cette seconde victoire. Le consul Sextius
avait remarqué, à quelques lieues au nord de Marseille,
auprès de la petite rivière de l'Arc, un site agréable, au
milieu d'eaux thermales abondantes et de collines couvertes
de forêts. « Il y fit construire une enceinte, des aqueducs,
des bains, des maisons, une ville enfin, à laquelle il donna
son nom, *Aquæ Sextiæ*, aujourd'hui Aix, la première ville
de la province romaine (*Provence*) dans la Gaule Transal-
pine. » (122 av. J.-C.)

2. La province romaine. — Les Romains avaient pris
pied en Gaule. Bientôt, par leurs intrigues, ils excitèrent les
rivalités des peuples gaulois. Les Éduens (Bourgogne) recher-
chèrent leur alliance et implorèrent leur secours contre les
Allobroges (Dauphiné) et les Arvernes (Auvergne). Rome prit
les Éduens sous sa protection. Le roi des Arvernes, Bituit,
à la tête d'une nombreuse armée, monté sur un char d'argent et entouré de sa meute de combat, vint attaquer les
Romains. A la vue de leur petite armée, il s'écria avec
dédain : « Il y en a à peine pour un repas de mes chiens. »
Cependant, il fut vaincu par cette poignée d'hommes bien
armés et bien disciplinés.

Rome occupa alors le pays des Allobroges compris entre
les Alpes, le lac de Genève et le Rhône. Bientôt même elle
s'étendit jusqu'aux Pyrénées. Une seconde colonie romaine,
Narbonne (*Narbo Martius*, 118), fut fondée vers les bouches
de l'Aude.

Les territoires conquis formèrent la province romaine, qui
plus tard, après la soumission de la Gaule tout entière, prit
le nom de Narbonnaise.

3. Les Cimbres et les Teutons. — A peine les
Romains étaient-ils établis dans le sud de la Gaule, qu'une
invasion de peuples germaniques menaça ce pays et l'Italie
elle-même. Les Cimbres et les Teutons fuyant, dit-on,
devant un débordement de la Baltique, pénétrèrent en

Gaule par l'Helvétie et dévastèrent toute la contrée. Quatre fois les légions romaines furent vaincues par ces hordes redoutables.

Marius, le plus célèbre des généraux romains, fut chargé de défendre la province. Il aguerrit ses soldats en leur imposant de si durs travaux qu'on les appela « les mulets de Marius ». Il fit creuser vers les bouches du Rhône un canal pour permettre aux navires de remonter ce fleuve. Cette région de la Provence s'appelle encore aujourd'hui la Camargue, c'est-à-dire le Champ de Marius (*Caii Marii ager*).

. La bataille contre les Teutons se livra près d'Aix. Elle dura deux jours. Les femmes des barbares défendirent avec un acharnement indomptable les chariots où elles étaient restées presque seules, gardant leurs enfants et le butin. Le carnage fut grand. « Le champ où tous ces cadavres restèrent sans sépulture, pourrissant au soleil et à la pluie, en prit le nom de *Champ de la Putréfaction*, nom qui se retrouve encore aujourd'hui dans celui de *Pourrières*, village voisin. » Marius, par cette victoire, mérita le titre de troisième fondateur de Rome (101 av. J.-C.).

4. Les Helvètes et les Suèves. — Moins d'un demi-siècle après cette invasion formidable, un autre peuple germanique, les Suèves, pénétrait, sous la conduite d'Arioviste, dans la vallée de la Saône. En même temps, les Helvètes (Suisse) quittaient leurs montagnes pour aller chercher sur les bords de l'Océan un séjour plus tranquille, un ciel moins âpre et un sol plus fertile. Le danger était grand. Deux peuples gaulois, les Éduens et les Séquanes, implorèrent le secours de Rome. Le Sénat nomma Jules César gouverneur de la province, et lui confia le soin de repousser cette double invasion.

5. Premières campagnes de César en Gaule. — César ne se contenta pas de protéger le territoire romain ; il soumit les Gaulois et conquit toute la Gaule par un mélange d'habileté politique et de science militaire. Il sut profiter des rivalités qui déchiraient la nation gauloise et de l'anarchie qui régnait au sein de chaque tribu. Il put vaincre un peuple que l'union eût rendu invincible.

Il parut d'abord en protecteur de la Gaule. Dans une première campagne, il repoussa les Helvètes ; puis il battit Arioviste et le rejeta au delà du Rhin (58). Dans une seconde campagne, il attaqua les Belges et les vainquit; l'année suivante, il détruisit dans une bataille navale la flotte des Vénètes, tandis que le jeune Crassus, son lieutenant, recevait la soumission de l'Aquitaine.

Ainsi, après cette troisième campagne, les légions romaines avaient parcouru la Gaule entière. César voulut alors isoler sa conquête en repoussant les Germains et en intimidant les Bretons. Il franchit d'abord le Rhin, pénétra en Germanie, et terrifia les tribus barbares de la forêt Hercynienne. Puis il se tourna contre les Bretons, et les força à payer tribut (55-54).

6. Soulèvement général. Vercingétorix. — Mais, au moment même où il pouvait croire sa conquête affermie et assurée, la Gaule se souleva contre la domination romaine. Un premier complot, ourdi dans le nord du pays par deux chefs populaires, Ambiorix et Indutiomar, fut dompté assez facilement. Beaucoup plus dangereuse pour César fut la révolte générale dirigée par l'Arverne Vercingétorix.

Le général romain n'en vint à bout qu'après avoir couru personnellement de graves périls et au prix des plus sérieux efforts. Le dernier acte de ce drame national fut le siège d'Alésia et la prise de cette ville, après la capitulation de Vercingétorix (51).

Désormais la Gaule était vaincue. Dans une septième et dernière campagne, César brisa les dernières résistances.

En 50, la Gaule fut réduite en province romaine.

7. La Gaule romaine. — La Gaule, qui avait opposé une résistance si énergique à César, ne fit aucune tentative sérieuse pour s'affranchir de la domination romaine. Pendant plusieurs siècles, elle fut une des provinces les plus fidèles de l'empire. Quelques révoltes partielles, comme celles de Florus et de Sacrovir, à l'époque de Tibère, de Vindex, sous le règne de Néron, de Civilis et de Sabinus, sous le règne de Vespasien, n'eurent jamais le caractère d'un soulèvement national. La plupart des chefs d'insurrection furent abandonnés de leurs partisans et se donnèrent la mort.

8. Politique habile des Romains. — Si les Gaulois subirent facilement la domination romaine, c'est qu'elle leur parut préférable à celle des chefs qui les opprimaient.

César inaugura, après la conquête, une politique habile de pacification et d'annexion. Il déguisa sous le nom de solde militaire le tribut qu'il imposa aux Gaulois; il forma des plus braves d'entre eux la célèbre légion de l'Alouette; enfin il admit dans le Sénat de Rome un certain nombre de chefs gaulois. L'empereur Claude accorda le même privilège

à beaucoup de notables et leur ouvrit l'accès des hautes dignités de l'empire. Enfin, sous l'empereur Caracalla, qui était né à Lyon, tous les Gaulois de naissance libre devinrent citoyens romains.

9. Administration romaine.

9. Administration romaine. — Les Romains modifièrent l'ancienne organisation de la Gaule. L'empereur Auguste la divisa en quatre provinces : la Narbonnaise,

l'Aquitaine, la Lugdunaise ou Lyonnaise et la Belgique.
Plus tard, au quatrième siècle, le nombre des provinces
gauloises fut considérablement augmenté.

Les provinces étaient subdivisées en cités. La cité comprenait non seulement une ville, mais encore son territoire;
elle avait presque l'étendue d'un de nos départements. Les
cités se gouvernaient librement; elles élisaient un sénat ou
curie, et des magistrats municipaux.

Fidèle à sa devise politique : *Diviser pour régner*, Rome
n'accorda pas à toutes les cités gauloises les mêmes privi-
léges ni les mêmes droits politiques. Les unes furent déclarées autonomes; d'autres furent exemptées de l'impôt foncier; celles-ci durent accepter les institutions romaines;
celles-là purent s'administrer d'après leurs anciennes coutumes. La vie municipale fut contrôlée, mais non pas en-
travée par les gouverneurs romains.

La tranquillité était d'ailleurs si grande dans la Gaule, que
trois mille soldats suffisaient pour surveiller ce vaste pays.
Tout le reste des troupes romaines vivaient dans les camps,
sur la frontière du Rhin.

10. Les Gallo-Romains. Les mœurs. Les Gaulois deviennent Romains.

— En peu de temps les
Gaulois se transformèrent et
devinrent semblables aux Romains. Les riches abandonnèrent les campagnes pour
vivre dans les villes. Ils dé-
daignèrent leurs anciennes
huttes de bois et se bâtirent
de belles maisons, surmon-
tées de terrasses, dallées de
marbre, pavées de mosaïque,
ornées de bains, de bibliothèques, de galeries de tableaux.
Ils s'habillèrent à la romaine :
ils renoncèrent aux braies, à
la saie, aux galoches, et adoptèrent la toge romaine, les
cothurnes et les sandales. Ils
coupèrent leurs longues che-
velures et portèrent les cheveux courts, comme les Romains.

Gallo-Romain.

Ils parlèrent la langue romaine qui remplaça progressivement les anciens dialectes gaulois ou qui, en se combinant avec eux, donna peu à peu naissance à la langue dite romane.

11. La religion gallo-romaine. — Les Gaulois adoptèrent la religion romaine. Les dieux gaulois se transformèrent en dieux romains : Teutalès devint Mercure; Arduina, Diane; Belen, Apollon; Belisama, Minerve. Le culte de Rome et d'Auguste fut partout accueilli avec faveur et loyalement célébré. Auguste avait des autels dans toutes les cités de la Gaule; le plus célèbre était l'autel de Lyon, autour duquel, chaque année, les délégués des villes gauloises se réunissaient en une assemblée solennelle.

Les druides firent la résistance la plus vive à cette religion nouvelle. Mais peu à peu leur influence diminua. Persécutés par les empereurs, ils se retirèrent dans la Bretagne, le dernier asile de leur religion.

Ainsi par les mœurs, par la langue et par la religion, les Gaulois devinrent des Gallo-Romains.

12. Importance des Gallo-Romains. — Les Gaulois, devenus Romains, prirent une place importante dans la société romaine. Ils donnèrent à Rome des empereurs : Claude et Caracalla, nés à Lyon, Antonin, né à Nîmes; des poètes : Cornélius Gallus, de Fréjus, l'ami de Virgile, et, plus tard, au quatrième siècle, Ausone, de Bordeaux, qui célébra dans ses vers les plus belles vallées de la Gaule; des historiens : Trogue-Pompée, qui écrivit la première histoire universelle; des romanciers : le Marseillais Pétrone, si célèbre pour les grâces de son esprit et de son style; des orateurs : Valérius Asiaticus, de Vienne, et Domitius Afer, de Nîmes; enfin des hommes de guerre : Agricola, né en Provence, le conquérant de la Bretagne.

13. Les villes. — Les Gaulois avaient montré une aptitude remarquable à recevoir la civilisation romaine et à se l'assimiler. Aussi, en moins d'un siècle, la physionomie de la Gaule était tout à fait transformée.

Le pays se couvrit de villes florissantes : aux anciennes villes d'origine grecque ou phénicienne, telles que Marseille,

Nice, Antibes, Nimes, Arles, s'ajoutèrent des villes d'origine latine : Fréjus, Vienne, Lyon, Autun, Toulouse, Bordeaux, Trèves.

Lyon, bâtie par Auguste, au confluent de la Saône et du Rhône, prit les proportions d'une capitale. Elle avait élevé un temple commun aux soixante cités de la Gaule. C'est de Lyon que partaient les quatre grandes voies romaines qui se dirigeaient vers l'Océan, les Pyrénées, la mer du Nord et le Rhin.

14. Les monuments et les écoles. — Ces villes furent embellies de magnifiques monuments. Toutes avaient

Maison-Carrée de Nimes.

des palais, des temples, des thermes, des basiliques où les juges rendaient la justice, des amphithéâtres ou arènes pour les combats de gladiateurs, des théâtres, des arcs de triomphe, des colonnes, des statues, des aqueducs. Ces monuments étaient construits avec une solidité remar-

quable. Nous admirons encore aujourd'hui le magnifique
pont du Gard, les arènes d'Arles et de Nîmes, la Maison-
Carrée et le temple de Diane, à Nîmes, le théâtre d'Orange,
les thermes de Paris.

Des écoles célèbres et très fréquentées existaient dans la
plupart de ces villes. Marseille était la métropole des études

Le pont du Gard.

grecques ; Autun avait ses écoles méniennes, sorte d'université, où l'élite de la jeunesse gauloise recevait la culture
des belles-lettres. Toulouse, Lyon, Bordeaux, Arles, Trèves,
eurent aussi des écoles florissantes. Ces deux dernières
avaient des bibliothèques très riches en manuscrits.

15. Prospérité de la Gaule. — La Gaule devint
ainsi un pays civilisé, comme l'Italie ; elle fut aussi un pays
très prospère. Arles et Narbonne avaient, avec Marseille,
une grande importance commerciale. Trèves était l'entrepôt
de tous les produits de la Moselle ; à Lutèce, une corporation de *Nautes parisiens* transportait les marchandises par
la Seine. L'agriculture fut encouragée : l'olivier fut natu-
ralisé en Provence ; les vignobles de la Bourgogne et de la
Champagne datent de l'époque romaine. Enfin l'industrie
gauloise fournit des produits très recherchés. On vantait
les draps d'Arras, les manteaux de laine ou *caracalles*

de Langres et de Saintes, les armes de Trèves, d'Autun,
de Reims.

16. Décadence de la Gaule. — Dans les dernières années de l'empire, cette prospérité de la Gaule déclina. Les impôts, les guerres, les exigences des grands propriétaires ruinèrent les campagnes; certaines contrées se dépeuplèrent.

Les provinces gauloises eurent aussi beaucoup à souffrir des discordes civiles qui désolèrent l'empire à partir du troisième siècle; elles furent l'un des principaux théâtres de l'anarchie militaire (261-273).

Sous l'influence de ces causes diverses, des révoltes éclatèrent. La plus terrible fut celle des *Bagaudes*, paysans soulevés, qui mirent à sang et à feu tout le nord et tout l'est de la Gaule. Maîtres des campagnes, ils brûlèrent plusieurs villes et commirent d'épouvantables ravages. L'empereur Maximien réussit à vaincre et fit massacrer sans quartier ces multitudes indisciplinées.

Cette répression sanglante ne rendit pas à la Gaule son antique prospérité. La domination romaine, jadis si bienfaisante, était devenue oppressive. Aussi, quand les barbares germains envahirent l'empire, à la fin du quatrième siècle, les Gaulois ne leur firent aucune résistance sérieuse.

LECTURE. — Les monuments romains en Gaule.

La civilisation gallo-romaine est brillante. Il n'est pas de cité qui n'ait ses palais, ses temples, ses thermes ou bains; ses basiliques, où s'assemblent les marchands et où le préteur rend la justice; ses amphithéâtres ou arènes, pour les combats de gladiateurs, les chasses aux lions et aux panthères, même pour des batailles navales sur une mer improvisée; ses théâtres où l'on représente des pantomimes, avec machines, trucs, changements à vue; ses arcs de triomphe, ses colonnes, ses statues à la gloire des empereurs.

Des aqueducs, comme le magnifique pont du Gard, amènent de loin l'eau des sources. Encore aujourd'hui se dressent les arcs d'Orange, Trèves, Carpentras, la porte de Mars à Reims, la porte Noire à Besançon, la porte Dorée à Fréjus, la porte de France, la Maison-Carrée et le temple de Diane à Nîmes, le temple de Livie à Vienne, le théâtre et l'amphithéâtre d'Arles, les arènes de Nîmes et de Trèves, les thermes de Paris et de Sanxay. Ils témoignent par leurs débris encore imposants, de la magnificence romaine, et aussi de la richesse des villes, car c'est aux frais, non de l'État, mais des municipes gaulois, qu'ils se sont élevés.

(RAMBAUD, *Histoire de la civilisation française.* — Paris, A. Colin.)

Livres à consulter : Henri MARTIN, MICHELET, LAVISSE, *Histoire de France.* — A. RAMBAUD, *Histoire de la civilisation française.* — E. DESJARDINS, *la Gaule romaine.* — FUSTEL DE COULANGES, *Histoire des institutions politiques de l'ancienne France.* — Am. THIERRY, *Histoire de la Gaule sous la domination romaine.* — Collection Berthold ZELLER, *la Gaule romaine.* — C. JULLIAN, *Gallia.* — G. CAHEN, *le Moyen Age,* choix de lectures historiques.

CHAPITRE III

LE CHRISTIANISME EN GAULE : Les évêques.

SOMMAIRE

1. LA DIFFUSION DU CHRISTIANISME. — Tandis que la société païenne se désorganisait, l'Eglise chrétienne s'élevait sur les ruines du monde antique. En trois siècles, le christianisme s'était répandu de Palestine dans toutes les provinces de l'empire romain; de bonne heure il avait conquis la Gaule.

2. LES PERSÉCUTIONS. — Le paganisme avait essayé de détruire cette religion nouvelle en la persécutant. Les empereurs édictèrent contre les chrétiens les supplices les plus terribles, sans pouvoir arrêter les progrès du christianisme. Les églises gauloises, celle de Lyon en particulier, souffrirent cruellement des persécutions.

3. LE TRIOMPHE DU CHRISTIANISME. — Enfin, au début du quatrième siècle, l'empereur Constantin prit les chrétiens sous sa protection (édit de Milan, en 313). Après lui, le paganisme fut à son tour persécuté.

4. INFLUENCE MORALE DU CHRISTIANISME. — Le triomphe du christianisme introduisit dans la société païenne des idées nouvelles; l'esclavage commença dès lors à être adouci; les humbles, les faibles, les pauvres furent protégés et secourus; la législation elle-même s'inspira des principes chrétiens de charité et de fraternité humaine.

5. ORGANISATION GÉNÉRALE DE L'EGLISE. — Devenue toute-puissante, l'Eglise s'organisa. Il y eut : dans chaque cité, un évêque; dans chaque province, un archevêque ou métropolitain; dans chacune des plus grandes cités de l'empire, un patriarche.

6. VIE INTÉRIEURE DE L'EGLISE. — L'Eglise se divisait en clergé séculier et clergé régulier. Le clergé séculier était spécialement chargé de la célébration du culte; le clergé régulier vivait dans les monastères. Les chefs du clergé se réunissaient dans les conciles provinciaux, nationaux ou œcuméniques.

7. RÔLE DE L'EGLISE. — Bien organisée et douée d'une vie intérieure très active, l'Eglise chrétienne augmenta encore son influence par les richesses qu'elle acquit, par les privilèges de toutes sortes qui lui furent conférés. Au moment de l'invasion des barbares, les évêques étaient, dans tout l'empire, les personnages les plus importants des cités.

RÉCIT

1. L'Eglise chrétienne. — A l'époque où la société païenne, désorganisée et ruinée, tombait dans une décadence

chaque jour plus profonde et plus irrémédiable, une force
nouvelle, un élément de vie et de prospérité, jeune, vigoureux et ardent, le christianisme, surgissait des ruines du
monde antique.

2. Diffusion du christianisme dans l'empire. —
La religion chrétienne était née en Palestine, sous le règne
de Tibère. C'est alors que Jésus avait parcouru la Judée,
enseignant l'amour de Dieu et des hommes, la pureté et la
justice, la récompense des bons et le châtiment des méchants. Quand Jésus fut mort sur la croix, ses disciples, les
apôtres, se répandirent dans le monde romain et y prêchèrent la religion du Messie, la bonne nouvelle, l'Evangile. Ils
furent écoutés par les colonies juives, répandues un peu partout ; ils attirèrent à eux tous ceux qui étaient dégoûtés des
superstitions du paganisme et cette foule de misérables,
esclaves, affranchis, colons, ouvriers des villes et des campagnes, à qui le christianisme apportait une parole de paix
et de consolation.

A la fin du premier siècle de l'empire, des églises chrétiennes étaient constituées dans tout l'Orient; les provinces
occidentales ne furent converties qu'au second et au troisième siècle ; en l'année 400, le christianisme était répandu
dans tout le monde romain.

3. Le christianisme en Gaule. — La religion nouvelle ne pénétra en Gaule qu'assez lentement. Pendant le
premier siècle de l'empire, il y eut sans doute quelques
chrétiens isolés, surtout dans les ports du littoral méditerra-
néen, que leur commerce mettait en relations directes avec
l'Orient. Mais la première communauté chrétienne, la première église de Gaule, ne fut fondée que dans la seconde
moitié du deuxième siècle : vers l'année 160, des prêtres,
venus de Smyrne, l'organisèrent à Lyon et à Vienne, sous
la direction de l'évêque Pothin. Ce fut de là que le christianisme rayonna dans tout l'Occident, jusqu'en Bretagne et
jusque sur les bords du Rhin.

**4. Les premiers chrétiens et leurs communau-
tés.** — Dans chaque cité, les adeptes de la religion chrétienne
formaient, aux premiers temps du christianisme, une communauté très modeste, composée surtout de petites gens.

Le soin de célébrer le sacrifice de la messe et de prêcher fut
d'abord confié aux plus âgés, aux *prêtres*; puis, lorsque
les fidèles devinrent plus nom-
breux, ils choisirent, pour les diriger et pour surveiller leurs intérêts communs, celui d'entre eux
qu'ils jugeaient le plus digne, et
qu'ils saluaient du nom d'*évêque*.
L'évêque était le chef de la communauté, mais à l'origine il ne se distinguait par aucun insigne extérieur
des autres membres de son église.
Le culte était d'ailleurs très simple;
les chrétiens se réunissaient pour
prier en commun, pour lire ensemble
les Livres Saints, pour chanter des
hymnes en l'honneur de leurs frères
morts. Dans plusieurs villes, en particulier à Rome, ces réunions des
chrétiens avaient lieu dans des cimetières creusés sous terre en forme
de galeries; ces cimetières sont restés
célèbres sous le nom de *catacombes*.

Évêque.

5. Les persécutions. — Les progrès du christianisme
attirèrent vite l'attention du gouvernement impérial. Les
empereurs ne pouvaient pas rester indifférents au succès
toujours croissant de cette religion nouvelle : car elle atta-
quait et voulait détruire la religion païenne; elle défendait
à ses fidèles de reconnaître la divinité de l'empereur et de
participer aux cérémonies religieuses ordonnées par les lois
de l'État; ses adeptes, enfin, en se réunissant dans leurs
églises ou dans leurs cimetières, formaient des sociétés se-
crètes, officiellement interdites. Les chrétiens furent poursuivis comme ennemis de l'État et comme violateurs de la
loi. Ce ne furent pas seulement les mauvais empereurs,
comme Néron et Domitien, mais aussi les meilleurs,
comme Trajan, Marc-Aurèle et Aurélien, qui les persécu-
tèrent.

Les chrétiens qui mouraient au milieu des plus cruels
tourments, en attestant leur foi, étaient appelés *martyrs*,
d'un mot grec qui signifie *témoins*.

6. Les persécutions en Gaule : saint Pothin à Lyon (177 ap. J.-C.). — L'Église chrétienne de Lyon, à peine fondée, fut atteinte par la persécution. Son premier

Catacombe.

évêque, Pothin, souffrit le martyre en 177, sous le règne de Marc-Aurèle. A l'approche du danger, et malgré son grand âge (il avait alors quatre-vingt-dix ans), il ne voulut point quitter la ville. Les soldats le portèrent sur leurs bras devant le gouverneur, tandis que la foule le suivait en l'insultant. Le vieillard infirme sut agir et parler avec dignité. « Qu'est-ce que le Dieu des chrétiens? demanda le juge. — Tu le connaîtras si tu en es digne. » Comme on conduisait Pothin en prison, la populace se jeta sur lui, le frappant du pied et de la main, l'accablant de pierres. L'évêque, qui n'avait plus que le souffle, mourut deux jours après.

7. Supplice de Blandine. — Une jeune esclave, nommée Blandine, subit le martyre en même temps que le vieil évêque. En présence du peuple, elle fut attachée à un poteau dans le cirque de Lyon, assez près de terre pour que les bêtes féroces pussent l'atteindre en se dressant. De là, elle vit ses compagnons déchirés à coups de dents ou grillés sur des chaises de fer rougi. On la détacha, on essaya sur elle tous les instruments de torture ; enfin on l'exposa, enveloppée dans un filet, à l'attaque d'un taureau furieux. Irrité par l'aiguillon, l'animal la frappa de ses cornes avec tant de violence, qu'il la lança en l'air ; puis il se précipita sur elle, et la foula aux pieds pour l'enlever encore. Blandine semblait être insensible à cet atroce supplice.

8. Saint Irénée. — Les persécutions n'arrêtèrent pas le zèle des chrétiens. A saint Pothin, martyr, succéda comme évêque de Lyon, saint Irénée, le plus savant et le plus célèbre

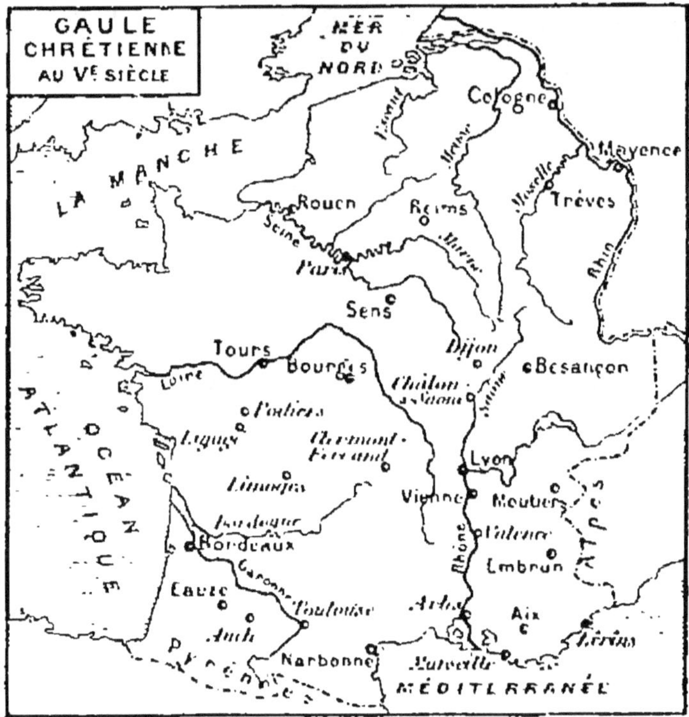

des premiers chefs de l'Eglise dans les Gaules. Il consacra sa vie à propager la foi chrétienne et à défendre, par ses écrits, la doctrine contre les hérésies et les dissensions qui s'étaient déjà déclarées parmi les fidèles. En 202, dans la persécution de l'empereur Septime Sévère, saint Irénée couronna par le martyre son active et puissante vie.

9. La Gaule chrétienne. — Ce fut surtout à l'époque de l'épiscopat de saint Irénée que les missionnaires chrétiens se répandirent dans toute la Gaule. Les uns partirent de Lyon, sous l'impulsion de l'évêque ; les autres, de Rome, spécialement sous le pontificat du pape saint Fabien. Les principaux furent saint Félix et saint Fortunat à Valence, saint Ferréol à Besançon, saint Marcel à Chalon-sur-Saône, saint Bénigne à Dijon, saint Trophime à Arles, saint Paul à Narbonne, saint Saturnin à Toulouse, saint Martial à Limoges, saint Andéol et saint Privat dans les Cévennes, saint Austremoine à Clermont-Ferrand, saint Gratien à Tours, et saint Denis à Paris. Celui-ci subit le supplice sur la montagne qui dominait Lutèce : elle s'appela la montagne des martyrs (Montmartre).

10. Le triomphe du christianisme. — Ainsi, malgré les persécutions, le christianisme devenait de plus en

Emblème du triomphe du christianisme.

plus puissant dans tout l'empire ; au début du quatrième siècle, il comptait plusieurs millions de fidèles. Constantin comprit que, dans la lutte qu'il soutenait contre ses nombreux rivaux, il mettrait une grande force de son côté s'il se déclarait favorable aux chrétiens : il arbora la croix sur ses étendards. Lorsqu'il eut conquis l'empire, il reconnut, par l'édit de Milan (313), à la religion chrétienne une existence légale ; sans détruire l'antique paganisme, il l'obligea à tolérer et à respecter la foi nouvelle ; pendant toute la fin de son règne, il força les deux religions à vivre en paix l'une auprès de l'autre.

Mais, après sa mort, la guerre éclata. Vainqueur, le christianisme proscrivit à son tour les dieux du paganisme. Les chrétiens détruisirent les temples, les statues, les arbres sacrés. Vers 360, saint Martin, ancien soldat, plus tard évêque de Tours, si populaire dans la Gaule, se distingua dans ces luttes religieuses. Sous ses coups de nombreux monuments disparurent dans le Poitou, la Touraine et la Bourgogne.

11. Les hérésies. — L'Eglise n'eut pas à combattre

seulement contre le paganisme, mais aussi contre les hérésies et les discordes qui menaçaient son unité. De graves et dangereuses discussions s'étaient élevées entre les chrétiens sur les points principaux du dogme : Arius et ses disciples, les ariens, niaient la divinité de Jésus-Christ; d'autres hérétiques voulaient expliquer et commenter à leur façon les saintes Écritures; d'autres allaient jusqu'à prêcher un nouvel Évangile.

12. Le concile de Nicée. — Constantin s'efforça de rétablir la paix et l'unité dans le christianisme. Il convoqua, en 325, le concile de Nicée, le premier des conciles œcuméniques ou universels. Cette assemblée, à laquelle prirent part trois cent dix-huit évêques, prêtres ou diacres, se prononça contre les doctrines d'Arius; elle rédigea le symbole de Nicée, que signèrent presque tous les évêques, et qui est aujourd'hui encore le fondement du dogme catholique.

13. Influence morale du christianisme. — L'influence du christianisme se fit bientôt sentir dans le gouvernement et dans la législation. Les combats de gladiateurs furent proscrits; il ne fut plus permis de soumettre à la torture les débiteurs insolvables de l'État; le massacre des prisonniers de guerre fut officiellement interdit. Des institutions de charité et d'assistance publique furent pour la première fois organisées : les pauvres, les veuves, les orphelins furent secourus; des hôpitaux furent construits pour abriter les malades; enfin les esclaves, considérés désormais par les hommes libres comme des frères, furent traités moins durement.

14. Organisation générale de l'Eglise. — Après sa victoire définitive, l'Eglise chrétienne s'organisa, en prenant pour modèle l'organisation administrative de l'empire romain. Chaque cité, avec son territoire, forma un diocèse, à la tête duquel se trouvait un évêque; tous les évêques d'une même province étaient placés sous la juridiction et l'autorité de l'évêque qui résidait dans la capitale de la province ou métropole, et qui s'appelait le métropolitain; plus tard, les métropolitains devinrent les archevêques.

Il y eut donc en Gaule dix-sept métropolitains; c'étaient

les évêques de : Mayence, Cologne, Trèves, Reims, Besançon, Lyon, Rouen, Tours, Sens, Bourges, Bordeaux, Auch,
Vienne, Narbonne, Aix, Moûtiers en Tarentaise et Embrun ;
l'un des métropolitains devint, sous le nom de *primat des
Gaules*, le chef de l'Eglise gauloise. Le titre de *primat* fut
revendiqué d'abord par les évêques de Lyon et de Vienne,
plus tard par celui d'Arles.

15. Organisation d'un évêché. — Pendant les trois
premiers siècles de l'ère chrétienne, les évêques n'avaient
été que les chefs des communautés de fidèles instituées dans
les villes. Au quatrième et au cinquième siècle, leur influence
et leur pouvoir s'étendirent. Autour de la basilique primitive, qui conserva le privilège de posséder la chaire de
l'évêque (en latin *cathedra*), et qui s'appela désormais la *cathédrale*, d'autres chapelles s'élevèrent soit dans la ville même,
soit dans les campagnes d'alentour ; chacune de ces chapelles
fut le centre d'une *paroisse*, et chaque paroisse eut à sa tête
un prêtre, qui plus tard fut nommé *curé*, parce que l'évêque
lui confiait la *cure* des âmes. C'est ainsi que les évêchés
devinrent, après le triomphe du christianisme, de véritables
circonscriptions ecclésiastiques.

Les évêques réunissaient en une assemblée, appelée *synode*,
les prêtres de leur évêché, pour examiner avec eux toutes
les questions qui intéressaient le culte ou l'administration
ecclésiastique.

Ce régime de libre discussion donna de plus en plus à
l'Eglise chrétienne l'activité et la vie qui se retiraient chaque
jour davantage de l'administration impériale.

16. Les conciles. — A tous les degrés de la hiérarchie
ecclésiastique existaient des assemblées analogues aux
synodes. Ces assemblées reçurent le nom de conciles. Il y
avait plusieurs sortes de conciles.

Les conciles *œcuméniques* étaient ceux auxquels tous les
évêques du monde chrétien étaient convoqués.

Les conciles *nationaux* étaient composés des évêques d'une
nation.

Le rôle de ces divers conciles a été considérable dans
l'histoire de l'Eglise. Ces assemblées d'évêques fixèrent les
points douteux du dogme, combattirent les hérésies, réglèrent
les questions de hiérarchie et de discipline intérieure.

17. Le clergé régulier ; les monastères en Gaule. — Telle était l'organisation du clergé *séculier*, ainsi appelé parce qu'il était mêlé au *siècle*, c'est-à-dire au monde. Auprès de lui commença de bonne heure à se former le clergé *régulier*, ou soumis à la *règle*, composé de moines qui se séparaient du monde. Les premiers moines avaient été des ermites, isolés dans les forêts ou dans les déserts ; mais plus tard ils se réunirent et vécurent en commun dans des monastères. La règle qu'ils observaient leur imposait la prière, l'étude et le travail manuel ; en outre, ils faisaient vœu, personnellement, de pauvreté et d'obéissance. Le célibat était pour eux obligatoire.

Les premiers monastères de la Gaule furent ceux de Ligugé, près Poitiers, et de Marmoutiers, sur la Loire, fondés par saint Martin de Tours ; de Lérins, dans une île de la Provence, fondé par saint Honorat ; de Saint-Victor, à Marseille, fondé par saint Cassien. Au milieu des troubles et des violences du cinquième siècle, les monastères devinrent très nombreux.

18. Les richesses de l'Eglise. — La société ecclésiastique, formée par la réunion du clergé séculier et du clergé régulier, possédait de grandes richesses. Ces richesses provenaient de plusieurs sources : 1° les offrandes volontaires des fidèles ; 2° les prémices des fruits de la terre ; 3° les dîmes, qui furent d'abord volontaires, mais que l'Eglise déclara bientôt obligatoires ; 4° enfin les revenus des domaines et, en général, de toutes les propriétés des églises et des monastères. Les rois barbares comblèrent de présents l'Eglise chrétienne. Dans la Gaule mérovingienne, les évêques furent parmi les plus riches et les plus puissants propriétaires fonciers.

19. Privilèges et immunités de l'Eglise. — En outre, l'Eglise jouissait de privilèges très importants. Les sanctuaires chrétiens avaient le droit d'asile ; toute personne qui se réfugiait au pied des autels était inviolable. C'était là une institution bienfaisante, à une époque où la force brutale régnait presque partout en souveraine maîtresse.

L'Eglise eut de bonne heure ses tribunaux particuliers. La juridiction des tribunaux ecclésiastiques, présidés par les évêques, s'étendit de plus en plus : elle embrassa bientôt toutes les causes qui ne se rattachaient qu'indirectement au culte et à la religion, par exemple, les débats relatifs aux mariages et aux testaments, les procès dans lesquels étaient impliqués les pauvres, les orphelins, les veuves, etc.

A ces privilèges, l'Eglise joignait l'avantage d'être exempte des charges les plus lourdes qui pesaient, à la fin de l'empire, sur la société laïque : l'impôt et le service militaire.

20. Le rôle politique des évêques. — Ces richesses et ces privilèges permirent aux évêques de jouer, dans les villes, un rôle politique et administratif considérable. Ils en devinrent, sous le titre de *défenseurs de la cité*, les premiers magistrats; ils siégeaient dans le sénat municipal, ils s'occupaient avec activité de toutes les questions de justice, d'impôts, de travaux publics. Aussi, quand commencèrent les invasions barbares, leur influence fut-elle partout prépondérante. Ils déployèrent, pour défendre les populations groupées autour d'eux, le plus noble courage. Tandis que les fonctionnaires impériaux s'enfuyaient lâchement devant les agresseurs, les évêques essayèrent de leur résister, et souvent ils réussirent à calmer leur colère. Seule, au-dessus des ruines de l'empire romain d'Occident, l'Eglise chrétienne resta debout.

LECTURE. — Saint Martin de Tours.

L'homme qui amena véritablement la Gaule au Christ fut saint Martin, évêque de Tours, de 372 à 397. Pendant vingt-cinq ans, sans relâche, il pria, prêcha, lutta, renversant les idoles, haranguant la foule, imposant aux grands sa parole et son Dieu. Il fonda à Ligugé, en Poitou, le premier monastère de la Gaule. On l'appela, même de son temps, l'apôtre des Gaules. Un contemporain s'écriait : « Heureuse la Grèce d'avoir entendu saint Paul; mais Dieu n'a pas abandonné la Gaule, car il lui a donné Martin. » Par sa vie, par sa parole, il exerça sur tous ceux qui l'approchèrent un ascendant qu'on a peine à croire.

Il est difficile de mieux le caractériser que ne l'a fait M. Boissier dans *la Fin du Paganisme :* « Saint Martin est d'abord un saint un peu démocratique, ce qui n'a jamais nui chez nous. Il est de basse extraction, et ne fait rien pour le dissimuler. Avec les petits il est doux et familier; mais avec les grands il se relève. Il ne souffre pas que les empereurs eux-mêmes manquent au respect qu'on lui doit... Martin était un homme de petite science, mais de grand sens; il évitait les excès et savait garder en tout une juste mesure. Sa foi était ardente, mais elle cherchait à être éclairée. Il se méfiait beaucoup des saints douteux, et ne se croyait pas obligé d'accepter sans examen les récits qu'on lui faisait... Au-dessus de toutes les vertus, Martin mettait la charité. Il était doux et compatissant pour tout le monde. A plus forte raison, ne voulait-il pas qu'on punît de mort les hérétiques. Sa conscience honnête et droite lui disait qu'il avait raison de sauver, même au prix d'une faiblesse, la vie de quelques malheureux. Cette haine des persécutions, cette horreur du sang versé, jointe à cette charité ardente, à cette pitié inépuisable et à ce ferme bon sens, n'est-ce pas là l'idéal d'un saint français? »

Saint Martin a fixé les destinées du christianisme gaulois; il en a été vraiment le créateur. Mais, en outre, il a été l'inspirateur, pendant des siècles, de notre littérature religieuse. Sa vie est le principal épisode de l'épopée de la Gaule chrétienne, comme elle en est par bonheur le morceau le plus historique. Déjà au début du cinquième siècle, l'Aquitain Sulpice Sévère écrivait : « Qu'on nous parle latin ou gaulois, peu importe! Mais qu'on nous parle de saint Martin. » Il est peu de prêtres lettrés au temps des Mérovingiens, qui n'aient essayé d'écrire une vie de l'apôtre ou le récit de ses miracles posthumes. Par les conversions opérées sur son tombeau ou à la lecture de sa vie, il fut donné à saint Martin de continuer et d'achever son œuvre bien longtemps après sa mort; et du fond de sa basilique de Tours, devenue le sanctuaire du christianisme gaulois, il demeura pendant des siècles encore l'apôtre des Gaules.

(C. JULLIAN, Gallia. — Paris, Hachette.)

Livres à consulter : V. DURUY, *Histoire des Romains*. — G. BOISSIER, *la Fin du Paganisme*. — MICHELET, Henri MARTIN, *Histoire de France*. — Am. THIERRY, *Histoire de la Gaule sous la domination romaine*. — A. RAMBAUD, *Histoire de la civilisation en France*. — Collection B. ZELLER, *la Gaule chrétienne*. — C. JULLIAN, *Gallia*. — L. DUCHESNE, *les Origines de l'épiscopat en Gaule*. — LECOY DE LA MARCHE, *Saint Martin*. — MARTIGNY, *Dictionnaire des antiquités chrétiennes*.

CHAPITRE IV

LES INVASIONS BARBARES : Mœurs des Germains. Les invasions en Gaule. — Les Huns.

SOMMAIRE

1. L'EMPIRE ROMAIN A LA FIN DU QUATRIÈME SIÈCLE. — En 395, à la mort de Théodose, l'empire romain n'avait pas encore été entamé par les Barbares. Il se divisait en deux parties : l'empire d'Orient avec Constantinople, et l'empire d'Occident avec Rome, pour capitales.

2. SA DÉCADENCE. — L'empire, sous l'apparente régularité de son gouvernement, était en décadence. Il n'était plus défendu par une armée nationale. Il allait être envahi par les Barbares.

3. LE MONDE BARBARE. — Les peuples barbares ou étrangers étaient tous ceux qui n'étaient pas soumis à l'empire romain. Les principaux étaient les Germains.

4. LES INVASIONS GERMANIQUES. — Vers la fin du quatrième siècle de l'ère chrétienne, l'apparition des Huns dans l'Europe orientale précipita sur l'empire toutes les peuplades germaniques. Les Visigoths avec Alaric, les Vandales avec Genséric, les Burgondes et les Francs s'établirent dans les provinces que ravageaient les incursions de Radagaise et d'Attila.

5. FIN DE L'EMPIRE D'OCCIDENT. — Seule l'Italie était restée sous la domination nominale des empereurs. Mais en 476, un chef barbare, Odoacre, roi des Hérules, détrôna le dernier empereur, Romulus-Augustule, mit fin à l'empire d'Occident et prit le titre de roi d'Italie.

6. LE ROI THÉODORIC. — Quelques chefs barbares essayèrent de fonder des royaumes, en faisant revivre les traditions romaines. Tel fut Théodoric, roi d'Italie (493-526).

Il donna à l'Italie quelques années de prospérité. Son œuvre ne fut pas durable.

RÉCIT

1. Etendue et limites de l'empire romain à la fin du quatrième siècle. — A la fin du quatrième siècle, à la mort de Théodose, en 395, l'empire romain était encore intact. Il embrassait tous les pays riverains de la Méditerranée, sauf les plaines de la Russie méridionale; il s'étendait, sur les côtes de l'Atlantique, depuis le Maroc jusqu'aux bouches du Rhin ; il possédait la plus grande partie de la Bretagne.

L'empire était partagé en deux parties : l'empire d'Orient avec Constantinople, et l'empire d'Occident avec Rome, pour capitales.

2. Gouvernement de l'empire : l'empereur. — Au sommet de la hiérarchie régnait l'empereur, dont le pouvoir était héréditaire et absolu. Sa personne, comme

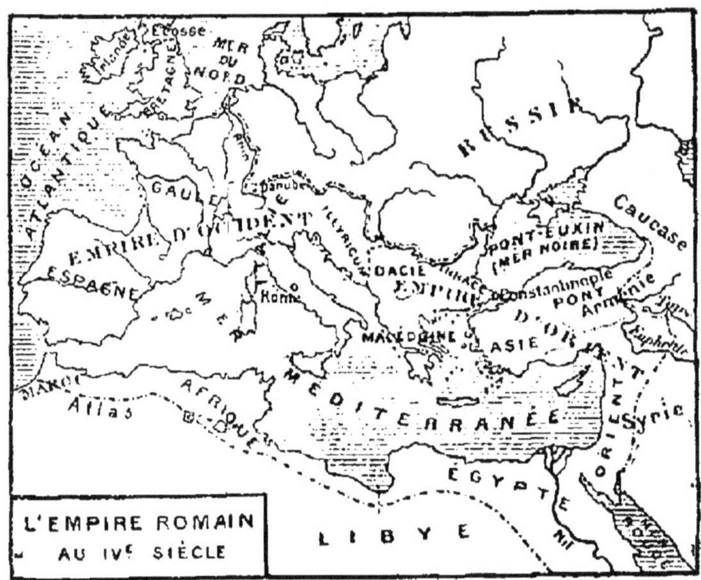

celle d'un dieu, était sacrée ; sacrés également, son palais, sa chambre, son trésor, sa cour. Depuis Dioclétien, le maître du monde était vêtu de pourpre, couronné d'un diadème, toujours représenté avec l'auréole. Entouré d'une pompe orientale, servi par une cour nombreuse, il rappelait les antiques souverains de l'Asie.

3. L'administration. — L'empereur était assisté, dans l'administration du monde romain, de plusieurs ministres et grands dignitaires. C'étaient : les *préfets du prétoire*, chefs de l'administration provinciale ; le *questeur du* *palais sacré*, chargé de préparer les lois ; le *comte des largesses sacrées* et le *comte des domaines privés*, qui dirigeaient les finances impériales ; les *maîtres de la milice*, qui commandaient et qui administraient l'armée. La plupart de ces ministres formaient le Conseil d'empire, ou *Consistoire sacré*.

Chaque ministre était à la tête d'une administration qui comprenait dans les provinces de nombreux fonctionnaires : vicaires, présidents, comtes, intendants, préposés.

4. Les impôts et le régime fiscal. — Les impôts étaient nombreux et lourds. C'étaient : l'impôt foncier, qui était perçu sur le sol ; l'impôt personnel, ou capitation, que payait surtout la plèbe ; les impôts indirects (douanes, péages, impôts sur les successions, sur les ventes, sur les affranchissements d'esclaves). L'empereur et ses agents fixaient la quotité de l'impôt. Mais, dans chaque ville, le travail de répartition avait été laissé aux *curiales*, membres de la bourgeoisie municipale, sous la surveillance et le contrôle des fonctionnaires provinciaux. Bien loin d'être un privilège, cette fonction était pour les curiales une charge ruineuse ; car ils étaient responsables du chiffre fixé pour leur ville et tenus de le parfaire, en cas d'insuffisance de rendement, sur leur fortune personnelle.

5. L'armée. — Au quatrième siècle, l'armée constituait dans l'empire un corps nettement séparé. Elle se recrutait de plus en plus parmi les Barbares. Les Romains se dérobaient au service militaire, jadis considéré comme un honneur. Bientôt même, les généraux, ainsi que les *comtes* et les *ducs* chargés de la garde des frontières, furent choisis dans les rangs des ennemis de l'empire. Stilicon était Vandale. Rome menacée par l'invasion des Barbares, en était réduite à confier sa défense à des chefs barbares !

6. L'état social. — C'est surtout dans l'état social que se révélait la faiblesse de l'empire. Les classes moyennes qui font la force des États avaient disparu ou étaient en train de disparaître. Il n'y avait plus en présence qu'une noblesse privilégiée et une multitude opprimée ou servile.

La noblesse ou classe sénatoriale se composait de courtisans et de fonctionnaires d'empire ; elle était héréditaire. Il y avait entre les nobles des différences de rang : les uns étaient *illustrissimes*, d'autres *clarissimes*, *perfectissimes*, etc. Tous étaient exempts de la plupart des impôts; ils exerçaient les plus hautes fonctions et possédaient les grands domaines.

7. La classe moyenne. — La classe moyenne était formée, d'un bout de l'empire à l'autre, par la bourgeoisie des villes. Elle comprenait surtout les petits propriétaires provinciaux, au premier rang desquels figuraient les *curiales*. Etre curiale avait été un honneur très envié ; c'était une servitude intolérable depuis l'établissement du nouveau régime fiscal. Aussi les curiales, pour éviter les lourdes charges qui pesaient sur eux, abandonnaient leurs terres ; ils s'efforçaient d'entrer soit dans l'administration et de là dans la noblesse sénatoriale, soit même dans les classes inférieures de la société.

8. Les classes inférieures. — On peut à peine donner le nom de plèbe à ces classes inférieures, tant elles étaient différentes de l'ancienne plèbe romaine. Les hommes libres, artisans et petits négociants, s'y trouvaient en minorité. Beaucoup plus nombreux étaient alors les affranchis, les colons, les serfs de la glèbe et les esclaves : tous pauvres, ignorants, incapables de s'élever au-dessus de leur condition misérable.

9. Les villes et les campagnes. — Cette transformation de l'état social avait exercé l'influence la plus funeste sur la vie municipale. La décadence de la classe moyenne provoqua la ruine des cités. Aussi les villes se dépeuplèrent et leurs monuments, délaissés, tombèrent peu à peu en ruines.

La situation des campagnes n'était guère plus brillante. Dans certaines provinces, la moitié du sol était inculte.

10. La civilisation romaine. — Au siècle d'Auguste et sous les Antonins, la civilisation romaine avait rayonné dans toutes les contrées voisines de la Méditerranée. Mais, au quatrième siècle, elle avait terminé son œuvre : les pays

qu'elle avait transformés, comme la Gaule, allaient recevoir,
par le fait des invasions, un afflux de vie nouvelle ; du mélange de ces deux éléments, d'abord hostiles, devait naître
peu à peu la civilisation moderne, à la fois fille du monde
antique et indépendante de lui.

11. Le monde barbare. — Au delà des frontières de
l'empire romain (Rhin, Danube, mer Noire, Caucase), l'Europe était habitée par une multitude de peuples qui avaient
conservé leur indépendance. Ces peuples, les Romains les
appelaient les barbares, c'est-à-dire les étrangers. On peut
les répartir en trois grandes races : les Tartares, les Slaves
et les Germains.

Les Tartares n'apparaissaient encore que sur les limites
orientales de l'Europe, vers la mer Caspienne et la mer
Baltique. Ils formaient plusieurs confédérations : les Huns,
les Bulgares, les Avares, les Hongrois et les Turcs.

Les Slaves ou Sarmates, voisins des Huns, occupaient les
territoires compris entre la Vistule et le Volga. Ils formaient
encore une masse confuse. Parmi ces peuplades, on pouvait
déjà distinguer : les Tchèques qui s'établirent plus tard en
Bohême, les Lettons dans la Lithuanie, les Moraves dans la
Moravie ; et au sud les Esclavons, les Bosniens, les Serbes
et les Croates. Les Slaves devaient former le fond de la
nation russe.

Les Germains occupaient toute la région entre le Rhin, le
Danube et la Vistule. A la fin du quatrième siècle, ils for-
maient quatre confédérations principales : les Francs, les
Saxons, les Alamans et les Goths.

12. Les Germains. — Les Germains, situés sur les
limites de l'empire, en étaient les ennemis les plus redoutables. Ils avaient, dit l'historien Tacite, le regard farouche
et les yeux bleus, les cheveux blonds, de grands corps vigoureux, habitués à endurer le froid et la faim, mais non la
chaleur et la soif. Ils s'habillaient d'une saie légère attachée
avec une agrafe, ou, à défaut d'agrafe, avec une épine.
Les plus riches se distinguaient par un habillement serré
qui dessinait toutes les formes. Ils se couvraient aussi de
peaux de bêtes. Les femmes s'enveloppaient d'étoffes de lin
rayées de pourpre, qui laissaient à découvert les bras jusqu'aux épaules et le haut de la poitrine.

L'EMPIRE ROMAIN
ET LES BARBARES
A LA FIN DU IVe SIÈCLE

Les Germains habitaient des cabanes de bois ou de terre rarement groupées en villages, le plus souvent isolées dans les champs ou dans les bois et séparées entre elles par de grands intervalles. Ils avaient peu de goût pour l'agriculture et en laissaient le soin à des esclaves appelés *lites*.

13. Gouvernement des Germains. — Le principe du gouvernement résidait dans l'assemblée de tous les hommes libres. Chaque peuple avait son assemblée générale. L'assemblée élisait les deux chefs suprêmes de la nation, le roi (*Koning*) et le chef de guerre (*Herezoghe*). Le roi était choisi dans la famille la plus noble ; il présidait aux sacrifices et gouvernait pendant la paix. Le chef de guerre était choisi parmi les plus braves guerriers. Il conduisait les expéditions militaires. Le plus souvent le roi était en même temps le chef militaire. L'assemblée décidait de toutes les affaires générales ; elle votait la paix ou la guerre; elle élisait tous les magistrats.

L'assemblée des hommes libres rendait aussi la justice. Elle punissait les lâches de la peine de mort ; pour les autres crimes, elle condamnait le coupable à des indemnités pécuniaires appelées le *Wehrgeld*.

14. Mœurs guerrières des Germains. — Chez les Germains, tout homme libre était un guerrier, tout peuple était une armée. Quand la guerre était résolue, les Germains choisissaient un chef; ils étaient ses compagnons, ses leudes ou fidèles. Ils se dévouaient pour lui et se faisaient tuer pour le défendre. Après la guerre, les compagnons du chef restaient auprès de lui ; ils formaient sa maison, mangeaient à sa table et considéraient comme un honneur de remplir les offices domestiques. Ces bandes guerrières vivaient du métier de la guerre.

Pendant l'hiver, le guerrier germain prenait part à des banquets bruyants, interminables et souvent sanglants, ou bien encore il jouait avec passion, au point d'engager la liberté de sa famille et la sienne. Mais, quand le printemps faisait fondre les glaces, quand la forêt verdissait, le guerrier prenait ses armes et quittait la cabane pour courir aux combats.

Tout poussait l'homme libre à la guerre : le jeune homme était obligé de tuer un ennemi pour payer sa naissance ; le

guerrier devait suivre partout le chef auquel il s'était dévoué,
et qui lui promettait comme prix de sa valeur une place à sa
table, un cheval de guerre ou une lance d'honneur ; enfin, le
brave, mort au champ de bataille, entrait seul dans le palais
du dieu Odin pour y combattre tout le jour, pour y boire
toute la nuit la bière et l'hydromel dans le crâne de ses
ennemis vaincus.

15. Religion des Germains. — Les Germains adoraient un grand nombre de dieux qu'ils se représentaient
sous une forme humaine. Leurs dieux forment une famille.
Wotan, le père des dieux, est un guerrier borgne ; il fend
les airs, invisible, armé de la lance, monté sur son cheval
blanc. C'est le dieu des batailles. Sa femme, Friga, vénérable
et austère, est la déesse des mariages. Leurs enfants sont :
Donar, à la barbe rouge, le dieu du tonnerre et des orages ;
Tyr, le dieu de l'épée ; Freyr, le dieu pacifique, qui fait
mûrir les moissons ; Freya, la déesse de la jeunesse et de la
beauté.

Les dieux habitent un palais céleste, le Walhalla, relié à
la terre par l'arc-en-ciel. Ils siègent sur des trônes d'or, entourés de Walkares, divines messagères qui vont recueillir
sur les champs de bataille les âmes des braves. Le séjour des
dieux est le paradis des guerriers.

Les lâches sont précipités dans l'enfer, lieu sombre et
glacé, situé dans les profondeurs de la terre, où habitent les
divinités malfaisantes, Loki, le dieu du mal, Holla, la déesse
de la mort.

Les Germains n'avaient ni temples ni idoles. Comme les
Gaulois, ils adoraient leurs dieux sur les montagnes ou dans
les bois, auprès des sources sacrées.

16. Les femmes germaines. — Chez les Germains,
la femme était respectée et honorée. Ils croyaient, dit Tacite,
qu'il y avait en elle quelque chose de divin. Le mariage
était soumis à des lois fixes. La femme n'apportait pas de
dot ; elle était associée à tous les travaux de la maison et elle
suivait le guerrier à la guerre. A la bataille d'Aix, les femmes
des Cimbres ne voulurent pas survivre à la défaite de leurs
maris.

17. L'invasion des Barbares. — Depuis longtemps

les peuplades germaniques cherchaient à s'établir sur le territoire de l'empire. Elles y étaient attirées par la fertilité plus grande du sol, la douceur du climat, les richesses des villes. Les empereurs romains ne cessèrent de lutter contre les bandes guerrières qui essayaient de franchir le Rhin et le Danube. Auguste dut envoyer ses plus habiles généraux, Drusus, Tibère, Germanicus, contre les tribus germaniques qui habitaient entre le Rhin et l'Elbe. Trajan et Marc-Aurèle firent plusieurs campagnes très rudes au delà du Danube. Au troisième siècle, la frontière du Rhin fut le théâtre de combats ininterrompus.

Mais, dès cette époque, l'empire, de plus en plus affaibli, admettait les barbares dans ses armées; les soldats et les vétérans de race germanique remplissaient les légions; des colons très nombreux étaient installés en territoire romain. Ce mouvement d'infiltration ne fit que s'accentuer au quatrième siècle, et bientôt les empereurs permirent à des tribus entières de barbares d'occuper, sur les frontières, les provinces qui s'étaient dépeuplées. C'est ainsi que les Goths furent établis comme alliés de l'empire en Thrace et en Macédoine; et que les Francs peuplèrent, au même titre, la vallée inférieure du Rhin. Il se produisit ainsi, pendant deux siècles, une lente et continuelle migration des peuples du nord et de l'est vers le midi et l'ouest.

Après la mort de Théodose, en 395, ce mouvement prit des proportions plus considérables. L'apparition des Huns en Europe précipita en masse sur l'empire toutes les peuplades germaniques. Goths, Burgondes, Vandales, Suèves, franchirent les frontières, et, comme un torrent qui a brisé ses digues, se répandirent sur le monde romain. Un siècle plus tard, en 476, l'empire d'Occident était détruit, et, sur ses ruines, se fondèrent de nouveaux royaumes. Cette période de l'histoire s'appelle l'invasion des barbares.

18. Alaric et les Visigoths. — Chassés de leurs anciennes demeures par les Huns, les Visigoths avaient obtenu de l'empire un vaste territoire au sud du Danube et s'étaient mis à sa solde. A la mort de Théodose, ils prirent pour chef Alaric et recommencèrent leurs incursions.

La Grèce fut envahie; Athènes n'échappa à la destruction qu'en livrant la plus grande partie de ses richesses; Corinthe et Sparte furent mises à feu et à sang.

Stilicon, ministre de l'empereur d'Occident, Honorius, accourut au secours de l'empire d'Orient. Vandale d'origine, Stilicon était arrivé par ses talents aux plus hautes dignités de l'empire. C'était un brave général, un esprit cultivé, un caractère loyal.

Il cerna Alaric dans les montagnes du Péloponèse. Mais les Visigoths parvinrent à s'échapper avec leur chef à travers les retranchements ennemis. Stilicon se mettait à leur poursuite, quand il apprit que l'empereur d'Orient avait traité avec Alaric et lui avait donné le gouvernement de l'Illyrie avec le titre de maître général de la milice.

Alaric profita de son titre pour donner à ses soldats toutes les armes que contenaient les arsenaux de la province. Puis il envahit l'Italie. Déjà il était maître de toute la Lombardie, quand Stilicon l'arrêta dans sa marche victorieuse. Alaric dut retourner en Illyrie.

19. La grande invasion de 406. Radagaise. — L'empereur, encore sous le coup de la terreur qu'avait provoquée la dernière invasion, abandonna Rome et alla s'enfermer dans Ravenne. Cette ville était bâtie sur les lagunes de l'Adriatique; elle était entourée de canaux et de marais inabordables. Une chaussée, qu'on pouvait aisément défendre ou détruire, joignait seule Ravenne au continent. C'est de cette retraite inexpugnable que l'empereur vit passer la grande invasion de 406, conduite par Radagaise.

Des hordes innombrables, composées de Vandales, de Suèves, de Burgondes, d'Hérules, d'Alains, poussées par l'invasion des Huns, avaient passé les Alpes, envahi l'Italie et tout détruit jusqu'à Florence.

Pour la troisième fois, Stilicon sauva l'empire. Il cerna les barbares près de Fiesole, et les réduisit par la famine. Radagaise fut décapité; ses compagnons furent vendus comme esclaves.

Pour récompense de tant de services, Stilicon périt victime d'une conspiration de palais. Il fut massacré sur le seuil de l'église de Ravenne où il était venu chercher un abri.

20. Alaric en Italie. — Alaric, délivré de ce redoutable adversaire, reparut aussitôt et marcha sur Rome sans rencontrer de résistance. Les esclaves lui ouvrirent les portes et les Goths se précipitèrent dans la ville. Six jours durant, Rome fut pillée, saccagée, incendiée, jusqu'au moment où le vainqueur, effrayé de son ouvrage, saisi d'une terreur superstitieuse à la pensée qu'il avait porté une main sacrilège sur la capitale du monde, abandonna ses ruines fumantes, ses palais détruits et ses habitants éperdus.

Alaric ne survécut pas longtemps à son triomphe. Il se dirigea vers la Campanie avec son armée chargée de dépouilles. Il se disposait à conquérir la Sicile quand il fut enlevé par une courte maladie. Les Goths lui firent des funérailles dignes de lui. « De peur que des mains romaines, excitées par la cupidité ou la haine, ne violassent les restes du violateur de Rome, ils creusèrent sa fosse près de Cosenza, dans le lit d'une petite rivière appelée Buzantin, qu'ils rendirent ensuite à son cours naturel; et celui qui avait traversé le monde avec la violence et le fracas d'un torrent entendit gronder éternellement sur sa tête les eaux déchaînées de l'Apennin. Une partie du trésor royal avait été déposée près de lui dans la fosse; afin d'assurer le secret du lieu, les Goths égorgèrent les captifs qu'ils avaient employés à la creuser. »

21. Les Visigoths en Gaule et en Espagne. — Privés de leur chef, les Visigoths se mirent de nouveau à la solde de l'empire. Ils passèrent dans la Gaule, qui avait été envahie par des bandes de Suèves, d'Alains, de Burgondes et de Vandales, échappés, pour la plupart, au désastre de Radagaise. Ils rejetèrent au sud des Pyrénées les Alains, les Suèves et les Vandales; les Burgondes furent refoulés dans les vallées de la Saône et du Rhône, où ils s'établirent pacifiquement après avoir reçu des terres.

En récompense de leurs services, les Visigoths obtinrent de l'empereur tout le pays qu'ils avaient conquis. En Gaule, ils s'étendirent peu à peu depuis les Pyrénées jusqu'à la Loire. Toulouse fut la capitale de leur royaume, et Bordeaux en devint rapidement une des cités les plus riches et les plus peuplées.

22. Les Vandales en Afrique. Le roi Genséric. — Repoussés dans le sud de l'Espagne, les Vandales ne tardèrent pas à tourner vers l'Afrique des regards de convoitise. Ils avaient alors pour roi Genséric, qui fut peut-être le plus rusé et le plus féroce des chefs barbares. Petit et boiteux, il cachait sous ces apparences chétives une âme ardente, une grande ambition et une profonde habileté à séduire les hommes et à semer la discorde et la haine. Genséric franchit avec son peuple le détroit de Gibraltar, s'empara de tout le nord de l'Afrique, et, punissant toute résistance par l'incendie et le massacre, il fit un désert de cette florissante contrée. Quelques villes maritimes résistèrent : Hippone ne céda qu'après la mort de son évêque, saint Augustin. Carthage fut enlevée par surprise ; mais Genséric, au lieu de la détruire, résolut de restaurer son antique prospérité, en faisant d'elle ce qu'elle avait été jadis, la capitale d'un vaste empire maritime.

Rome elle-même fut la proie des Vandales ; le pillage dura quatorze jours et quatorze nuits. Genséric, dont les fureurs mêmes étaient prévoyantes, fit soigneusement transporter sur ses vaisseaux toutes les richesses publiques. Les ornements du palais impérial, les statues des dieux du Capitole, la table d'or des Juifs et le chandelier à sept branches, les vases sacrés des chrétiens, tout fut pillé : puis les Vandales regagnèrent l'Afrique, dont ils devaient rester les maîtres pendant près d'un siècle encore.

23. Attila et les Huns. — Les Huns, après avoir poussé devant eux les peuplades germaniques, franchirent à leur tour les frontières de l'Empire. Vêtus de tuniques de lin et de casaques de peaux de rats sauvages qu'ils laissaient pourrir sur leurs corps, passant leur vie sur leurs petits chevaux rapides et décharnés, ils produisirent sur les Romains une impression de terreur mêlée de dégoût qui paralysait leur résistance. « Vous diriez, dit un historien, des bêtes à deux pieds, ou une de ces figures de bois mal

Guerrier hun.

charpentées dont on orne les parapets des ponts. »

Attila était le roi des Huns. Ce barbare avait, comme tous ceux de sa nation, la tête large, le teint basané, le nez aplati, les yeux enfoncés, la barbe rase. Trapu et vigoureux, il avait la démarche fière et assurée. Son ambition était immense. Un jour un pâtre lui apporta une épée rouillée; il prétendit que c'était l'épée du dieu Mars et qu'elle lui promettait l'empire de l'univers. Véritable barbare, il détruisait pour le plaisir de détruire. « L'herbe, disait-il, ne poussait plus sous les sabots de son cheval. » Cependant il ne manquait pas d'une certaine habileté politique, et il joua plus d'une fois par son astuce et sa ruse les ambassadeurs de Rome.

24. Invasion des Huns en Gaule. — Les Huns remontèrent la vallée du Danube et passèrent le Rhin entre Bâle et Mayence. Ils ravagèrent tout sur leur passage. A Metz, l'évêque s'était retiré dans l'église avec son clergé ; il fut épargné et emmené captif, mais ses prêtres furent tous égorgés au pied de l'autel. Les maisons furent réduites en cendres ; il ne resta debout qu'un oratoire, consacré à saint Etienne. De Metz, Attila se dirigea sur Reims.

La ville était presque déserte, ses habitants s'étant retirés dans les bois ; seul l'évêque, Nicasius, était resté avec une poignée d'hommes courageux et fidèles. Il fut massacré sur le seuil de son église ; mais, la basilique ayant retenti d'un bruit soudain et inconnu, les Huns effrayés s'enfuirent, laissant là leur butin, et quittèrent bientôt la ville. Le lendemain, les habitants reprirent possession de leurs maisons désolées, et recueillirent les restes de ceux qu'ils considéraient comme des martyrs; ils élevèrent un monument à leur pasteur, que l'Eglise honore encore aujourd'hui sous le nom de saint Nicaise[1].

25. La terreur à Paris. — Lutèce, le chef-lieu de la peuplade des Parisii dont elle prit le nom, était déjà une cité importante. Un camp fortifié, des arsenaux, un palais, un amphithéâtre, des temples, en un mot tout ce qui constituait un grand établissement militaire et une résidence impériale, avait été construit successivement sur la rive

---

1. Amédée Thierry. *Histoire d'Attila.*

gauche de la Seine. L'empereur Julien avait pris ce lieu en affection et y avait passé plusieurs hivers.

A l'approche d'Attila, les habitants de Lutèce avaient tenu conseil et résolu de ne point attendre l'ennemi. Déjà se faisaient les apprêts d'une émigration générale; toutes les barques étaient à flot. On ne voyait que meubles entassés sur les places, que maisons désertes et nues, que troupes de femmes et d'enfants qui allaient dire à leurs foyers un dernier adieu trempé de larmes. Une femme entreprit de les arrêter. Ce fut sainte Geneviève.

Pendant son enfance, Geneviève avait été bergère; mais, dès l'âge de quinze ans, elle avait pris le voile des vierges chrétiennes et elle était vénérée pour sa grande piété. Elle conseilla aux femmes de s'enfermer dans l'église, elle résista aux hommes qui voulaient fuir. A tous elle annonça qu'Attila n'approcherait pas des murs.

Les Parisiens restèrent et la ville dut sa conservation à l'obstination courageuse d'une pauvre et simple fille[1].

26. Attila devant Orléans.

— Attila, après avoir brûlé Reims et Arras, alla mettre le siège devant Orléans. Cette ville avait alors pour évêque saint Aignan. Celui-ci appartenait à cette race héroïque d'évêques que produisit le cinquième siècle, et qui, hommes de savoir et de piété, hommes de conseil, hommes de main, devenaient, dans les périls publics, les magistrats naturels de leur cité. Saint Aignan alla implorer à Arles le secours du préfet des Gaules, Aétius. « O mon fils, lui dit-il, je t'annonce que si, le huitième jour avant les calendes de juillet (c'était le 24 juin), tu n'es pas venu à notre secours, la bête féroce aura dévoré mon troupeau. » Aétius promit qu'il y serait au jour marqué[1].

Cependant Orléans, réduit par la famine et par les souffrances du siège, avait ouvert ses portes aux ennemis. Déjà les chefs des Huns pénétraient dans la ville pour se partager les plus belles dépouilles, lorsque soudain un bruit retentit. C'était l'armée d'Aétius qui arrivait. Un furieux combat s'engagea. Les captifs, brisant leurs chaînes, secondèrent les Romains. Attila fit sonner la retraite. La délivrance d'Orléans sauva la civilisation d'une destruction totale en Occident.

1. Amédée Thierry, *Histoire d'Attila.*

27. Bataille de Châlons-sur-Marne (451). — Les ravages de l'invasion avaient ému la Gaule entière. Le patrice Aétius, qui commandait les légions romaines et dont le prestige était très grand, appela aux armes les Barbares établis dans l'empire. Son appel fut entendu par les Francs de Mérovée, par les Burgondes, par les Visigoths, par toutes les populations gauloises. Attila, qui se trouvait encore près de la Loire, recula vers l'est jusqu'en Champagne. La bataille se livra dans les Champs Catalauniques, au sud de Châlons-sur-Marne.

La bataille dura toute la journée. Le soir Attila se retira dans son camp qui toute la nuit retentit du bruit des trompettes et des hurlements des hommes. Les alliés, qui craignaient une surprise, se tinrent sous les armes. Au matin ils virent avec étonnement que les Huns avaient battu en retraite, emportant leur butin.

28. Mort d'Attila. — L'année suivante, Attila se jeta sur l'Italie et marcha sur Rome. Les prières du pape saint Léon l'en détournèrent et, se contentant d'une forte rançon, il revint dans son camp du Danube. Il y célébra, par des fêtes et des orgies, son mariage avec la jeune Ildico, fille d'un roi germain. Le lendemain, les Huns, pénétrant dans la chambre nuptiale, trouvèrent leur roi étendu au milieu d'une mare de sang et la nouvelle épouse assise près du lit, la tête baissée et toute en larmes sous son long voile.

Après la mort de leur chef, les Huns se dispersèrent, et bientôt il ne resta rien de leur terrible puissance.

29. Fin de l'empire d'Occident. — A la suite de ces diverses invasions, plusieurs États barbares s'étaient fondés sur les ruines de l'empire d'Occident.

La Gaule, l'Espagne, l'Afrique et la Grande-Bretagne étaient tombées, au moins partiellement, entre les mains des Barbares. Seule, pendant la seconde moitié du cinquième siècle, l'Italie était restée ou semblait être restée à l'abri de la conquête germanique. Cette suprême apparence de liberté n'allait pas tarder elle-même à s'évanouir.

Les derniers empereurs ne furent que des jouets entre les mains de chefs barbares. L'un d'eux. Oreste, Hun d'origine, ancien secrétaire d'Attila, plaça sur le trône son propre fils, le jeune Romulus, que les soldats appelèrent par dérision *Augustule* ou le petit Auguste.

Le roi des Hérules, Odoacre, mit fin à cette comédie. Il mit à mort Oreste, renvoya à Constantinople les insignes impériaux et prit le titre de roi d'Italie (476).

Le nouveau roi d'Italie ne jouit pas longtemps du fruit de ses victoires. L'invasion des Ostrogoths mit fin à sa courte royauté.

30. Théodoric et les Ostrogoths. — Les Ostrogoths ou Goths de l'est, après avoir suivi la fortune d'Attila, s'étaient fixés en Pannonie. Un de leurs rois, Théodomir, traita avec l'empereur de Constantinople, s'engagea à le servir et à ne pas sortir de sa province. Pour garantir sa parole, il donna en otage son jeune fils Théodoric.

Théodoric fut élevé à Constantinople jusqu'à l'âge de dix-huit ans. Il prit goût à la vie civilisée; il admira cette organisation si savante de l'empire; mais il put voir aussi combien la force militaire lui faisait défaut. Le jeune barbare comprit quel rôle magnifique il pouvait jouer.

Devenu roi, après la mort de son père, Théodoric servit fidèlement l'empereur Zénon. Celui-ci lui donna les titres de consul et de patrice et lui fit élever une statue sur la place de Constantinople.

Mais les Ostrogoths murmuraient de l'absence de leur roi. Un jour Théodoric reçut des bords du Danube ce menaçant message : « Pendant que tu t'engraisses à Constantinople, ton peuple meurt de faim. Viens, si tu ne veux pas que nous choisissions un autre roi. »

Théodoric quitta précipitamment Constantinople et vint se mettre à la tête de son peuple. Il proposa à l'empereur d'aller reconquérir l'Italie sur le roi Odoacre. Zénon, heureux de se débarrasser d'un voisin si redoutable, lui donna son consentement.

31. Théodoric, roi d'Italie (489-493). — Théodoric passa les Alpes, en plein hiver, vainquit Odoacre dans deux batailles et le força à se réfugier dans Ravenne. Le blocus de cette place dura deux ans; enfin l'évêque de Ravenne ménagea un accord entre les deux adversaires. Il fut convenu qu'ils régneraient conjointement sur l'Italie. Un grand festin réunit les deux nations. Le festin était près de finir, lorsque Théodoric se leva brusquement et égorgea Odoacre et son

fils ; les chefs des Hérules furent massacrés. C'est ainsi que
le roi des Ostrogoths devint roi d'Italie (493).

32. Empire de Théodoric. — Confirmé dans la possession de l'Italie par l'empereur Anastase, qui lui envoya
les insignes impériaux, Théodoric étendit sa domination par
de nouvelles conquêtes. Au sud, il reconquit la Sicile sur les
Vandales ; au nord, il atteignit la frontière du Danube par la
conquête de l'Illyrie, de la Pannonie, du Norique et de la
Rhétie ; à l'ouest, les Visigoths lui cédèrent la province
d'Arles, et les Burgondes, la Narbonnaise. Enfin, il gouverna l'Espagne pendant la minorité d'Amalaric. Ainsi
Théodoric plaça sous son autorité la plus grande partie de
l'ancien empire d'Occident.

Il n'essaya pas d'arracher le reste aux barbares qui l'occupaient, mais il affecta vis-à-vis d'eux la suprématie d'un
empereur : il les groupa autour de lui par des liens de famille ;
il donna une sorte d'unité à ce monde germanique. Il épousa
la sœur de Clovis ; il donna ses deux filles aux rois des Visigoths et des Burgondes, sa sœur au roi des Vandales et sa
nièce à celui des Thuringiens. Il était donc pour l'Occident
une sorte d'empereur barbare, qui imposait son autorité
personnelle par les armes et la politique.

33. Gouvernement de Théodoric. — Dans son gouvernement, Théodoric fit revivre le régime impérial. Dans
son palais de Ravenne, entouré d'évêques, de ministres, de
grands dignitaires, de gardes d'élite, revêtu de la pourpre,
il avait l'air d'un César romain. Quand il visita Rome, il fit
son entrée dans la ville en grand appareil, monté sur un
char de triomphe, entouré de cavaliers goths et de patriciens
romains ; il fut reçu par le sénat suivant l'antique céré-
monial.

Théodoric confia les charges les plus élevées de l'empire
aux patriciens les plus illustres de Rome. Le philosophe
Boèce fut maître du palais, son beau-père Symmaque eut les
honneurs du consulat, et Cassiodore fut pendant quinze ans
premier ministre. L'Italie put se faire l'illusion qu'elle vivait
sous un nouveau Constantin.

Théodoric essaya de réunir en un seul peuple les vainqueurs et les vaincus, les Goths et les Romains. Mais il leur
donna des fonctions différentes : les Goths portèrent les

armes, les Italiens exercèrent les professions civiles. Aux uns il réserva les gymnases et les exercices militaires, aux autres les écoles et les charges du gouvernement.

34. Prospérité de l'Italie. — Pour la première fois depuis longtemps, l'Italie retrouva sous un barbare la prospérité que ne lui donnaient plus les empereurs romains. La population s'accrut, l'agriculture défricha les terres incultes, les mines furent exploitées, les marais desséchés, les monuments restaurés : des palais embellirent Pavie et Vérone, une basilique s'éleva à Ravenne ; à Rome, les aqueducs et le théâtre de Pompée furent restaurés.

35. Théodoric et l'Eglise. — Il semblait que l'Italie eût adopté son roi, et que le barbare devenu Romain n'eût rien à craindre de son peuple. Mais les deux nations juxtaposées restaient hostiles et défiantes, parce qu'elles n'avaient

Tombeau de Théodoric.

pas la même religion : les Italiens étaient chrétiens orthodoxes, les Ostrogoths étaient ariens. Théodoric s'était montré toujours tolérant pour toutes les religions. Il interdit les persécutions contre les Juifs. Mais cette tolérance même ne fut pas comprise parce qu'elle n'était pas dans les mœurs de l'époque.

Une conspiration se forma contre lui ; Boèce et Symmaque y furent impliqués, peut-être à tort. Alors le prince aux instincts barbares reparut tout entier. Boèce fut enfermé dans la tour de Pavie, où il écrivit son beau livre sur la *Consolation de la philosophie*, puis il fut soumis à la torture ; Symmaque fut décapité ; un grand nombre de chrétiens furent condamnés à mort.

36. Mort de Théodoric (526). — Théodoric, poursuivi par les remords, survécut peu à cette persécution. La mort de Symmaque le jeta dans une mélancolie qui altéra sa raison. Il voyait sans cesse le spectre de son serviteur innocent ; il était poursuivi par des hallucinations ; il mourut dans un accès de fièvre chaude.

Théodoric est, avant Charlemagne, le seul roi barbare à qui l'histoire ait donné le nom de Grand. Cependant il ne resta rien de son royaume un instant si brillant. Théodoric n'avait rien fondé, ni État, ni dynastie, ni société. Il avait usé sa vie à restaurer des ruines romaines.

LECTURE. — L'assemblée générale chez les Germains.

Tacite nous a donné une très vive peinture de la grande assemblée qui représentait la tribu germanique. « Il y a, dit-il, des sessions ordinaires, à jours fixes, et des sessions extraordinaires, quand les circonstances l'exigent. On prend pour date de ces réunions la nouvelle ou bien la pleine lune, deux phénomènes qui passent pour être d'un heureux présage. Les hommes libres, chacun à son heure, y viennent bien moins remplir un devoir qu'exercer un droit. Dès qu'on se trouve assez nombreux, on ouvre la séance, tout en armes. D'abord le prêtre commande le silence ; à lui seul appartient pendant la session le droit de réprimer et de punir ; puis on discute les propositions qui sont faites. Un des principaux ou des chefs prend la parole ; il recommande ou blâme les mesures proposées ; la résolution définitive appartient à l'assistance, qui approuve en faisant retentir l'air du choc de ses armes, et qui blâme ou refuse par ses murmures.

C'est dans cette grande assemblée générale que le jeune Germain reçoit publiquement le bouclier et la framée ; à partir de ce jour il fait partie de la cité et non plus seulement de la famille : il peut suivre un chef illustre dans quelque expédition guerrière, et se préparer ainsi aux droits comme aux devoirs du citoyen. C'est là aussi que sont nommés par la réunion des hommes libres ceux d'entre eux qui seront chargés de présider au gouvernement civil, et de rendre la justice pour les affaires courantes. Du reste, la grande assemblée de la tribu peut devenir, elle aussi, un tribunal pour les affaires les plus importantes, pour les crimes politiques, pour les infractions aux lois militaires et les actions infamantes. C'est elle enfin qui résout les expéditions; car elle est tour à tour assemblée politique, cour civile, tribunal et conseil militaire.

(GEFFROY, *Rome et les Barbares.*)

Livres à consulter : GEFFROY, *Rome et les Barbares.* — Amédée THIERRY. *Récits de l'histoire romaine au cinquième siècle;* — *Histoire d'Attila et de ses successeurs.* — H. MARTIN, MICHELET, DARESTE, LAVISSE, *Histoire de France.* — LAVISSE et RAMBAUD, *Histoire générale.* — ZELLER. *Histoire d'Italie.* — G. CARRÉ, *le Moyen âge, choix de lectures historiques.*

CHAPITRE V

L'EMPIRE D'ORIENT : Justinien.

SOMMAIRE

1. **L'EMPIRE D'ORIENT.** — L'empire romain d'Orient survécut dix siècles, jusqu'à la prise de Constantinople par les Turcs en 1453. Cette longue durée s'explique surtout par la situation de Constantinople et par l'administration de l'empire.

2. **LES PRÉDÉCESSEURS DE JUSTINIEN.** — Sous les premiers successeurs de Théodose, l'empire d'Orient fut menacé sur toutes ses frontières par des peuples barbares et fut déchiré, à l'intérieur, par des révoltes militaires ou des discordes théologiques.

3. **JUSTINIEN (527-565).** — Le plus puissant et le plus célèbre des empereurs d'Orient fut Justinien. Il eut l'ambition de maintenir en Orient et de reconstituer en Occident l'unité de l'empire romain. Cette ambition s'affirma dans les guerres qu'il entreprit, dans les travaux législatifs qu'il fit poursuivre, dans l'impulsion qu'il donna aux arts.

4. **LES GUERRES DÉFENSIVES.** — Les guerres défensives, dirigées contre les Perses en Asie, contre les Bulgares et les Avares sur le bas Danube, furent entreprises afin de protéger les frontières de l'empire d'Orient.

5. **LES GUERRES OFFENSIVES.** — Les guerres offensives eurent pour théâtre l'Afrique, l'Italie et l'Espagne, que Justinien voulait reconquérir sur les Barbares.

En Afrique, Bélisaire, vainqueur du roi Gélimer en plusieurs rencontres, mit fin au royaume des Vandales (534).

En Italie, Bélisaire et Narsès détruisirent le royaume des Ostrogoths (554).

En Espagne, Justinien enleva aux Visigoths la côte sud-est de la péninsule.

6. **LES TRAVAUX LÉGISLATIFS.** — Justinien voulut résumer en une série de recueils et de traités législatifs toute la science juridique des Romains. Il fit publier le Code Justinien, le Digeste ou les Pandectes, les Instituts et les Novelles. Son principal collaborateur dans cette œuvre fut le jurisconsulte Tribonien.

7. **L'ART BYZANTIN.** — Ce fut sous Justinien que l'art byzantin prit surtout son essor. Cet empereur ordonna la construction de nombreux monuments; l'église de Sainte-Sophie, à Constantinople, est restée le plus beau modèle de l'art de cette époque.

8. **DÉCADENCE DE L'EMPIRE.** — L'éclat extérieur du règne de Justinien ne saurait dissimuler la décadence des mœurs et la corruption de la cour. L'impératrice Théodora n'était qu'une comédienne couronnée. Les révoltes des gardes du palais, les séditions provoquées par les courses du cirque et les discussions théologiques entretenaient une perpétuelle anarchie.

La décadence ne fit qu'augmenter après Justinien. Un seul empereur, Héraclius (610-641), lutta avec gloire contre les Avares et les Perses; mais il ne put arrêter l'invasion victorieuse des Arabes.

RÉCIT

1. L'empire d'Orient. — Moins d'un siècle après la mort de Théodose, l'empire d'Occident avait succombé sous les coups desBarbares. Plus heureux, l'empire d'Orient survécut pendant tout le moyen âge. Malgré les attaques incessantes que dirigèrent contre lui des ennemis redoutables, l'empire byzantin ne disparut qu'en 1453, quand les Turcs se furent emparés de Constantinople.

Trois causes principales expliquent la longue durée de cet empire : 1° la position géographique de Constantinople; 2° la supériorité du gouvernement impérial sur les royaumes barbares ; 3° l'énergie de quelques empereurs.

2. Constantinople. — Constantinople, bâtie par Constantin sur l'emplacement de l'antique colonie grecque de Byzance, avait une situation merveilleuse. Protégée au nord par la vallée du Danube et par la chaîne des Balkans, au sud par le Bosphore, elle put défier longtemps les attaques de ses ennemis. Son magnifique port de la

Constantinople et ses environs.

Corne d'Or était le centre du commerce du monde entier. En communication facile avec l'Europe par la grande route du Danube, avec l'Afrique et la vallée du Nil par Alexandrie, avec l'Asie dont elle n'était séparée que par un bras de mer, elle était l'entrepôt des richesses et le grand marché de l'Orient et de l'Occident.

3. Le gouvernement. — L'empire d'Orient était devenu de plus en plus semblable à une monarchie orientale. L'empereur était maître absolu. Assis sur un trône d'or, vêtu de soie et de pourpre, couvert de pierres précieuses, il étalait un faste inouï au milieu d'une cour pompeuse que formaient autour de lui les grands officiers, les évêques, les hauts dignitaires, les gardes du palais. Les conspirations étaient fréquentes parmi les courtisans, qui se disputaient les faveurs du maître ; et la cour de Constantinople n'était pas moins célèbre par sa corruption et par ses intrigues que par ses richesses.

Mais, malgré ses vices, l'empire était bien supérieur aux royaumes barbares de l'Occident. Il avait un gouvernement régulier et une législation savante, qui rappelaient encore l'organisation de l'empire romain.

4. L'empire d'Orient pendant le cinquième siècle. — La plupart des empereurs qui régnèrent à Constantinople pendant le cinquième siècle manquèrent d'énergie et de virilité. Arcadius, prince faible et incapable, se laissa gouverner soit par de bas favoris, soit par l'impératrice, l'altière et vicieuse Eudoxie, ennemie du grand patriarche d'Antioche, saint Jean Chrysostome. Théodose II ne fut qu'un sophiste couronné. Sa passion était de copier les beaux manuscrits ; aussi fut-il surnommé le Calligraphe. Sa sœur Pulchérie exerça le pouvoir en son nom. Marcien, que la faveur de Pulchérie avait appelé au trône, était un brave soldat qui fit preuve d'une grande fermeté en présence des Barbares comme dans les discordes religieuses. Après lui, le trône fut occupé par les empereurs thraces, Léon, Zénon, Anastase et Justin. Sous ces princes, d'origine souvent très basse (Justin était un ancien pâtre et ne savait même pas lire), les frontières de l'empire furent sans cesse envahies par les Perses en Asie Mineure, par les Bulgares et les Avares sur le Danube. Pour protéger Constantinople, Anastase fit bâtir un mur de 18 lieues entre la mer de Marmara et la mer Noire.

A l'intérieur, l'État byzantin était de plus en plus déchiré par les querelles théologiques, par les factions du cirque, par les révoltes du palais. L'empire d'Orient semblait arrivé à ses derniers jours, lorsque Justinien, neveu de l'empereur Justin, monta sur le trône.

5. Justinien (527-565). — Justinien parvint à l'empire à l'âge de quarante ans. Comme son oncle et prédécesseur

Justin, il avait été berger pendant sa jeunesse : mais il s'était peu à peu élevé aux plus hautes charges de l'empire ; il avait été consul ; enfin il avait décidé son oncle à abdiquer en sa faveur.

Pendant tout son règne il suffit à des travaux divers par une activité fiévreuse. Il dormait à peine trois ou quatre heures par jour : il se levait au milieu de la nuit, et parcourait d'un pas agité les galeries de son palais, en songeant aux affaires de l'État et de l'Église. L'énergie de sa volonté égalait l'activité de son esprit. Il n'hésita pas à abroger une

Justinien et sa cour (d'après une mosaïque de Ravenne).

loi pour épouser la fameuse Théodora, fille d'un gardeur d'ours, elle-même ancienne comédienne et danseuse ; il lui donna le titre d'*Auguste* et l'associa à l'empire. Théodora d'ailleurs ne manquait ni d'esprit, ni de jugement, ni de fermeté. Elle donna toujours à Justinien les plus sages conseils ; elle lui sauva, dans une sédition populaire, le trône et la vie.

Justinien voulait d'une part conserver et défendre toutes les régions que l'empire possédait encore, d'autre part reconquérir en Occident la plupart des territoires perdus par Rome et transformés en royaumes barbares. Son ambition était de reconstituer ainsi l'unité de l'empire.

Il fut aidé dans toutes ses entreprises par des hommes

remarquables, les généraux Bélisaire et Narsès, le jurisconsulte Tribonien, le préfet du prétoire Jean de Cappadoce. Son règne de trente-huit ans fut rempli par de nombreuses guerres et par des travaux législatifs importants ; une grande impulsion fut aussi donnée aux arts.

6. La guerre contre les Perses. — Entre les Perses et l'empire, la guerre durait depuis plusieurs siècles. Sous les règnes de Justin et de Justinien, ce conflit séculaire fut encore envenimé par la question des Lazes, question à la fois économique et religieuse. Le petit peuple des Lazes (*Lazi*) habitait, au pied du Caucase, près de l'extrémité orientale de la mer Noire, un territoire d'une étendue médiocre, mais d'une importance géographique considérable. Là aboutissait une grande route commerciale de l'Europe vers l'Asie centrale. En outre les Lazes venaient de se convertir au christianisme, et, comme chrétiens, ils réclamaient la protection de l'empereur d'Orient. Or, les Perses avaient intérêt à ce que ce petit pays, limitrophe de leur empire, ne fût pas soumis à la domination byzantine.

La guerre eût pour théâtre la vallée de l'Euphrate et l'Arménie. Bélisaire, vainqueur au début, fut ensuite battu ; l'empereur le disgracia et signa un traité avec les Perses.

Huit ans plus tard, la guerre recommença et dura vingt-deux ans. Elle fut marquée, pour les deux adversaires, par des alternatives de victoires et de défaites. Tantôt Chosroès, le roi des Perses, entrait en Syrie et s'emparait d'Antioche, « la Perle de l'Orient » ; tantôt, au contraire, Bélisaire pénétrait jusqu'au cœur de la Perse. Enfin les deux souverains signèrent un traité : Chosroès renonçait à toute souveraineté sur le pays des Lazes, mais Justinien consentait à lui payer un tribut annuel.

7. Les Barbares du Danube. — Contre les peuples barbares qui occupaient la rive gauche du Danube, la guerre ne fut ni moins longue ni plus heureuse. Chaque année, les Bulgares, les Huns, les Slaves, passaient le fleuve, franchissaient même les Balkans, se répandaient dans la Thrace, dans la Macédoine, jusqu'en Épire, jusqu'en Grèce, jusque dans le voisinage de Constantinople. La plus dangereuse de toutes ces incursions fut celle de 559 : cette année-là, les hordes barbares forcèrent le mur d'Anastase et assiégèrent la capitale de l'empire. Ils ne furent repoussés que par les savantes manœuvres de Bélisaire. Ils recommencèrent d'ailleurs, dès l'année suivante, leurs perpétuelles invasions. De ce côté, le péril était incessant.

8. Justinien et les Vandales. — Malgré les dangers qui menaçaient constamment les frontières orientales de l'empire, Justinien entreprit plusieurs guerres pour rétablir la domination romaine.

Il tourna d'abord ses armes contre les Vandales d'Afrique. Leur roi Gélimer avait une puissance plus brillante que solide. Bélisaire vainquit une première fois les Vandales à quelques kilomètres de Carthage, et fit dans cette ville une entrée triomphale; puis il poursuivit Gélimer, qui battait en retraite vers l'ouest, le mit en déroute près de Tricaméron, et réussit à le cerner sur le mont Pappua (peut-être la montagne appelée aujourd'hui l'Edough, près de Bône).

Gélimer résista longtemps. Un jour, il demanda du pain dont il n'avait pas goûté depuis trois mois, une éponge pour essuyer ses larmes, et une harpe pour chanter ses malheurs. Réduit enfin à se rendre, il éclata de rire en paraissant devant Bélisaire. Il fut conduit en captivité à Constantinople. Traîné derrière le char du vainqueur, il répétait ces paroles de l'Ecclésiaste : « Vanité des vanités, tout n'est que vanité. »

Avec lui finit le royaume des Vandales (534). Les îles Baléares et la Sardaigne, jadis conquises par Genséric, se soumirent en même temps que l'Afrique à la domination byzantine. Tous ces territoires formèrent une nouvelle préfecture dont Carthage fut la capitale.

9. Justinien et les Ostrogoths. — La guerre contre les Ostrogoths d'Italie fut plus longue et plus difficile. Le prétexte de l'expédition fut la mort d'Amalasonthe, fille de Théodoric, qui avait demandé la protection de l'empereur et que Théodat avait fait assassiner. Bélisaire occupa rapidement la Sicile, conquit l'Italie méridionale et entra dans Rome de vive force (536).

Vitigès, successeur de Théodat, essaya vainement de relever par son courage la cause que la lâcheté de son prédécesseur avait compromise. Il appela à son aide Théodebert et les Francs d'Austrasie. Trahi par eux, il s'enferma dans

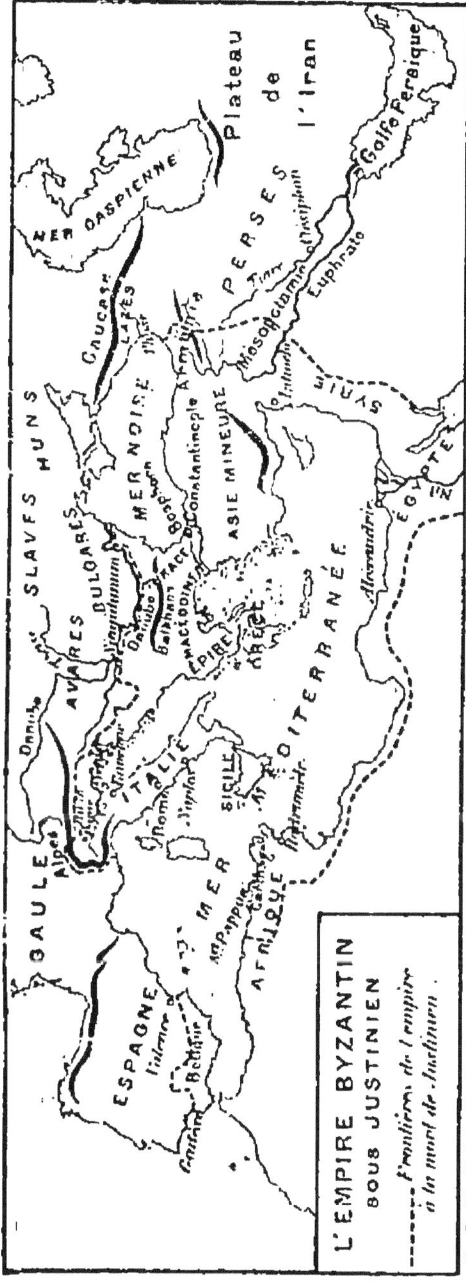

Ravenne et fut forcé de se rendre à Bélisaire. L'heureux vainqueur amena pour la seconde fois un roi captif aux pieds de Justinien.

Cependant Bélisaire fut victime d'une de ces intrigues si fréquentes à la cour de Constantinople. Il fut disgracié. Les Goths reconquirent toute l'Italie.

Il fallait recommencer la guerre. Narsès partit de Constantinople avec une nouvelle armée, vainquit les Goths, arrêta une invasion des Francs et soumit toute la péninsule.

Comme l'Afrique, l'Italie forma une préfecture dont Ravenne fut la capitale.

10. Justinien et les Visigoths d'Espagne. — Les armes de l'empire pénétrèrent jusqu'en Espagne. Un prétendant au trône des Visigoths, Athanagilde, appela les

armées de Justinien à son aide contre son rival. Il céda à
l'empereur, pour prix de ses secours, la côte de l'Espagne,
depuis Cadix jusqu'à Valence, avec la partie occidentale de
la Bétique (Andalousie).

Justinien avait donc recouvré, par les armes, la plupart
des pays que les Barbares avaient enlevés aux Romains. En
Gaule, les princes francs se disaient vassaux de l'empire.
L'unité impériale semblait presque reconstituée, et Justinien
put se décorer des titres pompeux de vainqueur des Vandales et des Goths, de souverain des Francs et des Germains.
Mais cette souveraineté était illusoire.

11. Construction de nombreuses forteresses. —
En effet, si brillante qu'elle parût, l'œuvre militaire de Justinien n'en était pas moins d'une extrême fragilité. Il fallut
hérisser de forteresses, de tours, de lignes retranchées non
seulement les frontières extrêmes de l'empire, mais même
l'intérieur des provinces. Quatre-vingts postes militaires
furent construits le long du Danube; en arrière de cette
première ligne, six cents places fortes furent relevées ou
bâties dans la seule péninsule des Balkans. En Asie, une
longue chaîne de forteresses relia la mer Noire au cours de
l'Euphrate. En Afrique, les anciennes provinces romaines
furent couvertes de postes échelonnés et de citadelles souvent puissantes. Ces constructions ne sauvèrent d'ailleurs
l'empire byzantin d'aucune invasion; elles n'arrêtèrent ni
les Arabes, ni les Slaves, ni plus tard les Turcs.

12. Les travaux législatifs de Justinien. — La
gloire que Justinien doit à ses travaux législatifs est plus
méritée. C'est lui qui a codifié définitivement le droit romain. Il réunit une commission de jurisconsultes présidée
par le savant Tribonien. Cette commission classa toutes les
anciennes lois, les édits des préteurs, les constitutions des
empereurs et fixa ainsi les principes du droit romain. Elle
rédigea quatre ouvrages principaux :

1° Le Code Justinien, recueil des ordonnances des empereurs romains depuis le cinquième jusqu'au sixième siècle;

2° Le Digeste ou les Pandectes, recueil des décisions des
jurisconsultes romains;

3° Les Instituts, manuel de droit romain à l'usage des
écoles;

4° Les Novelles, recueil des ordonnances promulguées par Justinien lui-même.

Dans ces ouvrages furent consacrés les principes que la philosophie et le christianisme avaient apportés au monde.

Les lois justiniennes, adoptées par les peuples barbares, se substituèrent peu à peu aux coutumes germaniques.

13. L'art byzantin. — Le règne de Justinien occupe une aussi grande place dans l'histoire de l'art que dans celle du droit. C'est l'époque, en effet, où de magnifiques monuments, palais et églises, s'élèvent à Constantinople et dans les principales villes de l'empire; où se forme un art tout particulier, l'art byzantin.

« Le grand art byzantin, c'est l'architecture; son monument le plus important est l'église de Sainte-Sophie à Constantinople, bâtie sous Justinien et conservée par les Turcs qui l'ont transformée en mosquée. — L'église byzantine se compose d'un grand dôme central, terminé par une coupole d'où vient le jour, et entouré de plusieurs dômes ou demi-dômes plus petits. Tous ces dômes sont dorés au dehors et étincellent au loin. A l'intérieur, les colonnes sont en marbre précieux, en jaspe, en porphyre, toutes veinées de rouge et de vert. Le sol est pavé en mosaïque brillante; les murs sont couverts de fresques à fond d'or. L'impression qu'on a cherché à produire est celle de la richesse. Ce sont ces édifices à coupoles, toutes rondes et toutes dorées, qui du sixième au onzième siècle ont servi de modèles aux architectes, non seulement dans l'empire byzantin, mais chez les barbares chrétiens d'Occident; elles sont restées en Orient le type de l'architecture chrétienne; toutes les églises russes sont des églises byzantines[1]. »

Les artistes byzantins étaient aussi très habiles à sculpter le bois et l'ivoire, à confectionner les bijoux et les émaux, à dessiner et à peindre les miniatures des manuscrits. Là encore ils ont été les maîtres des artistes d'Occident au moyen âge.

14. Les mœurs byzantines. — Cet éclat extérieur du règne de Justinien ne doit pas nous faire illusion sur la décadence morale qui caractérise cette époque. Aucun des

---

1. Seignobos, *Histoire de la civilisation.*

grands personnages de ce temps n'y échappe. Justinien, qui possède quelques qualités du véritable homme d'État, est en même temps pusillanime jusqu'à la lâcheté et ingrat envers ses meilleurs serviteurs. Bélisaire, que la légende a trop embelli, est sans doute un honnête homme et un général habile; mais il est incapable de supporter la mauvaise fortune, et, pour regagner la faveur de son maître, il n'est point de supplications humiliantes auxquelles il ne s'abaisse. Narsès était d'une avarice sordide; Tribonien ne connaissait pas moins l'art de la flatterie que le droit romain. Quant aux femmes, l'impératrice Théodora, nous l'avons vu, était une ancienne danseuse; l'énergie, dont elle fit preuve sur le trône, n'excuse ni ne justifie les débordements de sa vie. Antonina, l'épouse de Bélisaire, est aussi célèbre par ses débauches que son mari par ses victoires.

La foule ne valait pas mieux que ses chefs. A Constantinople surtout, elle n'éprouvait plus que deux passions : les courses de chars et les discussions théologiques. Elle était partagée en deux camps ennemis : les uns tenaient pour les Verts, c'est-à-dire les cochers à casaque verte ; les autres acclamaient les Bleus. Une victoire des Bleus ou des Verts intéressait beaucoup plus vivement le peuple de la capitale qu'un triomphe de Bélisaire ou de Narsès. Les deux noms de *Bleus* et *Verts* désignèrent bientôt non plus seulement deux partis dans l'Hippodrome, mais deux grandes factions politiques et religieuses dans l'empire tout entier. Les Bleus étaient catholiques orthodoxes et fidèles à Justinien ; les Verts étaient plus favorables aux hérétiques et formaient une opposition souvent redoutable. L'arène de l'amphithéâtre était devenue le centre et le foyer de la vie publique ; c'est de là que partit la fameuse sédition populaire de *Nika*, dans laquelle Justinien faillit perdre son trône.

15. Mort de Justinien. — Justinien mourut en 565. La fin de sa vie fut triste : les Barbares forçaient les frontières de l'empire, les laboureurs abandonnaient les champs, les ouvriers des villes étaient ruinés par le fisc, la misère atteignait jusqu'aux riches, la population diminuait. L'emblème de ce règne, c'est bien la magnifique basilique de Sainte-Sophie, construite par ordre de l'empereur et fendue en deux par la foudre avant même la mort de Justinien.

16. Décadence de l'empire. — Après Justinien, l'empire tomba en décadence. Il perdit peu à peu ses conquêtes. L'Italie la première échappa à sa domination.

Narsès, gouverneur de l'Italie, disgracié par l'empereur Justin II, se vengea en appelant les Lombards. Ceux-ci franchirent les Alpes sous la conduite de leur roi Alboin, qui conquit la Lombardie, se fit couronner roi d'Italie à Milan, et établit sa capitale à Pavie (569).

L'empereur ne conserva plus que Venise, Ravenne, Rome, Naples et la Sicile.

En Orient l'empire était menacé. Les Avares franchirent le Danube et ravagèrent la Thrace et la Macédoine. Les Perses, conduits par Chosroès II, s'emparèrent de l'Asie Mineure et arrivèrent en face de Constantinople. La terreur était grande dans la ville; la population voulait émigrer en masse.

L'empereur Héraclius (610-641), un des successeurs de Justinien qui se montra le plus digne de l'empire, sauva Constantinople et reconquit ses États. Il confia au patriarche Sergius la défense de la ville, et lui-même dirigea trois expéditions en Perse. Vainqueur à Ninive, il menaça le roi Chosroès jusque dans Ctésiphon. Il ramena triomphalement à Constantinople, le 14 septembre 628, la croix sur laquelle, disait-on, le Christ était mort et que les Perses avaient enlevée à Jérusalem. La fête de l'exaltation de la croix perpétua le souvenir de cette cérémonie triomphale.

L'empire était sauvé des Perses. Une autre invasion plus redoutable se préparait contre lui : celle des Arabes.

LECTURE. — **L'église Sainte-Sophie.**

Constantin avait déjà élevé sur le grand forum de la ville qu'il avait fondée une église consacrée à la Sagesse Divine; brûlée dans une émeute en 404, reconstruite sous Théodose II, elle avait été de nouveau détruite par les flammes dans la terrible sédition Nika en 532. Maître de l'insurrection, Justinien résolut de construire à la même place une église qui dépassât par la splendeur tous les édifices connus, tout ce qu'on racontait même du temple de Salomon. Il ne fallut pas plus de vingt ans pour construire cet admirable monument, et la rapidité avec laquelle il fut terminé explique comment il se distingue, entre tous les édifices aussi importants, par une parfaite unité de style. On y employa dix mille ouvriers, divisés en équipes de cent hommes commandées chacune par un chef de chantier. Pour gagner du temps, on n'hésita pas à prendre dans les monuments antiques des matériaux tout ouvrés. L'empereur écrivit dans ce sens aux gouverneurs des provinces. On lui envoya d'Éphèse huit colonnes en vert antique; d'Égypte, des colonnes de granit et de porphyre. La grande diversité des matériaux de toute couleur, mais employés avec goût, ne fit qu'ajouter à l'effet d'ensemble, et se maria parfaitement avec la richesse déployée dans la décoration. Les principaux architectes de Sainte-Sophie furent deux Grecs d'Asie Mineure, Anthemius de Tralles et Isidore de Milet.

..... Dès l'entrée on saisit l'ensemble de l'édifice dans la grandiose harmonie de lignes droites et de courbes magistralement unies. Au centre s'élève une coupole de 35 mètres de diamètre, s'appuyant sur quatre arcs de même diamètre, les deux arcs perpendiculaires à la nef reposent sur deux demi-coupoles, les deux autres sont fermés par les murs ajourés des colonnades. La construction de la coupole attira surtout l'attention des architectes; on l'appuya sur des piliers massifs construits avec le plus grand soin et, pour en alléger le poids énorme, on se servit de tuiles blanches spongieuses, fabriquées à Rhodes, et qui, à dimensions égales, pesaient cinq fois moins que les tuiles ordinaires. Toutes ces précautions furent inutiles. La coupole avait résisté en 553 à un tremblement de terre qui dura quarante jours : mais, en 557, un nouveau tremblement de terre qui renversa une partie de la ville l'ébranla à tel point qu'elle s'écroula bientôt après (7 mai 558). Les premiers architectes étaient morts; mais le neveu d'Isidore de Milet, Isidore le Jeune, osa reprendre la construction en lui donnant même plus d'élévation; toutefois, au lieu d'employer la forme sphérique, il fit porter la coupole sur un tambour peu élevé percé de vingt-quatre fenêtres, et lui donna une forme surbaissée et elliptique qui ajoute à l'effet de grandeur et presque d'effroi qui frappe le spectateur au centre du monument.

Un luxe inouï avait été prodigué dans l'ornementation; l'or et les pierres précieuses s'y mêlaient aux marbres les plus beaux. L'ambon seul coûta les revenus d'une année de la riche province d'Égypte. La mosaïque était partout répandue. Quel spectacle admirable, lorsque les six mille candélabres dorés, qu'on allumait aux jours de fête, illuminaient la clôture d'argent massif du sanctuaire, faisaient scintiller l'autel d'or, étincelant de gemmes et d'émaux, sous son dôme soutenu par quatre colonnes d'argent et d'or, et semblaient se refléter dans les yeux des grandes figures en mosaïque du Christ, de la Vierge, des anges, des apôtres, des prophètes, gardiens et hôtes éternels de l'enceinte sacrée!

Malgré les iconoclastes, malgré les Turcs, qui ont fait couvrir à la chaux les figures humaines qu'un bon musulman ne saurait souffrir dans un temple, l'effet d'ensemble reste encore incomparable, et le regard va chercher au fond du sanctuaire, sous le badigeon qui les cache, les lignes confuses d'une figure colossale, image de la Sagesse Divine, qui, sous ce voile demi-transparent, assiste impassible aux cérémonies d'un culte étranger. L'extérieur a été plus défiguré, non pas tant par les quatre minarets qui se dressent aux quatre angles, que par les constructions parasites, tombeaux, écoles, boutiques, échoppes même, qui ont défiguré Sainte-Sophie, comme tant d'autres monuments restés chrétiens. Sainte-Sophie n'en est pas moins le Parthénon de l'art byzantin.

(R. PEYRE, Histoire générale des Beaux-Arts.
— Paris, Delagrave.)

Livres à consulter : GIBBON, *Histoire de la décadence et de la chute de l'empire romain.* — DEBIDOUR, *L'impératrice Théodora.* — DIEHL., *Études sur l'administration byzantine dans l'exarchat de Ravenne.* — BAYET, *L'art byzantin.* — LAVISSE et RAMBAUD, *Histoire générale.* — G. CARRÉ, *Le Moyen Age,* choix de lectures historiques.

CHAPITRE VI

LA GAULE FRANQUE : **Clovis ; la Gaule franque ; la royauté mérovingienne ; les régions de la Gaule franque.**

SOMMAIRE

1. **Les Francs.** — Les Francs formaient une confédération de peuplades renommées pour leur bravoure. Vers le milieu du quatrième siècle, ils furent établis par les Romains eux-mêmes en territoire impérial, près des bouches du Rhin. Ils étaient alors divisés en deux tribus principales, les Francs Saliens et les Francs Ripuaires.

Bientôt ils profitèrent des troubles causés par la grande invasion pour étendre leurs possessions dans la Gaule du Nord. Ils s'avancèrent jusqu'à la Somme.

2. **Clovis.** — La puissance des Francs fut fondée par Clovis. Clovis, d'abord païen, puis converti au catholicisme et baptisé par l'évêque de Reims, conquit presque toute la Gaule sur le Romain Syagrius et sur le roi des Visigoths, Alaric. Les Burgondes reconnurent sa suprématie. A sa mort, Clovis était le maître incontesté de la Gaule.

3. **L'œuvre politique et religieuse de Clovis.** — L'œuvre de Clovis a été considérable.

1° Il a rétabli l'unité nationale de la Gaule, que les invasions germaniques avaient brisée ;

2° Par sa victoire sur les Alamans, il a mis fin aux incursions des Germains en Gaule et il a commencé la conquête de la Germanie par les Francs ;

3° Par sa conversion au catholicisme, il a scellé l'alliance de son peuple et de l'Eglise, alliance qui a été également profitable aux deux alliés.

4. **Les Mérovingiens.** — Les successeurs de Clovis ou Mérovingiens régnèrent sur la Gaule pendant plus de deux siècles. Mais aucun d'eux n'eut la puissance de Clovis. Des guerres civiles déchirèrent souvent le royaume.

Plus tard, les derniers Mérovingiens furent des rois fainéants. L'autorité appartint alors aux maires du palais. Enfin le pouvoir passa à une autre dynastie, celle des Carolingiens.

5. **La Gaule franque ; ses principales régions.** — La Gaule franque comprenait toute l'ancienne Gaule, sauf la Septimanie (région de Narbonne) et la Provence. Elle se divisait en plusieurs parties distinctes : l'Austrasie, au nord-est ; la Neustrie au nord-ouest ; l'Aquitaine, de la Loire aux Pyrénées ; la Burgondie ou Bourgogne, dans les vallées de la Saône et du Rhône.

6. La société et les mœurs franques. — La société franque comprenait quatre classes de personnes : les nobles, d'origine franque ou gallo-romaine, possesseurs d'immenses domaines, investis des plus hautes dignités ; les hommes libres, propriétaires de leurs terres ; les colons, sorte de métayers ; les esclaves.

Les mœurs de cette société étaient brutales et grossières. Les violences contre les personnes étaient fréquentes.

7. Le gouvernement mérovingien. — Le gouvernement des Mérovingiens était une monarchie héréditaire et absolue. Le roi présidait les assemblées nationales et les conciles ; il administrait les provinces par l'intermédiaire des ducs et des comtes.

8. Les lois. — Les lois des barbares avaient pour but la répression des crimes et des délits. Elles étaient personnelles, et elles admettaient la coutume du wehrgeld ou composition.

9. L'Église. — L'Église chercha à adoucir ces mœurs et à protéger les faibles. Les monastères étaient des asiles de travail et de paix. Au sixième siècle, ils avaient tous adopté la règle bénédictine.

RÉCIT

1. Les Francs. — La véritable origine des Francs est inconnue. Leur nom signifie soit les hommes libres, soit les hommes armés de la francisque. Ils n'apparaissent dans l'histoire que vers le milieu du troisième siècle de l'ère chrétienne.

Ils formaient alors une confédération de peuplades diverses, qui n'étaient elles-mêmes que les débris d'anciennes tribus, jadis puissantes, comme les Cattes, les Bructères, les Sicambres. Ces peuplades habitaient surtout la rive droite du Rhin, depuis le confluent du Main jusqu'à la mer du Nord.

Les guerriers francs étaient grands et forts ; ils relevaient et rattachaient sur le sommet du front leurs cheveux d'un blond roux, qui formaient une espèce d'aigrette et retombaient par derrière en queue de cheval. Leur visage était entièrement rasé, à l'exception de deux longues moustaches qui leur tombaient de chaque côté de la bouche. Ils portaient des habits de toile serrés au corps et sur les membres, avec un large ceinturon auquel l'épée pendait.

2. Mœurs guerrières des Francs. — Les Francs aimaient la guerre avec passion, comme le moyen de devenir riches dans ce monde, et dans l'autre convives des dieux.

Leur arme favorite était une hache à un ou deux tran-

chants, dont le fer était épais et acéré et le manche très
court.

Ils commençaient le combat en lançant de loin cette
hache, soit au visage, soit contre le bouclier de l'ennemi.
Rarement ils manquaient d'atteindre l'endroit précis où ils
voulaient frapper.

Les plus jeunes et les plus violents d'entre eux éprouvaient quelquefois dans le combat des accès d'extase fréné-
tique, pendant lesquels ils paraissaient insensibles à la
douleur et doués d'une puissance de vie tout à fait extraordinaire. Ils restaient debout et combattaient encore, atteints
de plusieurs blessures dont la moindre eût suffi pour ter-
rasser d'autres hommes. Les Romains, qui éprouvaient si
souvent leur valeur, disaient : « Il vaut mieux avoir les
Francs pour amis que pour voisins. »

3. Les Francs et les Romains. — Depuis le milieu
du troisième siècle les Francs firent une guerre incessante
aux Romains. Tous les ans ils lançaient de l'autre côté du
Rhin des bandes de jeunes fanatiques, dont l'imagination
s'était enflammée au récit des exploits d'Odin. Peu de ces
enfants perdus repassaient le fleuve. Souvent leurs incursions étaient cruellement punies, et les légions romaines
venaient mettre à feu et à sang la rive germanique du Rhin ;
mais, dès que le fleuve était gelé, les passages et l'agression
recommençaient.

En 256, des hordes de Francs traversèrent la Gaule et
l'Espagne, et pillèrent les côtes d'Afrique. L'empereur Pro-
bus en transporta une petite troupe sur les bords du Pont-
Euxin ; mais on raconte que ces Francs, s'étant emparés de
quelques barques, franchirent le Bosphore, parcoururent toute
la Méditerranée de l'est à l'ouest, en ravageant les côtes les
plus riches et en pillant Athènes, Carthage, Syracuse ; con-
tournèrent l'Espagne et la Gaule, et rejoignirent enfin leurs
compatriotes sur les bords du Rhin.

A la fin du troisième siècle, Rome cessa de les combattre
pour les prendre à son service.

En 292, plusieurs bandes de Francs furent cantonnées par
Constance Chlore sur la rive gauche du Rhin inférieur,
entre le fleuve lui-même et la Meuse. Ce fut surtout pendant le quatrième siècle que les empereurs leur permirent
de se fixer dans la Gaule du Nord.

4. Les Francs en Gaule. — Après des luttes souvent sanglantes et cruelles, qui eurent pour théâtre le nord et même le centre de la Gaule, Julien établit, vers l'année 358, la tribu des Francs Saliens (ainsi appelés de la rivière Sala, aujourd'hui l'Yssel), en qualité de fédérés, dans le pays entre la Meuse et l'Escaut.

A la même époque, une autre tribu de Francs, appelés Francs Ripuaires, fut fixée par les Romains sur les bords du Rhin aux environs de Cologne. Ces barbares, introduits dans les provinces romaines, étaient chargés de la défense des frontières ; leurs chefs avaient le titre d'officiers de troupes auxiliaires ou fédérées. Mais bientôt, à mesure que l'empire s'affaiblissait, à la faveur de l'anarchie et des troubles provoqués par la grande invasion, les Francs s'avancèrent du nord vers le sud, occupant des territoires toujours plus vastes.

En 481, lors de l'avènement de Clovis, les Francs Saliens avaient conquis toute la vallée de l'Escaut ; le cours de la Somme formait leur limite méridionale ; leurs principales villes étaient Tournai et Cambrai. Les Francs Ripuaires, de leur côté, avaient occupé une grande partie des vallées inférieures de la Moselle et de la Meuse.

5. Etat de la Gaule en 481. — A l'avènement de Clovis, la Gaule était partagée entre les Francs au nord, les Burgondes à l'est, les Visigoths au midi, les Bretons ou Armoricains à l'ouest. Quelques légions romaines étaient encore campées dans la vallée de la Seine.

Les Francs occupaient tout le nord de la Gaule depuis la Somme jusqu'au Rhin.

Les Francs Ripuaires, entre la Meuse et le Rhin, avaient Cologne pour résidence royale ; les Francs Saliens, entre la Meuse et la mer du Nord, avaient formé les trois petits royaumes de Thérouanne, où régnait Chararic ; de Cambrai, avec Ragnacaire pour roi ; et enfin de Tournai, où Clovis venait de succéder à son père Childéric.

Les Burgondes possédaient tout le pays compris entre le Jura et la Saône, les Alpes, le Rhône et la Durance. Ils étaient gouvernés par deux rois, Gondebaud à Lyon, et Godegisèle à Genève. Leurs mœurs étaient plus douces et plus pacifiques que celles des autres barbares.

Les Visigoths étendaient leur domination depuis les Pyrénées jusqu'à la Loire et sur tout le littoral de la Méditerranée jusqu'à la Durance. De plus, ils possédaient l'Espagne presque tout entière. Depuis longtemps en contact avec les Romains, ils étaient les plus civilisés des barbares. Toulouse, leur capitale, égalait en politesse et surpassait peut-être en éclat la cour de Constantinople. Le roi Euric était entouré de Gaulois de distinction, parmi lesquels figurait

l'un des rhéteurs les plus estimés de ce temps pour la pureté et la grâce de son style, Sidoine Apollinaire, évêque de Clermont.

A l'extrémité occidentale de la Gaule, l'ancienne Armorique, où s'étaient réfugiés des Bretons qui voulaient échapper aux invasions des Angles et des Saxons, était en fait indépendante. Elle allait désormais changer son vieux nom celtique contre celui de Petite Bretagne ou Bretagne.

Dans la vallée de la Seine, quelques légions romaines étaient encore cantonnées sous le commandement de Syagrius, qui se faisait appeler Roi des Romains.

6. Etat politique et religieux de la Gaule. — Les ros barbares n'avaient porté aucune atteinte aux mœurs ni aux institutions des Gallo-Romains. Ils habitaient les anciens palais romains ; ils avaient pris les domaines de l'Etat. Les soldats avaient reçu ou pris, à titre d'hospitalité, des terres et des esclaves, mais la population indigène n'avait pas été spoliée.

Les Gallo-Romains continuèrent à parler leur langue ; ils conservèrent leurs lois ; ils occupèrent toutes les charges civiles et ils exercèrent à la cour des rois une grande influence. Ainsi l'arrivée des barbares en Gaule ne modifia pas sensiblement l'ancien régime gallo-romain.

Mais les barbares apportaient en Gaule une religion nouvelle : les Burgondes et les Visigoths étaient ariens. La population gallo-romaine était chrétienne orthodoxe. Les évêques et le clergé des Gaules supportaient avec peine le joug de ces hérétiques. Ils tournèrent leur espoir vers les Francs qui, étant encore païens, pouvaient être convertis à l'orthodoxie. Ce fut le principal mérite de Clovis, et la principale cause de ses victoires, d'avoir profité de la haine de l'Eglise contre l'arianisme. Allié des évêques chrétiens, puis chrétien lui-même, il assura le triomphe commun de l'Eglise et de la nation franque.

7. Clovis; ses premières victoires. — A peine roi, Clovis entraîna son peuple à la conquête de la Gaule.

Il envahit d'abord la vallée de la Seine, où régnait Syagrius. La bataille entre les Romains et les Francs se livra près de Soissons. Syagrius fut vaincu. Livré à Clovis par le roi des Visigoths, il fut mis à mort, et Clovis s'empara de toute la région de Paris. Quoiqu'il fût encore païen, il se montra plein de déférence pour les évêques catholiques, en particulier pour l'évêque de Reims, saint Remi.

Dès lors la sympathie et l'appui du clergé furent acquis au jeune chef des Francs. L'alliance devint encore plus étroite lorsque Clovis eut épousé une princesse catholique, Clotilde, la nièce de Gondebaud, roi des Burgondes.

8. Bataille de Tolbiac (496). — Avant de poursuivre ses conquêtes et d'étendre encore son royaume vers le sud, Clovis dut défendre contre des agresseurs germaniques le fruit de ses premières victoires.

Les Alamans, établis entre les Vosges et le Danube, dans l'Alsace, le grand-duché de Bade et le Würtemberg actuels, avaient envahi le territoire des Ripuaires. Jaloux du butin conquis par les Francs à Soissons, ils voulaient, eux aussi, prendre leur part des dépouilles de la Gaule. Clovis marcha contre eux. Il les attaqua à Tolbiac, près de Cologne. Ses soldats fuyaient, lorsqu'il s'écria, se rappelant tout ce que Clotilde lui avait dit du Dieu des chrétiens : « Dieu de Clotilde, dit-il, si tu me donnes la victoire, je me ferai chrétien. » Gaulois et Francs revinrent au combat, et les Alamans furent vaincus.

Ce fut à la suite de la bataille de Tolbiac que Clovis résolut de se convertir, lui et son peuple, au christianisme. Il fut baptisé à Reims, en 496, par l'évêque saint Remi. Son autorité grandit à la suite de son baptême. Il devint un roi très puissant.

9. Guerre contre les Burgondes.

— L'est et le sud de la Gaule étaient occupés par les Burgondes et les Visigoths ariens. Poussé par Clotilde et par les évêques, Clovis attaqua ces deux peuples. Il tourna d'abord ses armes contre les Burgondes. Le roi Gondebaud, trahi par son frère Godegisèle, fut vaincu à Dijon (500). Assiégé dans Avignon, il signa un traité avec Clovis pour sauver sa vie. Il s'engageait à ne plus persécuter les catholiques et à leur laisser célébrer le culte en toute liberté.

La Burgondie ne fut pas encore annexée au royaume franc ; mais l'influence de Clovis y fut prépondérante.

10. Guerre contre les Visigoths.

— Clovis se dirigea ensuite contre les Visigoths. Un jour, à Paris, il convoqua ses Francs : « Il me déplaît, dit il, que ces ariens possèdent la meilleure partie des Gaules ; allons sur eux avec l'aide de Dieu, et chassons-les ; soumettons leur terre en notre pouvoir ; nous ferons bien, car elle est très bonne. » Les Francs applaudirent à ces paroles qui flattaient leur ardeur de néophytes et leurs instincts de pillards.

Nul obstacle sur la route ; les villes s'ouvraient ; les habitants, conduits par les évêques, offraient leur soumission. Les miracles même, au dire de l'historien de ce temps, l'évêque Grégoire de Tours, ne manquèrent pas. Une biche guida l'armée égarée dans les montagnes du Limousin et lui indiqua un gué dans la Vienne. Un globe de feu apparut sur la cathédrale de Poitiers. Saint Martin, le grand apôtre de la Gaule, aurait prédit la victoire du fond de son tombeau.

Ces récits légendaires montrent combien l'Eglise protégeait l'œuvre de Clovis.

Le roi des Visigoths, Alaric, s'avança jusqu'à Poitiers. La rencontre entre les deux armées eut lieu à Vouillé. Alaric fut vaincu et tué. Les Francs prirent Bordeaux et Toulouse. Clovis s'empara de tout le pays situé entre la Loire et les Pyrénées. Seules la Septimanie et la Provence, défendues par Théodoric, échappèrent à la domination franque.

11. Clovis consul. — Clovis avait triomphé de tous les rois ou chefs établis en Gaule ; il avait vaincu tour à tour Syagrius, les Alamans, Gondebaud, Alaric. La puissance réelle, que lui avaient donnée toutes ces victoires, fut augmentée encore et pour ainsi dire légitimée par l'investiture qui lui fut envoyée de Constantinople. L'empereur d'Orient, Anastase, lui conféra les titres de *maître de la milice* et de *patrice des Romains*. Clovis revêtit à Tours les insignes de ses nouvelles dignités. Il fit son entrée dans la ville, à cheval, le diadème en tête, vêtu de la pourpre, et jetant des pièces d'or au peuple.

Vainqueur par l'épée, soutenu par l'Eglise, reconnu par l'empereur, Clovis était vraiment le maître de la Gaule.

12. L'œuvre de Clovis ; son œuvre territoriale. — L'œuvre de Clovis a été considérable, beaucoup plus considérable, non seulement que celles des rois burgondes, visigoths et vandales, mais même que celle de Théodoric. Elle a duré, tandis que l'œuvre des autres rois barbares a été éphémère. Clovis a fondé un Etat, dont le rôle a été éclatant. Son œuvre a été territoriale, politique, religieuse.

Lorsque Clovis monta sur le trône, la Gaule était divisée en plusieurs régions, occupées par des chefs différents. Il n'y avait dans notre pays aucune unité nationale. Clovis a créé cette unité en conquérant les royaumes de Syagrius et d'Alaric et en préparant l'annexion de la Burgondie au royaume franc. A sa mort, l'Etat franc comprenait presque toute la Gaule du Rhin aux Pyrénées et de l'Atlantique aux Alpes. Les rois francs étaient reconnus par l'immense majorité de la population.

13. L'œuvre politique de Clovis. — Non seulement Clovis a fait disparaître, à l'intérieur des limites de la Gaule,

la division, l'émiettement causés par la chute de la puissance
romaine et par les invasions barbares ; mais encore il a mis
un terme à ces invasions. C'est là la véritable importance
de la bataille de Tolbiac. En effet, les Alamans ne faisaient
pas autre chose, lorsqu'ils envahirent la Gaule, que de suivre
l'exemple qui leur avait été donné par les Burgondes, par
les Visigoths, par les Francs eux-mêmes. Mais la Gaule ne
ressemblait déjà plus à ce qu'elle était un siècle plus tôt, après
la mort de Théodose.

Pour la première fois, depuis le début de la grande invasion, les Barbares germains se heurtèrent, sur les frontières
de l'empire, à une résistance sérieuse, et furent obligés de
reculer. La bataille de Tolbiac marque pour la Gaule la fin
des invasions barbares. Les successeurs de Clovis ne se
contenteront pas de repousser les Germains agresseurs ; ils
les attaqueront à leur tour et commenceront la conquête de
la Germanie, que Charlemagne achèvera.

Jusqu'alors la poussée des peuples s'était produite de l'est
vers l'ouest ; désormais elle se produira en sens inverse.
Avec Clovis commence ce mouvement vers l'est, ce *Drang
nach Osten*, qui fut au Moyen Age la mission de l'Allemagne
et qui a fait la grandeur du Brandebourg.

14. L'œuvre religieuse de Clovis. — L'œuvre religieuse de Clovis fut peut-être encore plus importante. Son
baptême, qui fut aussi celui de trois mille guerriers francs,
fut un grand événement.

Sans doute Clovis resta barbare après son baptême, et
le christianisme, maître de son esprit, trouva une invincible
résistance dans ses passions. Mais il y avait enfin un roi
germain qui partageait la foi de la population gallo-romaine,
et qui pouvait faire avec la Gaule et son clergé une alliance
intime et féconde. L'épiscopat tressaillit de joie. L'évêque de
Vienne, Avitus, écrivit : « L'Occident a trouvé sa lumière. »
Le pape Anastase se félicita dans une lettre à Clovis de ce
que son avénement au pontificat avait lieu l'année de la conversion de « son glorieux fils » à la foi chrétienne. L'Eglise
avait dès lors une épée à son service, et elle pouvait dire, en
parlant au roi des Francs : « Quand tu combats, c'est à moi
qu'est la victoire ! »

Le baptême de Clovis a été l'origine de cette alliance
étroite entre la France et l'Eglise, dont les résultats ont été

si considérables. Par son œuvre religieuse comme par sa lutte contre les Alamans, Clovis a été le véritable précurseur de Charlemagne.

Clovis mourut à Paris en 511. Il a joué un très grand rôle dans l'histoire de notre pays. Il a été le véritable fondateur de la société franque et de l'unité nationale.

15. Les rois mérovingiens; guerres civiles. — Les descendants de Clovis ou Mérovingiens régnèrent sur la Gaule pendant plus de deux siècles. Mais aucun d'eux ne fut puissant comme l'avait été Clovis.

Tout d'abord on appliqua à la royauté la coutume germanique, d'après laquelle tous les fils se partageaient également l'héritage de leur père. La Gaule franque, unie sous Clovis, ne le fut plus que rarement sous ses successeurs. Elle fut presque toujours divisée : en quatre royaumes, sous les fils de Clovis et de Clotaire Ier; plus tard, en trois, la Neustrie, l'Austrasie, la Burgondie.

Ces divisions territoriales furent accompagnées de guerres civiles affreuses. La rivalité de Brunehaut, reine d'Austrasie, et de Frédégonde, reine de Neustrie, donna lieu à des crimes épouvantables et à d'atroces représailles. Un peu plus tard, celle de deux maires du palais, Ebroïn et saint Léger, ne fit pas couler moins de sang.

Au milieu de ces dissensions intestines, le pouvoir royal alla en s'affaiblissant.

16. Les progrès des grands. — Les principaux guerriers du royaume, les grands ou *leudes*, profitèrent des luttes qui éclataient sans cesse entre les divers rois mérovingiens pour se faire concéder de nombreux privilèges. On peut dire qu'ils se firent payer à plusieurs reprises l'appui qu'ils prêtaient à leurs princes.

De leur côté, les rois, pour garder autour d'eux le plus de partisans, leur donnèrent des terres, d'abord à titre provisoire et toujours révocable; plus tard, les domaines ainsi distribués furent déclarés héréditaires.

La puissance politique des nobles augmenta en même temps. En 615, les évêques et les grands publièrent à Paris une sorte de charte, connue sous le nom de Constitution perpétuelle. En voici les points les plus importants : abolition des impôts établis depuis Clotaire Ier; restitution des biens ou bénéfices confisqués sur les leudes ou les églises ; confirmation irrévocable des bénéfices accordés par le roi ; élection des évêques par le synode provincial sur la présentation du clergé et du peuple des cités; établissement des tribunaux ecclésiastiques; administration de chaque province confiée aux hommes les plus riches de la province.

Après cette nouvelle victoire de l'aristocratie, les complots, les guerres civiles obscures, les luttes privées suscitées par les haines personnelles se multiplièrent. L'anarchie parut à son comble.

17. Les rois fainéants. — Enfin la dynastie mérovingienne elle-même tomba dans une lamentable déchéance physique. Parmi les premiers successeurs de Clovis, il y avait eu encore des princes énergiques, tels que Thierry, le conquérant de l'Auvergne: Clotaire Ier, qui réunit toute la Gaule sous son sceptre; Sigebert, le mari de Brunehaut; enfin Dagobert Ier, sous lequel la royauté mérovingienne jeta un dernier éclat.

Mais, aussitôt après Dagobert, apparaissent les *rois fainéants*. Leurs noms sont à peine connus; ils ne méritent pas d'être mentionnés.

Ces princes vivaient relégués dans des maisons de campagne, entourés de quelques domestiques. Parfois ils se rendaient à l'assemblée des Francs, traînés sur un chariot attelé de bœufs et conduit par un bouvier. Assis sur un trône, les cheveux flottants, ils conservaient les insignes extérieurs de la royauté; mais ils n'avaient plus aucun pouvoir.

La plupart moururent jeunes, avant l'âge de trente ans ; quelques-uns périrent misérablement. Ainsi, une légende disait que le roi Clovis II avait fait brûler les jarrets à ses deux fils, puis les avait placés en un bateau sur la Seine et les avait abandonnés au courant. Ces malheureux enfants furent recueillis par les moines de l'abbaye de Jumièges, et longtemps ces moines montrèrent les tombeaux des *Enervés de Jumièges*.

18. Les maires du palais. — Le pouvoir qui tombait des mains impuissantes des Mérovingiens fut recueilli par

les maires du palais. L'origine de ces puissants fonctionnaires
était déjà ancienne. Le chef germain, qui vivait entouré de
ses leudes ou fidèles, leur confiait le service domestique
comme le service militaire. Après la conquête le roi conserva
auprès de lui ses fidèles. Ceux-ci formèrent, avec les nobles
gallo-romains, la cour du roi; ils furent les grands officiers
du palais.

L'un d'eux, le *maire*, avait la surveillance générale de la
maison du roi ; il s'occupait des subsistances et jugeait les
querelles des leudes. Il devint ainsi le premier officier du
palais, l'intendant général des domaines, le plus grand personnage après le roi.

Dans l'Austrasie, les maires trouvaient une royauté faible,
une aristocratie puissante : ils se tournèrent contre les Mérovingiens, qu'ils cherchèrent à supplanter, et se firent les
défenseurs de l'aristocratie. Dans la Neustrie, ils voyaient
des institutions romaines encore vivaces, des leudes peu
nombreux, un peuple depuis longtemps habitué au pouvoir
absolu ; ils se firent les champions de l'autorité royale qu'ils
exerçaient, et les adversaires de l'aristocratie. Ainsi commença. sous les maires du palais, cette lutte de la Neustrie
et de l'Austrasie, qui devait aboutir à la victoire de l'Austrasie et à l'avènement d'une nouvelle dynastie royale, celle
des Carolingiens.

---

19. La Gaule mérovingienne. — La Gaule, sous
la domination des Francs, conserva la plupart des institutions romaines. Ces institutions se modifièrent peu à peu
sous l'influence des coutumes germaniques. Mais pendant
longtemps les rois mérovingiens ne firent qu'appliquer les
règles du gouvernement romain. Ils ne furent que les imita-
teurs, souvent maladroits et grossiers, de l'empire. L'époque
mérovingienne fut donc une transition entre la société antique et la société féodale du moyen âge.

La Gaule franque ou mérovingienne comprenait presque
tous les pays qui avaient formé, sous l'empire romain, les
provinces de Narbonnaise, Aquitaine, Lugdunaise. Belgique,
Germanie supérieure et Germanie inférieure. Seules la haute
vallée du Rhin, à l'est ; la Septimanie et la Provence au sud,
n'étaient pas soumises à la royauté mérovingienne.

20. Les diverses régions de la Gaule franque.

— La Gaule franque se divisait en quatre régions distinctes.
Au nord-est, entre la mer du Nord, le Rhin, les Ardennes et
la Somme, se trouvait l'Austrasie, berceau de la puissance
mérovingienne, pays devenu un peu plus germanique
que le reste de la Gaule. Les leudes y étaient riches et
puissants. C'est au cœur de l'Austrasie, sur les bords de la

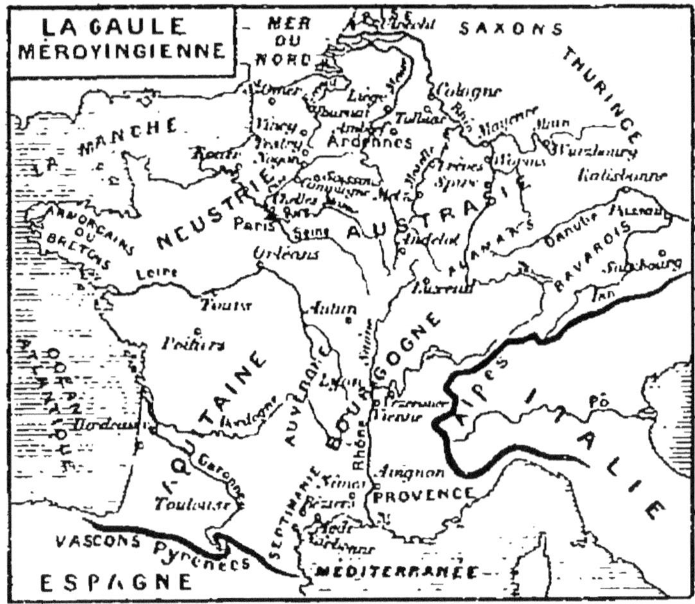

Meuse, entre Liège et Maëstricht, que grandit la famille
d'Héristal, d'où sortit la dynastie carolingienne.

Au nord-ouest, depuis la Somme jusqu'à la Loire, depuis
les Ardennes, l'Argonne et le Morvan jusqu'à la Manche et
l'Atlantique, s'étendait la Neustrie, déjà beaucoup plus roma-
nisée que l'Austrasie ; les Gallo-Romains y étaient plus
nombreux que les Francs ; ils y avaient conservé une grande
influence grâce à leurs vastes domaines.

Au sud-ouest, de la Loire aux Pyrénées, l'Aquitaine ne
reconnaissait qu'à grand'peine le joug des Francs. Déjà apparaissait la rivalité, presque la haine de la Gaule méridionale et de la Gaule septentrionale. Les Aquitains et les
Vascons se révoltèrent plusieurs fois contre l'autorité des

premiers Carolingiens. Il fallut diriger contre eux plusieurs expéditions pour étouffer leur esprit d'indépendance et pour dompter leurs révoltes toujours renaissantes.

Enfin à l'est et au sud-est, la vallée de la Saône et la vallée moyenne du Rhône jusqu'à la Durance formaient la Burgondie ou Bourgogne, plus semblable à la Neustrie qu'à l'Aquitaine ou à l'Austrasie.

21. La société gallo-franque. — La société comprenait, comme à l'époque gallo-romaine, quatre classes de personnes : les nobles, les hommes libres, les colons et les esclaves.

Les nobles, d'origine franque ou gallo-romaine, étaient les grands propriétaires. Les uns vivaient à la cour du roi : on les appelait les leudes, les fidèles, les antrustions du roi. Ils possédaient d'immenses domaines, que le roi leur avait concédés pour s'assurer leur fidélité. Les autres vivaient dans leurs terres, à la campagne, entourés de nombreux serviteurs.

Les hommes libres vivaient également sur leurs terres ; ils disposaient librement de leurs biens et de leurs personnes. Ils n'avaient d'autres obligations que d'aller à la guerre et de siéger comme juges au tribunal du comte.

Les colons, comme nos fermiers actuels, payaient une redevance annuelle au propriétaire qui leur avait cédé la jouissance d'une terre.

Enfin les esclaves dépendaient entièrement du maître. Ils cultivaient la terre pour son compte ; ils prirent bientôt le nom de serfs.

Les invasions germaniques n'amenèrent pas en Gaule autant d'étrangers qu'on pourrait le croire. Le fond de la population fut peu modifié ; l'état de la propriété le fut peut-être davantage, sans être cependant complètement bouleversé. Il ne se creusa pas soudain un abîme entre la société gallo-romaine et la société gallo-franque.

22. Les mœurs. — Les mœurs subirent une transformation plus grave : elles devinrent brutales et grossières. La guerre et la chasse étaient les occupations régulières des hommes de ce temps. La vie intellectuelle avait à peu près disparu. Les écoles étaient abandonnées ; les théâtres étaient fermés. On cite quelques rois comme Chilpéric, Gontran ou

Dagobert, qui se sont intéressés aux lettres romaines, mais c'était là une exception.

Les violences contre les personnes et les attentats contre la propriété étaient des crimes fréquents dans cette société barbare. Le christianisme n'avait pu adoucir les mœurs. Clovis tuait ses parents; Clotaire et Childebert faisaient périr leurs neveux. Les crimes de Brunehaut et de Frédégonde sont tristement célèbres. L'époque qui va du sixième au huitième siècle est une époque de complète barbarie.

23. Le gouvernement. — Le gouvernement de la Gaule franque était monarchique. La royauté était héréditaire. Les rois prenaient les insignes impériaux, la couronne d'or, le sceptre, la tunique de pourpre. Ils avaient une cour qu'ils appelaient, comme les empereurs, le palais sacré. Les hommes des plus grandes familles, Francs ou Gaulois, tenaient à honneur d'y résider. Cette vie de cour était large et brillante; il ne faut pas se figurer ces rois vivant dans des fermes de paysans grossièrement construites; ils avaient à leur disposition les nombreux palais qui avaient été construits, au siècle précédent, pour l'usage des empereurs ou de leurs fonctionnaires.

24. Les assemblées nationales. — Les anciennes assemblées nationales des Francs, où tous les hommes libres venaient discuter les intérêts généraux, avaient presque entièrement disparu. Elles avaient été remplacées par des réunions de guerriers, appelées champs de mars ou champs de mai. Ces réunions, qui se tenaient au printemps ou à l'automne, n'étaient que des revues militaires.

Les rois traitaient les affaires importantes dans des réunions appelées le plaid du roi. Ils y convoquaient les évêques, les comtes et les principaux leudes.

Enfin les conciles, réunions d'évêques, d'abbés et de moines, souvent présidés par le roi, traitaient des affaires politiques en même temps que des intérêts religieux de l'Eglise.

25. L'administration locale. — Les provinces étaient gouvernées par des ducs et des comtes. Les ducs, qui avaient surtout un pouvoir militaire, étaient toujours choisis parmi les Francs. Les comtes, qui avaient l'autorité civile, étaient

pris indifféremment parmi les Gallo-Romains ou les Francs ;
ils présidaient les assises dans lesquelles était rendue la
justice, ils faisaient les levées d'hommes pour l'armée et
enfin ils percevaient les impôts. Peu à peu, ces fonctionnaires, choisis parmi les grands propriétaires du pays, se
rendirent indépendants.

26. Les lois. — Sous les Mérovingiens, comme de nos
jours, il y avait des lois et des tribunaux. Les lois étaient
surtout pénales, c'est-à-dire qu'elles visaient les crimes et
les délits. Elles admettaient la coutume germanique du
wehrgeld ou composition. Le wehrgeld était la somme
donnée à la victime ou à ses héritiers à titre de dommages-
intérêts. Le wehrgeld était plus ou moins élevé, suivant la
condition de la personne lésée ; il était payé en entier en cas
de mort ; en partie seulement en cas de blessure, et propor-
tionnellement à la gravité de la blessure. « Si quelqu'un
frappe un homme à la tête et que le sang coule, dit la loi
salique, il payera 15 sous d'or. S'il le frappe à la tête et fait
sortir trois os, 30 sous. Si la cervelle se voit, 45 sous. Pour
un pied, une main, un nez coupé, 100 sous. Si la main
coupée pend encore, 45 sous. Si elle est tordue ou arrachée,
62 sous. Si l'on coupe le pouce de la main ou du pied,
45 sous. Pour le deuxième doigt avec lequel on bande l'arc,
35 sous. Pour le troisième doigt, 15 sous. Pour le quatrième,
5 sous. Pour le petit doigt, 15 sous. »

Un autre caractère de ces lois est qu'elles étaient personnelles. Les Gallo-Romains étaient jugés par la loi romaine,
les Francs par la loi franque. Les Barbares, qui n'avaient
d'abord que des coutumes, rédigèrent leurs lois quand ils
furent établis sur les terres de l'empire. Ces lois furent écrites
en latin, du sixième au huitième siècle. On les appelle les
lois des Barbares. Les principales sont : la loi salique ou loi
des Francs Saliens, la loi des Ripuaires, la loi des Burgondes,
la loi des Visigoths.

27. L'Eglise. — Dans cette société barbare, les lois
étaient souvent impuissantes. Aussi les faibles restaient-ils
exposés aux violences des plus forts. L'Eglise prit en main
leur défense et chercha à faire prévaloir les préceptes de
l'Evangile. Saint Remi protégea le peuple contre les soldats
de **Clovis** ; saint Germain, évêque de Paris, imposa aux

envahisseurs le respect de son caractère ; saint Grégoire, évêque de Tours, fit entendre aux Mérovingiens de sévères avertissements ; Nicétius, évêque de Trèves, reprocha au petit-fils de Clovis, Théodebert, ses désordres et ses violences, et lui fit baisser la tête.

Sous les Mérovingiens, les évêques devinrent de plus en plus influents ; ils finirent par former une aristocratie puissante qui s'associa souvent aux leudes pour combattre l'autorité royale. Mais en même temps de véritables barbares violents et grossiers, s'introduisaient dans l'épiscopat et le clergé séculier. Les rois concédaient à leurs compagnons d'armes des évêchés aussi bien que des terres et des fermes.

28. Les monastères. — Le clergé régulier fit à cette époque de rapides progrès. Les monastères furent un asile de paix et de travail. A la fin du cinquième siècle, un noble italien, Benoît de Nursie, fonda, au sud de Rome, le monastère du Mont-Cassin, et il rédigea pour ses moines un règlement, qui, de son nom, s'appelle la règle bénédictine. Un de ses disciples, saint Maur, l'apporta en Gaule, où elle fut adoptée par tous les monastères. Elle recommande surtout le travail et la prière. « La paresse, dit-elle, est l'ennemie de l'âme. » Chaque jour, le moine doit travailler de ses mains pendant sept heures et lire pendant deux heures. Le reste de la journée est consacré aux offices religieux.

En 573, un moine irlandais, saint Colomban, fonda en Gaule le monastère de Luxeuil, qui envoya un grand nombre de missionnaires pour convertir la Germanie.

Parmi les nombreux couvents qui se créèrent en France à l'époque mérovingienne, les plus célèbres furent : Saint-Denis et Saint-Germain-des-Prés, près de Paris ; Saint-Wandrille ou Jumièges, aux portes de Rouen ; Saint-Médard, à Soissons ; Saint-Bertin, à Saint-Omer ; Sainte-Radegonde, à Poitiers.

29. Les moines bénédictins. — Les moines bénédictins rendirent de grands services. Ils défrichèrent le sol, qui était redevenu inculte ; ils fabriquèrent des vêtements, des meubles, des objets d'art et conservèrent les secrets de l'industrie ; enfin, ils copièrent les manuscrits des ouvrages anciens, ils les conservèrent précieusement dans leurs bibliothèques, et ils ouvrirent des écoles. Autour des monastères les paysans vinrent bâtir des maisons ; ainsi naquirent de nombreux villages.

Les moines furent, au moyen âge, les ouvriers du travail libre et pacifique, les dépositaires des lumières transmises par les âges précédents, que les tempêtes de la barbarie eussent éteintes, si leur main ne les eût pas protégées.

LECTURE. — L'œuvre de Clovis et le caractère de l'État mérovingien.

Clovis est, en un sens, le créateur de la société politique moderne. Il en a fondé l'État le plus ancien, celui qui a eu la direction des destinées du monde pendant des siècles, et duquel sont sorties les principales nationalités de l'Occident. Son nom est indissolublement lié au souvenir des origines de cette société, dont il ouvre les annales. Tant qu'il y aura une histoire, sa place y sera marquée, non seulement parmi les conquérants fameux, mais surtout parmi les créateurs de nationalités et les fondateurs de civilisation. Voilà sa gloire, qu'on ne peut ni contester ni diminuer.

Sa grandeur, il est vrai, est tout entière dans son œuvre. L'ouvrier nous échappe en bonne partie ; nous ne sommes pas en état de juger ce qu'il peut avoir mis de talent et de vertu dans l'accomplissement de sa tâche. Mais l'œuvre est sous nos yeux, telle qu'elle est arrivée jusqu'à nous à travers quatorze siècles, avec ses gigantesques proportions, avec sa vivante et forte unité, avec sa durée à toute épreuve. Au cours de cette longue époque, elle a été agrandie et embellie sans relâche par le travail des générations ; mais toute cette riche floraison se développe sur les fondements jetés par la main conquérante de Clovis. Cachés dans le sous-sol de l'histoire, ils se révèlent dans toute leur solidité par l'ampleur majestueuse du monument qu'ils supportent.

Ce n'était pas une politique ordinaire, celle qui a d'emblée élevé le royaume franc si haut au-dessus de tous ceux de son temps, lui permettant de soutenir seul l'effort des siècles, pendant qu'autour de lui les nationalités nouvelles croulaient avant d'être édifiées. Elle repose sur deux principes qui étaient méconnus partout en dehors de lui, et dont la dynastie mérovingienne a fait la loi fondamentale des rapports entre les deux races sur lesquelles elle régnait : le principe de l'unité religieuse et celui de l'égalité politique.

Ce double et rare bienfait n'était pas l'œuvre de la force. Fondé sur la violence, le bienfait aurait été un fléau. L'unité religieuse avait été obtenue par la conversion spontanée du vainqueur ; l'égalité politique était le résultat d'un pacte que la conversion avait facilité. Les Barbares, jusqu'alors, pénétraient dans les populations romaines à la manière d'un glaive qui déchire et meurtrit tout ; les Francs y entrèrent en quelque sorte comme un ferment qui soulève et active tout. Les Francs devinrent des Romains par le baptême, et les Romains devinrent des Francs par la participation à tous les droits des vainqueurs. Ils se prêtèrent mutuellement leurs grandes qualités. Les populations romaines retrouvèrent au contact des Barbares le nerf et la vigueur d'une nation jeune ; les Barbares acquirent dans le commerce des civi

Ksés la forte discipline qui fait les grands hommes. L'une des deux races fut régénérée et l'autre civilisée, et c'est cette parenté ainsi créée entre elles qui a amené, avec une promptitude incroyable, leur fusion merveilleuse.

La dynastie mérovingienne était acceptée par tous comme l'expression de la nouvelle nationalité, comme l'image de la patrie. Il naissait un vrai loyalisme, qui se traduit parfois d'une manière touchante dans les écrits des contemporains.

A vrai dire, l'initiative d'une politique aussi généreuse et aussi hardie n'appartient pas à Clovis. L'honneur en revient tout d'abord à l'épiscopat des Gaules. Ce sont les évêques, selon le mot célèbre d'un écrivain protestant, qui ont fait la France. Ils ont fondé son unité politique sur la base d'une parfaite égalité des races ; ils ont assis son unité morale et religieuse sur l'adhésion sans réserve à la loi de Jésus-Christ. Devant cette nation jeune et ardente, ils ont placé un grand idéal, celui que les meilleurs de ses enfants poursuivront pendant des siècles, et pour la réalisation duquel ils verseront joyeusement des flots de leur sang.

Le nouveau royaume n'est ni romain ni germanique. La royauté franque ne se considère pas comme l'héritière des Césars, et elle ne cherche pas davantage à continuer les traditions des monarchies barbares de la Germanie. La dynastie n'est ni germanique ni romaine ; elle est la dynastie nationale du peuple franc. Le gouvernement du nouveau royaume a le même cachet d'originalité. Cette originalité est plus réelle qu'apparente, et ceux qui le disent germanique ou romain trouvent sans peine, dans ses institutions, surtout dans leurs noms, des arguments pour défendre les systèmes les plus opposés. Mais, à y regarder de près, on voit, sur les débris de l'organisation impériale, apparaître un système d'institutions simple et rudimentaire, qui se développera tout seul au cours des circonstances.

Tel est le royaume fondé par les évêques et par Clovis. La gloire de celui-ci, c'est de s'être fait sans hésitation l'agent de la politique épiscopale. Que cette attitude soit due chez lui à un sûr instinct de l'avenir ou à une souveraine intuition du génie, il n'importe. La grandeur des hommes d'État consiste moins dans leurs aptitudes individuelles que dans la décision avec laquelle ils correspondent aux circonstances. Qu'on ne diminue donc pas le rôle de Clovis en voyant en lui un barbare plus heureux que d'autres. En politique, c'est un mérite encore que le bonheur. La fortune du peuple franc n'a point périclité aux mains de Clovis : il avait reçu une peuplade barbare, il a laissé une grande nation chrétienne.

(G. Kurth, Clovis. — Paris, V. Retaux.)

Livres à consulter : H. Martin, Michelet, Dareste, Boudier et Charton, Lavisse. *Histoire de France.* — Aug. Thierry, *Lettres sur l'histoire de France ; — Récits des temps mérovingiens.* — Lavisse et Rambaud, *Histoire générale.* — Rambaud, *Histoire de la civilisation française.* — Guizot, *Histoire de la civilisation en France.* — Fustel de Coulanges, *les Institutions politiques de l'ancienne France* (t. I et II). — P. Viollet, *Histoire des Institutions politiques de la France.* — Collection B. Zeller : *Clovis et ses fils ; — les Fils de Clotaire : rois fainéants et maires du palais.* — G. Carré, *le Moyen Age,* choix de lectures historiques.

CHAPITRE VII

L'ITALIE ET LA PAPAUTÉ DU SIXIÈME AU HUITIÈME SIÈCLE : L'Eglise en Occident. — La papauté. — Grégoire le Grand.

SOMMAIRE

1. **L'Italie après Théodoric; les Lombards.** — Après Théodoric, la puissance des Ostrogoths déclina rapidement, et l'Italie fut bientôt reconquise par l'empereur d'Orient, Justinien.

La domination byzantine ne fut pas de longue durée. Elle fut renversée à la fois par l'invasion lombarde et par les progrès de la papauté.

Les Lombards envahirent l'Italie par le nord, la conquirent presque tout entière, et la partagèrent en trente-six duchés. Leur conquête fut affermie par le roi Autharis. Les Lombards, à l'instigation de la reine Théodelinde, se convertirent au catholicisme.

2. **La papauté.** — Dès les premiers temps du christianisme, l'évêque de Rome avait joui d'une grande autorité morale ; mais la suprématie du pape ne fut vraiment reconnue par toute la chrétienté que sous le pontificat de saint Grégoire le Grand.

3. **Saint Grégoire le Grand (590-604).** — Saint Grégoire le Grand entreprit de convertir au catholicisme les peuples qui étaient restés ariens et au christianisme les barbares encore païens. Il ramena à l'orthodoxie les Lombards et les Visigoths ; il introduisit la religion chrétienne en Angleterre. Il fut puissamment aidé dans cette œuvre par les moines, que la règle de saint Benoît avait disciplinés, et qui composèrent surtout les missions chargées de convertir les païens.

4. **Origines de la puissance temporelle des papes.** — En même temps saint Grégoire le Grand assurait définitivement l'autorité politique du pape dans Rome, et jetait les fondements de la puissance temporelle du Saint-Siège.

5. **Les successeurs de saint Grégoire le Grand.** — Sous les successeurs de saint Grégoire le Grand, en particulier sous Grégoire II et Grégoire III, la papauté acquit dans l'Europe occidentale une situation de plus en plus importante.

Ce fut alors qu'elle rompit les derniers liens qui la rattachaient à l'empire d'Orient. Sa rupture eut lieu à propos de l'hérésie des Iconoclastes.

6. **La papauté et les Lombards.** — Devenue en fait indépendante, Rome fut menacée par les Lombards. La papauté fit alors appel aux Francs, pour la protéger contre ses ennemis.

RÉCIT

1. L'Italie après Théodoric. — Après la mort de
Théodoric, de graves dissensions éclatèrent parmi les Ostrogoths. Des assassinats décimèrent la famille royale. La fille
même de Théodoric, Amalasonthe, implora la protection de
l'empereur d'Orient, Justinien.

Les Byzantins mirent à profit cet affaiblissement des Ostrogoths pour reconquérir l'Italie. Bélisaire, puis Narsès vainquirent les derniers successeurs de Théodoric, Vitigès et
Totila.

L'Italie tout entière fut rattachée à l'empire byzantin.
Elle devint une province de cet empire. Narsès en fut le
premier gouverneur ou exarque.

2. L'Italie byzantine. — Narsès essaya de réparer les
maux de la guerre. Tant que Justinien régna, il exerça dans
la péninsule une autorité presque absolue. Mais, après la
mort de l'empereur, Narsès fut disgracié par Justin II et
remplacé par l'exarque Longin ; celui-ci, gouverneur incapable, mécontenta les troupes placées sous ses ordres et
suscita des divisions parmi les Italiens. Ce fut au milieu de
ces désordres, qu'une nouvelle invasion, celle des Lombards,
fondit sur l'Italie.

3. Les Lombards. — Les Lombards étaient de race
germanique. Au deuxième siècle de l'ère chrétienne, ils
étaient établis sur les bords de l'Oder. Lorsque la grande
invasion avait provoqué dans toute l'Europe centrale comme
un remous de peuples, ils s'étaient peu à peu avancés vers
le sud.

Au début du sixième siècle, ils avaient occupé la Pannonie, abandonnée par les Ostrogoths ; puis ils étaient entrés
en relations avec l'empire d'Orient ; ils avaient reçu de Justinien le Norique et ils avaient été souvent enrôlés dans les
armées impériales. Narsès en avait recruté cinq mille pour
la conquête de l'Italie.

Les Lombards étaient des guerriers indociles et sauvages.
Pour eux, la guerre était surtout une occasion de massacres
et de pillage.

Ils avaient pour chef un roi, dont le principal rôle était de

les mener au combat et de traiter en leur nom. En 565, le
roi des Lombards était Alboin, homme énergique et habile.
Après avoir triomphé de son ennemi Cunimond, roi des
Gépides, et épousé sa fille Rosamonde, il résolut d'envahir
l'Italie et de s'y créer, comme Théodoric, un grand royaume.

4. L'invasion lombarde en Italie. — Les Lombards
quittèrent la Pannonie et le Norique en 568. Leur armée,
renforcée de Barbares de toutes races, Saxons, Alamans,
Bulgares, Slaves, franchit les Alpes sans rencontrer de résistance et entra en Italie par le nord-est. Alboin s'empara du
Frioul. L'année suivante, il parcourut la riche vallée du Pô,
se fit couronner roi à Milan, et vint mettre le siège devant
la ville forte de Pavie. Pavie succomba après une résistance
de trois ans, et devint la capitale du nouveau royaume (573).
Peu de temps après, Alboin mourut assassiné à l'instigation de sa femme Rosamonde.

Son successeur, Kleph, après avoir affermi la domination
lombarde dans le nord de l'Italie, poursuivit sa marche vers
le sud et s'empara de Bénévent. Il mourut de mort violente, après moins de deux ans de règne (575).

5. Les duchés lombards; l'anarchie. — Maîtres
du pays, les nouveaux conquérants spolièrent les habitants
et les réduisirent en servitude. Après la mort du roi Kleph,
les Lombards ne lui donnèrent point de successeur ; les principaux chefs, au nombre de trente-six, s'établirent dans les
villes les plus importantes, et se constituèrent autour d'elles
des duchés assez vastes. Les plus puissants de ces duchés
furent ceux de Frioul, au nord-est ; de Turin et de Gênes,
au nord-ouest ; de Spolète, au centre de la péninsule, et de
Bénévent, au sud. Toute la vallée du Pô et toute la Toscane étaient tombées au pouvoir des Lombards. Les Grecs
s'étaient maintenus, au sud des bouches du Pô, le long de
l'Adriatique, dans la Pentapole, et autour de Rome ; ils
avaient en outre conservé, avec l'extrémité méridionale de
la péninsule, la Sicile tout entière.

L'Italie fut alors en proie à une épouvantable anarchie.
Grecs et Lombards étaient partout en lutte ouverte. L'empereur d'Orient appela contre ses ennemis les Francs austrasiens, qui descendirent en Italie à cinq reprises différentes,
moins pour aider les Grecs à vaincre les Lombards, que pour

piller à leur tour et sans distinction leurs amis, leurs ennemis et les anciennes populations.

**6. Autharis et Théodelinde ; conversion des
Lombards au catholicisme.** — Les Lombards comprirent alors la faute qu'ils avaient commise en ne se donnant pas, à la mort de Kleph, un chef unique et en restant
divisés.

En 584, ils élurent roi Autharis, qui se montra digne de
la couronne. Il poussa une pointe audacieuse jusqu'au fond
de la Calabre, vainquit les Grecs en plusieurs rencontres et
chassa les Francs de la péninsule. Aidé par sa femme Théodelinde, fille d'un duc des Bavarois, il affermit la conquête
lombarde en la régularisant, en fixant avec précision la situation respective et les droits des vainqueurs et des vaincus.
Les Lombards formèrent une aristocratie à la fois territoriale et politique ; les Italiens, réduits à l'état de colons et
forcés de donner à leurs nouveaux maîtres le tiers de leurs
récoltes, perdirent leurs droits politiques.

Après la mort d'Autharis, sa veuve, Théodelinde, poursuivit son œuvre. Ce fut sous son influence que les Lombards, dont les uns étaient demeurés païens et les autres
devenus ariens, se convertirent au catholicisme. Théodelinde fut aidée dans cette entreprise par l'évêque de Rome,
saint Grégoire le Grand, qui fonda vraiment la puissance
spirituelle de la papauté et qui jeta les bases de son futur
pouvoir temporel.

---

7. Les origines de la papauté. — Avant d'être le
chef spirituel reconnu de toute la chrétienté, le pape fut
simplement l'évêque de Rome, c'est-à-dire le chef de la
communauté chrétienne qui s'était formée dans la capitale
de l'empire. Sans doute, pendant les premiers siècles du
christianisme, Rome fut vénérée par tous les fidèles du
Christ comme le lieu du martyre de saint Pierre, et son
évêque acquit dans l'Église chrétienne une situation à part ;
mais c'était là une prééminence toute morale. Les évêques
des autres villes n'étaient en rien subordonnés à l'évêque de
Rome ; ils n'hésitaient même pas, dans certaines circonstances graves, à se mettre en opposition avec lui. Vers le
milieu du troisième siècle, saint Cyprien, évêque de Car-

thage, entra en conflit avec l'évêque de Rome, Etienne ; le litige ne cessa qu'à la mort de ce dernier. Le pape ne possédait à cette époque aucune autorité spirituelle ni temporelle hors de la communauté dont il était le chef.

8. Prééminence de l'évêque de Rome après Constantin. — Après Constantin, l'évêque de Rome vit croître son influence. Lorsque l'Église chrétienne se fut organisée sur le modèle de l'empire lui-même, cet évêque se trouva placé tout naturellement au sommet de la nouvelle hiérarchie ecclésiastique. Les empereurs du quatrième siècle favorisèrent d'ailleurs ces progrès de la papauté. Ce fut surtout sous le pontificat du pape Damase que la prééminence du siège de Rome fut proclamée : l'empereur Valentinien déclara que l'évêque de Rome était le juge souverain de tous les évêques, et Gratien, invoqué par un évêque que le pape avait déposé, lui répondit que les jugements de l'Église romaine étaient sans appel et irrévocables. Jusqu'à la chute de l'empire d'Occident, l'autorité spirituelle de l'évêque de Rome ne cessa de grandir.

Pendant les invasions, le pape était déjà considéré, au moins dans tout l'Occident, comme le chef de la chrétienté. Il représentait la fixité du dogme contre les hérésies, en particulier contre l'arianisme. Il prenait contre les Barbares, par exemple contre Attila et Genséric, la défense des populations abandonnées par les empereurs. Il était, au sixième siècle, pour Théodoric un rival redoutable.

9. Saint Grégoire le Grand. — Toutefois la papauté ne prit vraiment son essor et n'apparut comme une grande puissance qu'avec Grégoire Ier, plus connu sous le nom de saint Grégoire le Grand (590-604). Descendant d'une noble famille romaine, Grégoire s'était retiré du monde à l'âge de trente ans, pour se faire moine. Très populaire à Rome, il fut élu pape malgré lui en 590. C'était un homme d'une remarquable intelligence, d'une instruction très étendue, à la fois énergique et habile, ferme et souple. Pendant les quatorze ans que dura son pontificat, il s'efforça de ramener les ariens au catholicisme orthodoxe, de convertir au christianisme les peuples de l'Europe occidentale demeurés païens, et de faire de Rome le centre d'une très active propagande religieuse. Il réussit de même à donner au Saint-Siège une

Importance politique considérable non seulement dans Rome, mais encore dans l'Italie tout entière. C'est de lui que date l'incontestable autorité spirituelle de la papauté, et l'on peut faire remonter jusqu'à lui la première origine de son pouvoir temporel.

10. Conversion des peuples ariens. — Parmi les peuples barbares qui avaient envahi l'empire d'Occident et qui y avaient fondé des royaumes, deux professaient encore l'arianisme : les Lombards en Italie et les Visigoths en Espagne. Saint Grégoire le Grand entreprit de ruiner partout l'arianisme. Avec l'aide de la reine Théodelinde, chrétienne orthodoxe, il convainquit les Lombards et les fit renoncer à l'hérésie : le roi Agilulf laissa baptiser son fils selon les rites de l'Eglise romaine. Il entra de même en rapports avec le roi des Visigoths, Reccared. Jusqu'alors l'arianisme avait été pour ce peuple une religion nationale, et le clergé catholique avait subi en Espagne des persécutions. Le roi Reccared se convertit au catholicisme, entretint avec le pape une correspondance régulière, et se fit auprès de ses sujets le champion de l'orthodoxie. Il réussit à tel point, que dès le septième siècle les évêques catholiques prenaient chez les Visigoths une influence prépondérante et que le gouvernement de ce peuple devenait théocratique. L'autorité du pape et du clergé orthodoxe ne fut détruite en Espagne que par la conquête arabe.

11. Conversion des peuples païens : les moines. — Saint Grégoire le Grand entreprit avec le même succès la conversion des païens. Il dirigea d'abord ses efforts vers la Grande-Bretagne ; les Anglo-Saxons, maîtres de la plus grande partie de l'île, n'avaient pas renoncé à la farouche religion d'Odin. Le pape envoya chez eux des missionnaires pour les convertir au christianisme orthodoxe. Dans cette œuvre il fut puissamment aidé par les moines.

Au début de l'ère chrétienne, les moines avaient vécu surtout en ermites, loin du monde et dans la solitude. Au sixième siècle, une importante révolution se produisit en Occident dans la vie monastique. Saint Benoît de Nursie, le fondateur du couvent du Mont-Cassin, promulgua pour tous les moines une règle fondamentale. Cette règle prescrivait le travail sous toutes ses formes, et imposait la discipline la plus stricte. Par l'effet de ce double principe, les moines formèrent bientôt une armée active, instruite, admirablement organisée. Saint Grégoire le Grand trouva dans cette armée un excellent instrument de propagande religieuse, et ce fut à des moines qu'il confia la mission de convertir les Anglo-Saxons.

12. Conversion des Anglo-Saxons. — Le chef des missionnaires qui furent envoyés par le pape dans la Grande-Bretagne fut le moine Augustin. Grâce à une politique modérée et pleine de tolérance, inspirée par saint Grégoire le Grand lui-même, Augustin et ses compagnons obtinrent rapidement de grands succès. Le pape récompensa Augustin en le nommant d'abord évêque, puis archevêque. Le siège du premier diocèse anglais fut Cantorbéry ; bientôt après chacun des royaumes de l'heptarchie anglo-saxonne posséda son évêché. Le catholicisme fit dans la Grande-Bretagne des progrès très rapides pendant le septième siècle. Convertie par des moines missionnaires, l'île devint à son tour une pépinière de moines et un foyer de propagande orthodoxe. Les apôtres de la Germanie sortiront tous des monastères anglo-saxons.

13. Puissance spirituelle de la papauté. — Saint Grégoire le Grand était ainsi devenu le premier personnage religieux de l'Occident. Chef incontesté des chrétiens orthodoxes, il avait amené au christianisme orthodoxe les chrétiens hérétiques et les barbares restés païens. Il était le conseiller écouté des rois lombards et visigoths ; il exerçait une réelle influence sur les rois francs ; enfin les chefs des royaumes d'Angleterre reconnaissaient sa suprématie spirituelle. Pour la première fois le siège de Rome apparaissait vraiment comme le centre de l'Eglise chrétienne.

14. Progrès de l'autorité pontificale dans Rome. — En même temps qu'il acquérait la prééminence spirituelle dans l'Occident, le pape jouait à Rome et en Italie un rôle politique de plus en plus important.

Depuis que les Lombards avaient coupé en deux, par la création des duchés de Spolète et de Bénévent, les possessions byzantines en Italie, Rome était à peu près complètement abandonnée par les empereurs de Constantinople.

L'exarque, dont la résidence était Ravenne, ne s'en occupait
jamais ; il y était représenté par un duc, chargé en théorie
de toute l'administration civile, mais qui le plus souvent en
réalité était un étranger, sinon un ennemi, pour le peuple
de Rome. Ce furent le clergé catholique et son chef, le pape,
qui prirent en main les intérêts de la cité romaine ; par leurs
grandes propriétés foncières, par leur influence intellectuelle
et morale, ils devinrent chaque jour davantage les protec-
teurs et les chefs de cette population. Saint Grégoire le
Grand fonda, sur les ruines de l'antique cité, une Rome
nouvelle, la Rome ecclésiastique : les basiliques chrétiennes
remplacèrent les temples, le palais des papes se substitua
aux palais impériaux construits sur le Palatin ; les anciens
quartiers de la Rome impériale disparurent, et la ville fut
divisée en sept circonscriptions ecclésiastiques. Enfin l'Église
assuma les charges financières que reniait l'empereur d'Orient :
ce fut elle qui se préoccupa de ravitailler Rome, de racheter
les captifs, de payer la solde aux troupes. En acceptant cou-
rageusement les devoirs dont les maîtres de l'empire repous-
saient le fardeau, saint Grégoire le Grand créait, d'abord
dans l'enceinte de Rome, le pouvoir temporel du Saint-
Siège.

15. Influence politique du pape en Italie. —
Hors de Rome, l'Église romaine possédait de vastes territoires, qui lui avaient été donnés ou légués, et qui constituaient le patrimoine de saint Pierre ; ces territoires, qui
étaient très nombreux surtout en Italie, étaient pour la
papauté un élément de puissance considérable. Habités par
des colons attachés au sol, ils étaient exploités tantôt directement, tantôt par des fermiers, mais toujours sous la surveillance d'un ecclésiastique qui représentait le pape. Sur
ces terres sans doute l'évêque de Rome n'exerçait pas d'autres
droits que ceux d'un propriétaire, soumis comme tout autre
aux lois de l'État ; mais par l'immense revenu qu'il en reti-
rait, il alimentait des institutions charitables qui étendaient
au loin son influence, et, par les intendants qu'il y entrete-
nait, il faisait sentir son action et son contrôle. C'était là le
prélude de son pouvoir temporel dans maintes régions de
l'Italie.

Saint Grégoire le Grand, malgré les progrès de la puissance
pontificale, resta pourtant en théorie sujet fidèle de l'empire

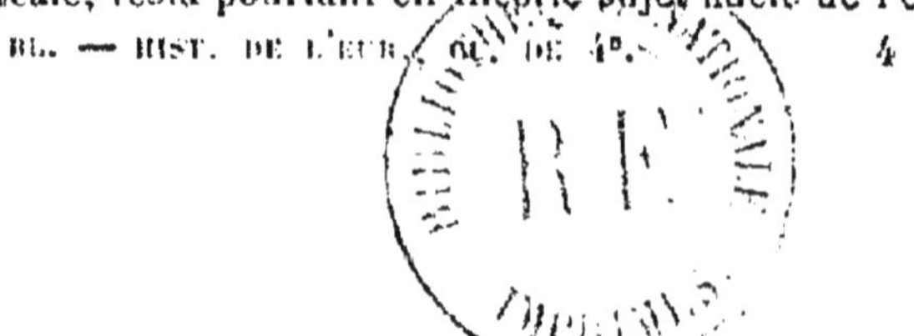

d'Orient, et ne cessa de recommander aux populations l'obéissance à l'empereur.

16. Les successeurs de saint Grégoire le Grand.
— Les successeurs de ce grand pape continuèrent sa politique et son œuvre. Sans rompre avec Constantinople, ils
revendiquèrent énergiquement la primauté spirituelle du
siège de Rome. Ils
ne faiblirent pas
dans la lutte contre
les hérésies, et les
missions de propa-
gande poursuivirent
leurs glorieuses en-
treprises dans le
nord et dans le cen-
tre de l'Europe.

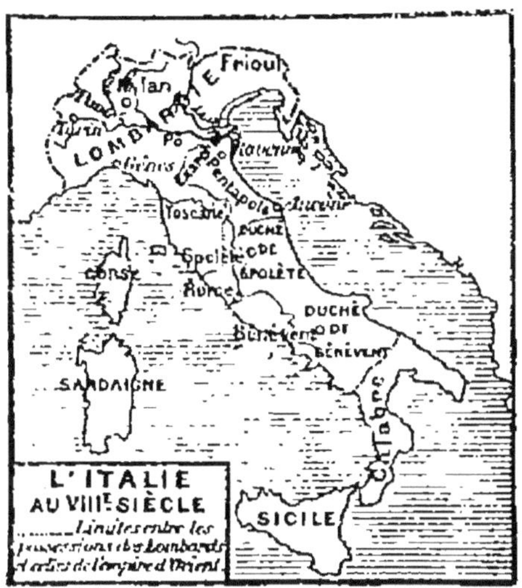

Mais bientôt le
Saint-Siège fut me-
nacé par un double
péril : les empereurs
byzantins, secrète-
ment excités par le
patriarche de Cons-
tantinople, jaloux
de la prééminence du pape, essayèrent à plusieurs reprises
d'user de violence envers l'évêque de Rome; d'autre part,
la sécurité de la ville de Rome fut souvent menacée par les
Lombards.

**17. Relations des papes avec l'empire d'Orient;
les Iconoclastes.** — Les rivalités théologiques et l'anti-
pathie des Romains pour la domination byzantine rendaient
de plus en plus lâche le lien qui unissait Rome et Constantinople. Néanmoins, pendant un siècle encore après le pontificat de saint Grégoire le Grand, les papes restèrent en relations pacifiques et régulières avec les empereurs. Ces relations
ne furent rompues que par la querelle des Iconoclastes ou
Briseurs d'images. L'empereur Léon III l'Isaurien, pour
mettre un terme aux superstitions idolâtriques provoquées
par le culte des images, promulgua en 726 et 728 deux édits
par lesquels il ordonnait que les images fussent détruites.

Aussitôt de grands troubles éclatèrent en Italie. Le pape Grégoire II refusa d'observer les édits et d'obéir aux ordres impériaux ; à sa voix les Romains prirent les armes et chassèrent l'exarque, qui avait voulu faire exécuter les volontés de Léon III. L'insurrection gagna Ravenne et la domination byzantine fut, de fait, abolie dans l'Italie du nord.

18. Progrès de la puissance lombarde : le roi Luitprand. — Tandis que le pape secouait le joug byzantin et détruisait dans l'Italie du nord et l'Italie centrale l'autorité des empereurs, la puissance lombarde profitait de cet affaiblissement de l'exarchat pour faire de très grands progrès. Après le règne de Rotharis, duc de Brescia, qui donna aux Lombards une constitution et une législation écrites, survint un demi-siècle de luttes intestines et d'anarchie sanglante ; puis le royaume lombard redevint uni et prospère sous Luitprand.

Luitprand compléta l'œuvre législative et politique de Rotharis, poursuivit avec rigueur les derniers restes du paganisme, et parut même d'accord avec le pape pour favoriser la religion orthodoxe. Mais il nourrissait l'ambition de réunir sous son sceptre l'Italie tout entière. Cette ambition, très dangereuse pour la papauté, effrayait aussi les Italiens du centre de la péninsule, qui ne s'étaient pas délivrés de la tyrannie byzantine pour accepter le despotisme d'un roi plus voisin et plus puissant. Le pape se mit à leur tête pour faire échouer les projets de Luitprand.

19. Politique de la papauté envers les Lombards. — Le Saint-Siège, trop faible pour lutter par la force, voulut employer la ruse. Grégoire II souleva contre Luitprand la population de Ravenne et des villes voisines, ainsi que les ducs lombards de Spolète et de Bénévent qui aspiraient à l'indépendance ; mais bientôt, menacé dans Rome même et réduit à ses seules forces, le pape dut permettre au roi lombard d'entrer dans Rome. Son successeur Grégoire III ne fut pas plus heureux ; après avoir, lui aussi, poussé à la révolte les ducs de Spolète et de Bénévent, il se vit assiégé dans Rome par son redoutable adversaire. Zacharie, qui fut ensuite pape, montra plus d'habileté ; il obtint la paix et la retraite de Luitprand. Mais le péril lombard n'en restait pas moins très pressant : si la mort de Luitprand laissa à la papauté quelques années de répit, l'avènement d'Astolphe, prince énergique et ambitieux, remit tout en question. L'indépendance du Saint-Siège fut de nouveau menacée.

20. Appel des papes aux Francs. — C'est alors que les papes, incapables de soutenir la lutte avec leurs seules ressources, cherchèrent un allié puissant. Ce ne pouvait pas être l'empereur d'Orient ; en Occident, seuls les Francs pouvaient jouer ce rôle. Déjà Grégoire II et Grégoire III avaient fait appel à Charles Martel ; mais celui-ci, retenu au nord des Alpes par ses nombreuses guerres contre les Arabes et les Germains, n'avait pu leur prêter un appui efficace. Zacharie, en favorisant l'avènement de Pépin le Bref, avait assuré au Saint-Siège l'alliance future du roi franc. En 753, le pape Étienne II franchit lui-même les Alpes, afin d'implorer le secours de Pépin le Bref. Il sacra Pépin roi des Francs et lui offrit le titre de Patrice ou protecteur de Rome. Lorsqu'il *revint en Italie*, il avait conclu un pacte décisif pour l'avenir de la papauté, de la monarchie franque et de l'Occident tout entier. Une forte épée était mise au service du Saint-Siège.

LECTURE. — **L'hérésie iconoclaste en Italie et ses conséquences.**

Lorsque l'exarque de la cour d'Orient, Paulus, voulut faire exécuter l'édit iconoclaste de Léon, le pape Grégoire II réclama le premier : « Tous les peuples de l'Occident, écrivit-il à l'empereur, vénèrent ce saint Pierre dont tu nous menaces si orgueilleusement de renverser l'image. » A cette voix, les Romains s'arment au nom du pape, chef naturel de cette révolte religieuse. Paulus est obligé de se retirer. Le pape est déclaré *Père de la république romaine*, et devient un véritable *prince* dans une ville libre, parce qu'il a été son *défenseur*. Ce succès est aussitôt, pour les Italiens de l'exarchat, le signal de l'affranchissement. Les villes de la Pentapole se donnent des ducs indépendants, comme les Vénitiens. Les habitants de Ravenne massacrent Paulus. Plusieurs villes, entre autres Bologne, se donnent au Lombard Luitprand, à la condition de garder leurs lois, ce qui leur est accordé, contrairement à la coutume lombarde généralement suivie. L'exarchat parut tomber en dissolution. Rome, Ravenne, avaient imité Venise qui la première avait donné l'exemple de secouer le joug byzantin. La vieille nationalité italienne, entre les Lombards et les Byzantins également haïs, se réveillait.

(J. ZELLER, *Histoire d'Italie.* — Paris, Hachette.)

Livres à consulter : J. ZELLER, *Histoire d'Italie.* — PINGAUD, *la Politique de saint Grégoire le Grand.* — DE MONTALEMBERT, *les Moines d'Occident.* — DIEHL, *Étude sur l'administration byzantine dans l'exarchat de Ravenne.* — LAVISSE et RAMBAUD, *Histoire générale.*

CHAPITRE VIII

LES ARABES : **Mahomet. — Le monde musulman.**

SOMMAIRE

1. LES ARABES. — Les Arabes, fixés en Arabie, étaient divisés en plusieurs tribus, dont les unes étaient sédentaires, et les autres nomades; leur religion dominante était l'idolâtrie. Mahomet leur donna une religion nouvelle, et les lança à la conquête du monde.

2. MAHOMET. — Mahomet commença ses prédications à la Mecque. Chassé de cette ville, il se retira à Médine en 622. Ce fut l'année de la fuite ou Hégire, qui ouvre l'ère musulmane. Après une guerre sanglante, le prophète rentra en vainqueur à la Mecque et mourut en 632.

3. LE CORAN. — Le Coran est le livre religieux des musulmans. Il enseigne l'unité de Dieu et l'immortalité de l'âme: il prescrit le jeûne, la prière, l'aumône et recommande la guerre sainte contre les infidèles.

4. LE KHALIFAT ÉLECTIF (632-660). — Les Arabes furent d'abord gouvernés par des khalifes électifs, chefs religieux et chefs politiques. Ce furent Abou-Bekre, Omar, Othman et Ali. A cette époque, les Arabes firent la conquête de la Syrie, de la Perse et de l'Egypte.

5. LE KHALIFAT DES OMMIADES (660-750). — Le khalifat devint héréditaire dans la famille des Ommiades. La capitale fut transportée de la Mecque à Damas. Sous les Ommiades, les Arabes conquirent à l'est le Turkestan et une partie de l'Inde, à l'ouest l'Afrique septentrionale, l'Espagne et une partie de la Gaule. Ils furent arrêtés par les Francs à la bataille de Poitiers (732).

6. LE KHALIFAT DES ABBASSIDES. — La dynastie des Abbassides remplaça, en 750, la dynastie des Ommiades. Elle fixa sa capitale à Bagdad. Sous les princes de cette famille, dont les plus célèbres sont Almanzor, Haroun-al-Raschid et Almamoun, l'empire des Arabes jeta un vif éclat.

7. DÉMEMBREMENT DU KHALIFAT. — Mais déjà cet empire, trop vaste, s'était démembré en plusieurs khalifats. Les plus puissants furent, avec celui de Bagdad, ceux du Caire et de Cordoue.

8. CIVILISATION DES ARABES. — La religion des Arabes ne disparut pas avec leur puissance. Elle compte aujourd'hui encore un grand nombre de sectateurs. Leur civilisation très brillante a laissé des monuments impérissables dans les sciences, les lettres et les arts.

RÉCIT

1. L'invasion arabe. — Les grandes invasions germaniques du cinquième et du sixième siècle avaient transformé l'état politique de l'Europe occidentale. Les anciennes provinces romaines de Germanie, de Gaule, de Bretagne, d'Espagne étaient devenues des royaumes barbares.

Pendant le septième siècle une autre invasion se produisit; elle atteignit l'Europe, non par le nord ou par l'est, mais par le midi; après avoir couvert toute l'Afrique septentrionale, elle passa en Sicile et en Espagne; elle franchit même les Pyrénées. Ce fut l'invasion arabe, dont le point de départ avait été l'Arabie.

2. L'Arabie. — L'Arabie est une vaste presqu'île de l'Asie, comprise entre la mer Rouge, le golfe Persique et l'océan Indien. On peut la diviser

L'Arabie au temps de Mahomet.

en trois régions : 1° au nord-ouest, l'Hedjaz ou la terre du Pèlerinage, l'Arabie Pétrée des anciens, pays montagneux où s'élèvent les grandes villes de la Mecque et de Médine ; 2° au centre, le Nedjed, ou Arabie Déserte, plateau sablonneux, parsemé d'oasis aux pâturages excellents qui nourrissent de belles races de chevaux et de chameaux; 3° au sud, l'Yémen, ou Arabie Heureuse, la terre de l'encens, des parfums et du café, avec les villes commerçantes de Saba, Hodeida, Moka et Aden.

Dans son ensemble, l'Arabie a bien des traits communs avec l'Afrique. Elle a son climat sec et brûlant, ses déserts de sable et aussi ses fertiles oasis.

3. Les Arabes. — Les Arabes étaient de la même race que le peuple juif; ils se vantaient de descendre d'Abraham. Ils avaient les mœurs du régime patriarcal. Ils étaient divisés en tribus et chaque tribu obéissait à un cheik ou seigneur. Pendant la guerre, plusieurs tribus choisissaient un cheik qui prenait le nom d'émir ou commandant. Quelques Arabes, sédentaires dans les villes de l'ouest, étaient adonnés au commerce et à l'industrie. Mais le plus grand nombre vivaient comme les pasteurs nomades, plantant leurs tentes dans les oasis, traversant sur leurs chameaux les déserts de sable.

Les Arabes, avec leur tempérament sec et nerveux, étaient violents et passionnés. L'amour des aventures, dans

la vie libre du désert, du brigandage et du butin conquis
après le combat sanglant, mais l'horreur du vol accompli
par la ruse et le mensonge ; la passion de la vengeance, mais
un sentiment très vif de l'honneur et le respect de la parole
donnée ; le besoin du bruit, du mouvement, de l'éclat ; l'im-
patience de tout frein ; une admiration égale pour les folies
criminelles et les sacrifices sublimes : tel était le caractère
des Arabes, mélange de vices et de vertus.

4. La poésie des Arabes. — L'amour de la poésie
était, avec la passion de la liberté, le trait dominant du
caractère arabe. Dans les grandes assemblées qui se tenaient
tous les ans près de la Mecque, des poètes célébraient les
exploits des héros et les faits mémorables de l'histoire nationale. Ces poésies à l'inspiration ardente, à la langue so-
nore, aux images éclatantes excitaient les imaginations des
Arabes. Les plus belles d'entre elles étaient transcrites en
lettres d'or sur des voiles de lin, et elles étaient suspendues
aux murs du temple de la Caaba. Antar, le guerrier chevaleresque, fut le plus célèbre de ces poètes nationaux.

5. La religion des Arabes. — Quelques tribus

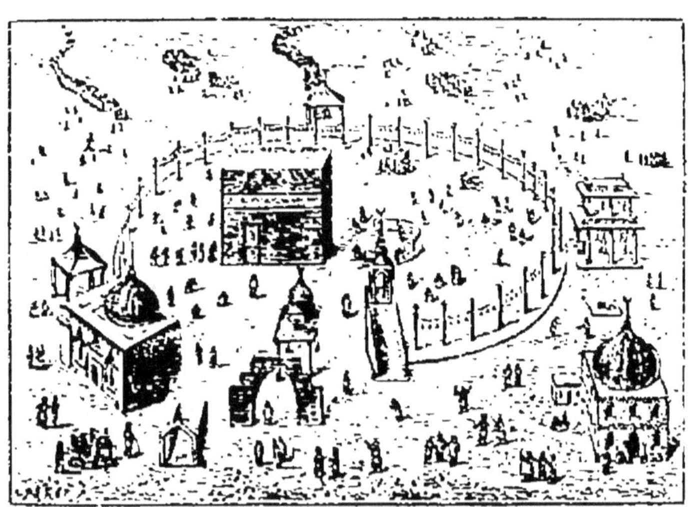

La Caaba de la Mecque.

avaient conservé la religion d'Abraham, le culte d'un Dieu
unique ; d'autres, en petit nombre, avaient subi l'influence

juive ou chrétienne. Mais la religion de la grande majorité
était l'idolâtrie. Chaque tribu avait ses idoles, ses bons et
ses mauvais génies. Le temple de la Caaba, à la Mecque,
renfermait les trois cent soixante idoles des tribus. C'était le
centre religieux de l'Arabie, un lieu de pèlerinage.

Toutefois, au sixième siècle, une sorte de rénovation religieuse se manifestait en Arabie. Des prophètes parcouraient
les tribus, protestant contre le culte des idoles et prêchant la
religion d'Abraham. On les appelait les Hanyfes, c'est-à-dire
les hommes pieux. Mahomet fut le plus éloquent de ces prophètes et il devint ainsi le fondateur d'un grand empire et
d'une religion nouvelle.

6. Mahomet (570-632). — Mahomet naquit à la Mecque
en 570. Il était de la famille de Haschem, une des plus illustres de la noble tribu des Koréichites. Orphelin de bonne
heure, il fut élevé par son aïeul et plus tard par son oncle
Abou-Taleb. Il mena longtemps la vie aventureuse des
Arabes, se distingua par sa bravoure et par sa générosité,
acquit une grande influence dans sa tribu par son caractère
et par la fortune que lui donna son mariage avec une riche
veuve nommée Kadidja. Toutefois, jusqu'à l'âge de quarante ans, Mahomet n'avait accompli aucune de ces actions
extraordinaires qui font prévoir la grandeur d'un homme.

7. Ses prédications. — En 611, Mahomet se retira
dans la solitude pour se livrer à ses méditations. Il était agité
par des troubles nerveux, tombait en extase, avait des vi-
sions. Une nuit qu'il était dans la caverne du mont Hira,
racontent les historiens arabes, l'ange Gabriel lui apparut
et, lui présentant un livre, dit : « Lis. — Mais je ne sais
pas lire, » reprit Mahomet. Alors l'ange le prit par les cheveux et le jeta trois fois à terre. Puis il dit encore : « Lis ce
livre au nom de ton Seigneur qui a tout créé. » Cette fois
Mahomet lut dans le livre et il entendit une voix qui disait :
« Tu es l'apôtre de Dieu ! »

Dès lors Mahomet se donna la mission de prêcher la religion nouvelle qu'il appela l'*Islam*, c'est-à-dire la foi qui
sauve. Les vrais croyants prirent le nom de *musulmans*. Ils
furent au début peu nombreux. Mahomet convertit d'abord
sa femme, son cousin Ali, son esclave et quelques habitants
de la Mecque.

En 614, il réunit ses sectateurs et leur dit : « Qui de vous veut être mon frère, mon lieutenant, mon vizir? » Ali se leva impétueusement et s'écria : « C'est moi qui serai cet homme; et, si quelqu'un te résiste, je lui casserai les dents, je lui arracherai les yeux, je lui fendrai le ventre, je lui briserai les jambes. » Ainsi se révélaient le fanatique dévouement inspiré par le prophète et la passion guerrière de ses fidèles.

8. La fuite ou hégire (622). — Cette nouvelle religion, qui prétendait anéantir toutes les autres, excita bientôt les alarmes et les colères des Koréichites, les gardiens du temple de la Caaba. Mahomet fut menacé de mort; il résista long-temps : « Quand tous mes ennemis lutteraient contre moi, disait-il, le soleil à droite et la lune à gauche, si Dieu l'ordonne, je persévérerai. » Cependant il dut s'enfuir de la Mecque.

Cette fuite ou hégire est restée célèbre dans l'histoire de l'islamisme ; elle est devenue l'ère des musulmans (16 juillet 622).

L'exilé trouva à *Médine*, c'est-à-dire *la Ville* par excellence, la Ville Sainte, un asile et des sectateurs. Avec eux il organisa une petite armée, et rentra en maître à la Mecque. Il prit possession du temple vénéré de la Caaba et renversa les trois cents idoles, en disant : « La vérité est venue, que le mensonge disparaisse (630). »

9. Mort de Mahomet (632). — Pendant les deux dernières années de sa vie, Mahomet soumit à sa religion toutes les tribus arabes. En 632, plus de cent mille musulmans vinrent en pèlerinage à la Mecque. Cette même année, le prophète sentit approcher la mort. « Si j'ai frappé un de mes frères, dit-il, qu'on me frappe; si je dois quelque chose à un fidèle, voici ma bourse. » Un homme réclama quelques pièces de monnaie ; Mahomet le paya en le remerciant d'avoir rappelé cette dette dans ce monde plutôt que dans l'autre.

10. Le Coran. — La religion de Mahomet est renfermée dans le Coran, le livre religieux des musulmans comme la Bible est le livre des chrétiens. Le Coran contient les dogmes, les préceptes, les conseils que Mahomet avait dictés dans ses différentes prédications. Comme le prophète ne savait pas écrire, on avait pieusement conservé ses enseignements sur des feuilles de papyrus, des os de chameau ou des omoplates de mouton; après lui, un de ses successeurs, le khalife Abou-Bekre, les mit en ordre et en fit le livre du Coran.

On peut regarder le Coran comme le chef-d'œuvre de la littérature arabe. La langue en est vive, imagée, poétique. Ainsi s'explique l'influence inouïe qu'il a exercée. Les Arabes ont cru d'autant plus aisément qu'il était la parole de Dieu, que jamais homme n'avait fait entendre parmi eux des accents aussi éloquents.

11. Les dogmes. — Les dogmes sont simples : Dieu est un, éternel et tout-puissant. Mahomet est le prophète de Dieu. L'âme humaine est immortelle. La vie future réserve aux bons des récompenses et aux méchants des punitions. Dans la description du paradis, l'imagination orientale de l'apôtre se donne carrière ; mais, par delà le jardin délicieux destiné à séduire les croyants vulgaires, il montre au sage des joies dignes de lui : « Le plus favorisé de Dieu est celui qui verra sa face soir et matin; c'est une félicité qui dépasse tous les plaisirs des sens, comme l'Océan l'emporte sur une goutte de rosée. »

12. Les préceptes. — Les préceptes sont nombreux et minutieux. Les principaux sont la prière, qui doit être faite cinq fois par jour ; les ablutions; le jeûne du Ramadan, qui dure trente jours avant la fête du Beïram; enfin l'aumône fixée pour chaque fidèle au dixième de son bien. « La prière, disait le khalife Omar, nous conduit à moitié chemin vers Dieu ; le jeûne nous mène à la porte de son palais; les aumônes nous y font entrer. »

Le Coran interdit l'usage de la viande de porc et des liqueurs fermentées, si dangereux sous un climat brûlant. Il condamne le meurtre, l'adultère, le vol, et recommande la justice, la bienveillance et la douceur. Il permet la polygamie, mais il relève la situation de la femme. « Hommes, dit-il, vous avez des droits sur vos femmes, et vos femmes ont des droits sur vous. Traitez-les avec bonté et affection. C'est un dépôt que Dieu vous a confié. » Et ailleurs : « O musulmans ! respectez votre mère. Le baiser donné par un enfant à sa mère égale en douceur celui que nous imprimerons sur le seuil du paradis. Un fils gagne le paradis aux pieds de sa mère. »

Tel est le Coran. Si l'on considère les croyances idolâtriques qu'il remplaça, la cruelle grossièreté des mœurs qu'il abolit, on reconnaîtra que la religion de Mahomet était, à cette époque, un véritable progrès moral.

13. Le khalifat électif (632-660). — Après la mort de Mahomet, les Arabes élurent un khalife, c'est-à-dire un vice-prophète qui fut à la fois leur chef politique et leur chef religieux. Quatre khalifes furent élus dans l'espace de vingt-huit ans : Abou-Bekre, Omar, Othman et Ali.

Ces élections provoquèrent des luttes sanglantes parmi les Arabes. Omar, Othman et Ali périrent de mort violente. Aujourd'hui encore, l'islamisme est divisé en deux sectes, qui se formèrent dans cette époque de troubles. Ce sont les sunnites, qui regardent les trois premiers khalifes comme les successeurs légitimes de Mahomet, et les schiites, qui n'admettent que la légitimité du khalife Ali. De nos jours, les Turcs et les Arabes sont des musulmans sunnites, les Persans sont schiites.

14. Conquêtes des Arabes. — Ces discordes civiles n'arrêtèrent pas l'élan de la conquête. Mahomet avait recommandé la guerre sainte contre les infidèles; elle commença le lendemain de sa mort.

La rapidité des conquêtes des Arabes s'explique par deux raisons : 1° l'esprit militaire et le fanatisme religieux des conquérants; 2° la faiblesse des peuples qu'ils attaquèrent.

Mahomet avait dit aux Arabes : « Achevez mon œuvre, étendez partout la maison d'Islam; la maison de la guerre est à Dieu, Dieu vous la donne! » Les khalifes disaient à leurs soldats : « Dieu est vivant et vous regarde; ne tournez jamais le dos; le paradis est devant vous, l'enfer derrière vous. » Les Arabes entraînés par leur passion guerrière, avides de conquêtes et de pillages, se jetèrent dans la guerre sainte avec toute l'ardeur du fanatisme religieux.

Au contraire, leurs adversaires étaient faibles. En Asie et en Afrique, les deux grands empires que les Arabes combattirent, l'empire grec de Constantinople et l'empire des Perses, étaient en pleine décadence, épuisés par des querelles religieuses ou par des guerres civiles; en Espagne, le royaume des Visigoths était tombé dans l'anarchie. En Gaule seulement les Arabes rencontrèrent pour la première fois un peuple belliqueux et brave, les Francs austrasiens : là s'arrêtèrent leurs conquêtes.

15. Conquêtes du khalifat électif (632-660). — Sous les quatre premiers khalifes, les Arabes firent trois conquêtes importantes : la Syrie, la Perse et l'Egypte.

Khaled commença la conquête de la Syrie et mit le siège devant Damas. Il dispersa, après une bataille de trois jours, l'armée de l'empereur Héraclius, s'empara de Jérusalem et occupa la Syrie, la Palestine et la Mésopotamie.

A la même époque, Saïd envahit la Perse. Vaincus à Cadésiah, les Perses perdirent Ctésiphon, qui fut détruit de fond en comble; puis ils subirent une dernière défaite à Néhavend, que les Arabes appelèrent la victoire des victoires. Les vainqueurs fondèrent dans la vallée de l'Euphrate la grande ville de Bassorah, qui devint le centre du commerce de l'Extrême-Orient.

Amrou pénétra en Egypte, appelé par les indigènes qui détestaient leurs conquérants, les Grecs. Il s'empara de Péluse et de Memphis. Les Grecs résistèrent quatorze mois dans Alexandrie qui fut emportée d'assaut. Amrou ne brûla pas, comme on l'a dit, la bibliothèque de cette ville. Elle avait été déjà deux fois détruite en partie, à l'époque de César et sous le règne de Théodose le Grand.

16. Le khalifat des Ommiades (660-750). — Une affreuse guerre civile interrompit les conquêtes. Moavyah, gouverneur de la Syrie, se souleva contre le khalife Ali. Les deux rivaux se livrèrent en cent dix jours quatre-vingt-dix combats. Enfin Ali fut assassiné; Moavyah prit le pouvoir et fonda le khalifat héréditaire avec la dynastie des Ommiades.

Les Ommiades transportèrent la capitale de la Mecque à Damas, en Syrie. Les khalifes, tout en restant les chefs religieux des Arabes, devinrent de véritables souverains politiques.

17. Les conquêtes des Ommiades. — Les conquêtes, un moment interrompues par les guerres civiles, recommencèrent.

En Orient, les Arabes envahirent le Turkestan, prirent

la grande ville de Samarcande, et pénétrèrent jusque dans les bassins de l'Indus et du Gange. Mais les peuples de l'Inde furent rebelles à l'islamisme et conservèrent leur ancienne religion.

Dans l'Afrique du nord, les Arabes n'hésitèrent pas à s'élancer vers l'ouest, à travers le Sahara; ils conquirent sans résistance les ports de la Tripolitaine. Le vaillant Akbah s'empara de la Tunisie et fonda la ville de Kairouan, au sud de Carthage. Cette dernière ville, la capitale de l'Afrique, tomba elle-même au pouvoir des Arabes.

Les montagnards de l'Atlas, les Berbères, ancêtres des Kabyles, luttèrent avec acharnement contre leurs agresseurs; ils se révoltèrent à plusieurs reprises. La rigueur sans pitié des chefs arabes eut enfin raison des suprêmes résistances.

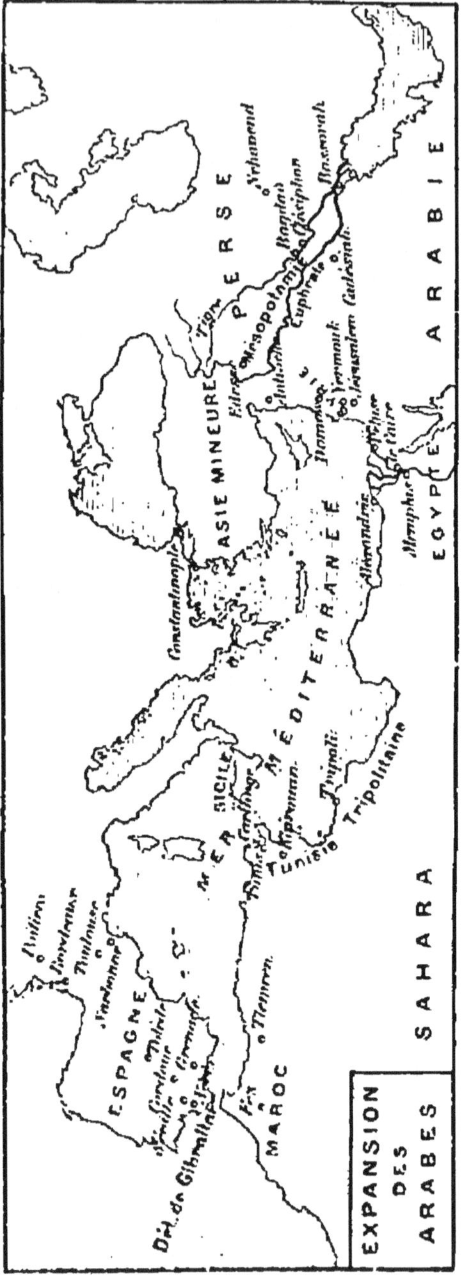

Bientôt les Arabes, sous la conduite de Tarik, franchirent
le détroit qui, du nom du conquérant, prit le nom de Gibraltar (de Djebel-al-Tarik, montagne de Tarik). Ils étaient
appelés en Espagne par le comte Julien qui s'était révolté
contre le roi des Visigoths, Rodéric. La victoire de Xérès,
en 711, leur livra toute l'Espagne. Les montagnes des Asturies furent le dernier refuge des Visigoths.

Les Pyrénées n'arrêtèrent pas l'élan de la conquête. Narbonne, Toulouse et Bordeaux tombèrent aux mains des
Arabes. Ils s'avancèrent, sous la conduite d'Abd-er-Rhaman
jusqu'à Tours ; mais ils furent vaincus par les Francs de
Charles Martel à la grande bataille de Poitiers (732).

18. Le khalifat des Abbassides.

— Ce fut à cette
époque, vers le milieu du huitième siècle, que l'empire
arabe atteignit son apogée et ses limites extrêmes. Il s'étendait alors de l'Inde à l'océan Atlantique, du Turkestan au
Sahara ; outre l'Arabie, il comprenait tout l'empire perse,
toutes les possessions des empereurs d'Orient en Asie et en
Afrique, le Maroc, l'Espagne et le midi de la Gaule.

Cet empire était trop vaste et se composait de parties trop
différentes pour rester longtemps uni. Le démembrement en
fut d'ailleurs préparé et favorisé par la chute sanglante des
Ommiades.

En 750, un descendant de Mahomet, Aboul-Abbas, réunit
de nombreux partisans dans l'Arabie et leva l'étendard de la
révolte. Alors éclata la lutte des noirs ou Abbassides contre
les blancs ou Ommiades. Ces derniers furent vaincus. Aboul-
Abbas fit égorger dans un seul jour quatre-vingt-dix
membres de la famille des Ommiades, invités à un festin de
réconciliation. Il fut surnommé le Sanguinaire.

La dynastie des Abbassides transporta la capitale de
Damas à Bagdad, sur les bords du Tigre. Cette ville fit revivre
les splendeurs de l'antique Babylone. Elle renferma plus
d'un million d'habitants. Elle se couvrit de magnifiques
monuments. Les khalifes y tenaient leur cour au milieu des
fêtes, et entourés d'un faste dont les récits fantastiques des
Mille et une Nuits donnent une idée.

Le règne des Abbassides fut l'époque la plus brillante de
la domination arabe en Orient. Les khalifes Almanzor, le
Victorieux ; Haroun-al-Raschid, le Justicier, contemporain
de Charlemagne, avec lequel il échangea des ambassades et

des présents; Almamoun, l'Auguste des Arabes, sont restés
justement célèbres. Ils encouragèrent les lettres et les
sciences, firent traduire les ouvrages des Grecs et donnèrent
à la civilisation arabe un éclat incomparable.

19. Le démembrement du khalifat. — Malgré
leur puissance et leur grandeur, les Abbassides avaient vu
la plus grande partie de l'empire arabe échapper à leur domination. L'Asie seule leur obéissait.

En Espagne, un descendant des Ommiades, Abd-er-
Rhaman, qui avait pu s'enfuir après le massacre de tous ses
parents, fonda dès 756 le khalifat de Cordoue, qui dura
près de trois siècles. Sous ce prince et sous ses successeurs,
l'Espagne arabe atteignit un très haut degré de prospérité.

L'Afrique du nord subit plus de vicissitudes. Le Caire, en
Egypte, Kairouan en Tunisie, Fez au Maroc, devinrent
des khalifats particuliers et furent des centres religieux,
politiques, littéraires et scientifiques très considérables.

20. La civilisation arabe. — Malgré le démembrement du khalifat et la décadence rapide de la puissance arabe,
la religion et la civilisation arabes sont demeurées parmi les
plus importantes du monde entier. L'islamisme n'a pas
cessé de dominer dans toute l'Afrique septentrionale, dans
la plus grande partie de l'Asie occidentale; il a fait de très
grands progrès dans l'Afrique centrale et orientale. Il compte
aujourd'hui deux cents millions environ de fidèles.

La civilisation arabe a jeté, pendant plusieurs siècles, un
très vif éclat; elle a même exercé une grande influence sur
la civilisation de l'Europe. Ce furent les Arabes qui, au début
du moyen âge, recueillirent, dans les grandes écoles
d'Alexandrie et d'Edesse, l'héritage littéraire et scientifique
des Grecs; ils y ajoutèrent leurs propres travaux et les
œuvres de leur génie national; ils fondèrent à Cordoue, à
Fez, au Caire, à Bagdad, à Samarcande, des écoles célèbres.

21. Les sciences. — Les Arabes firent faire à toutes
les sciences de très grands progrès. Ils inventèrent l'algèbre
et simplifièrent la trigonométrie; ils firent en optique de
très ingénieuses découvertes, et réussirent à mesurer un
degré du méridien.

Leurs chimistes inventèrent la distillation de l'alcool;

leurs médecins, dont les deux plus célèbres furent Avicenne en Orient et Averroès en Espagne, répandirent l'usage de plusieurs remèdes nouveaux, entre autres la rhubarbe et le camphre.

Dans la plupart des sciences, les Arabes furent les véritables maîtres du moyen âge.

22. Les lettres. — Leurs conquêtes, l'extension de leur empire et plus tard l'activité de leur propagande religieuse dans des régions que l'antiquité classique n'avait pas connues, leur permirent de donner à la géographie un développement considérable. Aux renseignements fournis par les géographes grecs, ils ajoutèrent les relations des voyageurs musulmans.

Leurs œuvres historiques ont beaucoup moins de valeur. Les Arabes avaient trop d'imagination pour être de bons historiens ; il leur manquait l'esprit critique et le sentiment de la chronologie.

La littérature arabe, surtout dans les œuvres de fantaisie, fut très brillante. La langue arabe, telle que Mahomet l'a fixée dans le Coran, est d'une richesse merveilleuse. Aussi se prête-t-elle admirablement à la poésie et au conte. Le plus fameux recueil de contes arabes, les *Mille et une Nuits*, a rapidement acquis une popularité universelle. Mais cette littérature manque d'énergie et de fond ; elle est ingénieuse plus que virile, étincelante plus que solide.

23. Les arts. — Le Coran interdit aux musulmans de représenter la forme humaine ; les Arabes ne furent donc ni peintres ni sculpteurs. En architecture, ils ont élevé de somptueux monuments, la grande Mosquée de Cordoue, l'Alcazar de Séville, l'Alhambra de Grenade, les palais de Tlemcen, de Tunis, du Caire, de Bagdad, la Mosquée d'Omar à Jérusalem ; dans ces édifices ils ont multiplié les coupoles et les minarets, les arcs brisés et les colonnettes ; l'ensemble, harmonieux et plutôt simple, est revêtu des détails les plus riches.

Sur les murs, se développent des arabesques aux sinuosités élégantes et d'une infinie variété. Mais cet art ressemble à l'art byzantin ; il ne s'en distingue essentiellement que par l'absence de forme humaine ; et c'est là, sans aucun doute, une cause réelle d'infériorité.

24. Industrie, commerce, agriculture. — Les
Arabes ont créé ou développé de florissantes industries :
celle des cuirs à Cordoue, celle des armes à Tolède et à
Damas, celle des tapis dans tout l'Orient, celle des verreries
artistiques en Égypte, en Syrie et à Bagdad. En outre ils
ont révélé en Europe une industrie nouvelle, qu'ils n'inventèrent pas, qu'ils empruntèrent à la Chine, mais qui avant
eux était inconnue en Occident : la fabrication du papier.

Le commerce arabe suivait de préférence les voies de

L'Alhambra de Grenade.

terre et se faisait par caravanes. De Bagdad les caravanes
atteignaient l'Inde, le Tibet et la Chine ; du Caire, elles remontaient la vallée du Nil ; de Tripoli, de Kairouan et de
Fez, elles s'avançaient à travers le Sahara et pénétraient
jusqu'au Soudan.

Elles rapportaient de leurs longs voyages des épices, des
aromates, des pierres précieuses, des étoffes de soie, de l'i-
voire, de la poudre d'or et des esclaves ; elles en apportèrent aussi d'importantes inventions, entre autres la boussole et la poudre à canon.

Les Arabes furent de très habiles agriculteurs : ils donnèrent à certaines régions, à la Perse, à la Mésopotamie, à

l'Espagne du sud, une incomparable prospérité économique. Ils atteignirent ce résultat par d'ingénieux travaux d'irrigation, destinés surtout à ménager prudemment et à bien distribuer l'eau. Ils créèrent ainsi ce « magnifique jardin potager, qu'on appelle la huerta de Valence et qui est toute une province ».

C'est surtout après les croisades, que la civilisation arabe exerça une grande influence sur l'Europe occidentale et, en particulier, sur la France.

LECTURES

PREMIÈRE LECTURE. — La mort de Mahomet.

Sa fin approchait, et il le sentait lui-même. Au mois de mars de l'an 632, il fit son dernier pèlerinage. Il avait, d'après sa propre opinion, accompli sa grande tâche : « Allah, disait-il, j'ai porté mon message et rempli ma mission. » Ses forces diminuaient visiblement; ses cheveux avaient blanchi; son corps s'était voûté. Au mois de juin il tomba malade, et lui-même était convaincu que cette maladie serait la dernière. Une nuit qu'il cherchait en vain le sommeil, il se leva sans bruit, et, accompagné d'un serviteur, se rendit au cimetière de Médine, où reposaient tant d'amis. Il y resta longtemps plongé dans ses pensées; il pria ensuite à haute voix pour les morts, et dit : « En vérité, vous et moi, nous avons vu l'accomplissement des promesses de notre Seigneur. Vous êtes bénis, car vous jouissez d'un sort qui est de beaucoup préférable au sort de ceux qui restent après vous. » En retournant chez lui, il dit à son serviteur : « J'ai eu le choix entre une prolongation de ma vie et la présence immédiate de Dieu; c'est cette présence que j'ai choisie. »

Il songea aux pauvres. Jamais il n'avait désiré les richesses, et c'était son habitude, dès qu'il avait quelque argent, de l'employer à des aumônes. Quelque temps auparavant, il avait cependant donné à sa femme Aïcha une petite somme à garder. Devenu malade, il exigea qu'elle la distribuât immédiatement aux nécessiteux et tomba ensuite dans un demi-sommeil. Quand il se fut éveillé, il demanda à Aïcha si elle avait fait ce qu'il lui avait ordonné. « Pas encore », répondit-elle. Il lui fit chercher tout de suite l'argent, nomma les ménages pauvres auxquels il devait être distribué et dit : « Maintenant me voilà en paix. En vérité il n'eût pas été décent pour moi de me présenter à mon Seigneur avec cet or en ma possession. »

Le lundi matin 8 juin, il se sentit beaucoup mieux. La mosquée de Médine était remplie à l'excès, car chacun voulait avoir des nouvelles de l'état du prophète; en ce moment Abou-Bekre, que Mahomet avait chargé de ce soin pendant sa maladie, présidait à la prière. Mahomet, qu'on n'attendait pas du tout, apparut en personne; sa marche était chancelante et on devait le soutenir; mais tout le monde put remarquer le sourire de satisfaction qui éclairait son visage : c'était peut-être un signe du bonheur qu'il éprouvait d'avoir réussi à accomplir sa tâche. Pour la dernière fois il parla au peuple et sa voix était encore tellement forte qu'on pouvait même le comprendre au dehors de la mosquée. « Par Allah! dit-il, personne ne peut rien dire à ma charge; je n'ai rien déclaré permis que Dieu ne l'eût déclaré permis, ni rien défendu que Dieu ne l'eût défendu dans son livre. » Il fit aussi ses adieux à Osâma, à qui il avait confié le commandement en chef de l'armée qui devait marcher contre la Syrie et lui dit : « Va en avant avec ton armée et que la bénédiction de Dieu soit avec toi! »

Après cela, il se rendit de nouveau dans la chambre d'Aïcha et s'étendit sur son lit, épuisé de fatigue. Il ne dit plus que peu de mots, de courtes prières : « Allah, aide-moi dans mon agonie! — Gabriel, viens tout près de moi! — Allah, accorde-moi ton pardon, et réunis-moi à mes amis là-haut! L'éternité dans le paradis! » Puis tout se tut; le prophète de l'Arabie venait de s'endormir doucement et avec calme.

(R. Dozy, Essai sur l'histoire de l'islamisme. —
Paris, Maisonneuve.)

DEUXIÈME LECTURE. — Ce que nous devons aux Arabes.

Dans le domaine de l'art nous devons beaucoup à la fréquentation des Arabes. Ils étaient admirables pour tout ce qui regarde les arts décoratifs : mosaïques, peintures murales, tentures, poteries. Nous leur avons pris une infinité de motifs d'ornementation. Encore aujourd'hui on dit : des *arabesques*.

Ils furent nos maîtres pour les sciences. Nous leur devons les chiffres arabes qui ont remplacé les chiffres romains et l'algèbre.

Ils furent nos maîtres en physique, en chimie. Les mots « alambic, alcool, alcali, antimoine, bismuth, borax, amalgame », sont d'origine arabe.

Ils furent nos maîtres en médecine. Les premiers pays européens où cette science fit quelque progrès sont ceux qui furent le plus longtemps en contact avec les Arabes : l'Espagne, où ils avaient fondé l'Université de Cordoue, l'Italie du sud, où prospéra l'école de Palerme, le Languedoc, où s'éleva, au onzième siècle, celle de Montpellier. Les mots « sirop, julep, élixir, séné, looch, camphre », sont des mots arabes que nous avons empruntés aux médecins musulmans.

(Rambaud, Histoire de la civilisation française. — Paris, A. Colin.)

Livres à consulter : *Le Coran.* — Dozy, *Essai sur l'histoire de l'islamisme.* — Barthélemy Saint-Hilaire, *Mahomet et le Coran.* — Sédillot. *Histoire des Arabes.* — Le Bon, *la Civilisation des Arabes.* — Bourgoin, *Précis de l'art arabe.* — J. Zeller, *Entretiens sur l'histoire du Moyen Age.* — Lavisse et Rambaud, *Histoire générale.* — G. Carré, *le Moyen Age,* choix de lectures historiques.

CHAPITRE IX

L'EMPIRE FRANC : **Pépin le Bref. — Charlemagne.
L'Empire. — La vie de l'empereur. — La cour.
— L'armée. — Les écoles.**

SOMMAIRE

1. LA FAMILLE D'HÉRISTAL. — La victoire de Testry avait donné le pouvoir à la famille austrasienne d'Héristal. Pépin d'Héristal, Charles Martel et Pépin le Bref, ancêtres de Charlemagne, furent les plus illustres représentants de cette famille; par leurs victoires et leur politique, ils préparèrent l'œuvre du grand roi qui leur succéda.

2. CHARLES MARTEL (714-741). — Charles Martel, fils de Pépin d'Héristal, assura le triomphe définitif de l'Austrasie. En Germanie, il poursuivit les conquêtes commencées par Pépin d'Héristal, et, fidèle à la même politique, protégea l'apôtre des Germains, saint Boniface; il repoussa l'invasion arabe par sa victoire de Poitiers (732) et soumit l'Aquitaine.

3. PÉPIN LE BREF ET CARLOMAN (741-747). — Les deux fils de Charles Martel, Pépin le Bref et Carloman, lui succédèrent comme maires du palais. Après la retraite de Carloman, Pépin s'empara du pouvoir. Il prit le titre de roi et se fit sacrer par saint Boniface (752).

4. PÉPIN LE BREF. — Appelé en Italie par le pape, Pépin le Bref fit deux expéditions contre le roi des Lombards, donna au Saint-Siège les anciennes possessions byzantines du nord et du centre de l'Italie; ce fut l'origine du pouvoir temporel des papes.

En Germanie, Pépin le Bref continua de protéger les missionnaires chrétiens, auxquels il ouvrit la Save. Il chassa les Arabes de la Septimanie et soumit les ducs d'Aquitaine.

5. CHARLEMAGNE (768-814). — Après la mort de Pépin le Bref, ses deux fils, Charles et Carloman, se partagèrent le pouvoir. Carloman mourut en 771 et Charles resta seul roi.

Charles le Grand ou Charlemagne a mérité le nom de Grand par ses guerres, par son administration et par la protection qu'il a accordée aux lettres et aux arts.

6. GUERRES EN GERMANIE. — Le règne de Charlemagne fut un règne guerrier. La plus importante des guerres fut celle de Germanie.

Il combattit les Saxons sans relâche pendant trente-trois ans, força leur chef Witikind à recevoir le baptême chrétien, reprima avec beaucoup de rigueur toutes leurs révoltes et fonda de nombreux évêchés dans les régions du Wéser et de l'Elbe.

Au nord et à l'est du pays des Saxons, Charlemagne soumit les tribus slaves, commença la conversion des peuplades riveraines de la mer Baltique, et repoussa les premières invasions des pirates danois.

7. GUERRES DANS LA VALLÉE DU DANUBE. — Dans la haute vallée du Danube, Charlemagne triompha d'une coalition redoutable formée contre

lui par le duc de Bavière. Il réunit ce pays à ses Etats et créa la Marche d'Autriche.

8. GUERRES EN ITALIE. — Au delà des Alpes, il fit une double expédition contre les Lombards. Il prit la couronne de fer à Milan, confia l'administration des territoires conquis à des Francs, et confirma les donations faites par son père au Saint-Siège.

9. EXPÉDITION EN ESPAGNE. — Au sud des Pyrénées, il dirigea une expédition restée surtout célèbre par la mort de Roland à Roncevaux, et il fonda contre les Arabes la marche de Gothie.

10. CHARLEMAGNE EMPEREUR. — Charlemagne, maître d'un vaste empire, reçut à Rome, en l'an 800, la couronne impériale des mains du pape Léon III.

11. SON GOUVERNEMENT. — Il régla l'administration de ce vaste empire, qui fut divisé en royaumes, légations et comtés et qui fut surveillé par les *missi dominici*. Il fit rédiger les projets de lois ou *capitulaires* dans les assemblées nationales ou *champs de mars*.

12. LES LETTRES ET LES ARTS. — Charlemagne s'efforça de ranimer le goût des lettres : il fonda des écoles dont la plus célèbre fut l'école palatine. Il appela à lui les écrivains les plus connus, Pierre de Pise, Alcuin et Eginhard. Il fit construire de beaux monuments (église et palais d'Aix-la-Chapelle).

Charlemagne mourut en 814. Son nom a dominé tout le moyen âge.

RÉCIT

1. Dissolution de l'empire franc. — Pendant les sanglantes luttes de la Neustrie et de l'Austrasie, l'unité de l'empire franc avait été brisée. Les peuples vaincus avaient peu à peu reconquis leur indépendance et s'étaient donné des chefs nationaux.

Les officiers royaux ne reconnaissaient plus l'autorité impuissante des Mérovingiens ; les leudes rebelles formaient des bandes guerrières, avec lesquelles ils commettaient les pires excès ; les hommes de condition libre étaient sans cesse exposés à des attaques violentes ; la masse de l'ancienne population gallo-romaine était livrée sans protection à la cupidité des soldats francs. L'anarchie était complète dans tout le royaume et la monarchie de Clovis était menacée de disparaître comme avaient disparu les autres royautés barbares. C'est alors que parut, pour reconstituer l'œuvre des Francs, l'héroïque famille d'Héristal.

2. La famille d'Héristal. — La famille d'Héristal était originaire de l'Austrasie. Elle possédait d'immenses domaines dans les pays de Meuse et Moselle. Son manoir d'Héristal dominait, non loin de Liège, la vallée de la Meuse. Elle avait dans sa clientèle de nombreux serviteurs qui constituaient une véritable armée. Elle disposait de la mairie du palais, à titre héréditaire. Enfin, à la puissance qu'ils

Domaine des Carolingiens
en Austrasie.

tenaient de l'étendue de leurs domaines et du nombre de leurs leudes, ils ajoutaient le prestige de l'autorité religieuse L'aïeul paternel de Pépin d'Héristal, Arnulf, était évêque de Metz. Cette famille allait profiter de l'appui de l'Eglise qui avait été si favorable à Clovis.

3. Pépin d'Héristal. — Après la victoire de Testry, en 687, Pépin d'Héristal réunit sous son autorité les trois royaumes de Neustrie, d'Austrasie et de Bourgogne. Il confia à son fils Grimoald le gouvernement de la Neustrie, et lui-même retourna, au milieu de ses leudes, dans ses domaines patrimoniaux. Alors il commença contre les tribus germaniques une lutte dans laquelle il usa sa vie. Partout il marcha de concert avec les missionnaires chrétiens. Saint Willibrod pénétra dans la Frise en même temps que Pépin et y fonda l'archevêché d'Utrecht. Les Bavarois furent convertis par Rudbert, évêque de Worms; les Alamans, trois fois vaincus, se soumirent à la suprématie des Francs et à la loi chrétienne; les Saxons furent repoussés et durent laisser saint Willibrod pénétrer dans leur pays. Ainsi la famille austrasienne commençait en Germanie son œuvre de civilisation.

4. Charles Martel (714-741). — A la mort de Pépin d'Héristal la mairie du palais échut à son petit-fils, âgé de six ans. Le roi mérovingien n'avait lui-même que quinze ans. « C'était, dit Montesquieu, un fantôme sur un fantôme. » Toute autorité ayant disparu, les Neustriens se révoltèrent, les Germains reprirent les armes.

Alors sortit d'une prison de Cologne, où il avait été enfermé, un fils naturel de Pépin, Charles, que son surnom de Martel devait illustrer. Il se mit à la tête des guerriers austrasiens. Il vainquit les Neustriens à Vincy et à Soissons et força le duc d'Aquitaine, leur allié, à reconnaître sa suzeraineté.

5. L'œuvre de Charles Martel. — Maître des trois royaumes francs, Charles Martel continua l'œuvre de son père.

La Gaule chrétienne était alors menacée par une double invasion : à l'est, du côté du Rhin, par la Germanie païenne;

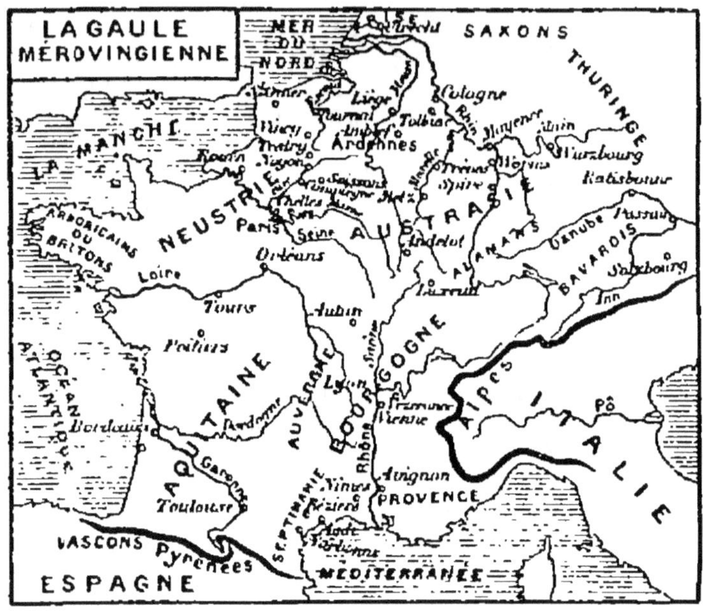

au sud, du côté des Pyrénées, par les Arabes musulmans. La gloire de Charles Martel est d'avoir repoussé ces deux invasions, et, ainsi, d'avoir sauvé la civilisation chrétienne.

6. Guerres en Germanie. — En Germanie, Charles Martel fit une guerre continuelle. Partout il favorisa l'œuvre des missionnaires chrétiens. Le plus illustre de ces missionnaires fut Winfried.

Winfried, devenu si célèbre sous le nom de saint Boniface, était un moine anglo-saxon.

Nommé évêque régionnaire de la Germanie, en 723, il commença l'œuvre de la conversion. Avec l'appui du glorieux chef des Francs, l'apôtre put pénétrer au cœur des pays païens, renversant les arbres sacrés, et, avec les bois des idoles, construisant des chapelles. La crainte du duc des Francs arrêtait la vengeance des païens. « Sans les ordres de Charles, écrivait Boniface, je ne pourrais ni diriger le peuple, ni défendre les prêtres, les diacres, les moines et les servantes de Dieu, ni interdire les superstitions des païens et le culte sacrilège des idoles. »

Avec ses courageux compagnons Lull et Sturm, il fonda les églises de Fritzlar, d'Erfurt, et surtout la célèbre abbaye de Fulda, qui fut le principal foyer de la civilisation chrétienne en Germanie. En même temps, il organisa les évêchés de Wurtzbourg, de Passau, de Ratisbonne et de Salzbourg. Peu à peu la Germanie se transforma sous l'influence du christianisme.

Saint Boniface, nommé à l'archevêché de Mayence, termina par le martyre sa glorieuse carrière. Il partit pour la Frise en 752, et y mourut l'année suivante. Il fut, en même temps que l'apôtre de la Germanie, l'un des ouvriers les plus actifs de l'alliance conclue entre les ducs austrasiens et la papauté.

7. Bataille de Poitiers (732). — Vainqueur des Germains, Charles ne tarda pas à rendre à la cause du christianisme et de la civilisation occidentale un service encore plus signalé.

Les Arabes, maîtres de l'Espagne, avaient franchi les Pyrénées et envahi la Gaule. Eudes, duc d'Aquitaine, vainqueur à Toulouse, battu à Bordeaux, s'enfuit près de Charles, son ancien ennemi, se reconnut tributaire et demanda aide et vengeance. Pendant ce temps, l'émir Abd-er-Rhaman, poussant ses escadrons en avant, brûlait Poitiers et la basilique de Saint-Hilaire, et se portait sur Tours, attiré par la renommée du riche sanctuaire de Saint-Martin.

Charles fit pousser le cri de guerre dans tout l'empire des Francs. Aquitains et Gascons fugitifs, Neustriens menacés, Austrasiens jusque-là triomphants, Thuringiens, Alamans, Frisons, Bavarois et Saxons répondirent à l'appel du puissant duc d'Austrasie. L'Europe chrétienne et l'Asie musulmane se rencontrèrent entre Tours et Poitiers.

Pendant huit jours, les deux armées s'observèrent avec étonnement. Les Francs, serrés les uns contre les autres, semblaient des « murs de glace, contre lesquels les musulmans, armés à la légère, venaient se heurter sans y faire

impression ». Enfin le huitième jour, Abd-er-Rhaman tenta
une grande bataille. Déjà les Arabes avaient fourni bien des
charges sans pouvoir entamer le front de bataille des
Francs, lorsqu'ils aperçurent derrière eux leur camp en
flammes : Eudes d'Aquitaine avait fait un détour et incendié
les tentes. Abd-er-Rhaman ne put retenir ses soldats ; tous
se précipitèrent pour sauver leurs richesses, fruit du pillage
de la Gaule. Les Francs s'ébranlèrent, poussant les fuyards
et les abattant sous les coups de leurs framées. Ils s'arrêtèrent à l'entrée du camp et y passèrent la nuit.

Le lendemain, les Francs s'attendaient à recommencer la
lutte, mais ils trouvèrent les tentes vides et la plaine silen-
cieuse. Les Arabes s'étaient enfuis. Le *mur de glace* des
Francs fut la barrière de leurs conquêtes, et Charles fut le
marteau qui les écrasa.

Charles Martel poursuivit les Arabes dans le Midi de la
France. Il prit Avignon, Nimes, dont il incendia les arènes,
Agde et Béziers. Les Arabes, vaincus une dernière fois sous
les murs de Narbonne, ne conservèrent que la Septimanie.

8. Charles Martel et l'Eglise. — Après chacune de
ces campagnes glorieuses, les soldats austrasiens réclamaient
leur récompense. Charles leur donnait des domaines dans
les pays qu'ils venaient de conquérir. Les biens de l'Eglise
ne furent pas plus respectés que les autres. Aussi le clergé
poussait-il des cris d'indignation contre celui qu'il appelait
le tyran austrasien. Le pape, plus clairvoyant, entretint les
relations les plus amicales avec l'homme qui avait rendu de
si grands services à la civilisation chrétienne. D'ailleurs, il
avait besoin de son épée pour délivrer l'Italie des Lombards.

En 741, Grégoire III s'adressa à Charles Martel, par une
lettre des plus pressantes et des plus flatteuses; il lui fit
offrir par saint Boniface le titre de patrice des Romains, et
lui envoya les clefs de l'église de Saint-Pierre. L'ambassade
pontificale fut reçue avec les plus grands honneurs, mais
Charles Martel n'eut pas le temps d'aller au secours de
Rome. Il mourut dans sa villa de Kiersy-sur-Oise (741).

9. Carloman et Pépin le Bref (741). — A la mort
de Charles Martel, ses deux fils, Pépin et Carloman, devinrent maires du palais. Ils réprimèrent avec énergie les soulèvements qui avaient éclaté en Germanie et en Aquitaine.

Pour s'assurer l'appui de l'Eglise, que les spoliations de leur père avaient irritée, ils lui rendirent ses biens. Ils voulurent aussi réformer les mœurs ecclésiastiques. La guerre fut interdite aux évêques, et la règle bénédictine fut imposée à tous les monastères.

Après cette réforme du clergé des Gaules, Carloman prit la robe des moines et se retira dans le monastère du Mont-Cassin, en Italie. Pépin le Bref dépouilla ses neveux et resta seul maître de l'empire des Francs.

10. Pépin, roi des Francs (752). — Ce fut alors que l'étroite union de Pépin et de saint Boniface amena une grande révolution chez les Francs. Pépin ne voulant pas rester simple maire du palais, et désirant changer la souveraineté réelle qui était dans sa famille en souveraineté légale, s'adressa, d'après les conseils de saint Boniface, au siège de Rome comme à la source du droit. Il envoya Burchard, évêque de Wurtzbourg, et Fulrad, abbé de Saint-Denis, auprès du pape Zacharie, pour lui demander si celui qui remplissait les fonctions de roi ne méritait pas mieux d'être roi que celui qui n'en portait que le titre. Zacharie répondit que celui-là devait être roi qui exerçait la puissance royale.

Dès que ses envoyés furent de retour, et qu'il apprit d'eux cette réponse, Pépin n'hésita plus. Il se fit élever sur un bouclier par les Francs, et saint Boniface lui donna l'onction royale, dans la cathédrale de Soissons. Le dernier roi mérovingien, Childéric, fut tonsuré et mis dans un monastère (751).

Le règne de Pépin le Bref fut la continuation glorieuse de son gouvernement comme maire du palais. Trois faits principaux le remplissent : la lutte contre les Lombards, la conquête de la Septimanie sur les Arabes et la soumission de l'Aquitaine.

11. Pépin le Bref et les Lombards. — Le roi des Lombards, Astolphe, ayant envahi l'Exarchat et la Pentapole, le pape Étienne écrivit au nouveau roi des Francs pour demander son assistance au nom même de l'apôtre Pierre : « Moi, Pierre, apôtre de Dieu, lui dit-il, qui vous ai pour fils adoptif, je vous adjure, par votre affection, de défendre de ses ennemis cette Église romaine et le peuple que Dieu m'a confié, et la demeure où je repose selon la chair, parce que vous tous, peuples francs, vous êtes notre peuple élu parmi les nations. »

Etienne II partit pour la Gaule. Pépin alla au-devant de lui. A la vue du pape, il descendit de cheval et se prosterna devant lui. S'étant acheminés ensemble vers Paris, Etienne occupa le monastère de Saint-Denis, où il renouvela le sacre de Pépin, qu'il étendit à ses deux fils. Cette cérémonie eut surtout pour objet d'établir l'hérédité royale dans la famille nouvelle.

12. Le patrimoine de Saint-Pierre. — Pépin, fidèle à sa promesse, passa deux fois les Alpes avec une armée. Dans sa première expédition, il prit Pavie. Dans la seconde expédition, il força les Lombards à payer tribut; Astolphe dut livrer le tiers de ses trésors, et renoncer à toute prétention sur l'Exarchat, la Pentapole et la Romagne.

Ces territoires, qui avaient été conquis par les Lombards sur l'empire byzantin, furent donnés en toute souveraineté au pape par Pépin le Bref. Ce fut le patrimoine de Saint-Pierre, origine du pouvoir temporel des papes en Italie.

13. Conséquences de ces événements. — Ainsi, à la suite des relations établies par saint Boniface entre les chefs des Francs et les souverains de l'Eglise, une double révolution s'était accomplie. En Italie, le pape devenait prince temporel. En France, le duc d'Austrasie devenait roi. Cette royauté franque prenait un caractère nouveau. L'Eglise, en sacrant Pépin le Bref, comme autrefois les prophètes sacraient les rois d'Israël, donnait à la royauté une investiture religieuse. Le roi était ainsi associé à la puissance spirituelle: il était le représentant de Dieu. La monarchie franque devint le modèle des royautés qui s'établirent en Europe. Aussi disait-on qu'elle était la fille aînée de l'Eglise.

14. Conquête de la Septimanie. — A peine débarrassé des Lombards, Pépin se tourna contre les Arabes. Pendant les premières années de son règne, il n'avait pas cessé de soutenir les populations chrétiennes de la Septimanie dans leurs efforts pour secouer le joug musulman. Il sut profiter habilement des divisions qui avaient éclaté parmi les Arabes d'Espagne ; il s'empara de Narbonne, occupa toute la Septimanie et porta jusqu'aux Pyrénées la limite méridionale du royaume franc.

15. Soumission de l'Aquitaine. — L'Aquitaine, un moment soumise, s'était révoltée sous la conduite du duc Waïfer, fils d'Hunald. Pépin résolut de la remettre sous la domination franque. La guerre fut longue et sanglante. Il se proposa de faire le tour du grand massif de montagnes qui couvre le centre de la France méridionale, de tout détruire dans cette vaste plaine qui comprend le Nivernais, le Lyonnais, le Languedoc, le Poitou, le Bourbonnais et le Berry, et de cerner le duc d'Aquitaine dans les vallées de l'Auvergne. Ce fut l'œuvre de sept années d'une lutte opiniâtre. Pépin poursuivit son adversaire vers la haute Loire, s'avança jusqu'à la Dordogne, prit les villes du plat pays, y passa l'hiver, coupa les arbres, brûla les moissons et atteignit aux environs du Puy-de-Dôme Waïfer et ses infatigables Gascons. Le duc d'Aquitaine périt assassiné, et son pays reconnut l'autorité des Francs.

16. Mort de Pépin le Bref. — Pépin mourut en 768. Le premier il avait soumis à la domination des Francs la Gaule tout entière. L'héroïque famille d'Héristal, qui avait déjà produit trois hommes si remarquables, Pépin d'Héristal, Charles Martel et Pépin le Bref, allait avoir son représentant le plus illustre, Charlemagne, dont le nom restera attaché à la dynastie carolingienne.

17. Charles et Carloman (768-771). — Avant de mourir, Pépin le Bref, suivant l'usage germanique, avait partagé l'empire franc entre ses deux fils, Charles et Carloman. Le vieux duc d'Aquitaine, Hunald, qui vivait depuis vingt-trois ans dans un monastère de l'île de Noirmoutiers où il s'était enfermé après avoir pris l'habit religieux, voulut profiter de cette division du pouvoir royal pour venger la mort de son fils Waïfer et pour délivrer son pays. Les deux frères l'attaquèrent ; mais bientôt Carloman se retira, et Charles continua seul l'expédition ; il vainquit les Aquitains et éleva la citadelle de Fronsac pour surveiller le pays. Hunald chercha un asile auprès de Didier, roi des Lombards.

Carloman mourut à la même époque. Les leudes francs réunis décidèrent que ses enfants étaient trop jeunes pour

commander à des hommes et ils reconnurent Charles pour
leur chef. Les princes dépossédés se réfugièrent avec leur
mère auprès de Didier. Alors commença véritablement le
règne de celui que la postérité a appelé Charles le Grand ou
Charlemagne (771).

18. Charlemagne (771-814). — Charlemagne, comme
ses ancêtres les Francs Aus-
trasiens, fut surtout un
prince guerrier. Il était
gros, robuste et d'une taille
élevée, mais bien propor-
tionnée. Il s'adonnait assidûment aux exercices du
cheval et de la chasse ;
c'était chez lui une passion
de famille. Son costume
ordinaire était celui de ses
pères, l'habit des Francs.
Il vivait d'habitude, à la
manière des seigneurs de
son royaume, dans de
grandes villas entourées de
vastes domaines, à Héris-
tal, à Worms, à Thion-
ville, et surtout à Aix-la-
Chapelle, qui fut sa résidence favorite.

Son activité était mer-
veilleuse. Pendant plus de
quarante ans il parcourut
à cheval et l'épée à la main
l'Allemagne, l'Italie et l'Espagne. Il dirigea cin-
quante-cinq expéditions militaires, des plaines maré-

Charlemagne empereur.

cageuses de l'Elbe et du Weser jusqu'aux bords du Gari-
gliano en Italie, des rives du Danube jusqu'aux confins de
l'empire arabe d'Espagne.

Les guerres de Charlemagne eurent quatre théâtres principaux : la Germanie, la haute vallée du Danube, l'Italie,
l'Espagne septentrionale.

19. Lutte contre les Saxons. — Le plus redoutable adversaire que Charlemagne rencontra en Germanie
fut le peuple saxon. Aussi la guerre de Saxe fut-elle la plus
longue et la plus difficile de toutes celles que Charlemagne
entreprit. Les Saxons, ou hommes aux longs couteaux,
habitaient le nord de la Germanie, entre l'Elbe et le Rhin.
La nation comprenait quatre tribus, Westphaliens, Ostpha-
liens, Angariens et Nordalbingiens, subdivisées en cantons.
Chaque canton était placé sous les ordres d'un comte (*Graf*).
La religion des Saxons était celle d'Odin ; leur principale
idole était l'*Irminsul*, tronc d'arbre grossièrement taillé,
planté au fond d'une forêt et représentant Arminius, le héros
de la Germanie, ou la Germanie elle-même ; les Saxons lui
offraient tous les ans des sacrifices humains.

La guerre contre les Saxons fut à la fois une guerre d'ambition, une lutte de races et une croisade. Charlemagne voulait étendre sa domination sur un peuple qui avait payé
tribut à ses pères ; il voulait donner satisfaction à la haine
des Francs contre ces ennemis qui les harcelaient depuis six
siècles ; il voulait enfin venger les missionnaires massacrés
et imposer par la force le joug du Christ.

20. Première partie de la guerre (772-777). —
Appelé par le mis-
sionnaire Libuin,
que les Saxons
avaient menacé de
mort, Charles s'em-
para d'Ehresbourg,
la *Forteresse de l'hon-
neur*, détruisit l'Ir-
minsul, et en ense-
velit les débris. Les
Saxons de l'ouest ou
Westphaliens firent
leur soumission et
livrèrent des otages.

La Saxe sous Charlemagne.

Deux nouveaux
soulèvements provoquèrent deux nouvelles expéditions des
Francs. Charles prit Siegbourg, la *Forteresse de la victoire*, éleva sur les bords de la Lippe la place forte de
Lippstadt et convoqua les Saxons vaincus à la grande diète

de Paderborn. Un grand nombre d'entre eux y reçurent le baptême.

21. Witikind. — Le plus fameux des chefs saxons, Witikind, n'avait pas paru à la diète de Paderborn ; il s'était réfugié chez les Danois. Bientôt il revint en Saxe et souleva ses compatriotes. Il chassa les religieux du monastère de Fulda et s'avança jusqu'au delà du Rhin. Battu à Bochold, il laissa au vainqueur le temps de s'éloigner, puis surprit et massacra une armée franque dans la vallée de Sonthal, près du Weser.

Charlemagne, poussé à bout, fit décapiter à Verden sur l'Aller quatre mille cinq cents compagnons de Witikind. Cette terrible exécution excita jusqu'à la folie la haine des Saxons ; tous se levèrent. Mais, repoussés à Detmold, battus sur le bord de la Hase, traqués et massacrés par des corps francs, qui parcoururent les pays pendant deux ans, ils laissèrent tomber leurs armes, et Witikind lui-même se rendit à la diète d'Attigny, où il reçut le baptême (785).

22. Derniers soulèvements. — Pendant huit ans les Saxons vaincus restèrent soumis. Mais ils profitèrent encore une fois de l'éloignement des armées franques, occupées à combattre les Avares, pour tenter un dernier soulèvement. Charles irrité prit des mesures énergiques. Il enleva du pays dix mille familles saxonnes qu'il établit en Gaule et en Italie, et il les remplaça par des Slaves qui lui étaient fidèles. La Saxe ne fut définitivement soumise qu'à la diète de Saltz, en 804.

23. Transformation de la Germanie. — Avec l'œuvre de la conquête commença l'œuvre de la civilisation. De hardis missionnaires, dirigés par Sturm et les moines de Fulda, travaillèrent à la conversion du pays. Ils fondèrent un grand nombre d'abbayes et d'évêchés, qui devinrent plus tard des villes florissantes. Ainsi furent bâties les villes de Münster, Osnabrück, Brême, Halberstadt, Hildesheim, Verden, Paderborn, Minden. En même temps Charlemagne entreprit de grands travaux publics. Il fit jeter des ponts sur le Rhin, à Mayence, et sur l'Elbe. Il essaya même d'unir par un canal le Mein au Danube et d'ouvrir ainsi une communication directe entre la mer du Nord et la mer Noire. Enfin il soumit les Saxons aux lois et à l'administration des

Francs. Désormais la Germanie chrétienne allait entrer dans la société civilisée. Charlemagne a été le créateur de l'Allemagne.

24. Soumission des Slaves et lutte contre les Danois.

— A l'est des Saxons, la Germanie était habitée par des tribus de race slave ; Charlemagne les força toutes à accepter de gré ou de force sa prépondérance, les tint en respect par de nombreuses forteresses, et les obligea de recevoir les missionnaires qui propagèrent le christianisme sur les bords de la mer Baltique.

Au nord de la Germanie, les Danois, maîtres de la péninsule du Jutland, essayèrent de lutter contre Charlemagne, soit en envahissant les territoires habités par les Saxons soumis et les Slaves fidèles au monarque franc, soit en pillant avec leurs barques légères les côtes de la Frise. Mais ils durent reculer, et Charlemagne ajouta à son empire la partie méridionale du Jutland.

25. Guerre contre les Bavarois.

— Charlemagne ne rencontra pas moins d'ennemis dans la Germanie méridionale. La vallée supérieure du Danube appartenait aux Bavarois.

Tassilon, duc de Bavière, essaya de réunir en un faisceau redoutable tous ceux qui avaient leur indépendance à revendiquer ou à défendre contre le puissant roi des Francs. Poussé par sa femme, fille de Didier, roi détrôné des Lombards, il fit alliance avec Arégise, duc de Bénévent, avec l'empereur de Constantinople, avec les leudes mécontents de la Thuringe et de la Franconie, et s'appuya sur un peuple hunnique, les Avares, campé dans les plaines du Danube et de la Theiss.

Une armée grecque envahit l'Italie, les Avares se jetèrent sur le Frioul, le duc de Bénévent marcha sur Rome, et Tassilon envoya à Charlemagne son défi.

Les armes et la fortune des Francs triomphèrent partout. Arégise mourut, les Grecs furent jetés à la mer, les Avares chassés jusqu'au Raab, les leudes rebelles surpris et traduits devant l'assemblée de leurs pairs ; enfin Charlemagne, plaçant son camp sur le Lech, entra dans les pays des Bavarois et des Alamans, et somma Tassilon de comparaître devant les comtes francs à Ingelheim près de Mayence.

Le duc, abandonné de ses alliés et vaincu sans combat, obéit.

Il fut condamné à mort comme traître, et Charlemagne, lui faisant grâce de la vie, le relégua avec toute sa famille dans le monastère de Jumièges. La Bavière fut dès lors gouvernée par des comtes francs.

26. Guerre contre les Avares (791-797). — Charlemagne poursuivit alors chez eux les Avares. Ce peuple campait au milieu d'un pays dévasté, dans de vastes enceintes appelées *rings*, divisées en zones concentriques par des retranchements qui avaient vingt pieds de hauteur et autant de largeur.

C'étaient des murailles de pierre soutenues par des troncs d'arbres et appuyées sur des terrassements que surmontaient des haies vives impénétrables. Au centre de la plus petite enceinte étaient le palais du *Khan* et les trésors de la nation ; dans les autres étaient répartis les villages, tous placés à portée de la voix. Chaque enceinte était percée de passages étroits habilement dissimulés, par lesquels pouvait circuler la légère cavalerie hunnique. Après la guerre des Saxons, celle des Avares fut la plus terrible et dura huit ans. Pépin, fils de Charlemagne, la termina par la prise du ring royal.

Plus tard, les Avares furent convertis au christanisme par l'évêque de Salzbourg.

Charlemagne ne réunit pas à l'empire franc les territoires que possédaient les Avares sur les bords du Danube et de la Theiss ; mais, pour défendre de ce côté les frontières de ses États, il créa la Marche d'Autriche.

27. Guerre contre les Lombards (773-775). — Au delà du Rhin et dans la haute vallée du Danube, Charlemagne s'était fait le vengeur des missionnaires chrétiens massacrés ou avait puissamment aidé à la propagation du christianisme. En Italie, il se présenta comme le protecteur et le champion du pape. Il avait de nombreux griefs contre le roi des Lombards, Didier, dont il avait épousé la fille Désidérata. Il reprochait à Didier d'avoir donné asile au duc d'Aquitaine, Hunald, et d'avoir voulu forcer le pape Adrien Ier à sacrer rois des Francs les fils de Carloman. Il répudia Désidérata, convoqua ses fidèles au champ de mai de Genève, et, après la première expédition de Saxe, il franchit les

Alpes par le grand Saint-Bernard et le mont Cenis. Didier
fut bloqué dans Pavie, son fils Adalgise dans Vérone, et
Charles, laissant ses comtes dans la haute Italie, se rendit
à Rome. Il fut reçu en libérateur, confirma la donation faite
par Pépin, et conçut pour le pape une amitié qui ne se dé-
mentit jamais.

L'année suivante, Pavie se rendit ; Didier fut enfermé
dans un monastère ; Charles prit la couronne de fer des rois
lombards et laissa au pays ses ducs nationaux. Mais ceux-ci
regrettaient leur indépendance. Aussitôt après le départ des
Francs, ils formèrent une conspiration pour placer sur le
trône Adalgise, fils de Didier. Charlemagne passa de nouveau
les Alpes et sa seule présence suffit pour étouffer la révolte.
Il enleva aux ducs lombards le gouvernement des provinces
et le confia partout à des comtes francs.

28. Guerre contre les Sarrasins (778). — Trois
ans plus tard, Char-
lemagne se tourna
contre les musulmans,
ennemis de la foi chré-
tienne. L'émir de Sa-
ragosse, Soliman, était
venu à Paberborn lui
demander son appui
contre le khalife de
Cordoue. Le roi des
Francs, convoquant
son champ de mai à
Chasseneuil, sur la

Expédition de Charlemagne en Espagne.

Garonne, passa les Pyrénées aux deux extrémités de la
chaîne. Il prit Girone, Barcelone, Huesca, Jaca, Pampelune,
échoua devant Saragosse, parvint jusqu'à l'Ebre, et, voyant
tous les musulmans unis et les Espagnols indifférents, il
prit des otages et repassa les montagnes.

Pendant que l'armée défilait sur une longue ligne, les
Gascons surprirent l'arrière-garde dans la vallée de Roncevaux, tuèrent les hommes, pillèrent les bagages et se dispersèrent. Roland, commandant des frontières de Bretagne,
périt dans cette affaire. Tel fut le combat de Roncevaux,
dont le récit légendaire a fourni le sujet de l'immortel poème
intitulé : *la Chanson de Roland.*

EMPIRE DE CHARLEMAGNE
Échelle
ROYAUME ANGLO-SAXONS
IRLANDE
OCÉAN ATLANTIQUE
LA MANCHE
FRISE
SAXE
FRANCONIE
AUSTRASIE
ALLEMANIE
BAVIÈRE
THURINGE
BOHÊME
PEUPLES SLAVES
Wiltzes
Sorabes
ROYAUME DES FRANCS
NEUSTRIE
BOURGOGNE
AQUITAINE
PROVENCE
MÉDITERRANÉE
ESPAGNE
Empire des Arabes
Royaume Chrétien des Asturies
AVARES
Marche de Carinthie
DALMATIE
Duché de Bénévent
EMPIRE GREC

Pendant quelques années, Charlemagne, absorbé par ses guerres contre les Saxons, les Bavarois et les Avares, négligea les affaires de l'Espagne. Ce fut seulement en 787 qu'il reprit l'offensive; plusieurs bandes musulmanes, qui avaient franchi les Pyrénées, furent chassées de la Septimanie, et poursuivies jusqu'à l'Ebre. En 789, la marche de Gothie fut créée pour protéger, contre les incursions des Arabes, le sud de la Gaule.

Charlemagne conquit aussi sur les Sarrasins les îles de Corse, de Sardaigne et des Baléares.

29. Etendue de l'empire de Charlemagne. — La

Couronne de Charlemagne.

domination de Charlemagne s'étendit, après tant de guerres heureuses, au delà des limites de l'ancien empire romain d'Occident. Elle comprenait la France avec la Neustrie, l'Austrasie, la Bourgogne, l'Aquitaine, la Septimanie; la Germanie avec la Saxe, la Thuringe, la Bavière et l'Alemanie; le royaume d'Italie.

Les frontières de l'empire étaient protégées par des mar-

ches ou territoires militaires. Les principales étaient au
nord : la marche danoise entre l'Elbe et l'Eyder ; à l'est, la
marche sorabe entre l'Elbe et la Saale, la marche de Frioul
en Italie ; au sud, la marche d'Espagne ; et, à l'ouest, la
marche de Bretagne.

Au delà de ces frontières, les Danois, les Slaves, les Avares,
les Navarrais et les Bretons étaient tributaires du puissant
roi des Francs.

30. Charlemagne couronné empereur (800). —
Vers l'an 800, l'empire carolingien avait atteint ses dernières
limites. C'est alors que le conquérant reçut le titre d'empereur. Il avait été appelé à Rome par le pape Léon III, successeur d'Adrien, que les Romains venaient d'accabler de
mauvais traitements. Pendant la nuit de Noël de l'année 800,
il priait dans l'église de Saint-Pierre, lorsque le pape vint
lui poser une couronne d'or sur la tête en disant : « Vie et
victoire à Charles-Auguste, couronné par Dieu grand et pacifique empereur des Romains ! »

En rétablissant au profit de Charlemagne l'empire d'Occident, le pape brisait les derniers liens qui le rattachaient à
l'empire d'Orient ; il se ménageait un protecteur contre les
attaques des Grecs et les séditions des Romains ; enfin il
assurait au roi des Francs lui-même une supériorité incontestable sur ces ducs et ces leudes qui venaient de se coaliser
contre lui ; il le mettait hors de pair.

Mais cette alliance de l'empire et de la papauté contenait
en elle-même le germe de graves conflits : c'est de l'acte du
pape Léon III que sont sorties les luttes entre les empereurs
et le Saint-Siège, luttes qui ont ensanglanté l'Italie pendant
tout le moyen âge.

31. Gouvernement de Charlemagne. — Le gou-
vernement de Charlemagne conserva un caractère aristocra-
tique. L'empereur consulta les grands en toute occasion, et,
même au faîte de la plus haute puissance, n'osa jamais se
passer de leur assentiment. A la mort de son frère Carloman,
ce furent les leudes qui lui transférèrent l'héritage entier de
Pépin. En 806, lorsqu'il partagea son empire entre ses trois
fils, Charles, Pépin et Louis, les Francs assemblés donnèrent
leur avis et leur serment. Toutes les fois que l'empereur eut
à prendre une décision grave, il crut indispensable la présence de ses leudes et leur concours.

Obligé de compter avec les grands qui l'avaient fait vaincre, l'empereur était aussi dans une certaine dépendance du pape et des évêques qui l'avaient sacré. Le sacre, qui lui donnait un titre, lui imposait aussi une sujétion.

Aussi Charlemagne dut-il partager son pouvoir avec ses alliés, et donner aux grands cette indépendance dont ils étaient si jaloux, et aux évêques une juridiction étendue et des biens immenses qui ajoutèrent à leur autorité de pasteurs celle de magistrats et de grands propriétaires.

32. Organisation du pouvoir central. — Le gouvernement central de l'empire appartenait à l'empereur et aux assemblées qui se tenaient périodiquement au printemps et à l'automne. L'assemblée d'automne était une sorte de conseil d'État, composé d'évêques, d'officiers du palais et de leudes choisis. Elle délibérait sur les projets de lois, donnait des conseils et décidait, sous la présidence de l'empereur ou du comte du palais, toutes les affaires urgentes. L'assemblée du printemps était une grande revue des hommes qui devaient le service militaire. Quand l'assemblée était réunie, elle prenait connaissance des projets de lois préparés par l'empereur et ses ministres, et elle faisait elle-même ses propositions. Ces projets de lois, ordonnances et instructions ont été conservés sous le nom de *Capitulaires*.

33. Organisation du gouvernement provincial. — L'empire comprenait trois royaumes, ceux d'Aquitaine, d'Italie et de Bavière, où résidaient les fils de Charlemagne, des duchés et des margraviats destinés à surveiller les frontières, et des comtés qui étaient les provinces de l'intérieur. Les magistrats placés à la tête de ces circonscriptions réunissaient les trois pouvoirs : civil, politique et militaire.

34. Les missi dominici. — Les comtes, surtout ceux qui résidaient loin d'Aix-la-Chapelle, devaient être souvent tentés d'abuser de leur pouvoir. Charlemagne institua, pour les contenir, des magistrats inspecteurs ou *missi dominici*. Ils faisaient quatre tournées par an, en janvier, avril, juillet et octobre, voyageant deux à deux, un comte du palais avec un évêque ou un abbé. Ils surveillaient l'administration du comte et recevaient les plaintes formulées contre lui. Ils

devaient tenir quatre assises par an, d'un mois chacune et
dans quatre endroits différents ; ils y appelaient les évêques,
les abbés, les comtes et les bénéficiers ou propriétaires de
bénéfices, jugeaient en appel toutes les affaires déjà exa-
minées par les tribunaux permanents, et s'enquéraient soigneusement de tout ce qui pouvait importer à l'empereur.

35. L'administration : armée, justice, impôts.
— Le gouvernement de Charlemagne donna plus de régularité à l'administration de l'armée, de la justice et des
finances. Tout homme libre, possesseur d'une propriété,
devait le service militaire. Celui qui n'obéissait pas au man-
dement du comte était passible de l'*hériban* et payait
l'amende de la moitié de son bien.

Le comte présidait le tribunal chargé de juger les hommes
libres. Il tenait ses assises, entouré des leudes et d'un certain
nombre de pairs de l'accusé, appelés *échevins*. Le comte dirigeait les débats et prononçait la sentence, mais c'étaient les
assesseurs qui la votaient. Pour arriver à la connaissance de
la vérité, on interrogeait les témoins, on discutait leurs allé-
gations, et, en cas de doute, on en appelait au jugement de
Dieu : les deux plaideurs se battaient avec le bâton et le
bouclier.

Enfin, le comte, chef du contingent militaire et président
de la cour de justice dans son comté, était encore chargé de
la levée des impôts. Les revenus de l'empereur consistaient
en *dons* obligatoires que les bénéficiers et les propriétaires
d'alleux apportaient chaque année à l'assemblée du printemps, en denrées fournies à la maison impériale ou aux
armées en marche, en corvées faites sur les terres du domaine,
enfin dans le produit des amendes et le revenu des biens
royaux.

36. Restauration des études. — Du cinquième au
huitième siècle la Gaule était tombée dans une véritable barbarie. Tout travail intellectuel avait cessé, si ce n'est dans
quelques rares monastères. Charlemagne voulut restaurer
les études et il s'adressa aux pays voisins où s'étaient conservées quelques traditions littéraires. L'Italie donna à
l'empire franc ses premiers maîtres : des clercs de sa chapelle, des maîtres de calcul et de grammaire. Pierre de Pise
enseigna à Charlemagne la grammaire et la poésie, et Paul

Diacre apprit le grec à la princesse Rotrude fiancée alors à Constantin, empereur de Contantinople.

L'Irlande, l'*île des saints*, aussi savante que l'Italie, ne pouvait manquer de contribuer à la restauration des études en Gaule. Un jour, deux savants de ce pays débarquèrent avec des marchands bretons. Charlemagne les garda quelque temps tous deux près de sa personne; puis, à son départ pour la Saxe, il établit le premier, nommé Clément, en Gaule, et lui confia un grand nombre d'enfants qui appartenaient aux plus nobles familles, aux familles de condition moyenne et aux plus humbles. Le second, Dungal, fut conduit en Italie et reçut le monastère de Saint-Augustin, près de Pavie, pour y réunir tous ceux qui voudraient prendre ses leçons.

L'Angleterre, qui n'avait pas été ravagée comme la Gaule par des invasions périodiques, avait conservé les écoles fondées par le christianisme. A York, en particulier, l'archevêque Egbert avait réuni de nombreux disciples. L'enseignement comprenait la grammaire, la rhétorique, le droit, l'astronomie, les mathématiques, l'histoire naturelle, la poésie, la chronologie et l'explication des saintes Ecritures. Alcuin, qui dirigeait cette école, fut envoyé à Rome par son archevêque. Il revenait dans son pays, lorsqu'il rencontra Charlemagne à Parme. Malgré son désir de finir sa vie dans sa cellule, il ne put résister aux sollicitations empressées du roi des Francs; il vint s'établir en Gaule, et reçut aussitôt les abbayes de Ferrières, de Saint-Loup et de Saint-Martin de Tours, dont les terres comptaient vingt mille serfs. C'est là que vivait Alcuin, lorsqu'il n'accompagnait pas le maître qu'il aimait, partageant son temps entre une active correspondance avec l'empereur, la correction des manuscrits et la direction de l'école de Tours.

37. L'académie et l'école du palais. — Mais Alcuin ne se contenta pas de fonder des écoles et de répandre des livres, il enseigna lui-même et il eut pour auditeurs les plus illustres serviteurs de l'empire, la famille de l'empereur lui-même. Il fut pendant seize ans le chef de l'enseignement du palais. Le palais impérial renfermait une *académie* et une *école*. L'académie était composée des hommes les plus instruits et les plus élevés en dignité, qui se réunissaient pour discuter des questions de discipline ecclésiastique, de jurisprudence et de littérature, ou pour se récréer par des conversations piquantes, parfois puériles. Charlemagne y portait le nom de David, Alcuin celui de Flaccus.

L'école du palais fut le modèle de toutes les autres. Charlemagne prescrivit, en effet, d'établir près des évêchés et des monastères des écoles où les enfants apprissent le chant, le calcul et la grammaire. C'est aux ecclésiastiques, seuls compétents alors en matière d'instruction, qu'il confia la charge d'élever la jeunesse. Un capitulaire ordonna aux prêtres d'ouvrir des écoles dans les bourgs : « Si quelque fidèle veut leur confier ses enfants pour leur enseigner les lettres, ils ne doivent pas refuser de les instruire, mais le faire avec une grande charité, ne rien exiger d'eux pour ce service, et ne recevoir que ce que les parents leur offriront volontairement. »

Un autre capitulaire, promulgué en 789, détermina les matières, et, si l'on peut dire, le programme de l'enseignement : « Que les enfants apprennent la lecture, le chant, le calcul et la grammaire ; qu'ils aient entre les mains des livres catholiques bien corrigés. Ne souffrez pas qu'ils altèrent les livres en lisant ou en écrivant. »

Le concile de Châlons fit des règlements conformes aux volontés de l'empereur. Dès lors les écoles se perpétuèrent, les hommes instruits se succédèrent sans interruption, même pendant l'époque si triste qui suivit la mort de Charlemagne, et unirent par une tradition continue les écoles carolingiennes aux écoles de l'Université.

38. Œuvre de Charlemagne ; sa renommée. — L'œuvre de Charlemagne a été considérable. Guerrier, il a arrêté à l'est et au sud la double invasion germanique et musulmane ; il a créé l'Allemagne ; il a constitué l'unité chrétienne du moyen âge. Législateur, il a assuré, par la restauration de l'empire d'Occident, l'ordre et la paix. Protecteur de l'Église, il a favorisé le développement de la civilisation chrétienne. Restaurateur des lettres et des arts, il a ravivé la lumière que l'antiquité nous avait transmise et que la barbarie des siècles précédents avait failli éteindre.

Aussi la renommée du grand empereur s'était étendue dans tout le monde civilisé. Le puissant khalife de Bagdad, Haroun-al-Raschid, recherchait son alliance et lui envoyait deux ambassades qui apportèrent les clefs du Saint-Sépulcre et de magnifiques présents. Le nom de Charlemagne était une protection pour les marchands qui visitaient l'Orient. Le roi des Asturies, les princes anglo-saxons, les rois d'Écosse se reconnaissaient pour ses vassaux.

Cette renommée grandit pendant tout le moyen âge et devint légendaire. Les Francs en marchant à la croisade, les Normands en faisant la conquête de l'Angleterre, chantaient la gloire de l'empereur dans la *Chanson de Roland*. Enfin quand les peuples, accablés par les malheurs de l'invasion et en proie à l'anarchie féodale, reportaient leurs souvenirs vers les temps passés, ils aimaient à se représenter le grand Charles, entouré de ses douze pairs, comme l'idéal de la force et de la justice.

LECTURE. — Le portrait de Charlemagne.

Charles était gros, robuste et d'une taille élevée, mais bien proportionnée. Il avait le sommet de la tête rond, les yeux grands et vifs, le nez un peu long, les cheveux beaux, la physionomie ouverte et gaie : qu'il fût assis ou debout, toute sa personne commandait le respect et respirait la dignité. Il marchait d'un pas ferme, tous les mouvements de son corps présentaient quelque chose de mâle ; sa voix, quoique perçante, paraissait trop grêle pour son corps. Il s'adonnait assidûment aux exercices du cheval et de la chasse ; c'était chez lui une passion de famille, car à peine trouverait-on dans toute la terre une nation qui pût y égaler celle des Francs. Il aimait beaucoup encore les bains d'eau naturellement chaude et s'exerçait fréquemment à nager, en quoi il était si habile que nul ne l'y surpassait. Par suite de ce goût il bâtit à Aix-la-Chapelle un palais qu'il habita constamment les dernières années de sa vie jusqu'à sa mort.

Le costume ordinaire du roi était celui de ses pères, l'habit des Francs. Il portait sur la peau une chemise de lin et des hauts-de-chausses de la même étoffe ; par-dessus une tunique bordée d'une frange de soie ; aux jambes, des bas serrés avec des bandelettes ; aux pieds, des brodequins. L'hiver un justaucorps en peau de loutre ou de martre lui couvrait les épaules et la poitrine. Par-dessus tout cela il revêtait une saie bleue, et était toujours ceint de son épée, dont la poignée et le baudrier étaient d'or et d'argent... Dans les grandes fêtes, ses brodequins étaient brodés d'or et ornés de pierres précieuses ; mais, les autres jours, son costume était simple et différait peu de celui des gens du peuple.

Sa sobriété lui faisait éviter tous les excès de table, surtout ceux de la boisson ; car il détestait l'ivrognerie dans quelque homme que ce fût. Mais il lui était pénible de s'abstenir de manger, et il se plaignait souvent de l'incommodité des jeûnes. Il était fort rare qu'il donnât de grands festins, excepté aux principales fêtes, et alors il y invitait de nombreux convives. Pendant qu'il était à table, il aimait à entendre un récit ou une lecture, et c'étaient les histoires et les hauts faits des temps passés qu'on lui lisait d'ordinaire.

(D'après ÉGINHARD, *Vie de Charlemagne*.)

Livres à consulter : H. MARTIN, MICHELET, DARESTE, BORDIER et CHARTON, LAVISSE, *Histoire de France*. — LAVISSE et RAMBAUD, *Histoire générale*. — GUIZOT, *Histoire de la civilisation en France*. — RAMBAUD, *Histoire de la civilisation française*. — FUSTEL DE COULANGES, *les Transformations de la royauté carolingienne*. — P. VIOLLET, *Histoire des institutions politiques et administratives de la France*. — HAURÉAU, *Charlemagne et sa cour*. — G. PARIS, *Histoire poétique de Charlemagne*. — G. CARRÉ, *le Moyen Age, choix de lectures historiques*. — Coll. B. ZELLER, *Charlemagne*.

CHAPITRE X

DÉCOMPOSITION DE L'EMPIRE FRANC : Le démembrement de l'empire en royaumes. — Les invasions. — Les Normands. — Démembrement du royaume de France en grands fiefs.

SOMMAIRE

1. DÉMEMBREMENT DE L'EMPIRE DE CHARLEMAGNE. — L'empire de Charlemagne se démembra rapidement. Les principales causes de ce démembrement furent : la trop grande étendue de l'empire, la diversité des races qui l'habitaient, et l'incapacité des successeurs de Charlemagne.

2. LOUIS LE PIEUX (814-840). — La faiblesse de Louis le Pieux hâta la chute de l'empire. Les fréquents partages entre ses trois fils provoquèrent des révoltes. L'empereur humilié par sa pénitence publique, déposé et dégradé, puis rétabli sur son trône, mourut de douleur en 840.

3. TRAITÉ DE VERDUN. — Les prétentions de Lothaire à l'empire excitèrent contre lui la rivalité de ses frères Louis et Charles, qui furent vainqueurs à Fontanet, s'associèrent par le fameux serment de Strasbourg (842) et imposèrent à Lothaire le traité de Verdun (843).

Par ce traité qui brisa l'unité de l'empire, Lothaire Ier eut l'Italie, plus un territoire qui s'étendait jusqu'à la mer du Nord, séparant l'Allemagne qui fut donnée à Louis le Germanique et la France qui fut donnée à Charles le Chauve.

4. LES NORMANDS. — La faiblesse et le démembrement de l'empire favorisèrent de nouvelles invasions des peuples barbares : Sarrasins, Hongrois et Normands. La plus redoutable fut celle des Normands.

Les incursions des Normands furent nombreuses sous le règne de Charles le Chauve. Un de leurs chefs, Hastings, fut longtemps redouté dans la vallée de la Loire. Robert le Fort, duc de France, fut tué à Brissarthe en le combattant (866).

5. DIVISIONS INTÉRIEURES. — Ces attaques et les progrès de la féodalité affaiblirent de plus en plus l'empire. En France, Charles le Chauve soutint de longues guerres contre Pépin II, dans l'Aquitaine. Il fut obligé de reconnaître l'indépendance de la Bretagne sous le duc Noménoë.

L'Italie, à la mort de Lothaire, fut partagée entre les trois fils de Lothaire. Louis, l'aîné, eut l'Italie; Lothaire II eut l'Austrasie qui prit le nom de Lotharingie ou Lorraine; Charles eut la Bourgogne et la Provence.

Ainsi l'empire de Charlemagne se démembrait de plus en plus en royaumes, et les royaumes eux-mêmes se morcelaient en propriétés féodales.

6. Fondation du duché de Normandie. — Un des fiefs les plus importants fut concédé par le roi Charles le Simple au duc des Normands Rollon et prit le nom de duché de Normandie.

7. Avènement des Capétiens. — Les derniers Carolingiens luttèrent péniblement contre les ducs de France, Eudes, Robert, Raoul de Bourgogne, Hugues le Grand et Hugues Capet. Ce dernier fonda une nouvelle dynastie, la dynastie capétienne.

RÉCIT

1. Causes du démembrement de l'empire. — Plusieurs causes contribuèrent à renverser l'empire carolingien qui paraissait si solide. 1° Charlemagne n'eut que de faibles successeurs, incapables de continuer son œuvre. 2° Les peuples soumis malgré eux à un pouvoir central se séparèrent violemment pour former des nations distinctes, dès qu'ils ne furent plus tenus par la forte main du conquérant. 3° Les grands et les évêques, que Charlemagne avait contenus et dirigés, aspirèrent de nouveau à l'indépendance. 4° Enfin, de nouveaux barbares, Normands, Hongrois, Sarrasins, envahirent l'empire.

2. Louis le Pieux (814-840). — Le successeur de Charlemagne, Louis le Pieux, avait la mâle prestance de son père. Sa taille était avantageuse, sa poitrine vigoureuse, ses épaules larges, ses bras robustes ; pour manier l'arc et lancer le javelot, personne ne pouvait lui être comparé. Mais l'âme d'un moine se cachait dans ce corps de soldat. Quand il se rendait à l'église, il fléchissait les genoux et touchait le pavé de son front ; il priait longtemps et quelquefois avec larmes. Il manquait totalement de décision : avant d'agir, il craignait toujours de commettre une faute ; après avoir agi, il était assailli de regrets et de remords : cette double disposition donnait à son caractère une faiblesse déplorable.

3. Capitulaire d'Aix-la-Chapelle (817). — Louis le Pieux, à l'exemple de son père, nomma rois ses trois fils par le capitulaire d'Aix-la-Chapelle. Pépin eut l'Aquitaine et la surveillance de l'Espagne musulmane ; Louis obtint la Germanie méridionale avec le soin de défendre la frontière contre les Slaves et les Avares ; Lothaire, l'aîné, reçut l'Italie avec le titre impérial et la suzeraineté sur ses frères.

Cet acte était habile : les trois nations les plus éloignées
de l'Austrasie recevaient un gouvernement séparé, et l'unité
de l'empire pouvait être sauvegardée par la suprématie reconnue à Lothaire et à ses descendants.

4. Révolte et mort de Bernard. — Bernard, neveu
de Louis le Pieux, protesta contre ce partage qui le dépouil-
lait de ses droits sur l'Italie, et se révolta. Il passa les Alpes,
fut vaincu et fait prisonnier près de Lyon ; il fut condamné
à mort par l'assemblée des Francs. La peine fut commuée
en celle de la mutilation ; le malheureux eut les yeux brûlés.
Il mourut de cette cruelle opération.

5. Pénitence publique d'Attigny (822). — Louis,
qui n'avait su ni punir ni pardonner, montra bientôt l'irré-
solution de son caractère. Il se repentit de la mort de Bernard ; le remords le prit, et il résolut de faire publiquement
pénitence aux pieds des évêques. Dans l'assemblée générale
d'Attigny, en présence des grands et des évêques, il confessa
ses fautes. Les leudes francs virent avec étonnement et indignation cette humiliation de l'empereur. « L'orgueil brutal
des hommes de ce temps rougit pour la royauté de l'humble
aveu qu'elle faisait de sa faiblesse ; il leur sembla que celui
qui avait baissé le front devant le prêtre ne pouvait plus
commander aux guerriers. L'empire en parut, lui aussi, dégradé, désarmé. »

6. Première révolte des fils de l'empereur (830).
— Le mécontentement éclata bientôt. L'empereur avait eu
un quatrième fils de sa seconde femme, Judith de Bavière.
Cet enfant, plus tard, connu sous le nom de Charles le
Chauve, reçut, au détriment de ses frères, une part de
l'empire.

Ceux-ci, soutenus par les évêques et les leudes francs,
prirent les armes. Le jeune Charles fut dépouillé de son
royaume ; Judith dut prendre le voile monastique, et Louis
le Pieux, déposé, fut gardé prisonnier à Compiègne.

Cependant il obtint d'être jugé dans l'assemblée générale
de Nimègue, au milieu des leudes austrasiens qui lui étaient
restés fidèles. Il fut rétabli dans son pouvoir

7. Le Champ du mensonge. — Une nouvelle révolte

suivit aussitôt. L'empereur ayant voulu donner à Charles la
part de Pépin, roi d'Aquitaine, les trois frères prirent les
armes. Le pape Grégoire IV, qui était dans le camp de
Lothaire, excommunia les évêques et les leudes qui étaient
restés fidèles à Louis le Pieux. Le malheureux empereur fut
abandonné de tous ses partisans. On a conservé le nom de
Champ du mensonge à la plaine de l'Alsace où se fit cette
triste défection.

L'empereur prisonnier fut conduit à Soissons. Lothaire le
força de faire, dans l'église de Saint-Médard, une confession
publique de ses fautes et à prendre l'habit des pénitents.
Cette humiliation provoqua un nouveau sentiment de sympathie pour Louis le Pieux. Une fois encore il fut rétabli
dans son pouvoir.

8. Mort de Louis le Pieux (840). — L'ambition de
l'impératrice Judith et son affection exclusive pour son fils
Charles devaient amener de nouveaux partages et de nouvelles révoltes. Louis le Germanique fut soutenu par toutes
les tribus d'outre-Rhin. Le vieil empereur marcha contre
son fils rebelle. Mais, déjà affaibli par l'âge et par ses
malheurs, il mourut près de Mayence, dans une île du Rhin.
« Je pardonne à mon fils, dit-il ; mais qu'il songe à lui-
même, lui qui, foulant aux pieds la loi de Dieu, a plongé
dans le tombeau les cheveux blancs de son père. »

9. Bataille de Fontanet (841). — On peut dire que
l'empire ne survécut pas à Louis le Pieux. Lothaire, allé-
guant son droit d'aînesse, revendiqua l'empire et voulut
traiter ses frères comme de simples lieutenants. Louis et
Charles, également menacés, unirent leur cause, récla-
mèrent des royaumes indépendants et furent soutenus par
leurs peuples. Lothaire eut pour lui les Austrasiens, fidèles
au souvenir de Charlemagne, et les Italiens, attachés à
l'idée de l'unité impériale.

Une grande et sanglante bataille se livra à Fontanet, près
d'Auxerre, où il y eut, disent les contemporains, « une grande
tuerie de Francs. » Lothaire fut vaincu. Le *jugement de Dieu*
s'était prononcé contre lui (841).

10. Serment de Strasbourg (842). — Lothaire, soutenu par les Austrasiens, résista encore un an dans Mayence ;

mais ses frères resserrèrent leur alliance par le fameux serment de Strasbourg. Les deux armées des Gallo-Francs et des Francs-Germains se rangèrent dans une vaste plaine voisine de la ville; Louis prêta son serment en langue *romane* devant les soldats de Charles, et Charles prêta le sien en langue *teutonique* devant ceux de Louis. Les paroles prononcées par les deux princes sont parmi les plus anciens monuments des deux langues française et allemande.

11. Traité de Verdun (843). — L'empereur Lothaire fut forcé de consentir au traité de Verdun.

« Toute la partie de la Gaule située à l'ouest de l'Escaut, de la Meuse, de la Saône et du Rhône, avec le nord de l'Espagne jusqu'à l'Ebre, fut laissée au roi Charles surnommé le Chauve. Les pays de langue teutonique furent donnés en partage à Louis. Lothaire réunit à l'Italie toute la partie orientale de la Gaule, comprise, au sud, entre le Rhône et les Alpes, au nord, entre le Rhin et la Meuse, et entre la Meuse et l'Escaut jusqu'à l'embouchure de ces deux fleuves. Cette longue bande de territoire reçut le nom de pays du roi Lothaire ou Lotharingie. Ce nom resta dans la suite attaché à une partie des provinces septentrionales de l'ancienne Gaule, qu'on appela la Lorraine[1]. »

Désormais les trois nations italienne, germanique et française poursuivront leur destinée et auront leur histoire à part : Charles le Chauve peut être considéré comme le *premier roi de France.*

12. Charles le Chauve (840-877). — Charles le Chauve était un prince instruit, intelligent, capable de gouverner avec honneur en des temps moins difficiles. Mais son règne fut troublé par des luttes continuelles. A l'extérieur, la France était en proie à de nouvelles invasions, celles des Normands; à l'intérieur, la royauté était affaiblie par les révoltes des provinces et les progrès croissants des grands seigneurs.

13. Les Normands. — Les trois peuples scandinaves, Danois, Suédois et Norvégiens, qu'on désignait du nom général de Normands ou hommes du Nord, tournèrent leur activité contre la chrétienté au moment où l'empire de Char-

---

1. Aug. Thierry.

lemagne touchait à son déclin. La configuration de leur
pays les avait rendus les premiers marins de l'Europe; la
religion d'Odin, qui ne connaissait de vertu que le courage,
de vice que la lâcheté, et qui n'ouvrait le paradis qu'aux
braves morts sur le champ de bataille, fit d'eux les premiers guerriers du monde. Tout chef normand qui se trouvait à l'étroit sur son domaine se faisait guerrier errant et
pirate, avec des fidèles dévoués à sa personne.

14. Caractère de leurs invasions. — Les irruptions
des Normands n'eurent rien de commun avec les anciennes

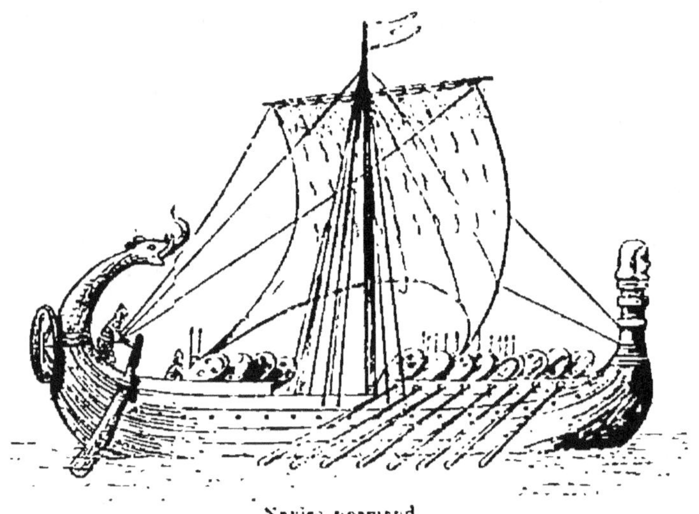

Navire normand.

invasions barbares. Ce n'étaient plus là des peuples quittant
leurs foyers en masse avec leurs femmes et leurs enfants,
mais des associations peu nombreuses de guerriers d'élite,
matelots et soldats tout ensemble, parcourant les mers aussi
rapides que les oiseaux de tempête, et opérant leurs des-
centes avec une soudaineté et une impétuosité qui paraly-
saient la défense et qui glaçaient de terreur leurs ennemis
vaincus avant d'avoir livré le combat.

Dans les nuits orageuses des équinoxes, quand les marins
des autres peuples se hâtent de chercher un abri et de rentrer dans les ports, ils mettent toutes voiles au vent, ils font
bondir leurs frêles esquifs sur les flots furieux; ils entrent

dans l'embouchure des fleuves avec la marée écumante, et ne s'arrêtent qu'avec elle ; ils se saisissent d'un îlot, d'un fort, d'un poste de difficile accès, propre à servir de cantonnement, de dépôt et de retraite ; puis remontent le fleuve et ses affluents jusqu'au cœur du continent. Le jour, ils restent immobiles dans les anses les plus solitaires, ou sous l'ombre des forêts du rivage : la nuit venue, ils abordent, ils escaladent les murs des couvents, les tours des châteaux, les remparts des cités ; ils portent partout le fer et la flamme : ils improvisent une cavalerie avec les chevaux des vaincus, et courent le pays en tous sens jusqu'à trente ou quarante lieues de leur flottille.

15. Charles le Chauve et les Normands. — Dès le règne de Charles le Chauve, les incursions des Normands causèrent les plus grandes calamités dans les provinces. Dans le Midi, ils saccagèrent Bordeaux, brûlèrent les faubourgs de Toulouse et pillèrent Tarbes et Bayonne. Dans le Nord, ils établirent leurs stations dans l'île de Walcheren, à l'embouchure de l'Escaut ; dans l'île d'Oyssel, à l'embouchure de la Seine ; dans l'île de Noirmoutier , à l'embouchure de la Loire ; et de là, remontant les fleuves, ils envahirent l'intérieur des terres. Rouen, Nantes, Tours, furent pillées ; les abbayes de Sainte-Geneviève, de Saint-Germain des Prés, aux portes de Paris, furent saccagées.

Charles le Chauve se montra impuissant à combattre les Normands. Il leur paya une forte rançon, espérant les éloigner. Il ne fit qu'augmenter le nombre des envahisseurs. A leur approche, les paysans éperdus allaient chercher un refuge auprès des châteaux forts. Ainsi, à l'origine, le pouvoir des seigneurs, unique défense contre l'ennemi, fut populaire.

16. Robert le Fort. — La France, abandonnée de son roi, fut défendue par d'héroïques aventuriers. Quelques-uns d'entre eux conquirent, dans cette défense du sol national, une grande célébrité. Un paysan breton se signala par son courage, devint comte d'Anjou et fut le père de la glorieuse race des Plantagenets. Un autre aventurier, Baudouin Bras de fer, devint comte de Flandre et fut le chef de cette puissante famille qui donna des empereurs à Constantinople. Enfin le plus célèbre de tous fut Robert le Fort, l'ancêtre de la dynastie capétienne.

Robert le Fort était issu, dit-on, d'une famille saxonne transportée en Gaule par Charlemagne. Sa vie tout entière fut consacrée à la lutte contre les Normands. Il les poursuivit sans relâche des bords de la Loire aux rives de la Seine.

17. Bataille de Brissarthe. — L'ennemi le plus redoutable de Robert le Fort fut Hastings, un paysan champenois, qui s'était fait chef de pirates. Ce terrible aventurier, après avoir ravagé les pays de la Loire, avait conduit ses bandes en Italie, attiré par la grande renommée de Rome. Depuis quelques années il avait disparu, quand on signala sa présence près d'Angers. Robert le Fort accourut et lui livra bataille près de Brissarthe. Les Normands vaincus se barricadèrent dans l'église. Les Français célébraient déjà leur victoire, quand les Normands sortirent tout à coup de leur retraite. Robert le Fort s'élança contre eux sans prendre le temps de revêtir sa cuirasse, et, au moment même où il les refoulait dans l'église, il fut frappé à mort. La France pleura la perte de ce héros, et l'Église le surnomma « le Macchabée des Francs ».

18. Charles le Chauve et les seigneurs. — Les

seigneurs profitèrent de la faiblesse du roi et de l'anarchie provoquée par les invasions normandes pour fortifier leur pouvoir. La Bretagne et l'Aquitaine se rendirent indépendantes.

Charles le Chauve favorisa lui-même les progrès des seigneurs. Il ordonna à tout homme libre de se choisir un seigneur et à tout seigneur de bâtir des forteresses contre les Normands. Ces forteresses, qui devaient servir à la défense nationale, devinrent bientôt des citadelles contre l'autorité royale.

Enfin, par l'ordonnance célèbre de Kiersy-sur-Oise, Charles le Chauve confirma à tous les comtes et autres officiers de la couronne l'hérédité de leurs charges. Ainsi les seigneurs, possesseurs de vastes domaines, étaient en même temps investis, à titre héréditaire, de toute l'autorité politique. Ils devenaient de véritables souverains.

Guerrier du neuvième siècle.

19. Charles le Chauve empereur. — Charles le Chauve, malgré son impuissance contre les attaques des Normands et sa faiblesse à l'égard des seigneurs, eut l'ambition de reconstituer à son profit l'empire de Charlemagne. Il prit la couronne impériale, mais vainement il chercha à conquérir l'Allemagne et l'Italie. Il préparait une expédition contre ce pays quand il mourut subitement, emporté par la fièvre, dans un village des Alpes. Il avait voulu être empereur d'Occident et il n'avait pas su être roi de France!

20. Charles le Gros (884-887). — Les successeurs de Charles le Chauve, Louis II le Bègue ou le Fainéant, Louis III et Carloman, furent aussi impuissants que lui. Ils ne régnèrent que quelques années et ne laissèrent pour leur succéder qu'un enfant, Charles le Simple. Les grands ne voulurent pas obéir à un enfant de cinq ans. Ils offrirent la couronne au fils de Louis le Germanique, Charles le Gros, qui possédait déjà l'Allemagne et l'Italie.

21. Siège de Paris par les Normands (885-886). — Les Normands, rendus plus hardis par leurs précédents

succès, avaient reparu plus nombreux. En 886, ils remontèrent la Seine sur une flotte immense, qui portait quarante mille guerriers, et
vinrent faire le siège de
Paris. Cette ville comprenait alors l'île de la Cité
et deux faubourgs à droite
et à gauche de la Seine : le
grand Pont et le petit Pont,
tous deux fortifiés, assuraient les communications
de la ville avec les deux
rives. A l'approche des pirates, les habitants des

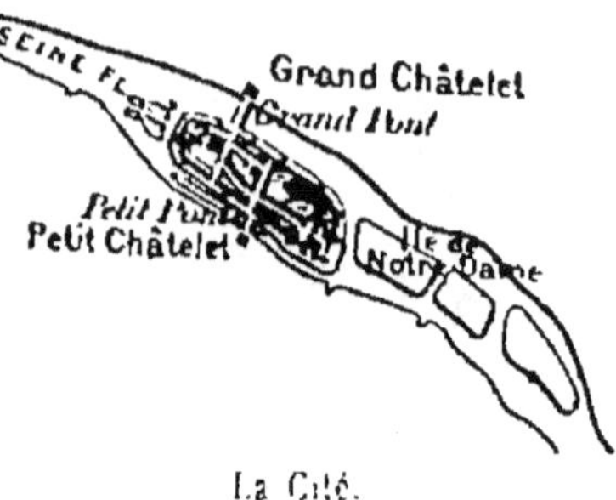

La Cité.

faubourgs se retirèrent dans l'île, et se préparèrent à une
vigoureuse résistance, sous la conduite d'Eudes, fils de
Robert le Fort, comte de Paris, un évêque et de l'abbé de

Siège de Paris par les Normands.

Saint-Germain des Prés. Ils repoussèrent tous les assauts et
subirent les privations avec une constance admirable.

Le siège durait depuis un an, lorsque Eudes sortit une
nuit de Paris et alla implorer les secours de l'empereur.
Celui-ci s'avança lentement avec son armée et parut sur les
hauteurs de Montmartre. Mais, au lieu de combattre les
Normands, il traita avec eux et livra la Bourgogne à leurs
ravages.

22. Diète de Tribur (887). — Les grands, indignés de cette lâcheté, se réunirent à Tribur et déposèrent Charles le Gros comme « inutile et incapable ». L'empire carolingien disparut avec lui.

Les peuples qui avaient fait partie de l'empire se rendirent indépendants et reconnurent des rois particuliers. Sept royaumes se formèrent du démembrement définitif de l'empire : la France, l'Italie, la Bourgogne cisjurane, la Bourgogne transjurane, la Navarre, la Lorraine, enfin l'Allemagne.

Mais le démembrement de l'empire ne se limita pas à ces grandes divisions territoriales. Le morcellement féodal fut plus complet encore. Dans chaque royaume des fiefs nombreux conservèrent, sous la suzeraineté nominale du roi, une réelle indépendance.

23. Eudes (887-898). — Eudes fut élu roi de France par les seigneurs qui avaient déposé Charles le Gros. Fils de Robert le Fort, le héros de Brissarthe, il s'était signalé lui-même par sa belle conduite au siège de Paris. Possesseur de l'Anjou et de la Touraine, des comtés de Paris, d'Orléans et de Blois, maître des abbayes de Saint-Martin de Tours et de Marmoutiers, il était le plus riche et le plus puissant seigneur de France. Les services que sa famille avait rendus, sa bravoure personnelle, ses richesses l'avaient désigné au choix des barons. Son règne fut consacré à la défense du royaume contre les Normands et de son autorité royale contre les seigneurs.

24. Eudes et les Normands. — Malgré les embarras intérieurs, Eudes combattit vigoureusement les Normands. Il les arrêta dans l'Argonne par la victoire de Montfaucon. Les années suivantes, il les chassa à sept reprises différentes du bassin de la Seine et de la Marne. Enfin, en 892, il remporta deux victoires à Montpensier en Auvergne. Malheureusement, l'activité du roi ne suffisait pas à repousser des attaques incessantes. Vaincus dans une province, les Normands apparaissaient sur un autre point du territoire. Il était plus facile de les vaincre que de les chasser.

25. Eudes et les seigneurs. — Eudes n'avait pas été reconnu roi par tous les seigneurs. Au nord, les comtes de

Flandre et de Vermandois avaient offert la couronne au roi
de Germanie. Dans le Midi, le comte de Poitiers avait pris le
titre de roi d'Aquitaine. Eudes vainquit une première fois
ses rivaux. Mais bientôt une coalition générale de tous les
mécontents, soutenue par le roi de Germanie, lui opposa
Charles le Simple, fils de Louis le Bègue. La lutte se termina par un compromis. Eudes devait conserver la couronne, mais il reconnaissait pour son successeur Charles le
Simple. Il mourut en 898.

26. Charles le Simple (898-923). — Charles le Simple
ou le Sot n'avait aucune des qualités de son prédécesseur. Il
ne sut ni combattre les Normands ni faire respecter son autorité par les seigneurs. Du moins sa faiblesse eut un bon
résultat; elle permit aux Normands de s'établir définitivement sur le sol français.

27. Fondation du duché de Normandie (911-912).
— Le plus célèbre des
chefs de pirates était
alors Roll ou Rollon.
Exilé de la Norvège par
le roi Harold, il réunit
tous les hommes auda-
cieux et décidés, et dé-
barqua à l'embouchure
de la Seine. Il remonta
le fleuve jusqu'à Ju-
mièges, sans rencontrer
d'ennemis. Guy, arche-

vêque de Rouen, alla au-devant des Normands et obtint du
chef la promesse de respecter les habitants et leurs biens.
Les Normands entrèrent pacifiquement à Rouen, exami-
nèrent soigneusement les remparts, les quais, les sources
vives, le site, trouvèrent tout à leur gré, et s'établirent dans
leur nouvelle conquête. Peu à peu ils se fixèrent dans toute
la région, se la partagèrent et choisirent pour roi Rollon, le
plus brave de leurs guerriers.

Charles le Simple, sur l'avis des barons et des évêques,
résolut de traiter avec Rollon. L'archevêque de Rouen alla
trouver le Normand, et lui offrit la cession du pays, à condition
qu'il se ferait chrétien. Le pirate accepta. Le pacte fut conclu
entre Charles et Rollon au village de Saint-Clair-sur-Epte,

Peu de temps après, Rollon se convertit. Désormais la partie de la Neustrie, donnée aux Normands, prit le nom de ses nouveaux habitants et s'appela la Normandie.

L'établissement des Normands eut d'heureux résultats. Rollon gouverna sagement son duché. Il divisa les terres au cordeau entre ses compagnons, releva les églises, répara les murailles des villes. Il établit une si exacte justice, que beaucoup de laboureurs et d'artisans vinrent s'établir dans le pays. On raconte que Rollon avait suspendu ses bracelets d'or aux branches d'un arbre et que, les ayant oubliés, il les retrouva trois ans plus tard. Personne n'avait osé y toucher. Plus tard les Normands devinrent des chevaliers hardis et valeureux ; ils conquirent l'Angleterre et la Sicile, et, pendant les croisades, se couvrirent de gloire.

28. Charles le Simple et Robert de France. — Délivré des Normands, Charles le Simple ne fut pas plus fort pour combattre les seigneurs. Robert de France, frère d'Eudes, réunit une assemblée des grands à Soissons, et, profitant du mécontentement qu'avait soulevé Haganon, favori du roi, il fit déposer Charles le Simple. Lui-même fut élu et couronné à Reims par l'archevêque de Sens. Charles le Simple accourut avec ses partisans et livra bataille aux seigneurs dans les plaines de Soissons. Robert fut tué au premier choc. Mais son fils, Hugues le Grand, rallia les soldats et resta maître du champ de bataille.

29. Election de Raoul, duc de Bourgogne (923). — Hugues le Grand dédaigna une couronne qui n'ajoutait rien à sa puissance et il fit élire son beau-frère Raoul, duc de Bourgogne. Charles le Simple, attiré dans un guet-apens par Héribert, comte de Vermandois, fut enfermé dans la tour de Péronne, où il mourut en 929.

30. Les derniers Carolingiens. — A la mort de Raoul, Hugues le Grand dédaigna pour la seconde fois de prendre la couronne et il appela d'Angleterre un fils de Charles le Simple. Louis, surnommé d'Outre-mer. Il comptait gouverner au nom de ce jeune roi, dont il se constituait le défenseur intéressé. Il prit le titre de duc des Francs qui lui donnait une autorité égale à celle du roi. Il se fit céder le duché de Bourgogne, et, un peu plus tard, il installa son neveu dans l'archevêché de Reims.

Hugues le Grand continua à être le véritable maître du royaume sous Lothaire, fils de Louis IV. Son fils Hugues Capet fut l'héritier de son pouvoir et de son ambition. Celui-ci profita de l'assemblée des grands, réunis à Soissons, pour se faire reconnaître roi, à la mort de Louis V, le dernier carolingien.

Hugues Capet fondait ainsi une dynastie nouvelle (987).

LECTURE. — Louis le Pieux et les Normands.

Si les Normands devinrent un danger pour l'empire, c'est que Louis le Pieux avait tout fait pour les y attirer. Au lieu de les combattre, dès qu'ils s'étaient montrés, il avait entrepris de les convertir et, pour mieux les gagner au christianisme, il s'était fait un plaisir de leur laisser entrevoir les richesses des pays chrétiens. Quand le roi Harald, chassé du Jutland par ses sujets, fut venu le trouver dans sa résidence d'Ingelheim, il fit tant par ses promesses que celui-ci consentit à recevoir le baptême.

Au sortir de la cuve baptismale, Harald fut revêtu d'une chlamyde de pourpre; on lui ceignit l'épée des Césars, on lui jeta sur les épaules un manteau d'or, on lui chaussa des brodequins d'or, et on lui posa une couronne sur la tête. Sa femme fut parée par l'impératrice d'une tunique brodée, toute constellée de pierreries et de bijoux précieux. Son fils et ses fidèles reçurent aussi des vêtements, dignes de la munificence du grand roi des Francs.

A la nouvelle qu'Harald et ses compagnons avaient été si bien traités, les Danois vinrent en foule demander le baptême. Ils se faisaient baptiser pour avoir des habits. On n'en pouvait trouver assez pour tous les néophytes qui se présentaient. Il arriva un jour qu'on manqua de tuniques de lin. On donna à l'un d'eux une mauvaise chemise mal cousue. Il la regarda avec mépris et dit à l'empereur : « J'ai déjà été lavé ici vingt fois et toujours vêtu de beau lin blanc comme la neige : un pareil sac est-il fait pour un guerrier ou pour un gardeur de pourceaux? Si je n'avais pas peur d'aller tout nu, maintenant que je n'ai plus mes habits, je laisserais là ton manteau et ton Christ. »

Mais les Danois ne se contentèrent bientôt plus de tuniques. Sous Charles le Chauve, voyant le pays sans défense, ils comprirent qu'ils gagneraient beaucoup plus à se faire pirates qu'à se faire chrétiens, et ils se répandirent dans le royaume, ruinant si complètement les villes et les campagnes, qu'on faisait des lieues entières « sans voir la fumée d'un toit, sans entendre aboyer un chien ».

(G. CARRÉ, *le Moyen Age*. — Paris, Belin frères.)

Livres à consulter : H. MARTIN, MICHELET, DARESTE, BORDIER et CHARTON, LAVISSE. *Histoire de France*. — Aug. THIERRY. *Lettres sur l'histoire de France*. — GUIZOT, *Histoire de la civilisation en France*. — LAVISSE et RAMBAUD, *Histoire générale*. — HIMLY, *Wala et Louis le Pieux*. — E. BOURGEOIS, *le Capitulaire de Kiersy-sur-Oise*. — LOT, *les Derniers Carlovingiens*. — DUFFING, *Histoire des expéditions maritimes des Normands*. — Coll. B. ZELLER, *Louis le Pieux et Charles le Chauve; — les Derniers Carlovingiens*. — G. CARRÉ, *le Moyen Age*, choix de lectures historiques.

CHAPITRE XI

FRANCE. PROGRÈS DU POUVOIR ROYAL : **Avènement des Capétiens.** — ANGLETERE : **la conquête normande.**

SOMMAIRE

1. LA ROYAUTÉ CAPÉTIENNE. — Les premiers Capétiens ne jouirent pas en fait d'une grande autorité politique; mais la monarchie capétienne, grâce à l'hérédité et au droit divin, ne tarda pas à devenir toute puissante.

2. HUGUES CAPET (987-996). — Hugues Capet, duc de France, élu roi par les barons du Nord, battit son compétiteur, le Carolingien Charles de Lorraine, mais il ne put obtenir l'obéissance de la féodalité.

3. ROBERT LE PIEUX (996-1031). — Robert le Pieux, malgré sa piété, fut excommunié pour avoir épousé sa cousine, Berthe, héritière de Bourgogne : il dut la répudier. Son mariage avec Constance de Toulouse fit éclater l'opposition des Français du Nord et de ceux du Midi. Il rattacha la Bourgogne au domaine royal, mais abandonna la Lorraine à l'Empire.

4. HENRI Ier (1031-1060). — Henri Ier céda la Bourgogne à son frère Robert, et donna quelque éclat à la Royauté. Sous son règne fut établie la *trêve de Dieu*, mais elle ne put arrêter les guerres privées des seigneurs

5. PHILIPPE Ier (1060-1108). — Philippe Ier, excommunié au concile de Clermont, vaincu par Guillaume de Normandie, ne prit part à aucun des grands événements de cette époque; il augmenta le domaine royal par d'importantes acquisitions.

---

6. LA BRETAGNE. — Dans l'antiquité, l'Angleterre s'appelait la Bretagne. Habitée par des populations de race celtique, elle fut soumise en partie par les Romains, mais elle subit très peu l'influence de leur civilisation. L'Irlande et l'Ecosse étaient restées indépendantes.

7. L'HEPTARCHIE ANGLO-SAXONNE. — A l'époque des grandes invasions, les pirates saxons fondèrent les quatre royaumes de Kent, de Sussex, de Wessex et d'Essex. Les Angles, à leur tour, fondèrent les trois royaumes de Northumberland, Est-Anglie et Mercie. Ces sept royaumes formèrent l'heptarchie anglo-saxonne; Egbert le Grand en fit un seul Etat (800).

8. ALFRED LE GRAND (871-901). — Alfred le Grand, le plus illustre des princes saxons, repoussa une invasion des Danois, imposa le

baptême à tous ses peuples, gouverna avec habileté l'Angleterre et commença la prospérité de Londres. Ses successeurs furent impuissants à vaincre les Danois.

9. INVASION DANOISE. — Les Danois, sous la conduite de Suénon, s'emparèrent de tout le pays. Son fils Canut le Grand (1014-1035) régna avec sagesse. Mais les Saxons, irrités par la tyrannie de ses successeurs, rappelèrent l'ancienne dynastie avec Édouard le Confesseur (1041).

10. CONQUÊTE DE L'ANGLETERRE PAR LES NORMANDS. — Sous le roi Harold, successeur d'Édouard le Confesseur, les Normands, conduits par leur duc Guillaume le Bâtard, débarquèrent en Angleterre, et s'emparèrent du pays par la victoire d'Hastings (1066). Guillaume prit le titre de roi d'Angleterre.

11. ORGANISATION DE LA CONQUÊTE. — Les vainqueurs dépouillèrent les anciens habitants et se partagèrent leurs domaines. Guillaume créa une féodalité plus disciplinée que celle du continent et constitua à son profit une royauté très forte. Une nouvelle période s'ouvrit alors dans l'histoire de l'Angleterre.

RÉCIT

1. La monarchie capétienne. — Les premiers Capétiens n'eurent pas en réalité une autorité beaucoup plus grande que les derniers Carolingiens. Possesseurs d'un patrimoine exigu, ils ne disposaient que de faibles ressources qui, pour le moment, suffisaient à leurs besoins ; souverains du duché de France, ils n'obtenaient pas sans difficulté l'obéissance de leurs vassaux directs ; suzerains du royaume, ils n'exerçaient qu'un droit de suzeraineté très vague et toujours contesté sur les grands feudataires.

Toutefois cette monarchie capétienne, si faible à l'origine, était destinée au plus brillant avenir ; sa force résidait dans son principe même. Seuls parmi les seigneurs, les Capétiens portaient le titre de rois. Et ce titre, qui leur donnait une suprématie morale sur le monde féodal, leur assurait dans les idées populaires une véritable souveraineté. Seuls ils étaient sacrés par l'Église, et le sacre les constituait rois par le droit divin. Enfin ce titre de roi que l'élection pouvait leur enlever, ils parvinrent de bonne heure à le rendre héréditaire dans leur famille.

Ils associèrent de leur vivant, leur héritier à la couronne. Robert le Pieux, Henri Ier, Philippe Ier, Louis VI, Louis VII, et Philippe-Auguste furent désignés rois et sacrés du vivant de leur père. Philippe-Auguste le premier renonça à cette précaution, désormais inutile. La royauté, qui en principe était élective, était alors devenue, en fait, héréditaire.

2. Hugues Capet (987-996). — Proclamé roi à Senlis et sacré à Noyon, Hugues Capet consacra les quatres premières années de son règne à combattre son compétiteur, Charles de Lorraine.

Malgré sa victoire, il ne fut guère plus puissant. Au nord de la Loire, son titre était reconnu, mais par des barons qui s'appelaient ses pairs. Au sud de ce fleuve, les nobles vivaient « sous le règne de Dieu, en attendant un roi ». Ils agissaient en maîtres sur leurs domaines, et se faisaient la guerre sans s'inquiéter du roi de Paris. Adalbert de Périgord ayant conquis sur Guillaume Fier-à-Bras, duc d'Aquitaine, les comtés de Tours et de Poitiers, Hugues lui envoya ce message : « Qui t'a fait comte ? » — « Qui t'a fait roi ? » répondit le baron, et il garda sa conquête.

Hugues Capet mourut en 996. Dès la première année de son règne, il avait associé au trône son fils Robert, et l'avait fait sacrer par l'archevêque de Reims.

3. Robert II le Pieux (996-1031). — Robert était un prince pieux et bon. Comme Louis le Pieux, il faisait de longues et fréquentes prières ; il allait souvent à l'église de Saint-Denis, en habits royaux, pour chanter avec les moines. Il nourrissait tous les jours trois cents pauvres, et donnait aux mendiants un libre accès dans sa demeure. Un jour, l'un d'eux, assis pendant le repas du soir, coupait les glands d'or de son manteau ; Robert se pencha en disant : « Ami, il faut en laisser pour les autres. »

Robert ne manqua pourtant pas d'habileté politique, et, sous son règne, la royauté capétienne continua ses progrès.

4. Mariage de Robert et de Constance de Toulouse. — Robert, malgré sa piété, fut excommunié pour avoir épousé Berthe de Bourgogne, sa parente à un degré prohibé par l'Église. Il résista pendant deux ans à l'interdit du pape. Mais, abandonné de tous ses serviteurs, il se résigna à répudier la reine Berthe et il épousa Constance, la fille du comte de Toulouse.

La nouvelle reine amena avec elle une suite d'Aquitains, dont le costume, les manières et l'esprit déplurent fort aux Français du nord. Elle tourmenta elle-même le bon Robert par son caractère impérieux et acariâtre.

5. Agrandissement du domaine royal. — Pendant le règne de Robert, le domaine royal commença à s'agrandir. Le roi s'empara du duché de Bourgogne et du comté de Sens. Il fut moins heureux dans une tentative sur la Champagne.

6. L'an 1000. — Le règne de Robert avait été troublé par les terreurs qu'avait fait naître l'approche de l'an 1000. Sous l'influence de ces terreurs, l'Église devint plus puissante que jamais. Partout s'élevèrent de magnifiques églises; des pèlerinages se rendirent sans cesse aux tombeaux des saints, et le culte des reliques se développa sans mesure. Cette rénovation religieuse eut malheureusement pour conséquence le retour aux persécutions : des juifs et des chrétiens hérétiques furent brûlés, sous prétexte d'apaiser la colère divine.

7. Henri Ier (1031-1060). — Henri Ier céda à son frère Robert le duché de Bourgogne. Robert fut le fondateur de la première maison capétienne de Bourgogne, qui porta la couronne ducale jusqu'en 1361.

Veuf d'une princesse allemande qui était morte sans lui laisser d'enfants, Henri Ier épousa en 1051 Anne, fille d'Iaroslav, grand-duc de Russie. De ce mariage naquirent deux fils, dont l'aîné reçut le nom grec de Philippe, en mémoire des rois de Macédoine dont la reine se prétendait issue. Conformément à la tradition des premiers Capétiens, le jeune prince fut sacré roi du vivant de son père, dans la cathédrale de Reims. La cérémonie se fit avec une pompe extraordinaire. Le duc d'Aquitaine, seize grands feudataires et cinquante-neuf archevêques y assistèrent, sans compter une multitude de chevaliers, de bourgeois et d'hommes du peuple. On put voir combien avait grandi le prestige de la royauté.

8. Trêve de Dieu (1041). — L'un des faits les plus im-

portants de ce règne fut la proclamation de la *Trêve de Dieu*.
Les guerres féodales avaient provoqué une misère générale. La famine et les épidémies ravageaient les campagnes.
L'Eglise prêcha partout la paix de Dieu. Mais il était
bien difficile d'interdire complètement la guerre. Faute de
pouvoir imposer la *paix*, l'Eglise proclama une *trêve* obligatoire. Du mercredi soir jusqu'au lundi matin il était interdit
à tout chrétien de se venger de ses ennemis ou de ravir quoi
que ce fût à son prochain. En outre, les lieux saints devaient
toujours rester inviolables : les clercs, les marchands, les
laboureurs, les récoltes, les instruments de travail devaient
être respectés. Ce fut cet ensemble de mesures qu'on appela
la *Trêve de Dieu*.

9. Philippe Ier (1060-1108). — A la mort de son père,
Philippe âgé de sept ans, fut placé sous la tutelle de Baudouin, comte de Flandre, son oncle. Pendant cette régence
obscure, les Normands firent deux brillantes expéditions
auxquelles la royauté resta étrangère : la conquête des Deux-
Siciles et celle de l'Angleterre.

Philippe avait les vices d'un prince oisif, brutal et beso-
gneux. Il vendait les évêchés et les abbayes; il détroussait
les voyageurs; il répudia sa femme Berthe de Hollande,
dont il avait quatre enfants, pour épouser Bertrade de Montfort. Le pape Grégoire VII se fit le vengeur de la morale
outragée; il mit le royaume en interdit. Excommunié par
le pape Urbain II au concile de Clermont, Philippe Ier brava
pendant dix ans les foudres de l'Eglise.

10. Activité de Philippe Ier. — Cependant ce roi,
pour lequel l'Eglise s'est montrée si justement sévère, suivit
une politique qui ne fut pas sans profit pour le pouvoir royal.
Il força Guillaume, duc de Normandie et roi d'Angleterre, à
renoncer à la suzeraineté de la Bretagne. Il soutint contre
lui son fils aîné Robert Courte-Heuse dans la revendication
de la Normandie. Guillaume irrité se tourna contre le roi de
France, lui réclama le Vexin, et se jeta sur Mantes, où il
trouva la mort. Sous son successeur Guillaume II le Roux,
Philippe continua à soutenir les prétentions de Robert contre
Guillaume II le Roux. Le premier, il comprit combien il
était nécessaire à la monarchie française que le duché de
Normandie fût séparé de la couronne d'Angleterre.

Enfin Philippe Ier, profitant toujours des successions vacantes et des héritages contestés, fit entrer le Vexin, le Vermandois et le Valois dans le patrimoine de la famille capétienne.

---

11. La Bretagne. Populations primitives. — L'île que nous appelons aujourdhui la Grande-Bretagne fut habitée de très bonne heure par des populations de race celtique. Ces populations se partageaient en deux groupes : les Gaëls qui occupaient la partie septentrionale de l'île, la montagneuse Calédonie, et les Bretons, maîtres du sud. Les Gaëls se divisaient eux-mêmes en deux grandes familles : les Pictes (du latin *Picti*, qui signifie *tatoués*) et les Scots (Ecosse). Tous ces peuples vivaient de la vie pastorale, et n'étaient pas sortis de la barbarie quand les Romains apparurent dans la Grande-Bretagne.

12. Les Romains dans la Grande-Bretagne. — César fit deux expéditions dans la Grande-Bretagne; il se contenta de prendre des otages pour empêcher les Bretons de porter secours aux Gaulois. Ce fut seulement sous l'empereur Claude que les Romains revinrent en Bretagne, cette fois pour la conquérir. La conquête ne fut achevée que sous l'empereur Domitien, par le génie d'Agricola (86 ap. J.-C.).

La Bretagne fut occupée militairement par des troupes romaines, mais elle ne subit que très peu l'influence des conquérants. La domination de Rome ne laissa de traces durables ni dans les institutions, ni dans les mœurs, ni dans la langue des Bretons.

En 410, lorsque l'empire fut envahi de tous côtés par les barbares germaniques, les légions romaines quittèrent la Bretagne.

13. L'invasion des Angles et des Saxons. — Les Pictes et les Scots profitèrent du départ des légions romaines pour envahir la Bretagne méridionale. Les Bretons, après avoir essayé en vain de se défendre contre les incursions de ces tribus pillardes, firent appel à deux chefs de pirates saxons, Henghist et Horsa. Ceux-ci demandèrent pour prix de leurs services l'île de Thanet à l'embouchure de la Tamise. Puis ils s'établirent de leur propre autorité dans tout le pays de Kent. Ils y fondèrent, malgré la résistance des Bretons, un royaume dont Cantorbéry fut la capitale (455).

Ce fut la première des invasions saxonnes en Bretagne ;

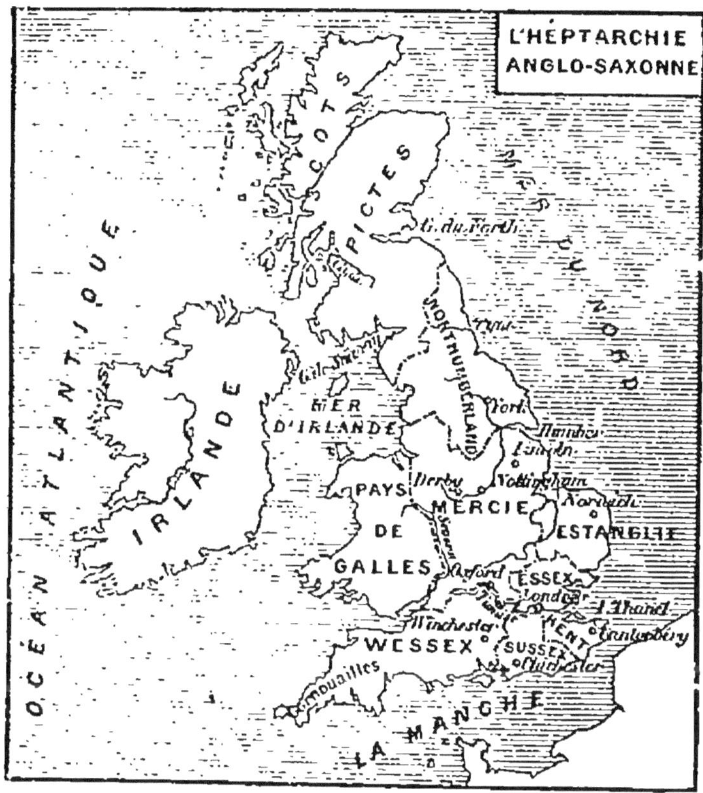

désormais elles se succédèrent avec rapidité. Elles fondèrent successivement les royaumes de Sussex, de Wessex et d'Essex dont Londres fut la capitale.

D'autres tribus germaniques, les Angles, suivirent les Saxons. Conduits par le chef de guerre Ida, surnommé l'Homme de Feu, et par ses douze fils, ils fondèrent les royaumes de Northumberland, Est-Anglie et Mercie.

Les quatre royaumes saxons et les trois royaumes angles formèrent un ensemble de sept États, auquel on donna le nom d'heptarchie anglo-saxonne.

14. L'heptarchie anglo-saxonne. — Ces sept royaumes sentirent très vite la nécessité de rester étroitement unis. Les Bretons opposaient aux nouveaux maîtres de leur pays une résistance acharnée, et les Anglo-Saxons ne purent pénétrer ni en Écosse, ni dans le pays de Galles, ni en Cornouailles. La légende nous a transmis le nom d'un des chefs bretons qui dirigèrent avec le plus de bravoure la lutte contre les envahisseurs germaniques : ce fut le roi Arthur, souvent chanté par les poètes du moyen âge.

La conversion des Anglo-Saxons au christianisme, entreprise sous le pontificat de Grégoire le Grand par le moine Augustin, et poursuivie avec succès après sa mort, contribua encore à unir les sept États germaniques. Au commencement du neuvième siècle, le roi de Wessex, Egbert le Grand, contemporain et ami de Charlemagne, avait imposé son autorité à toute l'heptarchie. Le royaume d'Angleterre était fondé.

15. Les invasions danoises en Angleterre. — La domination anglo-saxonne était à peine établie et solidement organisée en Angleterre, qu'une nouvelle invasion vint ravager ce pays. Dès le règne d'Egbert le Grand, au commencement du neuvième siècle, les Normands et les Danois commencèrent à assaillir, les uns, l'Angleterre, les autres, la France.

Les Danois débarquèrent à l'embouchure de l'Humber. Le roi de ce pays les vainquit une première fois, s'empara de leur chef Ragnar Lodbrog, et le fit périr en le jetant vivant dans un cachot rempli de serpents et de vipères. Cet échec exalta la fureur des Danois, qui revinrent en grand nombre et s'emparèrent, en 861, des trois royaumes de Northumberland, d'Est-Anglie et de Mercie.

16. Alfred le Grand (871-901). — Maîtres du nord de l'Angleterre, les Danois se tournèrent contre les États du sud. Leur chef Gothrun vainquit le roi de Wessex, Alfred le Grand. Celui-ci dut se cacher pendant six mois dans les forêts de la Cornouailles. Il trouva un asile dans la cabane d'un bûcheron et fut réduit, pour vivre, aux plus rudes travaux. Puis il sortit de sa retraite, rallia ses partisans restés fidèles, et attaqua les Danois près d'Ethandund. La victoire qu'il remporta lui permit de remonter sur le trône (878).

Il se préoccupa alors de réparer les désastres de l'invasion et de fortifier son royaume. Il organisa la levée en masse ; du contingent militaire, il fit deux parts, dont l'une devait le service actif, tandis que l'autre était consacrée à la défense des places fortes. En outre, il donna un sage gouvernement à ses États. Il habitua ses sujets à la pratique de la liberté. Dans chaque comté, le comte ou shérif administrait avec l'assistance d'une assemblée locale, librement élue. Aucun homme libre ne pouvait être condamné que par un jury. La justice fut ainsi équitablement rendue. Ce roi, qui était instruit et lettré, favorisa l'instruction. La grande école d'Oxford l'honore comme son fondateur. Il fit traduire les ouvrages latins et créa de nombreuses écoles. Il mérita d'être appelé le Charlemagne de l'Angleterre.

17. Les successeurs d'Alfred le Grand. — Le règne d'Alfred le Grand ne fut qu'un moment de répit dans la lutte entre les Anglo-Saxons et les Danois. Sous les successeurs de ce prince, la guerre redoubla d'acharnement et de fureur. Ethelred tenta d'acheter à prix d'argent la retraite des Danois, et il leur versa le *Danegeld* (tribut des Danois). Cette faiblesse ne fit qu'attirer en plus grand nombre les envahisseurs. Ethelred voulut alors s'en délivrer par la trahison. Il fit massacrer, le jour de la Saint-Brice (13 novembre) de l'année 1002, tous les Danois qui, sur la foi d'un traité, étaient venus en Angleterre.

Une nouvelle invasion vengea cette perfidie. Un chef danois, Suénon, s'empara de toute l'Angleterre, obligea Ethelred à se réfugier en Normandie et fonda la dynastie danoise.

18. La dynastie danoise (1013-1041). — Le fils de Suénon, Canut, réunit en 1017 sous sa domination l'Angleterre, la Norvège et le Danemark. Il gouverna avec beaucoup de modération. Sa justice resta proverbiale, même chez les Saxons qu'il traita avec douceur. Quand il sortait en public, tous s'écriaient : « Que la bénédiction du Seigneur soit sur Canut, roi des Anglais ! »

Il favorisa l'œuvre des missionnaires en Scandinavie. Lui-même, dans un voyage qu'il fit à Rome, fit preuve d'une grande piété. On raconte que, pour montrer à ses courtisans la fragilité de sa puissance, il s'assit un jour au bord de la mer et ordonna au flot de s'arrêter. Comme le flot montait toujours : « Voyez, dit-il ; il n'y a que Dieu qui soit fort, lui qui commande à la mer et aux éléments! »

Les fils de Canut exercèrent une violente tyrannie, et les Anglo-Saxons rappelèrent l'ancienne dynastie avec Edouard le Confesseur (1041).

19. Edouard le Confesseur (1041-1066). — Edouard, surnommé le Confesseur, à cause de sa piété, était fils de l'ancien roi saxon Etheired. Il n'avait d'anglais que l'origine. Elevé en Normandie durant un long exil, il était devenu Normand et il n'aimait que les Normands parmi lesquels il avait toujours vécu. Lorsqu'il fut rappelé à Londres, il fit partager sa fortune par ses anciens compagnons. Il choisit parmi eux ses chapelains, ses évêques, ses ministres. « Quiconque sollicitait en langue normande, disait-on, n'essuyait jamais un refus. »

Quand Guillaume, duc de Normandie, vint en 1051 visiter le roi Edouard, il put croire qu'il était encore en Normandie. « Des Normands commandaient la flotte qu'il trouva en station au port de Douvres ; à Cantorbéry, des soldats normands formaient la garnison d'un fort bâti sur le penchant d'une colline ; d'autres Normands vinrent le saluer, en habits de grands officiers ou de prélats. » Comme Edouard le Confesseur n'avait point d'enfants, le duc de Normandie se persuada que l'Angleterre devait lui revenir. Cependant Edouard en vint à se repentir de sa partialité pour les Normands et prit le Saxon Harold pour son favori. Il le pressa de se délier du duc Guillaume qu'il voulait aller visiter. « Il t'arrivera malheur à toi et à notre pays, dit-il ; je connais ce Normand et ses ruses. »

20. Voyage de Harold en Normandie. — Harold s'embarqua néanmoins pour aller chercher son frère et son neveu, otages de Guillaume. Le duc de Normandie le traita avec honneur, l'arma chevalier et l'amena avec lui dans une expédition contre les Bretons. Au retour, les deux princes chevauchaient côte à côte : « Autrefois, dit le duc, quand nous vivions, Edouard et moi sous le même toit, il me promit de me laisser son royaume. Il faut que tu m'aides, Harold, à assurer l'exécution de cette promesse : fais fortifier pour moi le château de Douvres, afin de le livrer à

mes gens d'armes ; épouse ma fille Adèle et donne ta sœur
à un de mes chefs ; je te ferai riche et puissant quand je
serai roi. »

Le Saxon étourdi, confondu, se sentant en la puissance du
duc, promit tout, et huit jours après, dans une grande
assemblée tenue à Bayeux, devant tous les barons normands,
il répéta son serment, la main sur les Evangiles. Aussitôt
Guillaume fit enlever le drap d'or sur lequel reposait le livre
sacré, et découvrit une grande cuve remplie de reliques :
tous les saints de Normandie étaient désormais témoins et
garants de la foi jurée.

21. Le roi Harold (1066). — Lorsque le roi Edouard
se sentit mourir, il conseilla aux chefs saxons d'élire Harold,
qui reçut et accepta la couronne. Guillaume apprit cette nouvelle à Rouen. Sa colère et son agitation furent grandes. Il
s'assura de l'assentiment des barons, commença ses préparatifs et les poussa avec autant d'activité que de secret. En
même temps, il envoya au roi des Anglo Saxons un message
pour lui rappeler son serment. « Il est vrai que j'ai juré, dit
Harold ; mais j'ai juré par force, étant au pouvoir du duc. »
Guillaume jura qu'il viendrait dans l'année punir le
parjure.

22. Guillaume-le Conquérant (1066-1087). — Au
mois d'août 1066, Guillaume réunit une flotte nombreuse à
l'embouchure de la Dives. Les vents contraires retinrent les
vaisseaux sur la côte pendant près d'un mois. Guillaume fit
promener dans son camp les reliques de saint Valery : le
vent se leva dans la nuit, et le lendemain quatre cents navires et un millier de barques emportèrent les conquérants
vers l'Angleterre. Ils débarquèrent sans résistance à Pevensey,
près d'Hastings. Guillaume somma Harold de lui donner le
royaume, de soumettre la querelle à l'arbitrage du pape, de
la vider en combat singulier, ou enfin de lui céder la moitié
de l'Angleterre : Harold ne répondit pas.

23 Bataille d'Hastings (1066). — Cependant les
chefs saxons étaient inquiets ; ils craignaient que le jugement
de Dieu ne se prononçât contre le parjure ; ils supplièrent
le roi de les laisser combattre seuls, eux qui n'avaient pas
juré. Hérold, tout ému, refusa, et le 14 octobre au matin le

bataille s'engagea. Elle fut longue et acharnée : trois fois les
Normands, entonnant la chanson de Roland, attaquèrent
sans succès le camp saxon. Déjà ils pliaient, ils se disaient

Guillaume le Conquérant.

que le duc était tué, lorsqu'il s'avisa de simuler une fuite.
Les Saxons s'élancèrent en désordre hors de leur camp, les
fuyards se retournèrent brusquement, surprirent les assail-
lants fatigués et dispersés par la course, et remportèrent enfin
la victoire. Harold et ses deux plus jeunes frères furent tués
au pied de leur étendard.

24. Conquête de l'Angleterre. — Guillaume marcha sur Londres et s'y fit couronner roi d'Angleterre, le jour de Noël 1066. Il fit aussitôt construire la forteresse qui devait brider la ville : la fameuse Tour de Londres. Peu à peu, il

Guerriers normands (d'après la Tapisserie de Bayeux).

soumit par la force ou par la ruse les chefs saxons et il repoussa une attaque des Danois. Il prit successivement Oxford, Derby, Nottingham, York, et remporta sous les murs de cette ville une victoire aussi décisive que celle d'Hastings. En 1073, il envahit l'Ecosse qui avait favorisé les Saxons. Le roi de ce pays dut reconnaître sa suzeraineté.

25. Les Outlaws. — Désormais les Saxons ne firent plus que des résistances partielles. Ils se retirèrent par bandes dans les lieux sauvages, les marais, les forêts. On les appela Outlaws, c'est-à-dire mis hors la loi. Ces proscrits ne recon-

naissaient aucune des autorités établies par la conquête et
tuaient sans pitié les Normands qu'ils pouvaient surprendre.
Longtemps ils restèrent populaires et ils furent les héros des
premiers chants nationaux de l'Angleterre. Walter Scott a
rendu célèbre l'un de ces proscrits, Robin Hood, dans son
roman d'*Ivanhoé*.

26. Partage des terres. — Les vainqueurs se
partagèrent les terres des vaincus. Il en résulta que les
anciens habitants furent à peu près partout dépossédés,
et que les compagnons d'armes de Guillaume devinrent
des gentilshommes et des propriétaires. Les derniers des
soldats furent récompensés, et tel, qui, la veille encore,
était bouvier ou paysan, devint un grand seigneur. Hugues
le Tailleur, Guillaume le Charretier, Guillaume le Tambour furent les ancêtres de la plus fière aristocratie qui soit
au monde.

Quand l'œuvre de la spoliation fut accomplie, Guillaume
le Conquérant voulut la régulariser. Il fit dresser le
cadastre de toutes les terres occupées par les vainqueurs :
ce fut le grand terrier de l'Angleterre, que les Saxons
flétrirent du nom de Doomsday-Book, ou livre du jugement
dernier.

27. Le clergé saxon et le clergé normand. —
L'ancien clergé saxon fut destitué en masse, et Guillaume
distribua les bénéfices ecclésiastiques comme il avait distribué
les fiefs laïques. Il accorda de grands privilèges à la juridiction de l'Eglise, il combla de biens les évêchés et les monastères. Grâce à ces libéralités, il trouva dans le clergé un
auxiliaire puissant contre les vaincus. Enfin les saints de race
saxonne furent eux-mêmes proscrits et poursuivis, parce
qu'ils rappelaient des souvenirs nationaux; partout ils furent
remplacés par les saints de Normandie.

28. Lois répressives. — Les vainqueurs craignirent
que toutes ces spoliations ne fissent éclater d'incessantes
révoltes; aussi promulguèrent-ils plusieurs lois répressives
d'une rigueur inusitée, pour prévenir de tels soulèvements.
La loi du *couvre-feu* obligea tous les habitants à rentrer dans
leurs maisons et à éteindre toute lumière à partir d'une certaine heure après le coucher du soleil : elle avait pour but

d'empêcher les réunions et les conjurations nocturnes. Les lois sur la *chasse* avaient surtout pour objet d'interdire le port des armes aux vaincus. Par la loi d'*anglaiserie*, étaient rendus responsables du meurtre de tout Normand les habitants du canton où le crime avait été commis.

29. Conséquences de la conquête normande. —

De l'ensemble de ces mesures il résulta que la nouvelle royauté, constituée en Angleterre par Guillaume de Normandie, fut un royaume très puissant. Le roi était le plus riche seigneur de son royaume. Il continuait à percevoir des nouveaux propriétaires de fiefs toutes les redevances que payaient les anciens propriétaires saxons. Il n'avait aliéné aucun de ses droits de souveraineté. Tous les seigneurs étaient ses vassaux directs et lui devaient le service militaire. Dans tous les comtés, les juges rendaient la justice et les shérifs administraient en son nom.

Bien que le nombre des Normands et des Français qui passèrent en Angleterre fût relativement peu considérable, le génie normand exerça sur l'Angleterre une grande influence. « Pendant trois siècles, le français resta la langue du roi, de la cour, des nobles, des juges. Encore à la fin du seizième siècle on compose des poèmes français, et un auteur de ballade français s'excuse de ses fautes de langage en disant : « Pardonnez-moi, je suis Français ! »

La conquête de l'Angleterre par les Normands a exercé aussi une influence considérable sur les rapports de la France et de l'Angleterre. Les rois d'Angleterre, comme ducs de Normandie, étaient vassaux des rois de France. Ceux-ci cherchèrent à affaiblir un vassal dont la puissance était redoutable. De leur côté, les rois d'Angleterre cherchèrent à maintenir et à accroître leur autorité en France. Telle fut la cause de la rivalité qui éclata entre les deux pays et qui a duré pendant tout le moyen âge [1].

30. Mort de Guillaume le Conquérant. — La

lutte entre la France et l'Angleterre commença sous le règne même de Guillaume le Conquérant. Son fils aîné, Robert Courte-Heuse, réclama le gouvernement de la Normandie et obtint le secours de Philippe Ier, roi de France. Guillaume

---

1. Seignobos.

soumit son fils rebelle, se réconcilia avec lui et se vengea de Philippe Ier en lui réclamant la ville de Mantes et le Vexin français.

Il entra avec une armée sur le territoire contesté, prit Mantes et la pilla avec une fureur sans égale. Il chevauchait au milieu de l'incendie, lorsqu'il tomba et se fit une blessure au ventre. On le transporta à Rouen, où il languit six semaines, cherchant à réparer par ses largesses le mal qu'il avait fait. Il fut enseveli dans l'église Saint-Étienne de Caen (1087).

LECTURE. — La bataille d'Hastings.

Une charge générale de l'infanterie normande commença la bataille. En avant chevauchait le ménestrel Taillefer, qui lançait en l'air et rattrapait son épée en entonnant la chanson de Roland. Ce fut lui qui le premier frappa l'ennemi. Ce fut aussi lui qui tomba le premier. Mais les Normands se ruaient en vain contre la puissante palissade derrière laquelle les combattants anglais maniaient la hache et la javeline aux cris sauvages de « Arrière ! Arrière ! » Ils furent repoussés. La cavalerie lancée en avant dut reculer ; le duc rallia de nouveau ses troupes et les ramena à la faible barrière. Toute l'ardeur guerrière qui fermentait dans cet homme du Nord, toute la valeur déchaînée qui l'avait jadis entraîné sur les pentes du Val des Dunes quand il châtia ses vassaux rebelles, s'unit en ce jour avec le sang-froid, l'opiniâtre persévérance, l'esprit inépuisable en ressources qu'il avait montrés contre le roi de France à Mortemer et à Varaville...

Exaspéré par la résistance des Anglais, le duc lança son cheval droit vers l'étendard du roi Harold. Quoique désarçonné, il frappa de sa terrible massue Gyrth, frère du roi, et coucha à ses côtés un autre fils de Godwin, Leofwine. Démonté pour la seconde fois, il jeta à terre un cavalier qui avait refusé de lui céder son cheval. Au milieu du tumulte et des cris de cette bataille, il réussit à changer en moyen de victoire la fuite qu'il avait déjà une fois arrêtée. Dans leur attaque désespérée, les Normands avaient réussi à briser la barrière ; mais ils étaient tenus en échec par une véritable muraille de boucliers. Guillaume, par un semblant de fuite, entraîna une partie des forces anglaises à quitter ce poste avantageux. Se retournant alors contre ses ennemis débandés, il les mit en pièces... A trois heures la bataille semblait gagnée, à six heures le combat continuait encore avec acharnement autour de l'étendard d'Harold. Un ordre du duc réunit alors ses archers à l'avant-garde, et les flèches se mirent à pleuvoir sur les combattants massés autour de leur roi. Au moment où le soleil se couchait, un trait atteignit l'œil droit d'Harold ; il tomba au milieu des enseignes royales et la bataille se termina par une mêlée désespérée autour de son corps. Quand la nuit vint protéger la fuite des Anglais, le Conquérant planta sa tente à l'endroit même où son rival était tombé, et il « s'assit pour manger et boire au milieu des morts ».

(GREEN, *Histoire du peuple anglais*; trad. Monod. — Paris.)

Livres à consulter : *Histoires de France*, déjà citées. — Aug. THIERRY, *Histoire de la conquête de l'Angleterre par les Normands*. — LAVISSE et RAMBAUD, *Histoire générale*. — G. Carré, *le Moyen Age*, choix de lectures historiques.

CHAPITRE XII

LA SOCIÉTÉ AU MOYEN AGE : Le château.
Le chevalier. — L'hommage. — Les paysans.

SOMMAIRE

1. **LA FÉODALITÉ.** — Sous les premiers Capétiens, le rôle de la royauté fut très effacé. Ce qui caractérise cette époque, c'est le régime féodal. Le dixième et le onzième siècle marquent l'apogée de la féodalité.

2. **ORIGINES DE LA FÉODALITÉ.** — Tout seigneur féodal est propriétaire foncier. Il est suzerain ou vassal. Les seigneurs suzerains possèdent leurs terres en toute propriété; les vassaux les possèdent à titre de fiefs. Les propriétaires de fiefs usurpèrent sur leurs terres les droits de souveraineté. Ils furent ainsi de véritables souverains.

3. **LE SUZERAIN ET LE VASSAL.** — Le suzerain et le vassal étaient liés l'un à l'autre par un contrat. Le vassal se déclarait par l'hommage *l'homme-lige* du suzerain, lui prêtait serment de fidélité, et recevait de lui l'investiture de son fief : ses devoirs étaient le service militaire, le service de cour et de justice et les aides.

4. **LES VILAINS ET LES SERFS.** — Les vilains ou non-nobles ne faisaient point partie de la société féodale. Ils devaient à leurs seigneurs les droits seigneuriaux, taille, cens, corvées; ils dépendaient de la juridiction féodale. La condition des serfs était plus misérable encore.

5. **L'ÉGLISE.** — Le clergé, qui possédait de vastes domaines, faisait partie de la société féodale. Les évêques et les abbés étaient des seigneurs temporels; ils exerçaient tous les droits féodaux.

6. **RÉSULTATS DE LA FÉODALITÉ.** — La féodalité, en attachant les populations au sol et en améliorant le sort des serfs, rendit des services; mais elle se perdit par ses abus.

RÉCIT

1. La féodalité. — L'empire de Charlemagne s'était démembré en plusieurs royaumes ; en même temps chacun de ces royaumes se démembrait à son tour en une foule de petites souverainetés locales. Alors « chaque point de l'espace, dit Michelet, devient indépendant; la vallée devient un royaume; la montagne, un royaume. Il n'y a plus pour les hommes d'idées générales, d'intérêts communs. Celui-ci perche avec l'aigle, l'autre se retranche derrière le torrent. L'homme ne sait bientôt plus s'il existe un monde au delà

de son canton, de sa vallée. Il prend racine, il s'incorpore à
la terre ».

Ces petites souverainetés locales, qui avaient remplacé tout
gouvernement central, s'appelaient fiefs.

2. Le fief. — Le fief est toujours une propriété fon-
cière, car l'un des principes du régime féodal est qu'il n'y
a pas de seigneur sans terre. Il a son origine dans les donations de terres que les rois barbares firent à leurs compagnons d'armes pendant et après les invasions. Ces terres, ou
bénéfices comme on les appelait, devinrent toutes des propriétés héréditaires. Désormais elles s'appelèrent des fiefs :
leurs possesseurs étaient astreints au service militaire.

3. La recommandation. — Dans la société troublée
de cette époque, l'indépendance complète était impossible
pour les moyens et les petits propriétaires, exposés sans cesse
aux convoitises et aux empiétements de leurs puissants voisins. Pour sauvegarder sa terre, l'homme libre invoqua la
protection d'un grand seigneur, de celui-là même dont il redoutait la violence ; il se recommanda à lui.

Par la *recommandation*, il engageait sa terre à ce seigneur,
qui la lui rendait sous condition du service militaire. Il devenait dès lors son vassal.

Le fief et la recommandation : tels sont les deux principes
sur lesquels s'est fondée la société féodale.

4. Le seigneur. — Tout propriétaire de fief est noble ;
il est seigneur. A l'origine, le seigneur possédait seulement
sur son domaine les droits que confère la propriété. Peu à
peu, à mesure que l'autorité royale s'affaiblit, il usurpa les
droits de souveraineté. Il gouverna son domaine comme s'il
en avait été le roi. Il rendit la justice, perçut des impôts,
leva des hommes d'armes. Les habitants de son domaine
devinrent ses sujets. Il habita, comme les rois, un palais, le
château féodal ; il eut des gardes, une cour. Enfin il transmit
à ses enfants son pouvoir devenu héréditaire. Ainsi chaque
fief était devenu un petit royaume et chaque seigneur un
petit roi.

5. La noblesse. — Les seigneurs, possesseurs de fiefs,
constituaient la classe noble. Parmi les seigneurs, les uns

étaient suzerains, les autres étaient vassaux. Le seigneur suzerain avait sur le fief et sur la personne du vassal des droits fixés par le contrat féodal. Le roi était le seigneur suzerain du royaume. Au-dessous du roi étaient les grands feudataires qui relevaient directement de sa suzeraineté, tels que les six pairs laïques de France et les six pairs ecclésiastiques. Ces grands feudataires formaient la haute noblesse.

La moyenne noblesse comprenait les vassaux, seigneurs encore puissants et possesseurs de vastes fiefs, mais placés sous la souveraineté des grands feudataires.

La petite noblesse comprenait les vassaux inférieurs, possesseurs d'un simple manoir, ou attachés, comme chevaliers, à la personne des nobles.

6. Le contrat féodal. — Les relations féodales entre le suzerain et le vassal étaient réglées par une sorte de contrat, qui comprenait les trois cérémonies de l'hommage, du serment de fidélité et de l'investiture.

Pour rendre l'hommage, le vassal enlevait son épée, sa ceinture, ses éperons : il se plaçait tête nue et un genou en terre, devant son seigneur ou suzerain, qui lui prenait les mains.

Après avoir prêté hommage à raison de la terre qu'il tenait du suzerain, le vassal lui engageait sa foi ; il lui jurait de le servir fidèlement envers et contre tous.

Le serment de fidélité une fois prêté, le suzerain donnait au vassal l'investiture du fief, lui remettant une motte de gazon, une branche d'arbre, ou une poignée de terre, ou tel autre symbole. Alors seulement le vassal était en pleine possession de son fief : alors seulement il était réellement devenu l'*homme* de son seigneur.

7. Les relations féodales. — Comme souverain de son vassal, le suzerain a le droit d'exiger de lui des services.

Le premier de tous les services, le plus connu, le plus général, celui que l'on peut considérer comme la source et la base même de la relation féodale, c'est le service militaire. Le vassal, sur la réquisition de son seigneur, était tenu de le suivre, tantôt seul, tantôt avec tel ou tel nombre d'hommes, tantôt dans les limites du territoire féodal, tantôt partout, tantôt pour la défense seulement, tantôt pour l'attaque comme pour la défense. La durée de ce service militaire était ordinairement de quarante ou cinquante jours.

Le second service dû par le vassal à son suzerain était l'obligation de servir son suzerain dans sa cour, dans ses plaids, toutes les fois qu'il convoquait ses vassaux, soit pour

Cérémonie de l'hommage féodal (d'après un sceau du treizième siècle).

leur demander des conseils, soit pour qu'ils prissent part au jugement des contestations portées devant lui.

Il y avait une autre obligation féodale un peu plus irrégulière. Ce sont les aides. Les aides étaient les secours pécuniaires que, dans certains cas exceptionnels, les vassaux devaient à leur seigneur.

En retour, le suzerain devait sa protection à son vassal. A ce titre il avait encore des droits. Il pouvait administrer son fief pendant la minorité des enfants : c'était le droit de garde noble. Il avait la garde des enfants mineurs : c'était le droit de tutelle. Il pouvait choisir un époux aux filles de son vassal : c'était le droit de mariage.

8. La féodalité ecclésiastique. — Les membres du

clergé faisaient partie, comme des laïques, de la société féodale. Les évêques, chefs des diocèses, et les abbés, chefs de monastères, étaient de puissants seigneurs. Ils exerçaient les droits et remplissaient les devoirs féodaux.

La juridiction des seigneurs ecclésiastiques devint de plus en plus étendue et leurs tribunaux s'emparèrent bientôt de tous les procès qui, directement ou indirectement, touchaient à la religion. La féodalité ecclésiastique ne joua pas au moyen âge un rôle moins important que la féodalité laïque.

9. Les vilains. — La noblesse et le clergé formaient ainsi la classe privilégiée. Tous ceux qui n'étaient ni nobles ni clercs étaient confondus dans la classe des *vilains*. Tel était le nom des paysans qui habitaient les domaines (en latin, *villa*) des seigneurs.

Parmi les vilains, les uns étaient *francs* ou libres; les autres étaient esclaves ou serfs. Leur condition était à peu près la même.

10. Condition des vilains. — Les vilains cultivaient la terre qui leur avait

Abbé.

été cédée par le seigneur. Ils la possédaient à titre héréditaire; ils la transmettaient à leurs enfants. Le seigneur ne pouvait la reprendre que s'ils ne s'acquittaient pas des obligations qui leur étaient imposées. Les vilains étaient donc possesseurs de leur terre comme les vassaux l'étaient de leurs fiefs. Mais, de même que le vassal devait à son suzerain certains services, le vilain devait à son propriétaire des redevances. Les charges des vilains étaient lourdes.

1° Ils devaient au propriétaire un droit de fermage (le cens), des taxes (la taille), et des redevances en blé, en avoine, en œufs, en poules. Ces redevances s'appelaient des *coutumes*.

2° Ils devaient aller sur la terre du seigneur labourer, moissonner, engranger, faucher, faner, abattre du bois, apporter de la paille : c'étaient les corvées.

3° Ils devaient porter leur blé au moulin du seigneur, leur

Serfs laboureurs (d'après une miniature d'un manuscrit du douzième siècle).

pain au four du seigneur, leur vendange au pressoir du seigneur, et, pour le service qui leur était imposé, ils devaient payer une redevance.

4° Ils étaient soumis à la justice du seigneur. S'ils commettaient une contravention, le seigneur leur faisait payer une amende à son profit; s'ils avaient commis un crime, le seigneur les faisait mettre à mort et confisquait tous leurs biens.

La condition des vilains, quoique préférable à celle des esclaves de l'antiquité, était encore bien mauvaise. Ils restaient entièrement sous la dépendance du seigneur. Les vilains serfs étaient même taillables et corvéables à merci. Les seigneurs méprisaient les vilains : aussi leur nom est resté comme un terme de mépris[1].

1. Seignobos.

11. Autres droits seigneuriaux. — Cette énumération des droits du maître sur les vilains est longue, et cependant elle est prodigieusement incomplète.

Les droits de chasse, de garenne et de colombier n'appartenaient qu'à la noblesse, qui saccageait ainsi les terres du paysan et lui défendait, sous peine de mort, de tuer une bête noble : sous le règne de saint Louis, le sire de Coucy fit pendre trois étudiants, coupables d'avoir tué des lapins sur ses terres. Par le droit de gîte, le seigneur s'établissait dans la maison de ses sujets. Par celui de pourvoirie, il s'emparait de tout ce qui lui convenait, charrettes, chevaux, matelas, provisions de bouche. Par celui de péage, il rançonnait les voyageurs à l'entrée des ponts ou aux barrages établis dans les rivières. Le droit d'épave lui donnait la propriété de tous les objets trouvés sur sa terre ; celui de bris, la confiscation des vaisseaux naufragés sur ses côtes, avec les passagers et la cargaison ; celui d'aubaine, le droit de réduire en servage tout étranger établi chez lui depuis un an et un jour.

12. Le château féodal. — Les devoirs du seigneur se réduisaient à un seul : il était tenu de protéger ses sujets. La protection ! voilà ce que demandait le malheureux exposé aux rapines des brigands, aux violences des puissants, aux incursions des barbares. Ce furent des mains plébéiennes qui bâtirent ces châteaux massifs, qu'elles devaient plus tard démolir.

On choisissait le bord escarpé d'une rivière, un rocher à pic, un monticule au milieu d'une plaine ; on creusait des fossés, on élevait une muraille épaisse, percée de meurtrières et garnie de créneaux et de mâchicoulis. Dans cette enceinte on bâtissait le manoir du seigneur : c'était d'ordinaire une construction carrée ou à pans coupés, divisée en trois étages. Le rez-de-chaussée servait de cave, de cellier et d'arsenal. Le premier étage, auquel on arrivait par une échelle extérieure, était la demeure du maître et de sa famille ; c'était une grande chambre garnie d'une vaste cheminée, mal close et mal éclairée ; des troncs d'arbres flambaient dans l'âtre sans pouvoir réchauffer les habitants ; de la paille hachée étendue sur le sol tenait lieu de tapis. Au-dessus, la plate-forme, où montaient les hommes d'armes en cas de siège. A l'un des angles s'élevait une guérite de pierre pourvue d'une grosse cloche et gardée par le guetteur du château. Le guetteur interrogeait du regard l'horizon, et, s'il apercevait l'ennemi, il sonnait la cloche d'alarme, et le branle-bas du combat commençait. Alors le paysan quittait sa vigne ou son champ, il accourait vers son hameau, blotti au pied du donjon féodal; il emmenait sa femme et ses enfants, il poussait devant lui son bœuf de labour, il entrait dans la

Château féodal.

cour du château, et venait lutter derrière le pont-levis pour la défense commune.

13. La vie féodale. — Tout noble est soldat. Il combat à cheval. Il est armé d'une épée d'acier et d'une longue lance en bois de frêne; pour parer les coups, il porte un long bouclier de bois et de cuir, l'écu. En bataille, il se revêt d'une chemise de mailles de fer qui descend jusqu'au genou et monte jusqu'au menton: c'est le haubert; la tête est préservée par le heaume d'acier. Un domestique aide le seigneur à porter son écu: c'est l'écuyer.

La guerre remplissait toute la vie des seigneurs. Aussi leurs mœurs étaient brutales, violentes, souvent féroces.

Les barons, incapables de supporter l'ennui du château, tyrannisaient leurs serfs pour se distraire, ravageant les

moissons, courant la campagne avec leurs chiens et leurs
chevaux, et se querellant entre eux pour les plus futiles
motifs. Les barons, incapables de prendre les maisons
fortes, se vengeaient sur le plat pays. et les serfs payaient
de la ruine et de la mort les folies de leurs maîtres.
Le fils du sire de Coucy, Thomas de Marle, pour mieux

Guerriers du dixième siècle (d'après la Tapisserie de Bayeux).

vexer ses adversaires, empalait, écorchait, mutilait leurs
paysans.   .

14. Misère des campagnes. — La conséquence
fatale des guerres privées. ce fut la famine, une famine terrible pendant laquelle on mangeait l'écorce des arbres. l'herbe
des champs, les cadavres des cimetières. « Le voyageur, dit
le moine Raoul Glaber, assailli sur la route, succombait sous
les coups de ses agresseurs ; ses membres étaient déchirés.
grillés au feu et dévorés : d'autres, fuyant leur pays pour
fuir aussi la famine. recevaient l'hospitalité sur les chemins,
et leurs hôtes les égorgeaient pendant la nuit pour les manger. Quelques-uns présentaient à des enfants un œuf ou une
pomme pour les attirer à l'écart, et ils les immolaient à leur
faim. »

15. La chevalerie. — L'Église chercha à adoucir ces mœurs féodales. Elle contribua à former la chevalerie.

La chevalerie exerça une grande influence sur les classes élevées de la société du moyen âge. Elle s'emparait de l'enfance et de la jeunesse par l'éducation, de l'homme par les devoirs qu'elle lui imposait et par les sentiments qu'elle lui inspirait.

16. Education d'un chevalier. — Dès l'âge de sept ans, le futur chevalier était enlevé aux femmes et confié à quelque vaillant baron qui lui donnait l'exemple des vertus chevaleresques.

17. Le page. — De sept à quatorze ans, l'aspirant à la chevalerie accompagnait le châtelain et la châtelaine, comme page, varlet et damoiseau ou damoisel. Il les suivait à la chasse, lançait et rappelait le faucon, maniait la lance et l'épée, s'endurcissait aux plus rudes exercices, et, par cette activité incessante, se préparait aux fatigues de la guerre et acquérait la force physique nécessaire pour porter les lourdes armures du temps. L'exemple d'un seigneur qu'on présentait comme un modèle de chevalerie ; les hauts faits d'armes et d'amour que l'on racontait pendant les longues veillées d'hiver dans la salle où étaient suspendues les armures des chevaliers et qui était pleine de leurs souvenirs ; parfois aussi les chants d'un troubadour qui payait l'hospitalité du seigneur par quelque *canzone* en l'honneur des paladins de Charlemagne et d'Arthur : voilà l'éducation morale et intellectuelle que recevait le jeune homme. Elle gravait dans sa pensée un certain idéal de chevalerie qu'il devait chercher un jour à réaliser.

18. L'écuyer. — A quinze ans, il devenait écuyer. Il y avait des écuyers de corps ou d'honneur qui accompagnaient à cheval le châtelain et la châtelaine, des écuyers tranchants qui servaient à la table du seigneur, des écuyers qui portaient sa lance et les diverses pièces de son armure. Les idées du temps ennoblissaient ces services domestiques. Un noble seul pouvait faire l'essai du vin et des mets à la table seigneuriale, et accompagner la châtelaine dans les courses à travers les forêts.

La religion et la guerre, qui avaient une influence domi-

nante dans la vie du moyen âge, se réunissaient pour consacrer l'initiation de l'écuyer. Il était conduit à l'autel au
moment où il sortait de l'enfance pour entrer dans la jeunesse. Son éducation physique, militaire et morale se continuait par des exercices violents. Couvert d'une pesante armure, il franchissait des fossés, escaladait des murailles ; et
les légendes de la chevalerie développaient de plus en plus
dans son esprit cet idéal de courage et de vertu, que, sous
les noms d'Arthur, d'Amadis, de Roland, d'Olivier et de
tant d'autres héros, la poésie offrait aux imaginations.

19. Sacre d'un chevalier. — Lorsque l'écuyer avait
vingt et un ans et qu'il paraissait digne par sa vaillance

Armement d'un chevalier sur le champ de bataille.

d'être fait chevalier, il se préparait à cette initiation par des
cérémonies symboliques. Le bain, signe de la pureté du corps
et de l'âme, la veillée d'armes, la confession, la communion,
précédaient la réception du nouveau chevalier. Le seigneur
qui devait armer le chevalier le frappait de l'épée, en lui
disant : « Je te fais chevalier au nom du Père, du Fils et
du Saint-Esprit. » Il lui faisait jurer de consacrer ses armes
à la défense des faibles et des opprimés. Puis il lui donnait
l'accolade et lui ceignit l'épée. Les parrains d'armes couvraient le nouveau chevalier des diverses pièces de l'armure,
et lui chaussaient les éperons dorés, signe distinctif de la

dignité de chevalier. La cérémonie se terminait souvent par un tournoi[1].

20. Les tournois. — Le divertissement favori des chevaliers était le combat simulé, soit le combat entre deux adversaires, appelé la joute, soit le combat entre deux troupes, le tournoi. Le combat se passait dans un espace entouré de barrières, le champ clos. A l'origine, on se battait avec de vraies armes, et souvent les combattants tombaient frappés à mort. C'était le combat à outrance. Plus tard on se servit d'armes courtoises, la lance sans pointe ou l'épée émoussée. On se contentait de rompre une lance. Les dames encourageaient les chevaliers qui portaient leur couleur et décernaient au plus brave le prix de la victoire.

21. Les ordres de chevalerie. — L'amour des armes et le sentiment religieux, qui étaient le principe même de la chevalerie, inspirèrent la fondation des ordres militaires à l'époque de la croisade. Tels furent les ordres des Hospitaliers et des Templiers en Palestine, des chevaliers Teutoniques en Allemagne, de Saint-Jacques de Compostelle, de Calatrava et d'Alcantara en Espagne.

Plus tard, les ordres de chevalerie perdirent leur caractère primitif. Ils ne furent plus qu'une marque de distinction. Ainsi l'ordre de la Jarretière en Angleterre, de la Toison d'or en Autriche, et, en France, ceux de l'Etoile, de Saint-Michel, du Saint Esprit et de Saint-Louis, n'étaient plus que des récompenses données au mérite ou des insignes de la faveur royale.

22. Résultats du régime féodal. — Tel était dans son ensemble le régime féodal. A l'origine, il fut certainement populaire. Les souverainetés locales ont défendu, alors que la royauté était impuissante, le sol national contre les invasions. Elles ont fixé au sol les populations encore dispersées, et les domaines des seigneurs ont été l'origine de nos villages.

La féodalité a amélioré le sort des serfs, préférable à celui de l'esclave antique. Elle a institué les libres relations des nobles entre eux par le contrat féodal; et, ainsi, elle a

1. Chéruel.

préparé les libertés politiques. Elle a accru la moralité humaine par le culte du devoir et de l'honneur. Enfin elle a relevé la condition de la femme; elle lui a donné la place d'honneur au châ.eau, dans les fêtes et dans les tournois.

Mais la féodalité ne tarda pas à se perdre par ses abus. En faisant peser sur les faibles toutes les charges, en désolant les campagnes par les guerres privées, elle devint intolérable et odieuse. Le serf, qui avait vu dans le seigneur un protecteur, sentit en luiun despote capricieux et dur. Il regarda avec un sentiment de haine ce château qui n'était plus que le symbole de la tyrannie. Le maître fut l'ennemi; et, pour se débarrasser de lui, le serf tourna ses regards vers le roi et mit son espoir dans la monarchie.

LECTURE. — La féodalité devant l'ennemi.

Après tant de siècles d'invasions, voici dans chaque canton des bras armés. une troupe sédentaire capable de résister à l'invasion nomade; on ne sera plus en proie à l'étranger: au bout d'un siècle, cette Europe, que saccageaient des flottiles de barbares à deux voiles, va jeter deux cent mille hommes armés sur l'Asie, et désormais au nord, au midi, en face des musulmans, en face des païens, au lieu d'être conquise, elle conquiert. Pour la seconde fois, une figure idéale se dégage; après celle du saint, celle du héros, et le nouveau sentiment, aussi efficace que l'ancien, groupe aussi les hommes en une société stable. — Celle-ci est une gendarmerie à demeure où, de père en fils, on est gendarme. Chacun y naît avec son grade héréditaire, son poste local, sa solde en biens-fonds, avec la certitude de n'être jamais abandonné par son chef, avec l'obligation de se faire tuer au besoin pour son chef. En ce temps de guerre permanente, un seul régime est bon, celui d'une compagnie devant l'ennemi, et tel est le régime féodal : par ce seul trait, jugez des périls auxquels il pare et du service auquel il astreint. — « En ce temps-là, dit la chronique générale d'Espagne, les rois, comtes, nobles, et tous les chevaliers, afin d'être prêts à toute heure, tenaient leurs chevaux dans la salle où ils couchaient avec leurs femmes. » Le vicomte, dans la tour qui défend l'entrée de la vallée ou le passage du gué; le marquis, jeté en enfant perdu sur la frontière brûlée. sommeille la main sur son arme. comme le lieutenant américain dans un block-haus du Far-West, au milieu des Sioux. Sa maison n'est qu'un camp et un refuge; on a mis de la paille et des tas de feuilles sur le pavé de la grande salle; c'est là qu'il couche avec ses cavaliers, ôtant un éperon quand il a chance de dormir; les meurtrières laissent à peine entrer le jour; c'est qu'il s'agit avant tout de ne pas recevoir de flèches.. Des hommes dans les rangs pour combler les vides, des hommes dans les postes pour monter la garde. voilà le cri qui sort à ce moment de toutes les poitrines, comme l'appel d'une voix d'airain.

(H. TAINE. les Origines de la France contemporaine. —
Paris. Hachette.)

Livres à consulter : H. MARTIN, MICHELET, DARESTE, BORDIER et CHARTON, LAVISSE, *Histoire de France.* — LAVISSE et RAMBAUD, *Histoire générale.* — PFISTER. *Études sur le règne de Robert le Pieux.* — LUCHAIRE, *Histoire des institutions monarchiques de la France sous les premiers Capétiens;* — *Manuel des institutions françaises, période des Capétiens directs.* — GUIZOT, *Histoire de la civilisation en France;* — *Histoire de la civilisation en Europe.* — RAMBAUD, *Histoire de la civilisation française.* — CHÉRUEL, *Dictionnaire des Institutions.* — GASQUET, *Précis des institutions politiques et sociales de l'ancienne France.* — DONIOL, *Histoire des classes rurales en France.* — ROY. *L'An mil.* — L. GAUTIER. *la Chevalerie.* — SEMICHON, *la Paix et la Trêve de Dieu.* — G. CARRÉ, *le Moyen Age,* choix de lectures historiques.

CHAPITRE XIII

LA SOCIÉTÉ AU MOYEN AGE : **L'Église. — L'excommunication. — Les pèlerinages. — Les fêtes religieuses. — Les hérésies. — La croisade des Albigeois. — L'Inquisition.**

SOMMAIRE

1. RÔLE DE L'ÉGLISE. — L'Église exerça sur le régime féodal une
influence bienfaisante en établissant la Trêve de Dieu et en usant contre
les seigneurs de l'excommunication.

2. PRATIQUES RELIGIEUSES. — La peur de l'enfer, alors très répandue,
avait multiplié les pratiques religieuses telles que les pèlerinages, les
confréries de flagellants, etc.

3. LA FOI RELIGIEUSE. — La foi religieuse était excitée par le culte
de la Vierge et des saints, la vénération des reliques, les fêtes nombreuses.

4. ORDRES MENDIANTS. — Les ordres mendiants prirent une grande
part au mouvement intellectuel au treizième siècle.

5. LES HÉRÉSIES. — Toutefois l'autorité de l'Église ne fut pas universellement reconnue. De nombreuses hérésies apparurent. La plus
célèbre fut celle des Albigeois.

6. CROISADE DES ALBIGEOIS. — Elle donna lieu à la croisade des
Albigeois, dirigée par Simon de Montfort et les seigneurs du Nord contre
le comte de Toulouse et les seigneurs du Midi.

7. L'INQUISITION. — Le Midi fut vaincu. Le Languedoc fut réuni au
domaine royal et les populations opprimées par l'Inquisition furent re-
placées sous le joug de l'Église.

RÉCIT

1. **Rôle de l'Eglise.** — L'Eglise s'efforça de remédier
aux abus de la société féodale. Elle avait d'abord souffert
elle-même des excès de la vie féodale : des évêques et des
abbés avaient mené la vie brutale, violente, sanguinaire
des seigneurs laïques. Dans maintes abbayes, les mœurs
étaient devenues licencieuses. Mais, dès le onzième siècle,
l'Eglise entreprit de se réformer : les règles monastiques
furent restaurées par les fondateurs des ordres de Cluny, de
Citeaux et des Chartreux. Elle voulut ensuite faire cesser les

guerres privées qui désolaient les campagnes, et elle réussit
à imposer à la féodalité la Trève de Dieu (1041).

2. L'excommunication. — Si le clergé n'échoua pas
dans cette œuvre de paix, c'est qu'il avait entre les mains
une arme alors redoutable, l'excommunication.

Quand le peuple était réuni dans l'église, après la lecture
de l'évangile, le prêtre, debout à l'autel, prononçait la for-
mule : « Qu'ils soient excommuniés ceux qui n'ont pas voulu
ou qui ne voudront pas promettre la paix et la justice!
Maudits eux et leurs fauteurs pour le mal! Maudites soient
leurs armes, maudits leurs instruments de guerre! Que leur
joie s'éteigne à la face des saints anges, de même que ces
cierges s'éteignent à vos yeux! » Alors les évêques et les
prêtres renversaient les cierges qu'ils tenaient à la main et
les jetaient à terre.

De telles cérémonies frappaient vivement les imaginations,
et donnaient aux serfs le courage de refuser l'obéissance au
baron excommunié. Des récits effrayants passaient de l'église
à la chaumière et remontaient jusqu'au donjon. On racontait
qu'un seigneur du Quercy, ayant péri excommunié, avait été
enterré par ses hommes, sans la permission du clergé, auprès
d'une chapelle de Saint-Pierre. Le matin, son corps gisait
hors du cimetière consacré, nu et face contre terre. Ses gens
l'ensevelirent de nouveau et couvrirent le tombeau d'une
masse de terre et de pierres. Le lendemain, ils retrouvèrent
encore le cadavre au loin et le tombeau intact. Ces prodiges,
auxquels tout le monde ajoutait foi, faisaient trembler les
seigneurs au fond de leurs forteresses, et ils s'humiliaient
devant des adversaires qui ne craignaient pas les épées.

3. La peur de l'enfer [1]. — Pour les populations barbares de ce temps, la crainte du diable et de l'enfer était un
stimulant religieux plus puissant que l'amour de Dieu et
que l'espoir même du paradis. L'Église, qui sentait la nécessité de dompter par la terreur le seigneur farouche et le
paysan sauvage, a multiplié à cette époque, dans les ser-
mons, dans les légendes pieuses, dans les peintures et les
sculptures des cathédrales, les scènes effrayantes du juge-

---

1. La première partie de ce chapitre a été empruntée à l'*Histoire de la
Civilisation* de Rambaud, Paris, A. Colin et Cie.

ment dernier, les horreurs de l'enfer, les tortures réservées
aux damnés.

C'est cette peur du diable qui, à la fin, triomphait de la
férocité d'un Robert le Diable et d'un Foulque le Noir, les
jetait tout tremblants aux pieds du prêtre, les courbait sous
les plus rudes pénitences, leur faisait dépouiller l'armure
seigneuriale pour prendre les haillons du mendiant, les envoyait en pèlerinage à Rome ou en Terre Sainte, le dos
meurtri de flagellations volontaires. C'est cette peur qui a
fait opérer, au lit de mort, tant de restitutions et qui a fait
élever, en manière d'expiation, tant de monastères et d'églises.
Dans l'ignorance générale, on voyait partout la main du
démon : les orages, les éclipses, les pestes, les famines étaient
son œuvre.

4. Les pèlerinages. — Les pèlerinages étaient, à cette
époque, une des pratiques religieuses le plus répandues. Les
vrais pèlerins s'en allaient à pied par le monde, avec le bâton
et la besace du pauvre, parfois montant à genoux, la chair
meurtrie par les cailloux, les sentiers abrupts qui condui-
saient aux chapelles, ou bien s'imposant la loi de reculer
de deux pas chaque fois qu'ils faisaient trois pas en avant.
Des pèlerins de profession, pour quelque aumône, se char-
geaient d'accomplir les vœux formés par autrui.

Les pèlerinages les plus en renom étaient alors les sanctuaires de Jérusalem et de Rome, Saint-Jacques-de-Compostelle, Saint-Gall en Suisse, la Sainte Robe de Trèves, les
trois rois mages de Cologne, Saint-Nicolas-du-Port, en Lorraine, Saint-Martin de Tours. Parmi les Notre-Dame, les
plus célèbres étaient celles de Chartres, du Puy, d'Auray,
de Fourvières, de Rocamadour, celle de Liesse, à Laon.

5. Les Flagellants. — Au treizième et au quatorzième siècle, il se forma dans les cités d'Allemagne des
troupes de gens, hommes et femmes, qui parcouraient les
villes et les campagnes, presque nus, se déchirant à coups
de fouet les épaules. Ce sont ces compagnies de « flagellants »
qui apparurent en France, excitant la pitié ou le scandale,
et contre lesquelles sévit la police de l'Église et des rois.
D'autres confréries d'exaltés se livraient à des danses fu-
rieuses en l'honneur de saint Guy, jusqu'à tomber d'épuise-
ment.

6. Pratiques religieuses. — Certaines pratiques religieuses ont pris au Moyen Age un développement considérable. Au premier rang, il faut placer le culte de la Vierge et des Saints.

Le culte de la Vierge répondait à l'importance nouvelle que la femme avait prise dans la société féodale, à l'idéal chevaleresque des classes militaires. C'est à elle que l'on dédie les grandes cathédrales de la France et qu'on élève des sanctuaires sur le rivage escarpé des mers, sur les cimes neigeuses des Alpes.

On faisait d'elle une véritable reine féodale, dont la statue était habillée de riches étoffes, parée de joyaux précieux, couronnée d'un diadème où étincelaient les diamants et les pierreries, avec le sceptre royal et le globe du monde en main.

Le culte des saints répondait aussi à de vieux instincts populaires. Il y avait des saints dont la protection s'étendait sur la France entière, comme saint Martin de Tours. Saint Denis patronnait les domaines du roi, saint Nicolas surtout la Lorraine, saint André la Bourgogne. Saint Georges était plutôt anglais et saint Michel plutôt français. Au sein même d'une ville, chaque quartier avait son patron particulier. Chaque corps de métier avait le sien.

7. Les reliques. — Les reliques des saints étaient également l'objet d'une vénération particulière. La plupart des reliques avaient été conservées dans les lieux mêmes où les saints souffrirent le martyre dans les temps anciens ; d'autres venaient des catacombes de Rome, concédées par le pape aux églises de France ; tels ossements précieux étaient un présent de l'empereur de Constantinople, la ville qui, après Rome, possédait le plus de reliques. Lors du siège d'Antioche, un songe avait révélé à un prêtre de Marseille où gisait la Sainte Lance. Saint Louis avait acquis de l'empereur Baudouin la Couronne d'épines.

On prêtait serment sur les reliques des saints et cet usage donnait souvent lieu à des faits singuliers.

Quand Guillaume, tenant à sa cour l'Anglo-Saxon Harold, lui fit jurer que, s'il devenait roi d'Angleterre, il ferait de lui son héritier, il ne lui présenta pour recevoir son serment que deux petits reliquaires. Harold, croyant avoir affaire à des saints sans importance, prêta volontiers le serment exigé. Quand il l'eut prêté, on enleva les reliquaires, et il se trouva qu'il y avait dessous une grande cuve, pleine des os dessaints les plus vénérés. Alors seulement Harold comprit la portée de son engagement et pâlit.

8. Les fêtes. — Les fêtes étaient devenues nombreuses au treizième siècle. L'énumération faite par le concile de Toulouse, en 1229, montre qu'avec cinquante-deux dimanches et cinquante jours de fête, plus du quart de l'année était ainsi consacré au service du culte.

Notons qu'à la différence de ce qui se passe aujourd'hui presque toutes ces fêtes étaient effectivement chômées, non seulement sous des peines canoniques, mais sous des peines temporelles : amende ou prison.

Les fêtes étaient célébrées au son des cloches. C'est pour elles qu'on éleva ces hauts clochers, tantôt séparés de l'église, tantôt la surmontant. On bâtit des clochers de plus en plus solides, car on ne tarda pas à fondre des cloches de plus en plus énormes; puis on les multiplia de façon à former « des carillons ».

Les orgues commencèrent à accompagner les chants sacrés vers le septième siècle. En 757, Pépin le Bref reçut de l'empereur grec Constantin Copronyme un orgue magnifique, qu'il fit placer dans l'église de Compiègne[1].

9. Caractère de la religion au moyen âge. —« La religion d'alors n'était point austère et triste : il n'y avait rien de profane, puisque la religion embrassait toute l'existence de l'homme. On suivait gaiement le chemin du salut : les pèlerinages étaient souvent des parties de plaisir. Les *assemblées*, les *pardons*, comme on les appelle encore en Bretagne, étaient de bruyantes et nombreuses réunions, où les marchands, les chanteurs ambulants, les saltimbanques, ouvraient leurs échoppes ou dressaient leurs tréteaux. On ne se composait pas le visage pour entrer dans l'église; car l'église c'était la continuation de la rue et la vraie maison commune. Le chœur était réservé au culte, mais la nef appartenait au peuple. On y réunissait des conciles et aussi des conseils de guerre, même des conciliabules d'insurgés communiers. On allait s'y promener, échanger des nouvelles, causer de ses affaires. On y tenait la foire les jours de pluie,

<hr>

1. Voir Rambaud, *Histoire de la civilisation française.* (Paris, A. Colin.)

ou faute de quelque autre local. La cloche sainte sonnait pour le marché, pour l'assemblée municipale, pour l'émeute, aussi bien que pour les offices. »

10. Le clergé et le peuple. — Les gens d'église se mêlaient davantage à la vie du peuple.

Rien n'était plus populaire que les franciscains, par exemple. Avec leur costume qui nous semble étrange aujourd'hui, mais qui différait peu des costumes d'alors, ils allaient prêchant, quêtant, mendiant, entrant dans les maisons, s'informant de la femme et des enfants, donnant des conseils, prescrivant des remèdes, distribuant des bénédictions. Mêlés au peuple, ils en partageaient tous les instincts, même l'instinct de révolte contre les hauts dignitaires ecclésiastiques. Ils étaient volontiers du parti de la commune contre le prince-évêque[1].

11. Les ordres mendiants; le mouvement philosophique. — Les ordres mendiants, récemment créés, prirent une grande part au mouvement intellectuel du treizième siècle. Ils étaient au nombre de quatre : les franciscains, fondés par saint François d'Assise, en 1208; les Dominicains, institués en 1216 par l'Espagnol saint Dominique; les Carmes, d'abord installés sur le mont Carmel et introduits en France par saint Louis en 1238 ; enfin les Augustins.

Les ordres mendiants engagèrent une lutte acharnée avec l'Université de Paris et lui disputèrent le monopole de l'enseignement; le conflit se termina par un accommodement. Les ordres mendiants furent admis en 1260 dans l'Université; mais ils y occupèrent le dernier rang.

L'Université et les ordres mendiants se partagent la gloire d'avoir présidé au grand mouvement à la fois philosophique et religieux de la scolastique. C'est à Paris qu'étudient ou qu'enseignent avec éclat les grands docteurs du treizième siècle, et la plupart d'entre eux appartiennent à l'un ou à l'autre des ordres mendiants. Tels sont : l'Allemand Albert le Grand, qui s'occupe à la fois de théologie, de morale, de politique, de sciences naturelles et d'astronomie; l'Italien saint Thomas d'Aquin, surnommé l'Ange de l'Ecole; le philosophe écossais Duns Scott; le savant anglais Roger Bacon,

1. Rambaud, ouvr. cité.

qui pressentit, pour ainsi dire, quelques-unes des grandes
découvertes modernes; saint Bonaventure, Jean de Parme,
Raymond Lulle, etc.

12. Les hérésies. Les Albigeois. — Cependant,
même à cette époque de foi religieuse, l'autorité de l'Eglise
n'était pas unanimement reconnue. Les hérésies commencèrent de bonne heure. Au onzième et au douzième siècle,
apparurent les Cathares ou *Catharins*, c'est-à-dire les
« purs ». Puis vint l'hérésie des *Beghards* ou *Picards*, nés
au sein de la confrérie des *Béguins* et *Béguines*. C'étaient des
gens d'une piété exaltée, mais indépendante, et qui rejetaient
l'autorité de l'Eglise pour mener une vie religieuse, à leur
idée, plus parfaite.

Les deux grandes hérésies du treizième siècle sont :
1° dans la vallée du Rhône, celle des *Vaudois* ou « pauvres
de Lyon », fondée par un marchand lyonnais appelé Pierre
Valdus, ou Pierre de Vaux ; elle présente beaucoup d'analogie
avec le protestantisme, avec lequel, dès l'apparition de celui-
ci, elle se confondra ; 2° dans le Languedoc, l'hérésie des *Albigeois*, qui semble une continuation de celle des Cathares
et qui se rattachait à la doctrine antique des Manichéens. Elle
admettait l'existence des deux principes, un dieu bon et un
dieu mauvais. C'était le dieu bon qui avait créé l'âme, et le
dieu mauvais qui avait créé le corps. Tous rejetaient les
sacrements, les œuvres et l'autorité de l'Eglise. »

Les communications fréquentes des populations du Midi
avec l'Orient et le voisinage des Arabes contribuaient à l'invasion de ces doctrines orientales. L'état politique et social
de la France méridionale en facilitait encore la diffusion.

13. La France méridionale. — La domination des
comtes de Toulouse et des seigneurs du Midi n'était pas,
comme presque toujours celle des barons du Nord, brutale,
ignorante et oppressive. Le régime municipal s'était conservé
dans les cités, véritables républiques. La bourgeoisie s'était
enrichie par le commerce et l'industrie. La noblesse était
polie, instruite, éprise des plaisirs de l'esprit. Nulle part la
poésie gracieuse et délicate des troubadours n'était plus
goûtée que dans les cours seigneuriales.

Aussi l'esprit et les goûts de la noblesse avaient fait
naître un esprit de tolérance religieuse unique dans le
monde du moyen âge. A la faveur de cette tolérance, dont

bénéficiaient même les juifs, la prédication et la propagande de toutes sortes de doctrines ne souffraient aucune restriction. »

« Les populations du Midi étaient hostiles à l'Eglise catholique. Les prêtres n'osaient laisser voir leur tonsure dans la rue. L'évêque de Toulouse ne pouvait toucher que 96 sous sur ses revenus épiscopaux et ne se risquait pas à envoyer ses mulets sans escorte à l'abreuvoir public. Quand saint Bernard vint prêcher à Carcassonne, le peuple couvrit sa voix, en criant et en frappant aux portes de l'église. Quand saint Dominique parut, on lui attacha des bouchons de paille dans le dos. »

14. La croisade des Albigeois. — Le pape Innocent III résolut d'arrêter ces progrès de l'hérésie. Il envoya dans les villes du Midi des moines de Cîteaux et l'évêque espagnol Dominique, le fondateur de l'Inquisition. Mais les prédications n'eurent aucun résultat. En 1208, le légat Pierre de Castelnau, entraîné par son zèle, excommunia Raymond VI, comte de Toulouse, accusé d'être favorable aux Albigeois. Quelques jours après, un chevalier du comte joignit Pierre de Castelnau sur le Rhône et le poignarda.

A cette nouvelle, Innocent III fit prêcher la croisade dans tout le nord de la France par les moines de Cîteaux. Leur appel fut entendu. Une foule de seigneurs prirent la croix. Parmi les croisés, le plus illustre, sinon le plus puissant, celui du moins qui a attaché son nom à cette terrible guerre, fut Simon de Montfort, surnommé le nouveau Macchabée. L'enthousiasme fut grand parmi tous ces barons qui ne voyaient pas seulement dans cette croisade une guerre sainte, mais une fructueuse expédition dans les campagnes et les cités opulentes du Languedoc.

15. Sac de Béziers et de Carcassonne (1209). — Les croisés attaquèrent d'abord le bas Languedoc, Béziers, Carcassonne, où les hérétiques étaient plus nombreux. « Le pape eût risqué d'unir tout le Midi contre l'Eglise et de lui donner un chef, s'il eût d'abord frappé le comte de Toulouse. Il feignit d'accepter sa soumission et l'admit à la pénitence.

» Raymond de Toulouse s'abaissa devant tout son peuple, reçut des mains des prêtres la flagellation dans l'église même où Pierre de Castelnau était enterré. Mais la plus horrible pénitence, c'est qu'il se chargeait de conduire lui-même l'armée des croisés à la poursuite des hérétiques, lui qui les aimait dans le cœur, de la mener sur les terres de son neveu, le vicomte de Béziers, Raymond Roger, qui osait persévérer dans la protection qu'il leur accordait.

» L'armée assemblée devant Béziers était guidée par l'abbé de Citeaux et par l'évêque même de la ville qui avait dressé la liste de ceux qu'il désignait à la mort. Les habitants refusèrent de les livrer, et, voyant les croisés tracer leur camp,

Cité de Carcassonne.

ils sortirent hardiment pour les surprendre[1]. » Ils furent repoussés par les croisés qui entrèrent dans la ville pêle-mêle avec les fuyards. La plus grande partie de la population fut massacrée.

L'effroi fut tel, que toutes les places furent abandonnées sans combat. Les habitants s'enfuirent dans les montagnes. Il ne resta que Carcassonne, où le vicomte était enfermé. La ville fut emportée d'assaut. Cinquante prisonniers furent, dit-on, pendus ; quatre cents, brûlés.

16. Mort de Raymond Roger, vicomte de Béziers. — Simon de Montfort fut investi par les légats du pape des fiefs enlevés au vicomte de Béziers et s'empara d'Albi, la dernière place qui résistait. Ce malheureux prince, prisonnier de Montfort depuis la prise de Carcassonne, mourut bientôt, peut-être empoisonné. Le comte de Foix voulut

---

le venger. Simon de Montfort marcha sur ses terres et enleva les villes de Foix et de Pamiers.

17. Croisade contre le comte de Toulouse. — Bientôt l'armée de Simon, grossie par un grand nombre de chevaliers lorrains et allemands, menaça le comte de Toulouse lui-même. Celui-ci, dans son effroi, courut à Rome s'humilier devant le pape. Cité à comparaître devant les conciles de Saint-Gilles et d'Arles, on lui imposa de si dures conditions qu'il préféra en appeler au sort des armes.

18. Bataille de Muret (1213). — Le comte de Toulouse fit appel au roi d'Aragon, Pierre II, qui venait de se couvrir de gloire à la grande victoire de Las-Navas-de-Tolosa sur les Almohades. Celui-ci envoya défier Simon de Montfort. « Le chef des croisés, toujours humble et prudent autant que fort, fit demander d'abord au roi s'il était bien vrai qu'il l'eût défié, et en quoi, lui vassal fidèle de la couronne d'Aragon, il avait pu démériter de son suzerain. En même temps, il se tenait prêt.

» Montfort s'étant trouvé en présence des ennemis, à Muret, près de Toulouse, feignit de vouloir éluder le combat, puis, tombant sur eux de tout le poids de sa lourde cavalerie, il les dispersa, et en tua, dit-on, plus de quinze mille : il n'avait perdu que huit hommes et un seul chevalier. Plusieurs des partisans de Montfort s'étaient entendus pour attaquer uniquement le roi d'Aragon. Ils le percèrent de coups. »

19. Mort de Simon de Montfort (1218). — Le concile de Saint-Jean de Latran enleva au comte de Toulouse tous ses États, qui furent donnés à Simon de Montfort. A cette nouvelle, Raymond VI et son fils, ainsi que les autres seigneurs du Midi, vinrent se jeter aux pieds d'Innocent III. Le pontife, en voyant les larmes de toute cette noblesse, se sentit troublé, et on raconte même qu'il donna sa bénédiction au jeune comte de Toulouse, et qu'il l'autorisa à reconquérir son héritage par les armes.

Quand Raymond et son fils reparurent dans le Midi, ils furent accueillis avec enthousiasme. Avignon, Beaucaire, Toulouse ouvrirent leurs portes. Simon de Montfort voulut reprendre cette dernière ville. Le siège durait depuis neuf mois quand il fut tué sous les murs par une pierre lancée, dit-on, par une des machines de guerre que faisaient manœuvrer les dames de Toulouse. Son fils Amaury leva le siège et se retira à Carcassonne, où il emporta le corps de son père pour le faire ensevelir.

20. Intervention du roi de France. — Le pape Honorius III, prévoyant la défaite certaine des croisés, fit appel au roi de France, Philippe-Auguste. Mais celui-ci refusa d'intervenir, et permit seulement à son fils de conduire une armée dans le Midi. Cette expédition n'eut aucun succès. Désespéré, le fils de Simon de Montfort renonça à la croisade et céda au roi de France tous ses droits sur le Languedoc.

21. L'Inquisition. — Innocent III, en 1204, avait établi contre la secte albigeoise « une Inquisition » à la tête de laquelle fut placé, vers 1215, saint Dominique. L'hérésie vaincue, Grégoire IX organisa définitivement, en 1229, ce redoutable tribunal qui, en 1235, s'établit aussi dans la France du Nord. Blanche de Castille établit, à Toulouse, le cachot des « emmurés » dans lequel les hérétiques étaient murés tout vivants.

Une tyrannie effroyable pendant trois siècles pesa sur le Midi. Ce n'étaient que procès, emmurements, bûchers, cadavres arrachés à la sépulture chrétienne, traînés sur la claie, jetés à la voirie. Toute maison où l'on découvrait un hérétique était abattue. Contre l'accusé on employait la procédure secrète, la torture. On acceptait contre lui tout témoignage, toute dénonciation, même de malfaiteurs et de condamnés, même de sa femme et de ses enfants.

L'Inquisition de France ne peut rivaliser avec l'Inquisition espagnole qui, dans l'espace de trois siècles, avait fait périr 300000 personnes; le nombre de ses victimes ne fut encore que trop considérable et la pression qu'elle exerça détruisit dans le Midi toute liberté du peuple.

LECTURE. — **Un épisode de la croisade des Albigeois :
les massacres de Lavaur.**

Lavaur était une ville si forte que jamais en aucun royaume personne au monde ne vit plus forte en plaine ni qui fût munie de meilleurs remparts. Au dedans il y avait beaucoup de chevaliers bien armés, et parmi eux Aimerigat, le frère de dame Giraude, qui était la dame de la ville. Il n'y avait pas dans le Toulousain de plus riche chevalier, ni plus large dépensier, ni de plus grande naissance...

Les croisés firent avancer des machines de guerre, jetèrent des matériaux pour combler le fossé, et sapèrent tellement les remparts que les défenseurs de Lavaur se rendirent étant pris et forcés. Là fut fait si grand massacre que jusqu'à la fin du monde je crois qu'il en sera parlé. Seigneur, les hérétiques devraient bien toujours désormais s'amender; car, je l'ai vu et ouï, ils ont eu trop à souffrir pour n'avoir pas fait ce qu'ordonnaient les clercs et les croisés; à la fin ils le feront, lorsqu'ils seront dépouillés, ainsi que firent ceux-ci, et ils n'auront point gré de Dieu en ce monde.

On brûla bien quatre cents hérétiques, en un feu, dans un pré, et cela fit grande clarté. Là fut pendu Aimerigat, et jamais en la chrétienté si haut baron ne fut, je crois, pendu avec tant de chevaliers à ses côtés; car, de chevaliers seulement, on en pendit quatre-vingts, comme on fait les larrons, et on les mit aux fourches, l'un ici, l'autre là.

Dame Giraude fut prise, qui criait et pleurait et braillait; ils la jetèrent dans un puits, bien le sais-je; ils la chargèrent de pierres, c'était horrible. Ce fut deuil et péché; car jamais homme du monde, sachez-le véritablement, ne l'aurait quittée sans qu'elle l'eût fait manger. Quant aux autres dames, un Français courtois et aimable les fit toutes échapper, en homme pieux et loyal. Ils prirent en la ville maint destrier clair et bai, et force riches armures de fer, force blé et force vin, force drap, dont ils sont joyeux, et force riches vêtements...

(D'après la Chanson de la croisade contre les
Albigeois, trad. Paul Meyer.)

Livres à consulter : Henri MARTIN, MICHELET, DARESTE, BORDIER et CHANTON, LAVISSE, *Histoire de France*. — LAVISSE et RAMBAUD, *Histoire générale*. — GUIZOT, *Histoire de la civilisation en France*. — RAMBAUD, *Histoire de la civilisation française*. — LUCHAIRE, *Philippe-Auguste*. — DARESTE, *Histoire de l'administration en France depuis Philippe-Auguste*. — Ch. MOLINIER, *l'Inquisition dans le midi de la France*. — G. CARRÉ, *le Moyen Age*, choix de lectures historiques.

CHAPITRE XIV

LA SOCIÉTÉ AU MOYEN AGE : Les villes.
La bourgeoisie. — Les communes.

SOMMAIRE

1. Progrès de la bourgeoisie. — Au douzième siècle, les classes rurales et urbaines firent leurs premiers progrès dans la voie de l'affranchissement. La bourgeoisie des villes réussit alors à obtenir les libertés communales.

2. Origines diverses du mouvement communal. — Le mouvement communal, suivant les régions de la France, fut différent. Dans toutes les villes il dépendit beaucoup des circonstances locales et de l'histoire des siècles précédents.

3. Les municipalités du Midi. — Dans le Midi, les anciennes municipalités romaines retrouvèrent leurs traditions oubliées et revinrent, avec l'assentiment des seigneurs et pacifiquement, au régime municipal : Toulouse, Nîmes, Avignon.

4. Les communes du Nord. — Dans le Nord, les cités, irritées par les exactions de la féodalité, demandèrent à l'insurrection la liberté qu'elles n'obtenaient pas autrement : Laon, Amiens, Vézelay.

5. Les villes de bourgeoisie. — Dans le Centre, les villes subirent l'action du pouvoir royal. Les habitants devinrent les bourgeois du roi. Ils n'avaient pas l'indépendance communale; mais ils jouissaient de la protection du roi.

6. La royauté et les communes. — La royauté n'eut pas à l'égard de toutes les communes une politique unique et invariable. Tantôt elle favorisa le mouvement communal pour faire échec aux grands feudataires, ses rivaux; tantôt, au contraire, en particulier dans le domaine royal, elle y fut hostile et ne consentit qu'à l'établissement des villes de bourgeoisie.

RÉCIT

1. Les populations rurales. — Au douzième siècle, la condition des classes inférieures commença à s'améliorer. Jusqu'alors les populations rurales se composaient de serfs, a ttachés à la terre du seigneur. Bien que leur situation fût préférable à celle des esclaves, elle était encore bien précaire. Le maître pouvait exiger d'eux autant d'argent qu'il voulait : ils étaient taillables et corvéables à merci. Le maître pouvait, à leur mort, reprendre le champ qu'ils avaient cultivé : ils

étaient mainmortables. Exposés à toutes les violences des
guerres privées, ils voyaient leur champ ravagé, leur maison
incendiée. La famine et les épidémies décimaient ces populations misérables.

Plus d'une fois elles essayèrent par la révolte de secouer
un joug insupportable. Les paysans normands firent, à la fin
du dixième siècle, une formidable insurrection. Un peu plus
tard, les serfs bretons se soulevèrent. Mais toutes ces révoltes furent noyées dans le sang.

2. Affranchissement des populations rurales.
— Cependant les seigneurs, soit pour se procurer de l'argent
au moment de la croisade, soit pour retenir sur leurs terres
des paysans laborieux, consentirent à reconnaître à leurs
serfs certains droits. Ils fixèrent les redevances annuelles qui
leur étaient dues et renoncèrent à la mainmorte. C'est ce qu'on
appela l'affranchissement ou l'abonnement. Les serfs devinrent ainsi des vilains francs.

Les rois multiplièrent les affranchissements des serfs sur
le domaine royal ; ils attirèrent, sur les terres incultes, des
paysans auxquels ils donnèrent la franchise. Ils fondèrent
ainsi des centres de population qui prirent le nom de *villes
franches* ou *villes neuves*. Les seigneurs imitèrent la conduite
du roi. A la fin du quatorzième siècle, le servage avait à peu
près disparu. Cependant, dans quelques provinces, des serfs,
mais en petit nombre, sont restés jusqu'au dix-huitième
siècle.

3. Les populations urbaines ; le mouvement communal.
— A la même époque, les populations urbaines
firent des progrès plus importants encore et conquirent leur
liberté. Les villes, au moyen âge, étaient ou d'anciennes
villes d'origine romaine, ou des villes de fondation plus récente
qui s'étaient formées autour d'une *villa* seigneuriale (d'où le
nom de villes), ou autour de quelque abbaye. Les unes et les
autres étaient tombées au pouvoir soit du roi, soit d'un
évêque, soit d'un seigneur.

Leur condition était à peu près la même partout. Le seigneur ou son prévôt prélevait arbitrairement des taxes, jugeait
les habitants, exerçait un gouvernement absolu.

Au douzième siècle les habitants des villes, les bourgeois,
devenus plus riches par le développement de l'industrie et

du commerce, cherchèrent à améliorer leur condition et à
établir un régime plus régulier.

L'ensemble de ces efforts et de ces tentatives constitue le
mouvement communal.

4. Région du Midi. Les municipalités. — L'émancipation des villes fut plus facile et plus rapide dans le Midi

que dans le Nord. La plupart d'entre elles, si elles n'avaient
pas conservé les anciennes institutions municipales romaines,
n'en avaient pas perdu le souvenir. Elles avaient participé,

Sceau de la ville de Nimes.

comme les villes italiennes, à cette activité commerciale et
industrielle que la croisade avait provoquée et elles en avaient
recueilli tous les avantages. Elles étaient, en général, plus
riches et plus civilisées. La féodalité y était moins fière et
moins oppressive que dans le Nord. Aussi les villes comme
Marseille, Avignon, Nimes, Montpellier, Carcassonne, Toulouse, conquirent de bonne heure leur liberté municipale.
Elles nommaient leurs officiers municipaux ou consuls, qui,
avec l'assistance d'un conseil élu, administraient les affaires
urbaines, jugeaient les citoyens, commandaient la milice.

Elles formaient comme autant de petites républiques indépendantes. Elles avaient leurs armoiries, elles frappaient
monnaie, elles faisaient la guerre, elles signaient des traités de paix. Les seigneurs avaient facilité par leurs conces-

Hôtel de ville et beffroi.

sions cette émancipation politique. Aussi étaient-ils populaires. Ils recherchaient avec les riches bourgeois l'honneur
des charges municipales.

5. Région du Nord. Les communes. — Dans le
Nord la féodalité était toute-puissante. Les seigneurs, barons
ou évêques, gouvernaient despotiquement les villes. Non
seulement les bourgeois n'avaient pas l'administration de
leur cité, mais ils n'avaient aucune garantie contre l'excès
des impôts et les abus des justices seigneuriales.

Cependant les artisans et les marchands, groupés en corporations, se servirent de leurs associations professionnelles pour
former une association municipale. Ils s'engageaient à se

défendre les uns les autres contre la tyrannie du seigneur. C'est ce qu'on appela *jurer la commune*.

Les bourgeois ainsi associés obtinrent, soit à prix d'argent, soit les armes à la main, des concessions stipulées dans un contrat qui était la charte de la commune. Les chartes livraient à la cité les droits de justice, réglaient le service militaire et les redevances dues par les bourgeois, assuraient à ceux-ci le droit d'élire leurs magistrats et de se gouverner suivant leurs propres lois. Amiens, Beauvais, Saint-Quentin, Soissons, Noyon, Laon, obtinrent ainsi, après des luttes sanglantes, ces précieuses franchises municipales.

La commune, affranchie, élit ses magistrats municipaux, les échevins, présidés par un maire. « Elle a sur tous ses membres le droit de haute, moyenne et basse justice ; elle a son pilori, sa potence, son bourreau. Elle a le droit de paix et de guerre comme un baron souverain ; elle a sa milice, dont font partie tous les citoyens en âge de porter les armes ; elle a son enceinte fortifiée pour la défendre contre l'ennemi du dehors, son hôtel de ville qui bientôt rivalisera de magnificence avec sa cathédrale, sa tour du beffroi, du haut de laquelle le guetteur surveille ce qui se passe dans la campagne. Elle a sa cloche communale, qui sonne pour convoquer les municipaux au conseil, ou pour annoncer l'heure du couvre-feu, ou pour appeler aux armes les citoyens. Elle a son trésor alimenté par les contributions des habitants et par les amendes de sa justice, son sceau qui représente parfois le maire en costume de chevalier ; ses armoiries, signe de sa haute seigneurie [1]. »

6. Région du Centre. Les villes de bourgeoisie.

— Les villes du Centre subirent généralement l'action de la politique royale. Dans cette région, « le roi a été assez fort pour empêcher presque toujours l'émancipation complète, assez sage pour accorder aux bourgeois les libertés les plus indispensables. Les villes de cette région n'ont ni magistrats élus, ni beffroi, ni sceau communal. Leurs milices sont commandées, les impôts sont perçus, la justice est rendue par des officiers du roi. Seulement, l'ancien arbitraire dans les impôts et dans la justice a cessé. »

7. Région de l'Ouest. — « La région de l'Ouest

1. Rambaud. *Histoire de la civilisation française*, Paris, A. Colin et Cie,

Normandie, Poitou, Saintonge, Aunis, présente une grande
ressemblance avec celle du Centre. Là aussi a dominé une
autorité très forte : celle du roi d'Angleterre. Aussi ne
faut-il pas s'attendre à y rencontrer des villes souveraines.
On n'y trouve également que des libertés octroyées; mais
elles sont octroyées un peu plus largement que dans le
Centre. Cela tient sans doute à ce que le pays a été souvent
disputé entre le roi de France et celui d'Angleterre, et que
chacun d'eux a cherché à s'attacher les bourgeois, sans diminuer cependant sa propre autorité. »

8. Région de l'Est. Les villes du Saint-Empire.
— « Certaines cités du nord de la France, comme les trois
villes épiscopales de la région lorraine, Metz, Toul, Verdun,
comme Strasbourg et les villes d'Alsace, comme Besançon en
Franche-Comté, avaient suivi une tout autre destinée que
celles qui avaient le roi pour souverain ou pour suzerain.
Leur histoire avait été mêlée non à celle de la France, mais
à celle du saint-empire allemand.

» Les villes françaises qui relevaient du saint-empire
conquirent leur liberté beaucoup plus tard que celles du
royaume; mais, dès qu'elles furent en possession de la
liberté, elles la possédèrent plus complètement. Etant
« villes impériales », elles ne relevaient que de l'empereur,
c'est-à-dire d'un souverain éloigné et presque toujours
impuissant. Elles furent, dans la pleine acception du mot,
des Etats souverains[1]. »

9. La royauté et les communes. — La royauté
n'adopta pas à l'égard des communes une politique unique
et immuable. Hors de leurs domaines, les rois favorisèrent
souvent l'établissement des communes, soit pour affaiblir la
féodalité, soit pour augmenter leurs revenus : car les villes
payaient au roi une forte somme d'argent pour obtenir de
lui une charte communale. Dans leur domaine, au contraire,
les rois furent toujours hostiles à l'établissement des communes. A mesure que la souveraineté royale s'étendit sur
la France entière, le régime des communes se transforma.
Elles perdirent leur souveraineté et furent placées sous l'autorité des prévôts royaux.

1. Rambaud. *Histoire de la civilisation française*, Paris, A. Colin et C⁰.

10. Les inconvénients et les avantages du régime communal.

— « Le régime des républiques indépendantes avait ses inconvénients. La liberté qu'elles établissaient était une liberté étroite et toute locale. Elles n'étaient qu'une nouvelle variété d'États féodaux venant s'ajouter aux anciens. Les citoyens de Cambrai ou de Laon ne regardaient comme des concitoyens que ceux qui faisaient partie de la commune. Dans leurs guerres, ils traitaient les paysans du plat pays aussi cruellement que pouvaient le faire les barons eux-mêmes. Dans leurs propres murs, une classe privilégiée tendait à faire des charges municipales sa propriété, en excluait tous les citoyens étrangers à la coterie, faussait ou supprimait les élections, rendait les dignités héréditaires ou vénales.

» Pourtant ces républiques rendirent un grand service. A l'abri de leurs remparts, à l'école de la liberté municipale, grandit un peuple de bourgeois fiers, courageux, habitués à la discussion. Elles furent le rude berceau du tiers état français. » (RAMBAUD.)

LECTURE. — Histoire de la commune de Laon.

L'histoire de la commune de Laon est très dramatique. Les habitants de cette ville profitèrent d'un voyage de leur évêque, le Normand Gaudry, et, pendant qu'il était en Angleterre, ils jurèrent entre eux une commune sur le patron de celle de Noyon. L'évêque, à son retour, se laissa toucher par les offres de dédommagement pécuniaire que lui firent ses riches bourgeois, et il voulut bien jurer de respecter les privilèges qu'ils s'étaient attribués. Louis VI les sanctionna de son côté, moyennant une forte somme. Mais trois ans plus tard, en 1112, l'argent sans doute étant épuisé, Gaudry se repentit de la concession qu'il avait faite; il invita le roi à venir à Laon pour les fêtes de Pâques, et le pria de se joindre à lui pour retirer leurs promesses. Les gens de la ville, avertis de ce qui se tramait, proposèrent au roi quatre cents livres d'argent pour les maintenir: mais l'évêque lui en promit sept cents, dont il comptait bien se rembourser, lorsque la ville de Laon serait redevenue taillable à merci. Louis VI accepta le marché, et se retira dès qu'on eut publié par la ville l'abolition de la charte.

Trois jours après, les habitants de Laon se soulevaient aux cris de Commune! Commune! envahissaient la maison épiscopale et, au milieu du désordre, l'évêque ayant été découvert au fond d'une cave, blotti dans un tonneau, fut massacré à coups de hache. Leur colère satisfaite, les révoltés eurent peur de ce qu'ils avaient fait; ils crurent pouvoir échapper à la vengeance du roi en achetant la protection d'un seigneur du voisinage, célèbre par son courage brutal et par ses rapines, Thomas de Marle. Thomas, n'ayant pas assez de troupes pour défendre une ville comme Laon, donna le conseil aux

habitants d'abandonner leurs murs et de le suivre dans son château
de Crécy et son bourg de Nogent, où il les défendrait selon son pouvoir. Les plus compromis le suivirent en effet, et la ville, en partie
abandonnée, fut d'abord pillée par ses voisins; Thomas de Marle lui-
même y conduisit ses vassaux; ensuite tous les bourgeois que les
partisans de l'évêque purent saisir furent mis à mort; enfin l'armée
royale arriva et le sire de Marle, après avoir bravement défendu ses
protégés, se trouva réduit à les livrer. Ils furent tous pendus. Louis VI
déclara la commune de Laon entièrement abolie. Mais, en 1128, elle
était déjà restaurée.

(BORDIER et CHARTON, Histoire de France. — Paris,
bureaux du Magasin pittoresque.)

Livres à consulter : H. MARTIN, MICHELET, DARESTE, BORDIER et
CHARTON, LAVISSE, *Histoire de France.* — LAVISSE et RAMBAUD,
Histoire générale. — GUIZOT, *Histoire de la civilisation en France.*
— Aug. THIERRY, *Essai sur la formation et les progrès du tiers
état.* — LUCHAIRE, *Histoire des institutions monarchiques de la
France sous les premiers Capétiens; — les Communes françaises à
l'époque des Capétiens directs.* — RAMBAUD, *Histoire de la civili-
sation française.*

CHAPITRE XV

LES CROISADES

SOMMAIRE

1. **LES CROISADES.** — A la fin du onzième siècle, l'Eglise fit appel à la société féodale pour lutter contre les infidèles d'Orient. Les grands feudataires, les rois eux-mêmes et les empereurs répondirent à cet appel et dirigèrent plusieurs expéditions contre les Arabes et les Turcs. Ces expéditions s'appellent les croisades.

La croisade fut favorisée : 1° par la foi religieuse de ce temps ; 2° par l'activité guerrière des barons ; 3° par les souffrances du peuple.

2. **LA PREMIÈRE CROISADE.** — Urbain II et Pierre l'Ermite prêchèrent la première croisade au concile de Clermont (1095).

La croisade, sous la direction de Godefroy de Bouillon, se réunit à Constantinople. Elle s'ouvrit la route de la Terre Sainte par le siège et la bataille de Nicée, par la victoire de Dorylée, par la conquête de Tarse et d'Edesse, par le siège et la bataille d'Antioche.

Elle s'empara de Jérusalem (1099), et Godefroy de Bouillon, élu roi de Jérusalem, consacra sa conquête par la victoire d'Ascalon.

3. **LE ROYAUME DE JÉRUSALEM.** — La féodalité fut le régime du nouveau royaume, qui comprit les grands fiefs d'Antioche, d'Edesse, de Tibériade à de Tripoli.

Le royaume de Jérusalem fut défendu par trois ordres religieux, modèles de la chevalerie guerrière de ce temps, les Hospitaliers, les Templiers et les Chevaliers teutons.

4. **LA SECONDE CROISADE.** — La prise d'Edesse par les Turcs provoqua la deuxième croisade (1147). Elle fut prêchée à Vézelay par saint Bernard. Elle fut dirigée par l'empereur Conrad III et par le roi de France, Louis VII. Les croisés échouèrent au siège de Damas.

5. **LA TROISIÈME CROISADE.** — La prise de Jérusalem par Saladin (1187) provoqua la troisième croisade. Elle fut prêchée par Guillaume de Tyr et elle fut dirigée par Frédéric Barberousse, Richard Cœur de Lion et Philippe-Auguste.

Frédéric Barberousse mourut au passage du Cydnus. Philippe et Richard rejoignirent les débris de l'armée allemande sous les murs de Ptolémaïs et s'emparèrent de cette ville. Philippe-Auguste retourna en France et Richard ne put qu'assurer aux chrétiens les villes du littoral de la Palestine, par ses victoires de Césarée et d'Ascalon.

6. **CARACTÈRE DES DERNIÈRES CROISADES.** — Le sentiment religieux avait inspiré les premières croisades ; les raisons politiques et les intérêts commerciaux dominent dans les dernières.

7. **LA QUATRIÈME CROISADE.** — La quatrième croisade, prêchée sur l'ordre d'Innocent III par Foulques, curé de Neuilly, fut détournée de son but par la politique de Venise qui conduisit les croisés à Zara, puis

à Constantinople. Un empire latin s'établit à Constantinople à la place de l'empire grec.

8. **La cinquième et la sixième croisade.** — La cinquième croisade, encore inspirée par Innocent III, par André II, roi de Hongrie, Jean de Brienne, roi de Jérusalem, et le légat Pélage, alla échouer en Égypte (1217).

La sixième croisade, conduite par l'empereur Frédéric II, ouvrit Jérusalem aux chrétiens par un traité conclu avec le sultan d'Égypte (1229).

9. **La septième et la huitième croisade.** — Les deux dernières croisades furent entreprises par saint Louis.

Saint Louis conduisit une croisade en Égypte. Il s'empara de Damiette, mais il fut vaincu et fait prisonnier à la bataille de Mansourah.

La huitième et dernière croisade fut dirigée, à l'instigation de Charles d'Anjou établi à Naples, contre le roi de Tunis. Saint Louis mourut sur les ruines de Carthage (1270).

10. **Résultats des croisades.** — Ces expéditions ont produit de grands résultats : 1° elles ont favorisé les progrès de la royauté et de la bourgeoisie; 2° elles ont développé le commerce et l'industrie en ouvrant l'Asie aux voyageurs chrétiens; 3° elles ont créé toute une littérature (histoire et poésie) et elles ont provoqué le réveil des beaux-arts.

11. **Croisades et missions religieuses dans l'Europe orientale.** — La chrétienté entreprit vers la même époque une croisade contre les peuples encore païens de l'Europe orientale. Les Chevaliers Teutoniques furent les héros de cette lutte.

12. **Les croisades d'Espagne.** — Enfin à l'autre extrémité de l'Europe, en Espagne, la lutte fut incessante pendant tout le moyen âge entre les Arabes, maîtres de presque toute la péninsule ibérique, et les chrétiens, réfugiés dans les montagnes des Asturies. Les chrétiens repoussèrent peu à peu les musulmans vers le sud, et fondèrent les royaumes de Navarre, de Castille et d'Aragon.

RÉCIT

1. Les Croisades. — Les croisades ont surtout consisté dans la lutte du christianisme contre l'islamisme. Elles furent ainsi nommées, parce que les soldats chrétiens portaient sur leurs vêtements la croix pour laquelle ils allaient combattre.

Les croisades ont duré plusieurs siècles. Les unes furent dirigées contre les infidèles de Palestine, ce sont les plus importantes, d'autres contre les païens de l'Europe orientale; d'autres enfin contre les Arabes établis en Espagne.

2. Les croisades de Palestine. — Au onzième siècle, les musulmans possédaient toute l'Asie occidentale, le nord de l'Afrique et le sud de l'Espagne. Les plus dangereux pour la chrétienté étaient certainement les musulmans d'Asie. Le khalifat de Bagdad avait été envahi par les hordes guerrières du Turkestan, les Seldjoucides. Leur chef, Maïek-Schah, avait conquis toute l'Asie occidentale, jusqu'aux frontières de la Chine. A sa mort (1002), son empire s'était démembré en cinq principautés indépendantes : les sultanies de Nicée, de Perse, de Kerman, d'Alep et de Damas. Cette division avait affaibli la puissance des Seldjoucides ; mais elle était encore redoutable, et l'Europe n'était protégée contre elle que par l'empire byzantin, de plus en plus impuissant. L'empereur, qui n'avait pour se défendre ni armée, ni flotte, ni trésor, fit entendre aux chrétiens d'Occident un cri de détresse. Il implora surtout le secours de l'Eglise latine, que dirigeait alors la papauté, régénérée et devenue toute-puissante. La papauté fit appel à toute l'Europe chrétienne et cet appel fut entendu.

3. Enthousiasme pour les croisades. — Aussi bien la croisade répondait aux deux sentiments qui animaient les hommes de cette époque, la foi religieuse et la passion de la guerre.

Depuis l'an 1000, la ferveur s'était ranimée : on bâtissait partout des églises; on allait en pèlerinage vers les lieux consacrés par le séjour ou la sépulture des apôtres et des saints. Malgré l'éloignement et les dangers de la route, des foules pieuses prirent le chemin de la Palestine, de la Terre Sainte où le Christ était mort. Ces pèlerinages étaient de véritables expéditions. Robert de Normandie, Foulques d'Anjou, des seigneurs d'Allemagne, étaient ainsi partis à la tête de plusieurs milliers de pèlerins. Longtemps les Arabes se contentèrent de tirer profit des pèlerinages; mais les Turcs Seldjoucides, maîtres de Jérusalem, se montrèrent plus avides et plus cruels. Désormais les chrétiens furent en butte à toutes les vexations et à tous les outrages. Le pèlerinage se changea alors en croisade.

L'Eglise, qui avait eu tant de peine à imposer aux barons la trêve de Dieu, fut plus aisément obéie quand elle prêcha la guerre de Dieu. Elle montra aux chevaliers les infidèles à pourfendre, et leur tendit l'épée qu'elle leur avait arrachée. Alors les descendants des Germains, emprisonnés dans le donjon ou la chaumière, sentirent se réveiller en eux le goût des aventures. Leur sang bouillonna, à la pensée de courir le monde, de visiter les grandes cités de l'Orient conduits cette fois par la main des évêques.

4. Concile de Clermont (1095). — Le grand pape Grégoire VII avait eu le premier l'idée de la croisade ; Urbain II la réalisa. Il réunit au mois de mars 1095 un concile à Plaisance. Deux cents évêques y parurent, avec quatre mille clercs, trente mille laïques et les ambassadeurs de l'empereur grec, Alexis Comnène. Une grande expédition fut résolue.

La même année, au mois de décembre, un concile général fut convoqué à Clermont, en Auvergne. Plusieurs milliers de chevaliers et une multitude innombrable accoururent à l'appel du pape et campèrent autour de la ville. Urbain II parut devant la foule assemblée, entouré de quatorze archevêques, deux cent vingt-cinq évêques, et quatre-vingt-dix abbés. « Hommes de France, s'écria-t-il, peuples élus et chéris de Dieu entre tous, unissez vos forces pour résister aux païens qui ont résolu de détruire le nom chrétien. Prenez la route du Saint-Sépulcre et partez assurés de la gloire impérissable qui vous attend dans le royaume des cieux ! » A ces mots, un immense cri de *Dieu le veut ! Dieu le veut !* se fit entendre. Adhémar de Monteil, évêque du Puy, demanda le premier à entrer dans les *voies de Dieu*, et reçut la croix des mains du pape. Alors tous les assistants placèrent sur leur épaule une croix rouge, signe de leur engagement.

5. Pierre l'Ermite. — De nombreux prédicateurs répandirent dans les campagnes la parole du pape. Le plus célèbre fut Pierre l'Ermite. Il avait fait le pèlerinage de la Terre Sainte et il avait vu les outrages dont les chrétiens étaient accablés. Il marchait tête nue, pieds nus, couvert d'une robe et d'un manteau de bure, vénéré partout où il passait. Sa prédication était puissante par sa simplicité même. Les populations étaient émues par l'horreur de ses récits.

Alors un enthousiasme ardent s'empara de ces foules naïves et croyantes. « Chacun délaissait sa maison, sa vigne, son patrimoine, les vendait à bas prix et partait joyeux. Rien de plus touchant que de voir ces pauvres croisés ferrer leurs bœufs comme des chevaux, les atteler à une charrette à deux roues sur laquelle ils mettaient leurs pauvres bagages et leurs petits enfants. »

6. La croisade populaire. — « Le peuple partit sans rien attendre, laissant les princes délibérer, s'armer, se compter ; hommes de peu de foi ! Les petits ne s'inquiétaient de rien de tout cela : ils étaient sûrs d'un miracle. Dieu en refuserait-il un à la délivrance du saint sépulcre ?

» Pierre l'Ermite marchait à la tête, pieds nus, ceint d'une corde. D'autres suivirent un brave et pauvre chevalier qu'ils appelaient Gauthier sans Avoir. Quelques Allemands imitèrent les Français et partirent sous la conduite d'un des leurs, nommé Gottesschalk. Tous ensemble descendirent la vallée du Danube, la route d'Attila, la grande route du genre humain.

» Chemin faisant, ils prenaient, pillaient, se payant d'avance de leur sainte guerre. Tout ce qu'ils pouvaient trouver de juifs, ils les faisaient périr dans les tortures. Ils arrivèrent ainsi, farouches, couverts de sang, en Hongrie et dans l'empire grec. Ces bandes féroces y firent horreur ; on les suivit à la piste, on les chassa comme des bêtes fauves. Ceux qui restaient, l'empereur leur fournit des vaisseaux et les fit passer en Asie, comptant sur les flèches des Turcs[1]. »

7. La croisade féodale (1096). — Ce grand désastre n'arrêta pas la croisade, et dès lors les expéditions régulières succédèrent aux émigrations tumultueuses. L'armée des croisés, composée en grand nombre de chevaliers français, se divisa en trois corps et se dirigea vers Constantinople par trois routes différentes.

Godefroy de Bouillon, duc de Basse-Lorraine, suivit avec cent mille hommes la route des premiers croisés, la vallée du Danube.

Hugues de Vermandois, frère du roi de France Philippe Ier, Robert Courte-Heuse, fils aîné de Guillaume le Conquérant, Robert, comte de Flandre, et Étienne, comte de Blois, se rendirent en Italie et s'embarquèrent à Bari. Ils avaient été rejoints pendant l'hiver par Bohémond, prince de Tarente, fils de Robert Guiscard, et par son cousin Tancrède qui avaient conduit avec eux l'élite des chevaliers normands des Deux-Siciles.

1. Michelet.

Enfin Raymond de Saint-Gilles, comte de Toulouse, et Adhémar de Monteil, légat du pape, franchirent les Alpes avec les Français du Midi et gagnèrent Constantinople par la Dalmatie, l'Esclavonie et la Thrace.

8. Les croisés à Constantinople. — Les Grecs

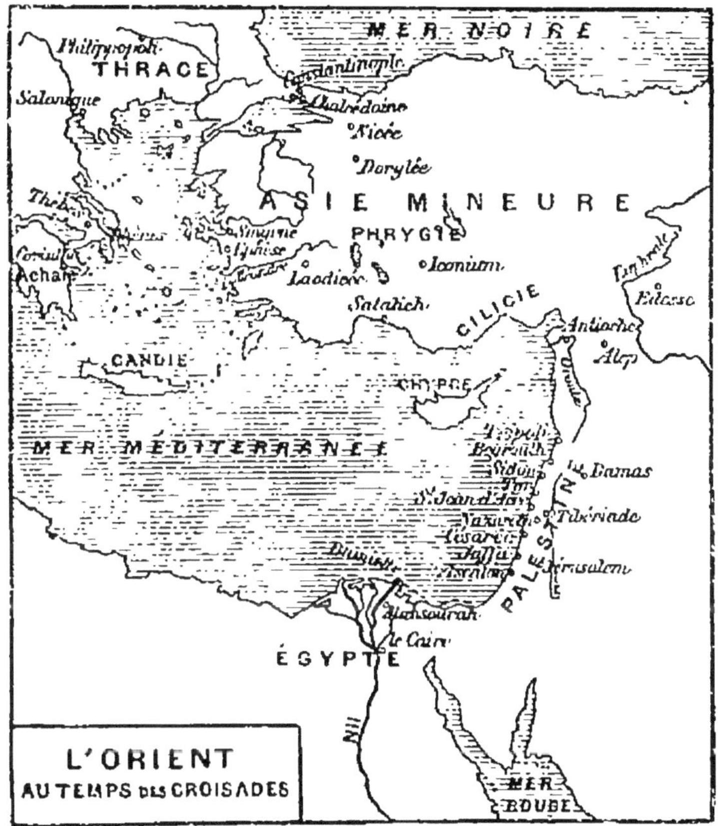

furent saisis d'effroi quand ils virent arriver ces innombrables chevaliers. La mésintelligence ne tarda pas à éclater entre eux. L'empereur Alexis se plaignait de la brutalité des croisés, et ceux-ci de la perfidie des Grecs. Il réclama le serment féodal de tous les barons. Dans une cérémonie où il recevait l'hommage de plusieurs notables français, un certain Robert de Paris alla s'asseoir à côté de l'empereur. Bau-

douin de Hainaut le tira par le bras et lui dit : « Vous devez
savoir que, lorsqu'on est dans un pays, on doit en respecter
les usages. — Vraiment, répliqua Robert, voilà un plaisant
rustre qui est assis pendant que tant d'illustres capitaines
sont debout ! »

L'empereur se hâta de faire passer le Bosphore à des
alliés aussi menaçants.

9. Les croisés en Asie. — Au printemps de

Prise de Nicée (d'après un vitrail de Saint Denis).

l'année 1097, tous les croisés se trouvèrent réunis sur la
terre asiatique. Le siège de Nicée les retint près de quatre
semaines. Cette ville allait capituler, quand l'empereur
Alexis traita secrètement avec les habitants et enleva ainsi
aux croisés le fruit de leur victoire. Dans la Bithynie, près
de Dorylée, ils furent attaqués par cent cinquante mille cavaliers turcs que commandait le sultan de Nicée. Bohémond,
qui subit le premier assaut, fut défait, mais Godefroy accourut et rétablit le combat.

Alors les musulmans, désespérant de ne pouvoir résister
aux chrétiens, ravagèrent le pays jusqu'au Taurus. Aussi
les croisés, en traversant les déserts de la Phrygie et de la

Cilicie, furent exposés à d'intolérables souffrances ; la chaleur, la faim et la soif les accablaient ; les chevaux tombaient épuisés ; les hommes se couchaient sur cette terre sèche et brûlante pour y attendre la mort ; en un jour cinq cents personnes périrent de soif.

Après avoir traversé les épaisses montagnes de la Cilicie, quelques chevaliers, sous la conduite de Baudouin de Flandre, allèrent s'emparer d'Edesse ; le gros de l'armée passa l'Oronte et arriva devant la grande ville d'Antioche. Plusieurs attaques prématurées furent infructueuses ; la place était ceinte d'une haute muraille et garnie de trois cent soixante tours. Déjà les soldats se décourageaient, lorsqu'une ruse de Bohémond fit ce que le courage n'avait pu faire : un renégat arménien l'introduisit dans la place par un égout. Maîtres de la ville, les croisés y furent assiégés à leur tour par une nombreuse armée turque ; mais ils mirent leurs ennemis en déroute.

Les croisés restèrent plus d'un an à Antioche. Ce séjour leur fut plutôt funeste. De nombreuses désertions se produisirent ; et pendant ce temps Jérusalem était fortifiée par les soldats du sultan d'Egypte.

10. Prise de Jérusalem (1099). — Quand l'armée se remit en marche, elle était réduite à cinquante mille soldats. Mais des hommes qui avaient résisté à tant de marches, survécu à tant de combats, et persisté dans leur entreprise, étaient invincibles.

Le 7 juin 1099, ils arrivèrent en vue de Jérusalem. Le but du grand voyage était enfin atteint : la montagne de Sion, le torrent de Cédron, la tour de David, le Golgotha, tous ces lieux sacrés qui rappelaient tant de souvenirs étaient là. Les croisés, au cri de *Jérusalem ! Dieu le veut !* brandissaient leurs épées ; ils se jetaient à genoux ; ils embrassaient cette terre bénie.

Un premier assaut général fut repoussé. Il fallut construire des machines de guerre, tandis que l'armée souffrait de la chaleur et de la disette. Gaston de Béarn amena les tours roulantes et les béliers, Godefroy fit combler un ravin et un furieux assaut fut livré, le vendredi 15 juillet 1099. Les chefs sautèrent de leurs tours sur les remparts, et les soldats se précipitèrent dans les rues. Le carnage fut horrible ; dans la mosquée d'Omar le sang s'élevait jusqu'aux genoux ; soixante-dix mille musulmans furent massacrés.

Enfin, à la voix de Godefroy de Bouillon, la lutte cessa, et les croisés, sans armes, pieds nus, la tête couverte de cendres, allèrent se prosterner au Calvaire.

11. Le royaume de Jérusalem. — Après leur victoire, les croisés songèrent à organiser leur conquête. Godefroy de Bouillon fut élu roi de Jérusalem. Mais il ne prit que le titre de baron et défenseur du Saint-Sépulcre, « ne voulant pas porter couronne d'or là où Jésus-Christ avait porté couronne d'épines. »

Le royaume de Jérusalem fut divisé en cinq grands fiefs qui relevaient directement de la couronne : la seigneurie de Jérusalem, qui fut donnée à Godefroy de Bouillon ; le comté d'Édesse, qui échut à Baudouin de Lorraine ; la principauté d'Antioche, qui fut attribuée à Bohémond de Tarente ; la principauté de Galilée et de Tibériade, que reçut le Normand Tancrède de Hauteville ; enfin le comté de Tripoli, qui appartint au Languedocien Raymond de Saint-Gilles. Chacun de ces fiefs était subdivisé en un grand nombre de seigneuries vassales.

La législation fut féodale. Le code du nouveau royaume, rédigé par ordre de Godefroy de Bouillon, fut appelé les Lettres du Saint-Sépulcre ou les Assises de Jérusalem. C'est un des plus anciens codes écrits de la féodalité ; on y retrouve les coutumes de la vieille France.

12. Les ordres religieux et militaires. — Pour défendre le royaume de Jérusalem, cet avant-poste de la chrétienté, il fallait une milice particulière, établie en Orient et vouée à une guerre sans trève ni merci avec les infidèles. L'Église tira de la chevalerie deux grandes institutions : les ordres religieux et militaires des Hospitaliers de Saint-Jean et des Templiers.

L'ordre des Hospitaliers de Saint-Jean fut fondé en 1100 par le Provençal Gérard de Martigues. Les Hospitaliers portaient une croix de toile blanche à huit pointes, sur un manteau noir en temps de paix et sur une cotte d'armes en temps de guerre. Dans les batailles, ils marchaient à gauche de la croix. Ils avaient pour mission d'escorter les pèlerins et de soigner les blessés. Après la chute du royaume de Jérusalem, les Hospitaliers s'établirent à Rhodes, plus tard à Malte, et rendirent encore des services à la chrétienté.

L'ordre des Templiers fut fondé en 1118 par le Français Hugues de Payens. Le roi Baudouin II les établit dans la partie de son palais qui confinait à l'ancien temple de Salomon ; de là leur nom de Templiers. Leur vêtement était blanc, leur croix était rouge. Dans les batailles, ils marchaient à la droite de la croix. Les Templiers, enrichis par les donations des fidèles, possédèrent en Europe et surtout en France de vastes domaines. Leurs richesses les désignèrent plus tard à la cupidité jalouse de Philippe le Bel, qui détruisit l'ordre en 1312.

Un peu plus tard, à l'époque de la troisième croisade, les Allemands fondèrent l'Ordre Teutonique. Au treizième siècle, cet ordre fut établi en Europe, vers les bouches de la Vistule ; il fit la conquête et la conversion de la Prusse.

13. Les successeurs de Godefroy de Bouillon.

Bataille d'Ascalon (d'après un vitrail de Saint-Denis).

— Godefroy de Bouillon eut à défendre son royaume contre les attaques des infidèles. L'année même de la prise de Jérusalem, deux cent mille musulmans, commandés par le khalife du Caire, envahirent la Palestine. Godefroy les arrêta et les vainquit à la bataille d'Ascalon, qui termina glorieusement la première croisade.

Deux ans après, il mourut, âgé seulement de trente-huit

ans. Le premier roi de Jérusalem méritait d'être le héros de la croisade. Animé d'une piété ardente et naïve, il s'oubliait souvent à prier dans les églises ; modeste et désintéressé, il avait vendu tous ses biens et n'avait jamais tiré profit de ses conquêtes ; enfin, doué d'une force fabuleuse, il avait été la terreur des musulmans. Les exploits de son bras, qui d'un coup d'épée fendait un Turc en deux, sont restés légendaires en Orient. Godefroy de Bouillon avait été le type accompli du chevalier et du chrétien.

Sous les premiers successeurs de Godefroy de Bouillon, Baudouin Ier, Baudouin II et Foulques d'Anjou, le royaume de Jérusalem se défendit vaillamment contre les sultans turcs de Damas et du Caire. Avec l'appui des flottes de Pise, de Gênes et de Venise, ces rois s'emparèrent des villes de la côte, Césarée, Saint-Jean-d'Acre, Tripoli, Beyrouth, Sidon et Tyr. Le royaume chrétien avait atteint ses limites extrêmes ; mais il allait courir les plus graves dangers.

14. Cause de la seconde croisade. — Au commencement du douzième siècle, la puissance des Turcs, affaiblie par la première croisade, s'était relevée. Un lieutenant du sultan de Mossoul profita de la minorité du roi de Jérusalem, marcha sur Edesse, s'en empara et massacra trente mille chrétiens. Le roi de Jérusalem invoqua le secours de l'Occident. La seconde croisade commença.

15. Saint Bernard et la seconde croisade (1147-1149). — A l'appel des chrétiens d'Orient, le pape chargea saint Bernard de prêcher la guerre sainte. Saint Bernard, abbé de Cîteaux et fondateur du monastère de Clairvaux, était alors l'homme le plus puissant de l'Eglise. Sa science, sa piété, son éloquence, l'avaient rendu célèbre. Au concile de Vézelay, il excita l'enthousiasme de la foule par le feu de sa parole. Le roi Louis VII et la reine Eléonore reçurent la croix : le frère du roi, Robert de Dreux, les comtes de Toulouse, de Flandre et de Champagne, les évêques de Noyon, de Langres et de Lisieux imitèrent leur exemple.

En Allemagne, où saint Bernard alla ensuite prêcher la croisade, l'enthousiasme fut aussi ardent. A la diète de Spire, l'empereur Conrad III, ému par l'éloquence du prédicateur, s'écria « qu'il reconnaissait la voix de Dieu », et prit la croix. Frédéric de Souabe, neveu de l'empereur, les ducs

de Lorraine, de Bavière, de Bohème, les margraves de Styrie
et de Carinthie se laissèrent entraîner avec lui.

16. Louis VII et Conrad III d'Allemagne. —
L'armée allemande partit la première. Elle descendit le
Danube, traversa la Hongrie et la Bulgarie et arriva à Constantinople. L'empereur Manuel Comnène se hâta de lui
faire passer le Bosphore. En Asie, les croisés, trahis par leurs
guides grecs, harcelés par les Turcs, privés de tout dans
un pays désert, périrent en grand nombre. Conrad dut
battre en retraite sur Nicée avec les débris de son armée.

C'est là que l'armée française, qui avait eu, elle aussi, à
souffrir de la perfidie des Grecs, vint la rejoindre. Louis VII
et Conrad III suivirent la côte de l'Asie Mineure par Smyrne
et Éphèse. Dans cette ville, Conrad III abandonna l'expédition, et partit pour Constantinople d'où il gagna Jérusalem
par mer.

Les Français continuèrent leur route, culbutèrent les Turcs
sur le Méandre, traversèrent Laodicée et s'engagèrent dans
les gorges de la Phrygie. Pendant douze jours ils furent
harcelés par les Turcs, et ils ne purent sortir de ces défilés
redoutables qu'après avoir éprouvé des pertes sanglantes.
Ils arrivèrent enfin à Satalieh, où le roi et les chevaliers
s'embarquèrent pour Antioche.

A Antioche, le roi fut reçu par Raymond de Poitiers. Mais
il quitta aussitôt cette ville pour aller visiter Jérusalem. Il y
retrouva Conrad III. Les deux rois, après avoir accompli leur
vœu par la visite au Saint-Sépulcre, tentèrent en commun
une expédition contre la ville de Damas. Mais, abandonnés
par les chrétiens d'Orient, et trahis par les Grecs, ils
échouèrent et ne songèrent plus qu'au retour. La seconde
croisade n'avait eu aucun résultat.

17. La troisième croisade (1187-1192). — Après
le départ des croisés, la situation du royaume chrétien de
Jérusalem devint de plus en plus critique.

Saladin, successeur de Noureddin, venait de placer sous
sa domination les khalifats du Caire, d'Alep, de Mossoul et
de Damas. Il profita des divisions des chrétiens pour les
attaquer. Vainqueur de Guy de Lusignan, à la bataille de
Tibériade, il le fit prisonnier et s'empara de Jérusalem (1187).

A cette nouvelle, l'Europe chrétienne fut consternée : le

pape Urbain III mourut de douleur. Guillaume, archevêque de Tyr, prêcha une nouvelle croisade. Le pape établit un impôt qui devait être levé sur tous les biens, même sur ceux du clergé; ce fut la dîme saladine. L'ardeur était générale : les conciles se multipliaient; les troubadours faisaient entendre partout leurs chants de guerre. Les trois plus puissants princes de la chrétienté, Richard Cœur de Lion, roi d'Angleterre, Philippe-Auguste, roi de France, et Frédéric Barberousse, empereur d'Allemagne, prirent la croix.

18. Croisade et mort de Frédéric Barberousse (1190). — Frédéric Barberousse partit le premier avec une armée de cent soixante mille hommes. Il suivit la route du Danube, traversa la Bulgarie et dut s'ouvrir par la force l'entrée de Constantinople. Le perfide empereur Isaac l'Ange, intimidé, lui donna des vaisseaux pour traverser le Bosphore. En Asie, les croisés vainquirent les Turcs à la bataille d'Iconium, franchirent le Taurus et pénétrèrent en Cilicie. Le glorieux empereur allait enfin toucher au but de son expédition lorsqu'il trouva la mort, en se baignant dans les eaux glacées du Cydnus. Son fils Frédéric de Souabe conduisit à grand'peine jusqu'à Saint-Jean-d'Acre les débris de l'armée, démoralisée par la mort de son chef.

19. Philippe-Auguste et Richard Cœur de Lion. — Pendant ce temps, les rois de France et d'Angleterre avaient fait leurs préparatifs de départ. Ils résolurent de prendre la route de mer, plus courte et moins dangereuse que celle de terre. Philippe-Auguste s'embarqua à Gênes et Richard à Marseille. Ils passèrent l'hiver en Sicile, où leur union se rompit. Les croisés allaient en venir aux mains, lorsqu'ils furent réconciliés par l'intervention des Hospitaliers et des Templiers.

Les deux rois partirent ensemble: en route, Richard s'arrêta à Chypre et s'empara de cette île qu'il vendit à Guy de Lusignan. Le rendez-vous des croisés était la ville de Saint-Jean-d'Acre.

20. Siège de Saint-Jean-d'Acre. — Le siège de cette place dura un an. Six cent mille hommes se pressaient sous ses murs. D'un côté, l'armée des croisés avec les Allemands de Frédéric de Souabe, les Anglais de Richard, les

Français de Philippe-Auguste ; de l'autre, toutes les populations musulmanes sous la conduite de Saladin. Dans les deux camps on fit assaut de courage et de courtoisie. « Dans l'intervalle des combats, on se visitait, on jouait, on trafiquait, on banquetait ensemble ; les troubadours et les jongleurs mêlaient leurs *canzones* aux *gazzels* des lauréats du Caire, la métropole des lettres orientales. Les rois d'Occident pouvaient recevoir de Saladin des leçons de politesse et de générosité[1]. » Enfin, la ville pressée par la famine dut capituler. Saladin n'ayant pas payé dans le délai fixé la rançon convenue, Richard fit égorger un jour deux mille six cents prisonniers.

Philippe-Auguste ne fut pas témoin de cette barbarie. Épuisé par la fièvre, irrité de l'orgueil et de la violence de Richard son rival, il s'était embarqué, impatient de reprendre le gouvernement de ses États.

21. Exploits et captivité de Richard. — Richard resta deux ans encore en Palestine et s'y distingua par de brillants exploits. Il vainquit Saladin aux combats de Césarée et d'Ascalon, mais il ne put prendre Jérusalem. Arrivé près de la ville sainte, il détourna les yeux : « Ils ne sont pas dignes de la ville sainte, s'écria-t-il, ceux qui n'ont pas su la conquérir. » Puis, apprenant que Philippe-Auguste avait envahi ses provinces en France, il signa un traité avec Saladin, et se décida à quitter, non sans regret, la Palestine.

A son retour, Richard fut jeté par la tempête sur la côte de Dalmatie. Léopold d'Autriche, dont il avait foulé aux pieds la bannière sous les murs de Saint-Jean-d'Acre, le fit arrêter et le vendit à l'empereur Henri VI. Celui-ci le retint prisonnier pendant plus d'un an et ne le relâcha que moyennant le payement d'une forte rançon.

22. Caractère des dernières croisades. — Le sentiment religieux avait inspiré les premières croisades : les raisons politiques et les intérêts commerciaux dominent dans les dernières. « L'abandon de la route de terre pour celle de mer fut le signal de ce changement, dont la quatrième croisade nous laissera voir toute l'importance. En prenant la voie de la Méditerranée, les croisés s'adressèrent pour le passage, à défaut de marine, aux villes italiennes qui

1. Henri Martin, *Histoire de France.*

y dominaient. Gênes et Marseille louèrent des flottes à Philippe-Auguste et à Richard, et Venise fera son affaire de la quatrièmecroisade. Ces expéditions deviendront une merveilleuse source de richesse pour les ports de la Méditerranée. »

23. La quatrième croisade (1202-1204). — Le pape Innocent III, un des pontifes qui, avec Grégoire VII, ont le plus illustré la chaire de saint Pierre par leur autorité morale, leur science et leur vertu, avait résolu d'arracher Jérusalem aux mains des infidèles. Il chargea Foulques, curé de Neuilly, de prêcher la croisade. A la voix de l'ardent missionnaire, un grand nombre de chevaliers français prirent la croix.

Parmi eux, les plus illustres étaient Baudouin, comte de Flandre, Thibaut de Champagne, Simon de Montfort, Geoffroy de Villehardouin et Boniface, marquis de Montferrat. Une réunion générale eut lieu à Compiègne. Les croisés résolurent de prendre la route de mer et d'aller demander des vaisseaux à Venise.

24. Les croisés à Venise. — Venise était à cette époque la ville la plus florissante de l'Italie. Bâtie dans les lagunes de l'Adriatique, elle s'était développée à l'abri des invasions et des guerres qui avaient troublé le reste de la péninsule. Le littoral de l'Istrie et de la Dalmatie lui appartenait. Son commerce avec l'Orient, facilité par les premières croisades, l'avait enrichie. Elle était gouvernée par un doge et un sénat et elle apportait dans le maniement des affaires cet esprit avisé et prudent qui devait faire des Vénitiens les plus fins diplomates et les plus habiles politiques de l'Europe.

Quand les six chevaliers, délégués des croisés, se présentèrent à Venise, ils furent reçus avec honneur par le vieux doge, Henri Dandolo. Les Vénitiens manifestèrent un grand enthousiasme pour la croisade et s'engagèrent à fournir tous les vaisseaux nécessaires au succès de l'expédition. Dandolo lui-même, malgré ses quatre-vingt-dix ans, voulut prendre la croix.

Mais cet enthousiasme apparent ne leur fit pas perdre de vue les bénéfices de l'entreprise. Les croisés devaient payer avant le départ 85 000 marcs d'argent, et partager également avec les Vénitiens toutes les conquêtes qu'ils feraient.

Au printemps de l'année 1202, les croisés arrivèrent en foule à Venise. Vainement ils donnèrent tout ce qu'ils possédaient en argent, en vaisselle et en bijoux; ils ne purent trouver une somme assez forte pour acquitter le prix du passage. Le rusé Dandolo trouva un heureux accommodement.

25. Les croisés à Zara. — La ville de Zara, sur l'Adriatique, avait été enlevée aux Vénitiens par le roi de Hongrie. Dandolo proposa aux croisés d'aller reprendre cette ville : ce serait le prix du passage. En vain les légats du pape déclarèrent qu'on ne pouvait commencer la croisade par une guerre contre un prince chrétien. Les croisés, impatients de partir, acceptèrent l'engagement. La ville de Zara fut prise. On y passa l'hiver.

26. Les croisés à Constantinople (1204). — Bientôt les croisés furent dupes d'une nouvelle ruse des Vénitiens. Ils virent arriver à leur camp Alexis, fils de l'empereur de Constantinople, Isaac l'Ange. Ce prince raconta que son père venait d'être renversé du trône par son propre frère et il implora le secours des croisés. Dandolo s'apitoya sur son sort et prit sa défense. Une expédition à Constantinople ne pouvait qu'être avantageuse aux Vénitiens. Ils pourraient ruiner en Orient les comptoirs des Pisans, leurs rivaux, et s'assurer ainsi le monopole du commerce dans ces riches contrées. Les croisés, malgré l'opposition de quelques chevaliers et les menaces du pape, se laissèrent convaincre encore une fois et se détournèrent vers Constantinople.

La vue de cette ville merveilleuse frappa les croisés d'admiration. Villehardouin, dans sa chronique de la quatrième croisade, nous en a conservé le naïf témoignage. Constantinople fut prise sans résistance; Isaac l'Ange fut rétabli sur le trône. Peu de temps après, une nouvelle révolution ayant éclaté dans la ville, les croisés la prirent une seconde fois et la pillèrent pendant plusieurs jours.

27. Empire latin de Constantinople. — L'empire grec était détruit; les croisés s'en partagèrent les dépouilles. Baudouin, comte de Flandre, fut élu empereur. Le territoire fut divisé en fiefs. Le marquis de Montferrat eut le royaume de Thessalonique; le comte de Blois, le duché de Nicée et l'Asie Mineure; le comte du Perche, le duché de Philippopoli; Villehardouin fut élu maréchal de Roumanie; son neveu devint prince d'Achaïe. D'autres seigneurs furent nommés ducs d'Athènes, comtes de Thèbes, marquis de Corinthe. Ainsi le régime féodal fut établi à Constantinople, comme il l'avait été, un siècle auparavant, à Jérusalem.

Mais les Vénitiens tirèrent de la croisade le profit le plus avantageux et le plus durable. Ils s'attribuèrent les trois quartiers les plus riches de Constantinople, les îles et les côtes de l'Adriatique, les Cyclades et les côtes de la mer de Marmara et de la mer Noire. Désormais ils étaient maîtres du commerce de l'Orient. Le doge de Venise porta fièrement le titre de seigneur d'un quart et demi de l'empire romain.

28. Ruine de l'empire latin (1261). — L'empire latin de Constantinople eut une existence éphémère. La corruption rapide des croisés, les attaques des Grecs et des Bulgares, l'indifférence de l'Europe chrétienne, expliquent sa rapide décadence. Cinq empereurs se succédèrent sur le trône dans l'espace d'un demi-siècle. Ils furent peu à peu dépouillés de leurs États et réduits pour vivre à vendre aux chrétiens les reliques des églises. C'est Baudouin II qui livra à saint Louis la couronne d'épines pour laquelle le saint roi bâtit la Sainte-Chapelle.

En 1261, Michel Paléologue chassa de Constantinople le dernier empereur latin et fonda une nouvelle dynastie grecque qui dura jusqu'en 1453.

29. La cinquième croisade (1217-1221). — Cependant le royaume chrétien de Jérusalem était de plus en plus menacé par les infidèles. Privé de sa capitale, il était réduit à quelques villes, Saint-Jean-d'Acre, Césarée, Jaffa. Le roi Jean de Brienne fit de vains efforts pour obtenir les secours des chrétiens d'Occident. En 1215, Innocent III prêcha la croisade au concile de Latran. André II, roi de Hongrie, et Hugues Ier, roi de Chypre, conduisirent une armée à Saint-Jean-d'Acre. Mais la mort subite du roi de Chypre força le roi de Hongrie à repartir pour l'Europe. Jean de Brienne dirigea une expédition en Égypte. La ville de Damiette fut assiégée et prise. Les croisés marchèrent sur le Caire. Une inondation subite du Nil leur fit éprouver les plus grandes pertes. La cinquième croisade avait été inutile.

30. La sixième croisade (1228-1229). — Malgré

l'insuccès de la croisade, les papes avaient résolu de tenter
un nouvel effort pour délivrer Jérusalem. Ils avaient obtenu
de Frédéric II, empereur d'Allemagne, la promesse qu'il

L'Église du Saint-Sépulcre.

prendrait la croix. Celui-ci hésita longtemps à remplir ses
engagements et fut excommunié. Il se décida enfin à partir;
mais, au lieu de combattre le sultan, il fit avec lui un traité

de paix. Il obtint la restitution de Jérusalem, à condition
que les musulmans conserveraient la mosquée d'Omar dans
la ville sainte.

Frédéric II, qui avait épousé la fille de Jean de Brienne,
prit le titre de roi de Jérusalem. Mais, quand il voulut se
faire couronner dans l'église du Saint-Sépulcre, les chevaliers
de Saint-Jean et du Temple s'éloignèrent avec horreur.
« Aucun prêtre ne voulut chanter devant l'empereur la
messe solennelle; aucun patriarche, aucun évêque, ne voulut
lui présenter la couronne. Frédéric la saisit lui-même sur
l'autel, se la posa sur la tête, et fit entonner par ses clercs
allemands le chant d'actions de grâces. »

Quelques jours après, l'empereur apprit que le pape
faisait prêcher une croisade contre lui, et que Jean de Brienne
venait d'envahir son royaume de Naples. Il quitta aussitôt la
Palestine pour venir défendre ses États.

31. La septième croisade (1248-1254). — A peine
les croisés avaient-ils quitté la Palestine qu'une horde de
peuplades asiatiques, les Karismiens, envahissait le pays et
le dévastait. Jérusalem fut prise; les habitants furent massacrés. La chrétienté, à cette nouvelle, poussa un cri de douleur. Le pape Innocent IV, au concile de Lyon, prêcha la
guerre sainte. Saint Louis répondit à son appel.

32. Saint Louis. — Saint Louis n'avait pas attendu
l'appel des pères du concile pour prendre la croix. Durant la
maladie qui le mit aux portes du tombeau en 1244, il fit
vœu d'aller en Terre Sainte. Sa mère et ses conseillers combattirent en vain cette résolution imprudente. Louis laissa le
pouvoir à la reine Blanche et s'embarqua à Aigues-Mortes.
Il était accompagné du sire de Joinville, qui fut le chroniqueur de la croisade.

33. Saint Louis en Egypte. — Saint Louis débarqua
en Egypte, centre de la puissance musulmane. Damiette, à
l'une des bouches du Nil, fut enlevée, mais on perdit un
temps précieux avant de marcher sur le Caire. Les croisés
mirent un mois à parcourir les quinze lieues qui les séparaient de la ville de Mansourah. Un combat mal engagé dans
cette même place coûta la vie à un grand nombre de chevaliers et au comte d'Artois, frère de saint Louis.

Bientôt l'armée fut enveloppée par les ennemis et décimée
par la peste.

La retraite fut désastreuse ; il fallut enfin se rendre. « Le
bon saint homme de roi » honora sa captivité par son courage et inspira à ses ennemis mêmes le respect de ses vertus.
Ils le relâchèrent pour une grosse rançon.

Saint Louis passa trois années en Palestine, employant
son ascendant et son zèle à maintenir la concorde entre les
chrétiens, et ses ressources à réparer les fortifications des
places qu'ils occupaient encore.

34. Croisade des Pastoureaux. — La nouvelle de
ces désastres ne fit qu'accroître en France la popularité du
roi. Les prélats et les seigneurs l'abandonnent et le trahissent,
disait-on, c'est aux petits à le délivrer ; et une foule de serfs,
de paysans, s'assemblèrent pour passer la mer et aller au
secours du roi. Ce fut la croisade des Pastoureaux.

Ces gens vécurent, sur la route, de pillage. On les chassa
comme des bêtes fauves.

35. Retour de saint Louis en France (1254). —
La nouvelle de la mort de la régente rappela enfin saint
Louis en France.

En passant près de Chypre, la galère du roi toucha contre
un rocher « qui emporta bien trois toises de la quille ». On
conseillait à Louis de passer sur un autre navire : « Si je
» descends de la nef, dit-il, cinq ou six cents personnes qui
» sont céans, et qui aiment autant leur corps comme je fais
» le mien, n'oseront rester après moi, descendront dans l'île
» de Chypre et jamais n'auront plus espoir ni moyen de
» retourner en leur pays. J'aime mieux mettre moi, la reine
» et mes enfants en danger et en la main de Dieu que de
» faire un tel dommage à si grand peuple. »

» Belles paroles ! belle action[1] ! »

36. Huitième croisade (1270). — Saint Louis,
malgré l'insuccès de son expédition, n'avait pas renoncé à
l'idée de faire une nouvelle croisade. Sur les conseils de son
frère, Charles d'Anjou, devenu roi de Naples, il s'embarqua
pour Tunis. Celui-ci lui avait persuadé que le sultan de

1. Victor Duruy.

cette ville désirait se faire chrétien. En réalité, il voulait
s'assurer la possession de cette partie de l'Afrique, située en
face de son royaume de Sicile.

37. Mort de saint Louis. — « Saint Louis devait
attendre à Carthage son frère Charles d'Anjou, avant de
marcher sur Tunis. La plus grande partie de l'armée resta
sous le soleil d'Afrique, dans la profonde poussière du sable
soulevé par les vents, au milieu des cadavres et de la puan-
teur des morts. Tout autour rôdaient les Maures qui enlevaient toujours quelqu'un. Point d'arbres, point de nourriture
végétale ; pour eau, des mares infectes, des citernes pleines
d'insectes rebutants. Cependant le roi et ses fils étaient eux-
mêmes malades : le plus jeune mourut sur son vaisseau, et
ce ne fut que huit jours après que le confesseur de saint
Louis prit sur lui de le lui apprendre. C'était le plus chéri de
ses enfants ; sa mort, annoncée à un père mourant, était pour
celui-ci une attache de moins à la terre, un appel de Dieu,
une tentation de mourir. Aussi, sans trouble et sans regret,
accomplit-il cette dernière œuvre de la vie chrétienne, répon-
dant les litanies et les psaumes, dictant pour son fils une
belle et touchante instruction, accueillant même les ambassadeurs des Grecs qui venaient le prier d'intervenir en leur
faveur auprès de son frère Charles d'Anjou, dont l'ambition
les menaçait. Il leur parla avec bonté, il leur promit de s'employer avec zèle, s'il vivait, pour leur conserver la paix ; mais,
dès le lendemain, il entra lui-même dans la paix de Dieu[1]. »

38. Résultats des croisades d'Orient. — Les
croisades n'eurent pas les résultats que les chrétiens en
avaient espérés. Jérusalem resta aux mains des infidèles.
Mais ces expéditions lointaines, qui pendant près de trois
siècles mirent aux prises les peuples de l'Occident avec ceux
de l'Orient, exercèrent une grande influence sur la civilisation
du moyen âge. Elles hâtèrent l'évolution qui se préparait
dans l'état politique et social de cette époque ; elles donnèrent à l'industrie et au commerce une impulsion nouvelle ;
elles préparèrent la renaissance des lettres et des arts.

39. Résultats politiques et sociaux. — Les croi-

1. Michelet.

sades ont contribué à l'émancipation des classes rurales et à l'affranchissement des communes. En partant pour la Palestine, les seigneurs avaient aliéné beaucoup de leurs droits et même de leurs terres aux paysans ; aux habitants des villes ils avaient vendu l'exemption de certaines redevances.

La croisade avait eu aussi pour effet de rapprocher dans des souffrances et des périls communs le noble chevalier et le roturier armé.

40. Résultats économiques. — L'agriculture fit des progrès à l'époque des croisades. Certaines plantes furent pour la première fois connues en France, telles que le maïs ou blé turc, le sarrasin, l'échalote, l'artichaut, l'épinard, l'estragon, l'aubergine, dont les noms sont d'origine arabe.

L'industrie emprunta à l'Orient des procédés jusqu'alors inconnus. C'est à partir des croisades qu'on commença à fabriquer du sucre de canne, à tisser le coton et la soie. On fit pour la première fois des étoffes de velours, de « damas », des crèpes, des mousselines (dont le nom vient de Mossoul, ville d'Asie). Nos premiers tapis, imités des tapis de l'Orient, s'appelaient « des tapis sarrasinois ». Les armes furent fabriquées comme à Damas et à Tolède. La corroierie, la poterie, la verrerie fournirent à nos artisans des types nouveaux de fabrication.

Le commerce de la Méditerranée commença à revivre avec les croisades. Un mouvement inouï d'échanges se fit entre l'Europe et les ports de l'Orient. Alors commença la prospérité des cités maritimes de l'Italie, Tarente, Brindisi, Palerme, Naples, Gaëte, Amalfi, mais surtout Pise, Gênes, Venise.

Notre grande ville méditerranéenne, Marseille, fut entrainée dans le mouvement.

Avec le commerce se développa l'art naval. L'instrument essentiel de la navigation, la boussole, apparaît précisément dans les premières croisades.

41. Les lettres, les sciences et les arts. — C'est à l'époque des croisades qu'apparaissent nos premiers poèmes épiques et que pour la première fois l'histoire est écrite er français et par des laïques. Nos premiers écrivains en prose française sont deux croisés qui ont raconté ce qu'ils ont vu : Villehardouin et Joinville.

Alors aussi les sciences firent leurs premiers progrès. C'est à cette époque que s'introduisirent en Occident les chiffres dits arabes, qui remplacèrent les chiffres romains. L'algèbre. que les Arabes avaient perfectionnée, est un mot de leur langue. Les Arabes furent nos premiers maîtres en astronomie, en physique, en chimie, en médecine. L'Université de Salerne, en Italie, celle de Montpellier, en France, durent leur célébrité au voisinage des Arabes d'Espagne.

Dans les arts, l'Occident dut beaucoup à la fréquentation des Grecs et surtout des Arabes. Nous leur avons emprunté une infinité de motifs d'ornementation : arabesques, grecques, mosaïques, peintures murales, tentures, poteries. L'architecture de nos églises s'est modifiée; et le style roman est devenu le style byzantin[1].

C'est la France qui a joué le principal rôle dans les croisades. Aussi c'est elle qui en a retiré le plus grand honneur. En Orient, le nom de « Francs » a servi longtemps à désigner tous les peuples de l'Occident. Les historiens des croisades intitulent leur récit : les guerres des Francs.

42. Le christianisme dans l'Europe orientale. — Vers l'époque où l'Europe chrétienne échouait dans ses efforts pour reconquérir la Palestine sur les musulmans, le christianisme remportait, au contraire, d'éclatantes victoires sur le paganisme dans l'Europe orientale.

L'Europe orientale au temps des croisades.

Après avoir épouvanté l'Europe par leurs invasions, les Magyars se fixèrent, à la fin du neuvième siècle, sur les bords du Danube et de la Theiss. Là ils formèrent un État et se convertirent au christianisme. Cette transformation politique

1. Voir Rambaud, *Histoire de la civilisation française.* (Paris, A. Colin.)

et religieuse fut surtout l'œuvre d'Etienne Ier (995-1038), qui fut canonisé et qui est devenu le saint national de la Hongrie.

Les Bulgares, qui fondèrent, au neuvième et au dixième siècle, un puissant empire dans la vallée inférieure du Danube, reçurent la religion chrétienne de Byzance et non de Rome. Aussi l'Eglise bulgare est restée jusqu'à nos jours à peu près indépendante.

43. Conversion des Slaves. — Les Slaves de la Moravie furent convertis au christianisme par deux missionnaires, Cyrille et Méthode, qui sont considérés avec raison comme les apôtres des Slaves. Leur apostolat s'accomplit à la fin du neuvième siècle.

Au nord des Carpathes, sur les bords de l'Oder et de la Vistule, s'était établie une autre branche de la famille slave, la branche polonaise. Menacés par les empereurs d'Allemagne, qui continuaient toujours leur marche vers l'est, les Polonais se convertirent au christianisme à la fin du dixième siècle. Boleslas le Vaillant réussit même à fonder un royaume étendu, qui rappelait par son importance et son unité l'empire morave détruit par les Hongrois.

Enfin, au delà de la Pologne, dans les plaines de la Russie centrale, commençait à se former le futur empire des tsars. Les Russes subirent en matière religieuse l'influence des Byzantins. Ils se convertirent à la fin du dixième et pendant le onzième siècle. Les deux règnes de Vladimir (972-1015), que l'on a pu appeler le Clovis de la Russie, et de Iaroslav le Grand (1015-1054), ouvrent une ère nouvelle dans l'histoire des Russes.

44. Le christianisme en Prusse. — Le christianisme éprouva plus de difficultés et mit plus de temps à pénétrer chez les Lithuaniens. Les Borusses ou Prussiens firent aux missionnaires chrétiens un accueil souvent cruel. Ils tuèrent l'évêque de Prague, Adalbert, et un moine bénédictin, Bruno, qui avaient tenté de les convertir vers l'année 1000. Les Polonais essayèrent aussi, mais en vain, de leur imposer le christianisme.

Une véritable croisade fut alors organisée contre eux. Elle dura plusieurs siècles. La lutte fut d'abord soutenue par l'ordre à la fois religieux et militaire des Chevaliers Porte-

Glaive ou Chevaliers de Livonie, qui suivaient la règle des Templiers. Impuissants à triompher seuls des Prussiens, ils appelèrent de Palestine, à leur secours, vers 1230, les Chevaliers Teutoniques. La croisade n'en fut pas moins longue et pénible; elle se prolongea pendant cinquante ans. Le christianisme ne fut définitivement maître de la Prusse qu'à la fin du treizième siècle.

Ainsi, au moment où les croisades de Palestine se terminaient par un échec complet, la religion chrétienne avait, en revanche, conquis presque tous les peuples qui habitaient l'Europe orientale, et elle s'avançait chaque année davantage vers l'est.

45. Les Arabes en Espagne. — Ce n'était pas seulement vers l'Orient que le christianisme avait lutté. La guerre qu'il entreprit en Espagne contre l'islamisme fut la plus difficile de toutes les croisades.

En 711, la bataille de Xérès avait mis fin au royaume des Visigoths et livré l'Espagne aux Arabes. En 756, le khalifat de Cordoue avait été fondé. L'Espagne jouit, sous le gouvernement des khalifes, d'une grande prospérité. Les Arabes établirent dans le pays des manufactures de soie, de coton et de drap; ils exploitèrent les mines, construisirent des aqueducs, et transformèrent par une savante culture les provinces de Valence et de Grenade en un véritable jardin. Le commerce prit une extension considérable. La soie et la laine, les métaux, les armes de fine trempe, fabriqués à Tolède et à Cordoue, trouvaient des débouchés dans tous les ports de l'Orient. La population s'accrut avec rapidité. Cordoue. Grenade, Séville, Tolède, Valence, Murcie, Saragosse étaient parmi les villes les plus peuplées et les plus riches de l'Europe.

Au onzième siècle, le khalifat fut démembré. L'Espagne fut divisée en une foule de petites royautés musulmanes.

46. Les chrétiens en Espagne. — Les chrétiens profitèrent de cette anarchie pour reconquérir sur les Maures une partie du terrain qu'ils avaient perdu. A l'époque de la bataille de Xérès, un officier du dernier roi visigoth, nommé Pélage, s'était retiré avec quelques braves compagnons dans les montagnes inaccessibles des Asturies. Il y fonda le royaume des Asturies, qui devait être le berceau de la monarchie espagnole.

Au huitième siècle, Charlemagne avait fondé les marches d'Espagne et de Gascogne, qui donnèrent naissance au royaume de Navarre.

Un peu plus tard, quelques seigneurs visigoths s'établirent entre la Navarre et les Asturies : ce fut l'origine du royaume de Castille.

1. Espagne au moyen âge.

Enfin, au onzième siècle, deux nouveaux États chrétiens, le royaume d'Aragon et le comté de Barcelone, complétèrent dans le nord de l'Espagne le faisceau des principautés chrétiennes.

47. Croisades des chrétiens contre les Arabes.

— Cette lutte se prolongea pendant plus de trois siècles. Les musulmans africains firent trois invasions en Espagne : les deux principales furent celles des Almoravides et des Almohades.

Les Almoravides, vainqueurs de Ferdinand Ier, roi de Castille, à la bataille de Zalacca, soumirent tous les États musulmans. Mais les chrétiens ne perdirent pas courage. Un seigneur français, Henri de Bourgogne, fonda le royaume de Portugal (1090). Des ordres religieux et militaires, ceux de Calatrava, de Saint-Jacques de Compostelle et d'Alcantara, se vouèrent à la guerre sainte contre les infidèles.

Au douzième siècle, une invasion nouvelle, celle des Almohades, arrêta pour la seconde fois les progrès des chrétiens. Mais, en 1212, les rois de Castille, de Navarre et d'Aragon remportèrent la brillante victoire de Las-Navas-de-Tolosa, qui mit fin à la domination des Almohades en Espagne. A la fin du treizième siècle, les Arabes ne possédaient plus que le royaume de Grenade.

LECTURES

PREMIÈRE LECTURE. -   **Enthousiasme populaire pour la première croisade.**

Aussitôt que fut terminé le concile de Clermont, il s'éleva un grand mouvement par toute la France. Pour suivre la voie de Dieu (on désignait ainsi l'expédition projetée), chacun sollicita l'aide de ses parents et de ses amis. Les comtes et les chevaliers commençaient à peine leurs préparatifs, que déjà les pauvres s'y portaient avec une ardeur que rien ne pouvait arrêter. Chacun délaissait sa maison, sa vigne, son patrimoine, les vendait à bas prix comme s'il se fût agi de se racheter de la plus dure captivité. Il régnait, à cette époque, une disette générale causée par de mauvaises récoltes. Des marchands cupides spéculaient, suivant leur coutume, sur la misère de tous. Il y avait peu de pain et il était très cher. Les pauvres gens essayaient de manger des racines et des herbes sauvages. Tout à coup, « comme si eût soufflé le vent impétueux qui brise les vaisseaux de Tharsis », le cri de la croisade, retentissant partout en même temps, brisa les serrures et les chaînes qui fermaient les greniers; ce qui se vendait très cher, quand personne ne bougeait, se vendit à vil prix quand tout le monde se leva; on vit se vendre sur le marché sept brebis pour cinq deniers. La famine se changea ainsi en abondance. Chacun s'empressant de prendre la voie de Dieu, on se hâtait de convertir en argent tout ce qui ne pouvait pas servir au voyage. Ce qui coûtait cher, c'étaient les objets nécessaires à la route; mais le reste était vendu pour rien. Mais voici une chose aussi étonnante. Quelques-uns de ceux qui n'étaient pas encore décidés au voyage se moquaient de ceux qui vendaient ainsi à vil prix, et le lendemain ils vendaient eux-mêmes, pour quelques écus, leurs biens et devenaient les compagnons de ceux dont ils s'étaient moqués. Les enfants, les vieilles femmes, les vieillards se préparaient au départ. Ils savaient bien qu'ils ne combattraient pas; mais ils espéraient être martyrs. Ils disaient aux guerriers : « Vous combattrez avec l'épée, nous gagnerons le Christ par nos souffrances. »

(GUIBERT DE NOGENT. *Gesta Dei per Francos.*)

DEUXIÈME LECTURE. — Impression produite sur les croisés par la vue de Constantinople.

Constantinople était alors la plus belle ville du monde. Faute de mots pour rendre leurs impressions, les pèlerins qui l'ont visitée se répandent en exclamations : « O quelle cité! combien noble! combien plaisante! combien pleine d'églises et de palais d'un merveilleux travail! » Foucher de Chartres ajoute : « Sur les places et dans les rues que d'œuvres admirables! il serait fastidieux de faire l'inventaire de cette opulence en toute sorte de richesses, or, argent, vêtements aux formes diverses, reliques des saints... » Un seul des voyageurs nous apporte un peu de précision : c'est Robert de Clari, chevalier amiénois. Il a profité de ses loisirs entre les deux sièges pour visiter

en tous sens la cité souveraine. Il ouvre de grands yeux devant les
boutiques des changeurs et des orfèvres, « les grands monts de besants
et les grands monts de pierres précieuses ». J' nous promène à travers
le grand palais du Boucoléon qui, comme le Kremlin à Moscou, était
plutôt un amas de palais et d'églises dans une enceinte fortifiée. Il y
trouve cent cinq « maisons », trente chapelles grandes ou petites, et
parmi elles la Sainte Chapelle. « Elle était si riche et noble qu'il n'y
avait ni gonds ni verrous qui ne fussent d'argent, ni colonne qui ne
fût de jaspe ou de porphyre ou de riches pierres précieuses; et le pavé
de la chapelle était d'un marbre si lisse et si clair, qu'il semblait qu'il
fût de cristal. » Dans le « moustier Sainte-Souphie » chaque colonne
guérissait de quelque maladie ceux qui s'y frottaient; la table de
l'autel, longue de quatorze pieds, était d'or et de pierres précieuses
fondus ensemble; cent lampadaires étaient formés chacun de vingt-cinq
lampes, dont chacune valait bien 200 marcs d'argent. Partout des
statues équestres en bronze des empereurs. Sur la *spina* de l'Hippodrome, « si avait-il images d'hommes et de femmes et de chevaux et
de bœufs et de chameaux et d'ours et de lions et de beaucoup d'autres
bêtes jetées en cuivre, qui étaient si bien faites et si naturellement
formées qu'il n'y a si bon maître en paganisme ni en chrétienté qui sût
mieux pourtraire ni si bien former images. » Ces images, ce sont les
chefs-d'œuvre dont Nicétas nous a dressé le catalogue... c'était Belié-
rophon chevauchant Pégase; c'était l'Hercule du grand statuaire Lysi-
maque qui, ramassé sous sa peau de lion, le coude sur le genou et
le menton dans la main, méditait sur sa rude destinée .. Au reste, les
Byzantins commençaient à perdre le sens de l'art antique : pour eux
Bellérophon était Josué arrêtant le soleil. Une Minerve fut détruite par
les Grecs eux-mêmes, parce qu'elle avait une main tendue vers l'Occident : ils l'accusaient d'avoir appelé l'armée latine.

    (D'après LAVISSE et RAMBAUD. *Histoire générale*. — Paris, Colin.)

    Livres à consulter : H. MARTIN, MICHELET, DARESTE. BORDIER et
CHARTON. LAVISSE. *Histoire de France*. — LAVISSE et RAMBAUD, *His-
toire générale*. — MICHAUD, *Histoire des croisades*. — L. LÉGER,
Histoire de l'Autriche-Hongrie. — RAMBAUD, *Histoire de la Russie*.
— LAVISSE. *Étude sur les origines de la monarchie prussienne*. —
ROSSEEUW SAINT-HILAIRE. *Histoire d'Espagne*. — G. CARRÉ, *le Moyen
Age*, choix de lectures historiques.

CHAPITRE XVI

ITALIE ET ALLEMAGNE : Papauté et empire. Othon le Grand. — Grégoire VII.

SOMMAIRE

1. L'ALLEMAGNE SOUS LES CAROLINGIENS. — Définitivement séparée, après la diète de Tribur (887), de la France carolingienne, l'Allemagne vit l'élection se substituer à l'hérédité pour le choix de ses souverains. Ses premiers rois furent encore des descendants de Charlemagne. Puis la couronne passa dans la famille saxonne et y resta plus d'un siècle.

2. LA FAMILLE SAXONNE (919-1024). — Henri Ier, l'Oiseleur ou le Fondateur, chef de la dynastie saxonne, fonda les institutions militaires de l'Allemagne; il remporta sur les Hongrois la grande victoire de Mersebourg (933).

3. OTHON LE GRAND (936-973). — Othon Ier, le Grand, vainquit la féodalité, arrêta les Hongrois par la victoire d'Augsbourg, et rétablit l'empire d'Occident (962). Ses successeurs consacrèrent leur règne à faire valoir les droits de l'empire germanique sur Rome et sur l'Italie.

4. LA FAMILLE FRANCONIENNE (1024-1125). — La dynastie franconienne succéda à la dynastie saxonne et conserva la couronne pendant un siècle.

5. HENRI III (1039-1056). — Henri III, le plus puissant des empereurs allemands, tint sous sa domination l'Allemagne, l'Italie et l'Eglise. Il fit déposer trois papes et fut le véritable maître de la papauté.

6. GRÉGOIRE VII ET LA QUERELLE DES INVESTITURES. — Ce fut alors que le moine Hildebrand voulut régénérer l'Eglise et l'affranchir de la domination impériale. A son instigation, les papes profitèrent de la minorité du fils de Henri III, Henri IV, pour assurer au Saint-Siège l'appui des Normands et de la comtesse de Toscane, Mathilde, et pour fonder le collège des cardinaux, auquel fut attribuée l'élection des papes.

Devenu pape sous le nom de Grégoire VII (1073), il interdit le trafic des dignités ecclésiastiques et le mariage des prêtres, il empêcha les princes laïques, et en particulier l'Empereur, de donner aux prélats l'investiture ecclésiastique. Ce décret fit éclater avec l'Empereur une terrible guerre connue sous le nom de Querelle des investitures.

7. Henri IV et Grégoire VII. — Henri IV (1056-1105, et Grégoire VII commencèrent cette lutte mémorable. Le pape fut déposé à Worms, mais l'empereur fut excommunié et obligé de venir s'humilier devant Grégoire VII à Canossa (1077). Remonté sur le trône, Henri IV vint assiéger Rome, et le pape alla mourir en exil à Salerne, chez les Normands (1085).

8. Concordat de Worms (1122). — Les successeurs de Grégoire VII continuèrent la lutte; ils armèrent contre leur père les fils de Henri IV: et le malheureux empereur, détrôné pour la seconde fois, mourut dans la misère.

Enfin le pape et l'empereur signèrent le concordat de Worms (1122). qui était une trêve plutôt qu'une paix durable.

RÉCIT

1. L'Allemagne en 887. — Comme la France et comme l'Italie, ce fut seulement après la diète de Tribur que l'Allemagne eut vraiment sa vie propre et son histoire séparée. Après la déposition de Charles le Gros, les chefs germains s'accordèrent pour élire le Carolingien Arnulf de Carinthie.

Sous le règne de son fils, Louis l'Enfant, les Hongrois pénétrèrent en Allemagne, ravagèrent la Bavière, la Bohème, la Thuringe, la Saxe, et remportèrent sur les troupes germaniques la victoire d'Augsbourg, Louis l'Enfant mourut en 911. Avec lui la famille carolingienne s'éteignit au delà du Rhin.

2. L'Allemagne féodale. — Ce fut alors que la féodalité allemande, qui s'était peu à peu constituée sous le règne des derniers princes carolingiens, prit sa forme définitive. Chacun des grands fiefs ecclésiastiques et laïques devint un Etat pour ainsi dire autonome, et les chefs de ces Etats disposèrent souvent d'une puissance plus grande que le roi.

Les principaux fiefs ecclésiastiques étaient : les archevêchés de Mayence, Cologne et Trèves, dans la région du Rhin ; les évêchés de Strasbourg et de Constance sur le Rhin, d'Augsbourg en Bavière, de Brême, près de la mer du Nord ; l'abbaye de Fulda en Westphalie.

Les grands fiefs laïques étaient les duchés de Lor-

raine, sur la rive gauche du Rhin et dans la vallée de
la Moselle; de Souabe ou Alamanie, dans les hautes
vallées du Rhin, du Neckar et du Danube; de Bavière,

au nord et au sud du Danube, depuis les monts de Thuringe
et de Bohême jusqu'aux Alpes; de Saxe, dans les plaines
traversées par l'Ems et le Weser, jusqu'à la rive gauche
de l'Elbe ; de Franconie, dans la vallée du Main.

3. La dynastie saxonne (919-1024). — Après le
règne très court de Conrad de Franconie la couronne fut
donnée à Henri de Saxe. Elle resta dans la famille saxonne
pendant un siècle.

4. Henri Iᵉʳ le Fondateur (919-936). — Henri Iᵉʳ

l'Oiseleur, que les Allemands ont appelé avec plus de raison le Fondateur, fut le véritable créateur de la puissance militaire de l'Allemagne. Il passa les neuf premières années de son règne à mettre son royaume en état de défense : il fit entourer les villes de solides murailles, défendit de tenir des marchés et de construire des églises ailleurs que dans les enceintes fortifiées ; il ordonna que sur neuf familles une au moins habiterait derrière ces nouveaux remparts ; enfin il exerça la cavalerie allemande par des tournois et par des manœuvres d'ensemble.

Quand ces précautions furent prises, Henri Ier reprit l'œuvre de Charlemagne, la croisade contre les païens. Il battit les Slaves, conquit sur eux les régions marécageuses où Berlin devait s'élever plus tard ; il envoya des missionnaires en Scandinavie et sur les côtes de la Baltique. Il eut plus de peine contre les Hongrois. Ces barbares, campés sur les bords de la Theiss et du Danube, étaient l'effroi de l'Allemagne. Leur cavalerie insaisissable franchissait d'immenses distances, se répandait sur toute une région et pillait tout : depuis l'avènement de Louis l'Enfant, les rois de Germanie leur payaient tribut.

Henri Ier cessa de payer tribut aux Hongrois, et il répondit aux réclamations du khan en lui envoyant un chien mort. Le khan entra en Saxe et rencontra Henri et son armée rangée autour de l'étendard de saint Michel. Après une lutte de deux jours, les Hongrois furent mis en fuite (933).

Henri Ier fut, non pas le plus grand, mais le plus raisonnable des souverains de l'Allemagne ; sans pensées chimériques, sans rêves ambitieux, il affermit sa couronne et défendit son pays,

5. Othon Ier le Grand (936-973). — Henri Ier désigna pour son successeur son second fils, Othon. Le couronnement d'Othon eut lieu à Aix-la-Chapelle avec le plus pompeux apparat. Les grands feudataires étaient autour du trône ; l'archevêque de Mayence lui mit la couronne d'argent sur la tête, le sceptre dans la main gauche, la sainte lance dans la droite, le manteau de pourpre sur les épaules, puis les princes lui prêtèrent hommage et le servirent au grand banquet qui suivit la cérémonie.

6. Othon et la féodalité. — Othon eut d'abord besoin de toute sa vigueur et de toute son activité pour maintenir son pouvoir. Ses frères jaloux songeaient à le renverser ; les ducs de Franconie et de Lorraine voulaient rester indépendants. Othon enferma dans Mayence les ducs révoltés, assiégea son frère Henri dans Augsbourg, et lui pardonna sur les instances de l'évêque.

Vainqueur de la féodalité, Othon comprit néanmoins quelle puissance avait en Allemagne le gouvernement patrimonial des hauts barons, et il songea à faire servir la féodalité elle-même à l'affermissement de son autorité ; par d'habiles mariages, il plaça les principaux fiefs laïques dans sa famille ou dans sa clientèle : son frère Henri épousa la fille du duc de Bavière, son fils Ludolf l'héritière du duché de Souabe ; il donna sa fille au duc de Franconie, Conrad, qu'il investit également du duché de Lorraine. L'un de ses frères monta sur le siège archiépiscopal de Cologne ; plus tard, l'un de ses fils devint archevêque de Mayence.

Ce fut là le secret de sa politique intérieure. Il gouverna l'Allemagne en chef de famille plutôt qu'en véritable souverain.

7. Othon et les invasions. — A l'est et au nord, contre les Slaves et les Hongrois, Othon prit hardiment l'offensive. Il entra en Bohême, prit Prague, força les Polonais à recevoir des missionnaires, pénétra dans le Jutland, et planta sa lance sur le cap Skagen, comme pour marquer la limite de ses États. La Bohême, la Pologne, la Prusse, le Danemark, étaient donc sous sa domination et recevaient la croix protégée par les épées. La création de nouveaux évêchés (Aarhus, Ripen, Sleswig, Havelberg, Branibor ou Brandebourg) assura l'œuvre de la conversion et consolida l'influence germanique.

Pendant ce temps, cent mille cavaliers hongrois se répandaient en Bavière. Othon les anéantit à la grande bataille d'Augsbourg (955), rejeta ceux qui restaient au delà de la Leitha, et organisa, pour les arrêter, la marche d'Autriche.

8. Intervention d'Othon Ier en France et en Italie. — Hors d'Allemagne Othon Ier intervint en France et en Italie.

En France, Othon Ier se prononça en faveur de Louis d'Outremer, contre le puissant duc de France, Hugues le Grand. Il vint en personne au secours du roi. Il prit Reims, atteignit la Seine et la descendit jusqu'à Rouen ; puis il retourna en Allemagne.

L'Italie était troublée par toutes sortes de désordres. Bérenger de Toscane venait de tuer le roi Lothaire et voulait forcer la reine Adélaïde, sa veuve, à un mariage qui l'indignait. Celle-ci se réfugia dans le château de Canossa, d'où elle offrit à Othon sa main et sa couronne. Le roi de Germanie se hâta de réunir ses troupes, fit venir au-devant de lui les évêques italiens, épousa Adélaïde et ceignit à Milan la couronne de fer des rois lombards.

9. Othon le Grand, empereur (962). — De nouvelles guerres civiles le rappelèrent bientôt. Le pape Jean XII invoqua son aide. Othon descendit en Italie et se dirigea sur Rome. Il y entra le 31 janvier 962, et le surlendemain se fit couronner empereur dans l'église Saint-Pierre.

Le couronnement d'Othon n'eut pas le même caractère que celui de Charlemagne. En 800, la papauté venait d'être élevée très haut par une suite de papes habiles, actifs et vertueux ; ce fut Léon III qui *donna* l'empire au roi des Francs. Au contraire, au dixième siècle, Rome avait été pleine de désordres et de misères, et la papauté était impuissante : ce fut Othon qui *exigea* le rétablissement de l'empire et qui mit la papauté dans sa dépendance.

Ainsi fut créé le Saint-Empire romain germanique. Cette union des deux pouvoirs temporel et spirituel provoqua des luttes sanglantes et eut des conséquences déplorables pour l'Allemagne et pour l'Italie, pour l'empire et pour la papauté.

Othon Ier voulut encore augmenter sa puissance impériale en nouant des relations avec l'empire byzantin. Il maria son fils Othon, déjà couronné « César et Auguste » avec la princesse Théophanie, fille de l'empereur Nicéphore Phocas. Par ce mariage, Othon Ier espérait assurer à l'empire l'acquisition future de l'Italie méridionale.

10. Les lettres sous Othon Ier ; sa mort. — Il voulut enfin rendre un peu d'activité et d'éclat aux études littéraires. Il y fut aidé par son frère Bruno, l'archevêque de Cologne, plein d'enthousiasme pour les lettres, et surtout par Gerbert, le futur Sylvestre II, qu'il avait amené d'Italie et qu'il avait nommé précepteur de son fils. Sous son règne, des écoles monastiques furent fondées à Magdebourg, Hildesheim et Halberstadt, dans la Saxe orientale; des savants étrangers furent attirés à la cour d'Allemagne, et les grandes abbayes, entre autres celle de Saint-Gall, devinrent des foyers d'activité littéraire.

Othon Ier mourut en 973; il voulut être enterré debout, les yeux ouverts, le visage tourné vers l'Orient, afin que son cadavre menaçât encore les païens qu'il avait vaincus.

11. Les Othonides. — Les successeurs d'Othon Ier, Othon II, Othon III et Henri II le Saint, négligèrent l'Allemagne pour l'Italie. Ils cherchèrent à s'emparer de l'Italie méridionale, à consolider leur autorité à Rome. Henri II fut moins un soldat qu'un moine : il ressemblait par son caractère au roi Robert le Pieux. Avec lui s'éteignit la dynastie saxonne.

12. La dynastie franconienne (1024-1125). — Les princes allemands choisirent alors pour roi Conrad, duc de Franconie, appelé quelquefois Conrad le Salique, parce qu'il prétendait descendre des Francs Saliens.

Le premier souverain de la maison franconienne se montra actif et habile. Il imposa son autorité à tous les seigneurs allemands et rechercha surtout l'appui de la petite féodalité contre les grands vassaux.

Maître de l'Allemagne et de l'Italie, Conrad acquit en 1032, sous le nom de royaume d'Arles, toute la partie de l'ancien royaume de Bourgogne, située à l'est du Rhône et de la Saône. Besançon, Genève, Lyon et Marseille devinrent villes d'empire.

13. Henri III le Noir (1039-1056). — A Conrad II succéda son fils Henri III, qui fut le plus puissant des empereurs allemands. Il domina sans conteste les principautés germaniques, imposa sa volonté aux nations slaves, tint en échec la France et l'Angleterre, traita l'Italie en pays conquis, éleva et déposa les papes et commença la réforme de l'Eglise.

Rome était le théâtre des mêmes désordres qu'au dixième siècle. Les principales familles féodales se disputaient à main armée la tiare pontificale. En 1046, trois papes étaient en présence. Henri III profita de cette anarchie pour s'emparer du Saint-Siège. Appelé en Italie par le clergé romain, il convoqua un concile à Sutri, déposa les trois papes, et fit élire un prélat allemand, Clément II. Dès lors et jusqu'à sa mort, l'empereur se chargea de désigner les souverains pontifes. Maître dans l'État, il était aussi devenu le maître de l'Église.

14. L'Eglise au onzième siècle. — Depuis que d'immenses domaines étaient attachés aux dignités d'évêque et d'abbé, l'Église était entrée dans la féodalité, et ainsi elle était devenue la vassale de la puissance temporelle. Le souverain choisissait le plus souvent les évêques sans le contrôle du pape, et, comme il cherchait des vassaux fidèles et non des pasteurs d'âmes, il laissait les plus instruits et les plus pieux pour prendre les plus dévoués et les plus riches, ceux dont il pouvait espérer le concours le plus efficace. De plus en plus, l'empereur s'était arrogé le droit de nommer à toutes les charges ecclésiastiques.

Il en résultait : 1° que l'Église était tombée en Italie et en Allemagne dans la sujétion de l'empire; 2° que les dignités ecclésiastiques étaient devenues l'objet d'un véritable trafic et que les mœurs du clergé s'étaient corrompues.

15. Réforme de Cluny. — L'Église songea alors à remédier aux maux dont elle souffrait. L'idée d'une réforme partit du monastère de Cluny. Ce monastère, fondé au dixième siècle, avait conservé toute l'autorité de la règle bénédictine. Les abbés déploraient les vices de la société, le trafic des dignités ecclésiastiques, flétri du nom de simonie, la corruption des mœurs. Ils avaient une haute opinion de la mission de l'Église, et, loin de penser qu'elle pouvait être la vassale de l'empire, ils voulaient l'élever au-dessus de la société laïque.

C'est de Cluny que sortit le moine Hildebrand, plus tard pape sous le nom de Grégoire VII, qui, par son énergie et sa ténacité, personnifie la double lutte de la papauté contre les vices de l'Église et contre l'autorité impériale.

16. Le moine Hildebrand. — Hildebrand, né en Toscane d'une humble famille, élevé à Rome, vécut quelque temps en Allemagne, puis se retira dans le monastère de Cluny. L'austérité de ses mœurs, l'étendue de son intelligence, la fermeté indomptable de son caractère, le désignèrent pour les plus hautes dignités. Il fut élu prieur du couvent. L'archevêque de Toul, qui venait d'être nommé pape sous le nom de Léon IX, l'emmena avec lui à Rome et lui donna le titre de cardinal-diacre de l'Eglise romaine. Désormais Hildebrand dirigea la politique pontificale jusqu'au moment où il monta lui-même dans la chaire de saint Pierre.

17. Premiers actes d'Hildebrand. — Le cardinal Hildebrand rendit un premier service à la papauté; il lui assura deux puissants alliés : les Normands et la comtesse Mathilde.

Quelques chevaliers normands, fils de Tancrède de Hauteville, petit seigneur du pays de Coutances, étaient venus guerroyer dans l'Italie méridionale contre les Sarrasins. L'un d'eux, Robert Guiscard ou le Rusé, résolut de conquérir le pays. Le pape Léon IX, sur les conseils d'Hildebrand, leva une armée contre les Normands, mais il fut vaincu au combat de Civitella. Cette défaite fut aussi heureuse qu'une victoire. Robert Guiscard, pour légitimer ses conquêtes, se déclara le vassal du pape. Les Normands, maîtres de Naples et de la Sicile, devinrent les alliés du Saint-Siège.

Au nord de Rome, le fief le plus important était la Toscane; à la fin du onzième siècle, les vastes domaines qui le constituaient appartenaient à la comtesse Mathilde. Celle-ci mit à la disposition du Saint-Siège toutes les ressources de ses Etats, et mérita le titre de fille de Saint-Pierre.

Rome était ainsi soutenue par deux Etats puissants : Naples au sud et Florence au nord.

Hildebrand put alors commencer la réforme de l'Eglise. Sous son inspiration, le pape Nicolas II réunit un grand concile à Latran. Il fit décréter que désormais les papes seraient élus par les cardinaux. L'élection des papes ne devait plus être soumise à l'arbitraire de la puissance impériale.

En 1073, Hildebrand fut élu et prit le nom de Grégoire VII.

18. Grégoire VII (1073). — En assumant le gouvernement de l'Eglise, Grégoire VII avait une haute idée de ses devoirs et de ses droits; il ne voyait rien dans la société civile et religieuse qu'il ne fût obligé de surveiller et d'amender.

Il se mit aussitôt à l'œuvre; il convoqua un concile à Rome et renouvela les décrets de ses prédécesseurs contre le mariage des prêtres et la simonie. Tout clerc devait prêter le serment d'observer le célibat. Les membres du clergé, arrachés à leurs familles mondaines, étaient rendus tout entiers à la grande famille spirituelle, à l'Eglise. Un autre décret les dégagea des liens de la féodalité; il interdit à tout clerc de recevoir aucune dignité ecclésiastique de la main d'un laïque, et à tout laïque de conférer aucune dignité ecclésiastique à un clerc. Le pape se déclarait ainsi le seul suzerain des évêques, et par conséquent des domaines du clergé.

Partout Grégoire VII envoya ses légats pour faire exécuter ses volontés. Il réclama à Guillaume d'Angleterre le tribut qu'il avait promis, revendiqua l'hommage des rois de Pologne et de Bohême, excommunia Robert Guiscard pour avoir pris sans permission le titre de duc de Sicile, chassa de la Toscane Godefroy de Lorraine qu'il trouvait indocile, appela à son tribunal Henri IV et ses vassaux, reprocha à l'empereur ses désordres et ses désobéissances, et lui écrivit :

« Au roi Henri, salut et bénédiction, s'il obéit au Saint-Siège. »

19. La Querelle des investitures. — Cette politique audacieuse et cette attitude autoritaire de Grégoire VII devaient fatalement déchaîner la lutte entre le pape et l'empereur, entre le sacerdoce et l'empire. Cette lutte, ayant éclaté à propos du droit de nomination, ou investiture, aux charges ecclésiastiques, a gardé dans l'histoire le nom de *Querelle des investitures.*

20. Grégoire VII et Henri IV. — Henri IV, irrité des reproches de Grégoire VII, convoqua à Worms un concile, sous la présidence d'un cardinal interdit, et rédigea un acte d'accusation des plus violents, terminé par une sentence de déposition contre « le moine Hildebrand ». Grégoire présidait dans l'église Saint-Jean-de-Latran une de ces grandes assemblées d'évêques qu'il se plaisait à réunir autour de lui, lorsque le moine Roland de Parme vint apporter les lettres de l'empereur et du concile. Aussitôt le pape monta en chaire, et lut une sentence d'excommunication contre l'empereur.

Pas un prince ne songea à protester contre cette sentence, et l'Allemagne s'y soumit. Les moines la portèrent, les évêques la reçurent, les princes l'acceptèrent et l'empereur la subit. Abandonné de ses partisans, attaqué par ses ennemis, il convoqua à Worms une diète où personne ne vint.

21. Henri IV à Canossa (1077). — Henri, accablé, ne vit de salut que dans une prompte soumission à l'autorité pontificale. Accompagné de sa femme, Berthe de Savoie, qui lui restait dévouée, de son enfant en bas âge et de quelques serviteurs, précédé d'une longue file d'évêques allemands excommuniés, il descendit en Italie et se dirigea vers la Toscane, où Grégoire VII recevait l'hospitalité de la comtesse Mathilde.

Arrivé au château de Canossa, il trouva les portes fermées et attendit trois jours dans la cour de l'enceinte extérieure, à jeun, pieds nus dans la neige, qu'il plût au pape de l'admettre en sa présence. Les instances de la comtesse Mathilde et de l'abbé de Cluny obtinrent enfin que l'empereur parût devant le souverain pontife. Grégoire lui donna son absolution, mais refusa de lui rendre sa couronne; il se réserva de juger cette affaire à la diète d'Augsbourg.

22. Nouvelles luttes. — Deux mois après, les princes allemands, dans une diète tenue à Worms, élurent Rodolphe de Souabe, de l'aveu des légats, et le nouvel empereur déclara qu'il tenait sa couronne de l'Église, que la dignité impériale serait désormais élective et l'élu soumis à la confirmation du pape. Henri protesta et contre le couronnement de l'anticésar et contre l'abaissement de l'empire; les princes allemands revinrent à lui, le prirent pour chef national, et commencèrent contre Rodolphe une guerre qui se termina par la mort de ce dernier.

23. Exil et mort de Grégoire VII (1085). — Maître de l'Allemagne et fier de son triomphe, le vainqueur passa en Italie, réunit un concile qui déposa Grégoire VII, et vint assiéger Rome. La ville fut prise, et le pape, bloqué dans le château Saint-Ange, vit introniser son ennemi personnel, l'archevêque de Ravenne, sous le nom de Clément III et couronner Henri IV.

Grégoire VII appela à son aide le roi de Naples, Robert Guiscard, son vassal. Celui-ci réunit quelques troupes, poussa sur Rome, délivra le pape, pilla les maisons et emmena le pontife dans les rangs de ses soldats. Quand il le tint à Salerne, moins comme un hôte que comme un prisonnier, il lui demanda le titre de roi; Grégoire VII refusa. L'empereur offrit de traiter; il refusa encore. Mourant et indomptable, le souverain pontife tint tête à la fortune jusqu'à la fin.

Avant de mourir, il prononça cette parole, qui marque à la fois la tristesse de son âme et sa conviction dans son droit :

« J'ai aimé la justice et j'ai haï l'iniquité, c'est pourquoi je meurs en exil » (1085).

24. Mort de Henri IV (1106). — La mort de Grégoire VII ne fit pas triompher Henri IV. Les papes renouvelèrent la lutte, excommunièrent l'empereur et soulevèrent contre lui ses enfants, qui le déposèrent à la diète de Mayence.

Le vieil empereur ne put obtenir sa grâce; privé de tout, réduit pour vivre à demander une place de chantre dans l'église de Spire, il se retira sur les terres de l'évêque de Liège, sa créature, et périt de misère sur les marches d'une église qu'il avait fondée. L'excommunication le poursuivit jusqu'après le tombeau; son corps fut déterré, et pendant cinq ans on laissa ses restes maudits dans un cercueil de pierre, en dehors de l'église de Spire.

25. Concordat de Worms (1122). — Après de nouvelles luttes entre le pape et l'empereur, les deux adversaires firent la paix. Le pape Calixte II et l'empereur Henri V signèrent le Concordat de Worms. Par ce concordat, Henri rendit à l'Église l'investiture religieuse par l'anneau et par la crosse; il accorda que, dans toutes les églises de ses États, les élections seraient faites d'après les règles canoniques, et que les prélats élus seraient librement consacrés.

Il s'engageait, en outre, à rendre ou à faire rendre à l'Église romaine les terres de Saint-Pierre qui lui avaient été enlevées depuis le commencement de la querelle.

D'autre part, l'empereur conservait l'investiture féodale par l'épée, c'est-à-dire qu'il conservait la suzeraineté de tous les biens temporels dont les évêques étaient bénéficiers.

Il était impossible de terminer le débat par une transaction plus équitable. Mais la guerre ne tardera pas à éclater de nouveau sur un autre terrain et sous une autre forme. En réalité, le Concordat de Worms ne fut qu'une trève dans la lutte du sacerdoce et de l'empire.

LECTURE. — L'entrevue de Canossa.

Le 25 janvier 1077, publiquement, en chemise de laine, nu-pieds, comme un pénitent, Henri IV se présenta dans la première enceinte du château, quelques autres pénitents avec lui. C'était alors un homme dans la force de l'âge, « d'une taille et d'une beauté, dit un contemporain, dignes d'un empereur ». Il avait les genoux dans la neige épaisse et dure, et y resta à jeun jusqu'au soir, sans voir s'ouvrir les portes de la miséricorde ; il revint ainsi le lendemain et le surlendemain. Hugues de Cluny, la comtesse Mathilde, la belle-mère du roi imploraient le pontife avec larmes, s'étonnaient de sa dureté inaccoutumée, et parfois s'échappaient en plaintes amères contre cette cruauté et cet orgueil tyrannique, si éloignés de la vraie prudence, de la sévérité apostolique.

Dans la nuit du troisième jour enfin, le pape céda et promit de donner l'absolution qu'on lui demandait, mais en prenant ses garanties pour conserver son intervention dans les choses politiques. Six cardinaux pour le pape, un archevêque, deux évêques, l'abbé de Cluny et le marquis d'Este pour Henri IV, dressèrent un acte par lequel celui-ci s'engageait à se présenter à la diète des princes, au jour fixé par le pape, pour y être reconnu innocent ou coupable ; — à protéger le pape dans sa vie, dans ses membres, dans son honneur ; — et, jusqu'au prononcé de la diète sur son sort, à ne porter aucune marque de la dignité royale et à s'abstenir de tout acte de gouvernement, à peine pour Henri, s'il manquait à une seule de ces conditions, de retomber par le fait sous l'anathème... Ceux qui répondaient pour le roi jurèrent, et Hugues de Cluny donna sa parole « devant Dieu qui voit tout ».

Le lendemain 28 janvier, les portes s'ouvrirent devant le royal pénitent. Le pape était sur le seuil de la chapelle du château avec ses cardinaux. Il vit, non sans quelques larmes dans les yeux, étendu à ses pieds, le bras en forme de croix et fondant en sanglots, le fils de l'empereur Henri III ; il l'entendit à la fois demander grâce et pardon, le délia des liens de l'anathème, le ramena par la main dans l'église, lui donna le baiser de paix, et célébra solennellement lui-même la messe de réconciliation.

(J. ZELLER, Henri IV et Grégoire VII.)

Livres a consulter : J. ZELLER, *Histoire d'Italie;* — *Histoire d'Allemagne;* — *Entretiens sur l'histoire du moyen âge.* — ROCQUAIN, *la Papauté au moyen âge.* — VOIGT, *Histoire du pape Grégoire VII.* — LAVISSE et RAMBAUD, *Histoire générale.* — G. CARRÉ, *le Moyen Age,* choix de lectures historiques.

CHAPITRE XVII

ITALIE ET ALLEMAGNE : **Papauté et empire.**
Frédéric Barberousse. — Innocent III.

SOMMAIRE

1. LES GUELFES ET LES GIBELINS. — Après le règne du Saxon Lothaire II, deux grandes familles allemandes se disputèrent l'empire : celle des Guelfes, ducs de Bavière et de Saxe, et celle des Gibelins, ducs de Souabe. De là la lutte si célèbre des Guelfes et des Gibelins qui troubla l'Allemagne et l'Italie.

2. CONRAD III (1138-1152). — Conrad III, de la famille gibeline, fut élu et commença la glorieuse maison de Souabe. Il dépouilla de ses duchés le Guelfe Henri le Superbe et partit pour la seconde croisade.

3. FRÉDÉRIC BARBEROUSSE (1152-1190). — Frédéric Ier Barberousse fit revivre les prétentions de l'Allemagne sur l'Italie et le Saint-Siège. Il réclama les droits de souveraineté sur les villes lombardes qui s'étaient constituées en républiques et sur Rome où s'agitait le tribun Arnaud de Brescia.

4. LES GIBELINS EN ITALIE. — Les villes lombardes et le pape Alexandre III se soulevèrent contre ces prétentions. Milan fut détruite. Mais l'empereur fut vaincu à son tour à la bataille de Legnano et il fut obligé de signer avec le pape et les Lombards la trêve de Venise (1177), qui devint plus tard la paix de Constance.

5. LES GIBELINS EN ALLEMAGNE. — Frédéric Barberousse, vaincu en Italie, fut tout-puissant en Allemagne. Il dépouilla Henri le Lion de ses duchés de Saxe et de Bavière. Enfin il prépara, par le mariage de son fils, les droits de sa famille sur le royaume des Deux-Siciles.

La mort de Frédéric Barberousse dans la troisième croisade augmenta encore la gloire et le prestige de son nom.

6. HENRI VI (1190-1197). — Henri VI passa son règne à conquérir et à opprimer le royaume des Deux-Siciles. Il eut plus d'ambition et moins de génie que son père.

A sa mort, deux candidats se disputèrent la couronne allemande, le Guelfe Othon de Brunswick et le Gibelin Philippe de Souabe.

7. INNOCENT III (1198-1216). — Pendant que l'empire s'affaiblissait, la papauté se relevait sous le pontificat d'Innocent III. Ce pape, plus ambitieux que Grégoire VII, imposa son autorité aux rois d'Occident, Philippe-Auguste et Jean sans Terre, prêcha deux croisades contre les musulmans, combattit les Arabes en Espagne et les Albigeois en France.

En Allemagne, Innocent III se prononça pour Othon de Brunswick, puis pour Frédéric II, fils de Henri VI.

8. FRÉDÉRIC II. — Frédéric II devint seul empereur, après la défaite d'Othon à Bouvines ; il fut proclamé à Aix-la-Chapelle (1215). Cette

même année, Innocent III termina son pontificat par le concile de Latran.

9. NOUVELLE LUTTE DES GUELFES ET DES GIBELINS. — Frédéric II entra en lutte avec le pape, partit pour la croisade et, à son retour, délivra son royaume de Naples, menacé par Jean de Brienne. Il signa avec le pape la paix de San-Germano (1230).

Pendant que Frédéric gouvernait le royaume de Naples, l'Allemagne se révolta. Il soumit cette insurrection, et, à son retour en Italie, il écrasa la ligue lombarde à Corte-Nuova, assiégea Grégoire IX dans Rome, et s'empara des évêques venus au conclave de Rome.

10. INNOCENT IV. — L'élection d'Innocent IV et la déposition de l'empereur au concile de Lyon firent éclater une dernière lutte, la plus sanglante de toutes, entre les Guelfes et les Gibelins d'Italie. Frédéric II vaincu mourut en 1250.

11. RÉSULTATS DE LA LUTTE. — L'Eglise et l'empire sortaient affaiblis de cette lutte. L'Allemagne était livrée à l'anarchie du grand interrègne. La papauté allait subir la captivité d'Avignon.

RÉCIT

1. Etat de l'Allemagne et de l'Italie au douzième siècle. — La lutte de l'Allemagne et de l'Italie, de l'empire et de la papauté, un moment interrompue par le Concordat de Worms, recommença au douzième siècle. La première période de lutte avait été marquée par la Querelle des investitures; la seconde fut marquée par la lutte des Guelfes et des Gibelins. Pour en comprendre le caractère et l'importance, il faut d'abord étudier l'état de l'Allemagne et de l'Italie.

En Allemagne, la couronne impériale était élective. Les grandes familles féodales qui se disputaient le pouvoir entraient en rivalité à chaque élection nouvelle. Aussi les empereurs devaient-ils défendre leur autorité en Allemagne, en même temps qu'ils cherchaient à établir leur domination en Italie.

En Italie, le morcellement féodal et communal était extrême. Deux Etats seulement y avaient conservé une certaine importance : au sud, le royaume de Sicile, fondé par les Normands, et, au centre, les Etats du Saint-Siège. Partout ailleurs, on ne voyait que de petits fiefs laïques ou ecclésiastiques et des communes qui étaient de véritables républiques. Parmi ces républiques, Milan, Pavie, Plaisance, Vérone, Venise, Gênes, Pise, Florence, étaient les plus importantes.

Ce régime de liberté ne fut pas sans inconvénients. Ces petits Etats se jalousaient les uns les autres.

Profiter de ce morcellement et de ces discordes pour soumettre à leur domination l'Italie et la papauté, telle fut la politique des empereurs, dans cette seconde période de la lutte.

2. Lothaire II (1125-1137). — A la mort de Henri V, dernier empereur de la maison de Franconie, les princes allemands, à l'instigation de l'archevêque de Mayence, donnèrent la couronne à Lothaire, duc de Saxe. Le nouvel empereur fit preuve de faiblesse. En Italie, où il fit deux expéditions, il mit le pouvoir impérial au service du Saint-Siège; en Allemagne, il ne sut ni maintenir son autorité sur les villes libres et sur la petite noblesse des chevaliers et des burgraves, ni arrêter les accroissements des deux grandes maisons de Souabe et de Bavière. Après sa mort, les électeurs allemands ne voulurent pas laisser dans la famille saxonne la couronne impériale dont il avait compromis le prestige.

3. Maison de Souabe (1138-1250). — Après la mort de Henri V, le dernier franconien, et après le règne du faible Lothaire II, de la maison de Saxe, deux puissantes familles se disputèrent l'empire, celle des Welfs, représentée par Henri le Superbe, gendre de Lothaire II, duc de Bavière, de Saxe et de Toscane, et celle des Hohenstaufen, représentée par Conrad, seigneur de Weiblingen, duc de Souabe et de Franconie.

L'Allemagne fut divisée en deux partis : les Guelfes, partisans de Henri Welf, et les Gibelins, partisans de Conrad de Weiblingen. Ce dernier fut élu à la diète de Mayence (1137).

4. Les Guelfes et les Gibelins en Italie. — Les noms de Guelfes et de Gibelins, employés en Allemagne pour désigner les deux factions qui se disputaient le pouvoir, passèrent les Alpes et prirent en Italie une signification plus générale. Les Gibelins furent les partisans de la domination impériale; les Guelfes, qui en étaient les ennemis, furent les défenseurs de la papauté et de l'indépendance italienne. Ainsi la vieille lutte du sacerdoce et de l'empire allait recommencer sous des noms nouveaux.

5. Frédéric Barberousse (1152-1190). — Conrad III,

le premier empereur gibelin, affermit son autorité en Allemagne contre Henri le Superbe, son rival, et son fils Henri le Lion. Il prit part à la seconde croisade et, avant de mourir, il désigna au choix des électeurs son neveu, Frédéric Barberousse.

Frédéric Ier, que les Italiens ont surnommé Barberousse, à cause de la couleur de sa barbe, a été le plus populaire des empereurs d'Allemagne. Sa haute stature, sa force fabuleuse, la beauté de ses traits, sa bravoure chevaleresque, l'avaient rendu célèbre parmi tous les princes allemands. Il était plus instruit qu'aucun homme de son temps et il aimait à s'entourer de savants légistes qui, s'inspirant du droit romain, affirmaient la puissance absolue de l'empire. Lui-même avait pris pour modèle Charlemagne, qu'il fit canoniser.

Aussi tout son règne fut-il consacré à maintenir les droits de l'empire sur les princes allemands, sur les papes et sur l'Italie. Il passa six fois les Alpes, et aucun prince, depuis Othon le Grand, ne prit plus au sérieux son titre de chef du Saint-Empire romain germanique.

6. Sa puissance en Allemagne. — Frédéric assura d'abord son autorité en Allemagne et y joua le rôle d'un sévère justicier. Il termina par la force les différends de l'archevêque de Mayence et du comte palatin du Rhin. Il protégea le peuple des campagnes contre la tyrannie de la petite noblesse ; il réduisit à l'obéissance les burgraves qui, du haut de leurs donjons, vrais repaires de bandits, répandaient la terreur dans toute la vallée du Rhin. Bientôt l'empereur se crut assez fort pour traiter généreusement la famille des Guelfes, rivale de la sienne. Il rendit la Bavière à Henri le Lion et il érigea le margraviat d'Autriche en duché héréditaire.

Au dehors, il sut imposer son autorité : les rois de Bohême et de Pologne lui prêtèrent hommage. Il épousa Béatrix, héritière de la Franche-Comté, et il étendit ainsi l'autorité de l'empire sur une partie de la vallée de la Saône.

7. Première expédition en Italie (1154). Arnaud de Brescia. — L'empereur était trop puissant en Allemagne pour ne pas faire valoir ses droits sur l'Italie. Les Italiens eux-mêmes provoquèrent son intervention. Dans la Lombardie, Crème et Lodi se plaignaient de la tyrannie de

Milan ; à Rome, le pape Adrien IV invoquait le secours de l'empereur contre le tribun Arnaud de Brescia ; enfin, à Naples, les seigneurs se révoltaient contre le roi des Deux-Siciles, Roger.

Frédéric Barberousse franchit les Alpes, détruisit Tortone, alliée de Milan, et prit la couronne lombarde à Pavie. Puis il marcha sur Rome, où l'appelait Adrien IV.

Rome était, depuis quinze ans, en république. Un disciple d'Abélard, Arnaud de Brescia, la gouvernait. Il avait fait revivre les anciennes institutions romaines, le sénat, les consuls, les tribuns, l'ordre équestre. Il voulait enlever à l'Eglise toute autorité temporelle. Frédéric Ier fit arrêter Arnaud de Brescia et le livra à la vengeance du pape. Le tribun fut brûlé vif devant les portes de Rome (1154).

Frédéric fut couronné empereur par le pape ; mais les Romains se révoltèrent le jour même du couronnement, en apprenant le supplice d'Arnaud de Brescia. Un combat sanglant s'engagea dans les rues de Rome. Frédéric fut vainqueur ; puis il quitta l'Italie et retourna en Allemagne.

8. Frédéric Barberousse et Adrien IV. — L'alliance du pape et de l'empereur ne fut pas de longue durée. Adrien IV avait disposé du royaume de Naples sans consulter Frédéric ; celui-ci, de son côté, avait donné à plusieurs de ses vassaux l'investiture de biens ecclésiastiques, comme ses prédécesseurs. Le pape se plaignit de la violation du Concordat de Worms. Ainsi recommençait encore une fois la vieille querelle du sacerdoce et de l'empire.

Cette querelle se compliqua de la lutte de l'empire contre les républiques italiennes. Les Milanais, malgré les menaces de Frédéric, avaient soumis Pavie et ruiné Lodi. L'empereur franchit les Alpes pour la seconde fois en 1158.

9. Seconde expédition en Italie. — Frédéric entraînait avec lui la plus formidable armée qu'on eût encore vue en Italie. Les Milanais, abandonnés par les petites cités lombardes qu'ils avaient voulu dominer, demandèrent la paix et consentirent à payer une rançon.

L'empereur voulut alors établir par le droit la puissance qu'il venait de conquérir par l'épée. Il convoqua à Roncaglia une diète où parurent les vassaux nobles, les députés des villes et les docteurs en droit les plus renommés. L'arche-

vêque de Milan, qui présidait, déclara que la volonté de
l'empereur était la suprême loi. L'empereur, profitant aussitôt de ces déclarations dangereuses, envoya dans toutes
les villes des *podestats* chargés d'exercer en s n nom l'autorité. L'institution des podestats aurait porté un coup mortel
aux libertés municipales, si l'Italie avait subi sans résistance
le joug de Frédéric.

**10. Troisième expédition. Ruine de Milan
(1162).** — Mais les prétentions de l'empereur furent com-
battues par Milan, par la plupart des cités lombardes et par
le successeur d'Adrien IV, Alexandre III. L'empereur, appa-
raissant de nouveau en Italie, incendia Crème, et marcha
sur Milan qu'il avait juré de détruire.

Cette ville subit pendant deux ans toutes les horreurs
d'un siège; trahie par les cités voisines, elle demanda à se
rendre.

A une lieue des portes, l'empereur, assis sur son trône,
fit défiler devant lui les malheureux vaincus, pieds nus, en
chemise et un cierge à la main, selon la coutume du moyen
âge. Il ne leur accorda que la vie, ordonna que leur ville
serait détruite, à l'exception des églises, et confia aux citoyens de Pavie, de Lodi et de Crémone, le soin de raser les
murs de leur rivale.

11. La ligue lombarde. — Après le départ de Fré-

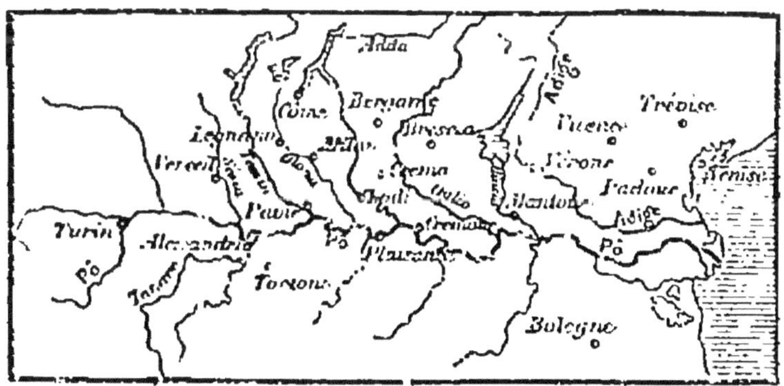

La Lombardie au temps de Frédéric Barberousse.

déric pour l'Allemagne, à la voix du pape Alexandre III, se
forma la ligue des principales villes lombardes.

Douze cités s'engagèrent les unes envers les autres à mourir pour la liberté et à garder contre l'empereur et ses descendants une haine éternelle. Leur premier acte fut de rebâtir Milan : des ouvriers, venus des villes voisines, creusèrent des fossés, élevèrent des murailles, bâtirent des maisons, et les Milanais dispersés revinrent, jurant de défendre mieux la patrie qui leur était rendue.

Le pape Alexandre III vint se mettre à la tête des confédérés et apparut ainsi comme le défenseur de l'indépendance italienne. Les Lombards reconnaissants donnèrent le nom d'Alexandrie à la forteresse qu'ils bâtirent, sur le Tanaro, dans une admirable position stratégique (1168).

12. Bataille de Legnano (1176). — Frédéric avait convoqué le ban de l'empire, et, à la tête d'une nombreuse armée, il franchit les Alpes. Les Allemands vinrent mettre le siège devant Alexandrie, qu'ils appelaient par dérision *Alexandrie la Paille*. La ville résista, et l'empereur dut se retirer sur Pavie. Au lieu de combattre les Italiens, il conclut un armistice.

Lorsqu'il reprit les armes, Henri le Lion et ses chevaliers refusèrent de combattre, prétextant que les soixante jours du service féodal étaient expirés. Frédéric essaya vainement de le retenir. « Soutiens dans sa détresse, lui dit-il, ton maître, ton parent et ton ami, et tu me trouveras toujours prêt à te rendre tous les services. » Henri le Lion demanda la cession de la ville de Gozlar. Il descendit de cheval et embrassa les genoux de son vassal. L'inflexible Guelfe ne le releva pas. Alors l'impératrice, qui assistait à cette scène, s'écria : « Relevez-vous, mon cher époux, vous et Dieu vous garderez le souvenir de cet abaissement. » Cependant le duc allait céder, lorsqu'un de ses vassaux lui dit : « Prends garde ! tu verras bientôt sur la tête cette couronne que tu vois à tes pieds. »

Malgré la défection de Henri le Lion, Barberousse voulut combattre l'armée italienne. La rencontre eut lieu près du village de Legnano. L'empereur fit des prodiges de valeur, et pénétra deux fois jusqu'au *carroccio* des Milanais : un corps italien, qui s'appelait la compagnie de la mort, le repoussa. Blessé et jeté à bas de son cheval, il fut foulé aux pieds, et ses soldats périrent en foule dans les flots du Pô et du Tessin. Il ne reparut qu'au bout de trois jours à Pavie,

où on le croyait mort et où sa femme avait déjà pris le
deuil.

13. Trêve de Venise (1177). — L'empereur vaincu
demanda la paix. Une entrevue eut lieu à Venise entre
Frédéric, le pape Alexandre III et les délégués des villes
lombardes. L'empereur était relevé de l'excommunication;
Alexandre III était reconnu comme seul pontife légitime.
Les villes lombardes accordaient à Frédéric la suzeraineté
politique de l'Italie, le droit de se faire couronner à Pavie et
à Rome; elles s'engageaient à lui fournir des vivres ainsi
qu'à sa suite, à entretenir les ponts et les routes, à lui prêter
serment de fidélité; en retour, les villes obtenaient la nomination de leurs magistrats. Sur ces bases, on conclut une
trêve de six ans, qui fut transformée en paix définitive à
Constance (1183).

14. Frédéric Barberousse et Henri le Lion. —
L'empereur avait hâte de revenir en Allemagne pour se
venger de la trahison des Guelfes. Henri le Lion fut cité à la
diète de Wurtzbourg : accusé de félonie, il fut mis au ban de
l'empire et condamné à la perte de ses biens.

Henri le Lion, pour sauver au moins ses domaines patrimoniaux, alla se jeter aux pieds de l'empereur. Frédéric,
ému jusqu'aux larmes en voyant la ruine de celui qui avait
été son ami d'enfance, eût volontiers pardonné. Mais il était
lié par ses engagements avec les princes allemands. « C'est
toi qui l'as voulu ! » dit-il tristement.

Henri se retira en Angleterre auprès du roi Henri II dont
il avait épousé la fille, la pieuse Mathilde. Son fils, Guillaume
de Brunswick-Hanovre, fut la tige de la maison de Hanovre,
qui règne aujourd'hui en Angleterre.

15. Puissance de Frédéric Barberousse. —
Désormais Frédéric eut en Allemagne une puissance incon-
testée. Sa grandeur éclata à la diète de Mayence, où des fêtes
extraordinaires furent célébrées pour la pacification de l'Allemagne et de l'Italie. Quarante mille chevaliers, venus de
l'Allemagne, de la France, de l'Angleterre, s'y donnèrent
rendez-vous. Pour recevoir cette brillante noblesse, on bâtit
une ville de bois dans la plaine qui s'étend entre le Rhin et
le Main. Barberousse, entouré de ses cinq fils, servi par des

ducs et des princes, apparut dans un tournoi, et, malgré ses soixante-trois ans, rompit une lance avec les jeunes chevaliers. C'est là aussi que se firent entendre les troubadours allemands, au milieu d'une noblesse que les expéditions en Italie et en Provence avaient préparée au charme de la poésie.

Deux ans plus tard, une fête aussi brillante fut célébrée à Milan. Le fils aîné de l'empereur, Henri, épousait Constance, unique héritière de Naples et de la Sicile. L'Allemagne, qui paraissait renoncer à la domination de l'Italie du nord, allait élever des prétentions plus sérieuses sur l'Italie méridionale.

16. Mort de Frédéric Barberousse (1190). — Frédéric finit sa vie par une croisade ; il fut le chef de la troisième. On sait qu'il mourut en Cilicie, après s'être baigné dans les eaux froides du Selef ou Cydnus.

Sa fin inspira une légende à l'esprit rêveur des Allemands. Comme il avait péri loin de son pays, le peuple espéra longtemps qu'il reviendrait : on disait qu'un berger s'était engagé dans une caverne de la Cilicie, et que, ébloui tout à coup par une brillante clarté, il avait vu un guerrier endormi, dont la barbe rousse faisait trois fois le tour de la table sur laquelle il reposait : c'était l'empereur. Il s'éveilla, et demanda si les corbeaux volaient encore autour de la montagne. « Oui, » répondit le berger. « Je puis donc dormir encore. » Cette légende fut fort populaire, surtout au moment du grand interrègne. Lorsque l'empire n'eut plus de chef, on aima à se rappeler celui qui l'avait si bien gouverné.

17. Henri VI (1190-1197). — Henri VI, fils et successeur de Frédéric Barberousse, n'avait que vingt-six ans à la mort de son père. Mais il était depuis longtemps rompu aux affaires, habitué à tout examiner de sang-froid, ignorant les sentiments généreux et chevaleresques de la jeunesse. Plus ambitieux et moins grand que son père, il chercha à affermir son pouvoir en Allemagne et en Italie.

Après la mort de Guillaume, son beau-père, Henri VI réclama, au nom de sa femme Constance, la couronne des Deux-Siciles. Avec l'aide des Génois et des Pisans, il vainquit la flotte sicilienne à Catane, et le royaume fut soumis en quelques jours. Pour conserver sa conquête, Henri VI

gouverna le pays avec la dernière rigueur. La noble se
normande fut bannie et massacrée. L'empereur prit à
tâche de mériter le surnom de Cruel que les Italiens lui
ont donné.

La mort le surprit à Messine, à l'âge de trente-deux ans;
elle jeta l'Allemagne et l'Italie dans un grand trouble. Les
papes allaient en profiter pour exercer leur suprématie.

18. Anarchie en Allemagne. — Henri VI en mourant ne laissait qu'un fils âgé de quatre ans, Frédéric-Roger,
élevé en Sicile et couronné roi des Romains. Les Guelfes proposèrent l'empire à Othon de Brunswick, troisième fils de
Henri le Lion. Les archevêques de Trèves et de Cologne se
prononcèrent pour lui, et le roi d'Angleterre, Richard Cœur
de Lion, son oncle, le soutint de ses subsides.

Mais les Gibelins lui opposèrent un rival. Ils reconnurent
comme empereur le frère de Henri VI, Philippe de Souabe,
et le couronnèrent à Mayence. Philippe-Auguste, roi de
France, se déclara son allié. La guerre civile désola l'Allemagne pendant dix ans.

19. Innocent III (1198-1216). — A ce moment montait dans la chaire de saint Pierre le plus célèbre des successeurs de Grégoire VII, Innocent III.

A peine âgé de trente-sept ans, il était le plus jeune des
cardinaux quand il fut élu. Il n'avait pas d'ambition pour
lui-même, et se croyait indigne du fardeau de la papauté;
il supplia avec larmes le sacré collège de le laisser à ses
études, et il fallut que le cardinal-doyen lui attachât presque
de force sur les épaules le manteau de cérémonie. Il fut
salué du nom d'Innocent III.

Le nouveau pape était un homme de taille moyenne,
d'un extérieur ouvert et prévenant, d'une complexion délicate. A des mœurs sévères, à une piété profonde, il joignait
l'esprit le plus orné et la science la plus variée. Il avait
étudié aux universités de Paris et de Bologne les lettres
anciennes, la philosophie, le droit romain et le droit cano-
nique.

Chef de l'Eglise, Innocent III voulut gouverner l'Europe
chrétienne.

20. Innocent III et Othon de Brunswick. — Innocent III hésita quelque temps entre les deux rivaux qui se disputaient l'empire. Othon et Philippe cherchaient à le gagner en rivalisant de soumission. Au bout de trois ans, il se déclara pour Othon IV, dont la soumission paraissait sans réserve.

Mais Othon IV était trop fier pour supporter longtemps cette suprématie du Saint-Siège. Il se souvint des droits de l'empire qu'il avait juré de défendre. Le Guelfe se fit Gibelin.

Innocent III, déçu dans ses espérances et trahi par son protégé, résolut d'abattre celui qu'il avait élevé. Il excommunia l'empereur qu'il venait à peine de couronner, et à ce Guelfe qui s'était fait Gibelin il opposa un Gibelin qu'il croyait avoir converti à la politique guelfe. Il somma les princes de reconnaître le fils de Henri VI, Frédéric Roger.

21. Frédéric II (1215-1250). — Frédéric, roi de Sicile, avait alors dix-sept ans. Fils d'un Souabe et d'une Sicilienne, élève d'un cardinal, il joignait à l'ambition ordinaire des Hohenstaufen la ruse d'un Italien et l'instruction d'un moine. Le pape le reconnut pour légitime empereur, à la condition expresse que les couronnes de Germanie et de Naples ne seraient jamais placées sur la même tête. Frédéric partit pour l'Allemagne. Il distribua aux princes les sommes considérables que lui envoyait Philippe-Auguste, son allié; il séduisit le peuple par son audace, sa libéralité, sa beauté, toutes les qualités héréditaires de sa race.

Frédéric II fut couronné empereur à Mayence, pendant que son rival, Othon de Brunswick, vaincu à Bouvines par Philippe-Auguste, mourait obscurément au château de Hartzbourg.

22. Mort d'Innocent III (1216). — Ainsi la politique d'Innocent III triomphait. Tous les rois s'humiliaient devant lui. En France, Philippe-Auguste avait été contraint par l'interdit de reprendre sa femme Ingeburge, qu'il avait répudiée. En Angleterre, Jean sans Terre avait inféodé son royaume à l'Église. Le roi de Norvège avait été excommunié comme usurpateur; le roi d'Aragon, comme faux monnayeur. Innocent III avait dirigé deux croisades en Orient, la quatrième et la cinquième; en France, celle des Albigeois; en Espagne, celle des rois chrétiens contre les Maures.

Enfin il avait fortifié l'Eglise par la création des ordres mendiants, les Franciscains, fondés par l'Italien saint François d'Assise, et les Dominicains, institués par l'Espagnol saint Dominique.

La puissance d'Innocent III apparut tout entière au grand concile de Latran, où siégèrent les deux patriarches de Jérusalem et de Constantinople, soixante et onze archevêques, quatre cents évêques, plus de huit cents abbés et les ambassadeurs des rois et des princes. En ouvrant le concile, Innocent III prononça cette parole : « J'ai voulu célébrer la Pâque avec vous avant de mourir. »

Il mourut l'année suivante. Aucun souverain pontife n'éleva si haut l'autorité de l'Eglise.

23. Ambition de Frédéric II. — Après la mort d'Innocent III, Frédéric II, n'ayant plus de ménagement à garder, révéla toute son ambition. Il différait sans cesse son départ pour la croisade. Il s'était engagé à renoncer au gouvernement de la Sicile. Il chercha au contraire à y affermir sa puissance, transportant une colonie de soixante mille Arabes afin de s'assurer des soldats qui ne craignissent pas l'excommunication.

Les Lombards, effrayés pour leur indépendance, formèrent contre ce nouveau Barberousse une nouvelle ligue.

24. Frédéric II et Grégoire IX. — L'avènement du pape Grégoire IX fut un malheur pour la puissance impériale. C'était un énergique vieillard de quatre-vingt-cinq ans. Il somma Frédéric de partir pour la Terre Sainte, censura la licence de ses mœurs, et le menaça de l'excommunication. Frédéric, se croyant tenu de faire honneur à un engagement pris en face de l'Europe, partit pour la croisade. En Orient, il eut contre lui le clergé, le peuple, les Templiers ; il fut contraint de se couronner lui-même roi de Jérusalem dans l'église du Saint-Sépulcre, et, au lieu de combattre le sultan d'Egypte, il fit avec lui un traité de paix.

Pendant que Frédéric II était à la croisade, Grégoire IX soulevait contre lui l'Allemagne et l'Italie. Jean de Brienne envahissait le royaume de Naples à la tête des soldats du pape et des Lombards. En Allemagne, les Guelfes s'agitaient pour nommer un anticésar.

Frédéric II revint en toute hâte, chassa de Naples les soldats pontificaux et signa avec Grégoire IX la paix de San-Germano : l'empereur pardonnait à tous ses ennemis, et le pape annulait l'excommunication qu'il avait prononcée.

Frédéric, en paix avec le pape, courut en Allemagne où il n'avait pas paru depuis quinze ans, et réduisit aisément son fils rebelle : il l'enferma dans la forteresse napolitaine de Saint-Félix, et le remplaça par son second fils Conrad.

25. Frédéric II et la ligue lombarde. — Après avoir pacifié l'Allemagne, Frédéric II repassa les Alpes pour soumettre la ligue lombarde.

Grégoire IX (d'après une fresque de la basilique romaine de Saint-Paul-hors-les-Murs).

Les Milanais furent vaincus, leur *carroccio* fut pris, et les trophées conquis sur l'Italie allèrent orner le Capitole.

Grégoire IX, rompant la paix de San-Germano, excommunia de nouveau l'empereur et fit alliance avec Venise et les Lombards. La lutte entre les deux chefs de la chrétienté prit dès le début un caractère d'extrême violence. L'invasion des Mongols, qui menaçait alors l'Europe entière d'une ruine commune, n'arrêta pas les hostilités.

Le pape et l'empereur continuèrent leur guerre au milieu des alarmes de leurs peuples. Grégoire IX, étroitement bloqué dans Rome, convoqua un concile à Saint-Jean-de-Latran, pour s'entourer dans sa détresse de toute la majesté de l'Église. Le fils de l'empereur, Enzio, roi de Sardaigne, battit à la Méloria, en face de Livourne, la flotte génoise qui transportait les prélats. Plus de cent archevêques, évêques et abbés, jetés à fond de cale et chargés de chaînes, furent transportés au château de Naples, d'où les tirèrent les énergiques réclamations de saint Louis. Rome allait être prise d'assaut, lorsque le pape mourut à l'âge de quatre-vingt-dix-neuf ans.

26. Innocent IV (1243-1254). — Frédéric empêcha pendant deux ans l'élection d'un pape ; enfin les cardinaux donnèrent leurs suffrages au Génois Sinibaldo Fieschi, qui prit le nom d'Innocent IV. Jusqu'alors ami de l'empereur, Innocent devint aussitôt son adversaire déclaré. « Je perds un ami, disait Frédéric, et je ne gagne pas un pape. » Habile, énergique et ambitieux, le nouveau pontife résolut de convoquer un concile, mais hors de l'Italie, loin des atteintes de son ennemi.

Il s'enfuit à Lyon, ville neutre, qui ne dépendait que de son archevêque et de sa municipalité, et y convoqua un concile œcuménique, qui jugerait définitivement la querelle des deux pouvoirs.

27. Concile de Lyon (1245). — Le concile ne s'occupa que de la condamnation de l'empereur. L'excommunication fut prononcée. Les prélats, debout et des cierges à la main, répétèrent la sentence ; le pape entonna le *Te Deum* au son de toutes les cloches, et prononça la dissolution du concile. « J'ai fait mon devoir, dit Innocent ; que Dieu fasse sa volonté. »

Frédéric s'attendait à tout, sauf à une condamnation si prompte et si complète. « Cet homme, dit-il avec emportement, prétend me précipiter du trône, moi, le premier parmi les princes ! moi, qui ne connais point de supérieur, ni même d'égal ! Croit-il déjà m'avoir ravi mes couronnes ? » Et, se faisant apporter le coffre qui les renfermait, il en mit une sur sa tête : « La voici, je la possède encore, et, quoi qu'il fasse, je ne la perdrai pas ! »

28. Mort de Frédéric II. — Frédéric II fit appel à tous ses partisans, en Allemagne et en Italie.

A force de supplices, l'empereur à Naples, Eccelino en Lombardie, maintinrent deux ans le pays dans la terreur. Mais tout à coup les soulèvements éclatèrent. Les Bolonais battirent le fils de Frédéric II, Enzio, et le firent prisonnier.

Frédéric II, trahi et vaincu, commença à regarder l'avenir avec angoisse. Il demanda les bons offices de saint Louis. Innocent fut inflexible et répondit qu'il poursuivrait l'anéantissement de cette race de vipères.

Frédéric II, découragé, miné par la fièvre, mourut en 1250. Il avait lutté pendant trente-six ans contre des puissances plus fortes que son génie, l'aristocratie allemande, la démocratie italienne et la monarchie de l'Église. Écrivain élégant, poète gracieux, législateur sagace, administrateur actif, diplomate souple et habile, il poursuivit sans relâche la domination de l'Italie et de l'Allemagne et l'abaissement de la papauté, et il mourut laissant ses royaumes en désordre, sa famille en péril et sa politique ruinée.

29. La maison d'Anjou à Naples. — Frédéric II laissait pour héritier son fils Conrad IV. Celui-ci, après avoir vaincu un anticésar en Allemagne, se préparait à passer en Italie pour prendre la couronne de Naples. Mais il mourut subitement, ne laissant qu'un enfant en bas âge, Conradin. Un fils naturel de Frédéric II, Manfred, se fit reconnaître roi de Naples et vainquit les troupes pontificales.

Le pape Urbain IV, désespérant de vaincre Manfred, fit appel à saint Louis, roi de France, puis à son frère Charles d'Anjou. Celui-ci accepta, fit une expédition en Italie, vainquit et tua Manfred. Il fit une entrée triomphale à Naples.

Les Napolitains ne tardèrent pas à détester les vainqueurs; ils appelèrent d'Allemagne le jeune Conradin. Celui-ci accourut à l'appel des Gibelins d'Italie, avec son cousin Frédéric d'Autriche. Les deux princes furent vaincus à Tagliacozzo. Charles d'Anjou les fit comparaître devant un tribunal qui les condamna à mort. Les deux jeunes gens périrent sur l'échafaud.

Ainsi disparut l'héroïque race des Hohenstaufen. La légende a célébré cette fin si cruelle de Conradin. Elle racontait que l'aigle de Souabe avait plané au-dessus de l'échafaud et qu'il avait disparu au moment même où la tête du jeune prince tombait sous la hache du bourreau. Elle racontait encore que Conradin, avant de mourir, avait jeté son gant dans la foule, et que le gant avait été porté au roi d'Aragon, gendre de Manfred. En effet, quelques années plus tard, la maison d'Aragon disputait la possession de Naples à la maison d'Anjou.

30. Fin de la lutte du sacerdoce et de l'empire.
— La mort de Frédéric II et l'extinction de la dynastie des
Hohenstaufen déterminent la fin de la lutte entre le sacerdoce et l'empire. Cette lutte fut fatale à l'empire qui tombait
dans une longue anarchie, et aussi à la papauté dont la puissance spirituelle avait été affaiblie.

LECTURE. — Arnaud de Brescia.

La renaissance de la liberté municipale en Italie fut l'occasion d'un
des plus curieux événements de cette époque révolutionnaire. Un moine
italien, Arnaud de Brescia, disciple du Breton Abélard, avait tiré les
conséquences pratiques des doctrines théologiques du célèbre dialec-
ticien de Sainte-Geneviève. De retour en Italie, il avait commencé
d'abord à Brescia, sa patrie, puis dans les villes lombardes, à prêcher
contre la puissance politique et territoriale de l'Eglise; il contestait
aux clercs le pouvoir de posséder des fiefs, aux évêques les droits ré-
galiens, aux moines la propriété. L'autorité sur les âmes et la dime
des fruits de la terre devaient être leur seule part. Il distinguait le
temporel du spirituel, comme son maitre avait essayé, sous les formes
de l'école, de distinguer la raison de la foi: il séparait le gouvernement laïque des intérêts du gouvernement ecclésiastique des consciences,
et voulait affranchir le premier du joug du second, comme son maître
Abélard avait cherché à affranchir la logique de la théologie. Sa parole
ardente apportait un secours et une sanction à l'affranchissement des
vassaux et des villes du pouvoir des évêques : elle flattait leur avidité
en leur montrant une proie dans le reste des possessions cléricales; à
Rome, où Arnaud alla prêcher en 1138, elle fit une révolution.

Arnaud de Brescia tonna contre le gouvernement des prêtres, contre
leurs richesses, et proposa de rendre à Rome sa liberté et sa grandeur
en y rétablissant la république. Cela convenait à toutes les factions
qui pouvaient se partager les biens du Saint-Siège; il ne fut bientôt
plus question que de rétablir l'ancienne constitution. Le pape Innocent II réunit un concile à Latran (1139), fulmina contre cette hé-
resie politique et condamna son auteur à sortir d'Italie. L'exil d'Arnaud ne fit que retarder l'explosion. Elle eut lieu à la première occasion.
L'an 1141, nobles et peuple, mécontents que le pape eût fait la paix
avec la ville de Tivoli, coururent au Capitole et y installèrent une commission de gouvernement sous le nom glorieux de sénat. Le pouvoir
politique du pape fut anéanti et l'on crut à une ère nouvelle.

(D'après J. ZELLER, *Histoire d'Italie.* — Paris, Hachette.)

Livres à consulter : J. ZELLER, *Histoire d'Allemagne; — Histoire
d'Italie.* — LAVISSE et RAMBAUD, *Histoire générale.* — DR CHERRIER,
*Histoire de la lutte des papes et des empereurs de la maison de
Souabe.* — ROCQUAIN, *la Papauté au moyen âge.* — DE SISMONDI,
Histoire des républiques italiennes. — G. CARRÉ, *le Moyen Age,
choix de lectures historiques.*

CHAPITRE XVIII

L'ANGLETERRE ET LA FRANCE CAPÉTIENNE AU XIIᵉ SIÈCLE.

SOMMAIRE

1. LES SUCCESSEURS DE GUILLAUME LE CONQUÉRANT. — Les successeurs de Guillaume le Conquérant, Guillaume II le Roux, Henri Iᵉʳ Beau-Clerc, Étienne de Blois, furent en lutte continuelle contre leurs vassaux. La maison d'Anjou, avec Henri Plantagenet, remplaça la dynastie normande.

2. HENRI II PLANTAGENET (1154-1189). — Époux d'Éléonore d'Aquitaine, Henri II Plantagenet fut le plus puissant prince de son temps. Il voulut imposer son autorité despotique au clergé anglais. Mais il rencontra un adversaire acharné dans son ancien ami, Thomas Becket, archevêque de Cantorbéry. Il s'en débarrassa par le crime, mais il dut s'humilier devant le Saint-Siège. Après avoir fait la conquête de l'Irlande (1172), il vit la fin de son règne troublée par les révoltes de ses fils.

3. RICHARD CŒUR DE LION. — Richard Cœur de Lion (1189-1199) passa presque tout son règne hors de l'Angleterre. Il fit la troisième croisade, revint de Palestine pour défendre ses possessions de France attaquées par Philippe-Auguste et mourut au siège du château de Chalus.

---

4. LOUIS VI (1108-1137) — Louis VI le Gros, très actif, très énergique et très habile, rétablit l'ordre dans ses domaines avec le secours des milices paroissiales, et fit respecter sa suzeraineté par les grands feudataires du royaume.

Louis VI soutint contre Henri Iᵉʳ Beau-Clerc, roi d'Angleterre, son neveu Guillaume Cliton, mais il fut vaincu à Brenneville (1119). Il opposa une résistance victorieuse à l'empereur Henri V qui avait tenté d'envahir la Champagne. Enfin, par le mariage de son fils avec Éléonore d'Aquitaine, il prépara l'annexion au domaine royal de la France méridionale.

5. LOUIS VII (1137-1180). — Le fils de Louis VI, Louis VII, après une courte expédition en Champagne, partit pour la croisade. Il laissa la régence du royaume à l'abbé de Saint-Denis, Suger. Malheureusement, le divorce de Louis VII et d'Éléonore d'Aquitaine compromit les résultats du règne précédent.

Pendant les dernières années de son règne, Louis VII résista avec avantage au puissant roi d'Angleterre, Henri II Plantagenet, qui avait épousé Éléonore d'Aquitaine. Il offrit un asile à Thomas Becket et soutint les fils d'Henri II révoltés contre leur père.

RÉCIT

1. Guillaume II, le Roux (1087-1100). — Guillaume le Conquérant, avant de mourir, avait laissé la Normandie à son fils aîné, Robert Courte-Heuse, l'Angleterre à son second fils, Guillaume le Roux, et le duché de Mortain à son troisième fils, Henri Beau-Clerc.

Guillaume II n'avait hérité de son père que le tempérament violent et brutal. Il exerça envers et contre tous une cruelle tyrannie. Il ne fut pas moins terrible aux barons normands qu'aux Saxons assujettis. Il ne ménagea pas plus le clergé que la féodalité laïque; il déposséda de l'archevêché de Cantorbéry saint Anselme, le successeur du savant Lanfranc, lui-même très savant et très pieux.

Sa passion favorite était la chasse. Un jour qu'il poursuivait un cerf dans une forêt, il tomba frappé d'une flèche. On ne sait pas si la flèche avait été lancée par un de ses chevaliers ou par un outlaw embusqué dans le bois.

2. Henri Ier Beau-Clerc (1100-1135). — Guillaume le Roux ne laissait pas d'enfants. Son frère, Henri Ier Beau-Clerc, se hâta de se faire proclamer par les chefs normands. Robert Courte-Heuse, revenu de Jérusalem, réclama vainement la couronne et dut se contenter de son duché de Normandie; mais les Normands, mécontents de la prodigalité de leur duc, appelèrent le roi. Henri battit son frère à Tinchebray, l'emmena prisonnier et l'enferma dans le château de Cardiff; après une tentative d'évasion, il lui fit crever les yeux; le malheureux vécut encore vingt-sept ans.

Le fils de Robert Courte-Heuse, Guillaume Cliton, revendiqua vainement la Normandie; malgré le secours de Louis VI, roi de France, il fut vaincu au combat de Brenneville; il dut renoncer à la Normandie, qui resta réunie à la couronne d'Angleterre.

3. Le naufrage de la « Blanche-Nef ». — La fin du règne de Henri Ier fut attristée par une catastrophe épouvantable. Au mois de décembre 1120, Henri Ier et son fils aîné se trouvaient en Normandie. Ils résolurent de s'embarquer à Barfleur, pour revenir en Angleterre.

Un patron de barque, nommé Thomas, dont le père avait été pilote du Conquérant, vint demander au roi la faveur de le conduire sur son navire, la *Blanche-Nef*. Henri avait déjà choisi son vaisseau, mais il promit à Thomas qu'il emmènerait ses deux fils, sa fille et tout le cortège. Le roi partit le premier; les matelots de *la Blanche-Nef*, animés par le vin que leur avaient donné les princes, voulurent le rejoindre. Ils faisaient force de rames, lorsque le navire toucha dans le raz de Barfleur et s'entr'ouvrit : les passagers, au nombre de trois cents, furent jetés à la mer, et deux hommes purent seuls saisir une vergue, un boucher de Rouen et un jeune gentilhomme, nommé Godefroy de l'Aigle. Thomas, le patron de *la Blanche-Nef*, revint sur l'eau : « Où est le fils du roi? demanda-t-il aux deux survivants. — Il n'a pas reparu. — Malheur à moi! », s'écria Thomas, et il se laissa volontairement couler. Le jeune Godefroy, épuisé par le froid et la fatigue, lâcha la vergue; le boucher survécut seul à cette lugubre tragédie. « Et oncques depuis ne vit-on le roi sourire », dit la chronique.

4. Etienne de Blois et Geoffroy Plantagenet (1135-1154). — Henri Ier, après le désastre de *la Blanche-Nef*, n'avait plus qu'une fille, Mathilde, veuve de l'empereur Henri V; il la remaria à Geoffroy Plantagenet, comte d'Anjou, et mourut peu après (1135).

Mathilde se fit proclamer reine. Mais Etienne de Blois, petit-fils du Conquérant par sa mère Adèle, revendiqua le trône comme seul héritier mâle. Une horrible guerre civile commença et fit souffrir aux Anglais des maux inouïs. En 1147, Etienne parut définitivement vainqueur et obligea sa rivale à passer sur le continent.

L'intervention de Henri Plantagenet, fils de Geoffroy et de Mathilde changea tout. En 1152, ce jeune prince épousa Eléonore d'Aquitaine; par ce mariage il devint maître de l'Anjou, de la Touraine, du Maine, de la Normandie, du Poitou et de la Guyenne. Il passa alors en Angleterre et attaqua Etienne. Celui-ci, vieilli et fatigué par tant de luttes, désolé de la perte récente de son fils aîné, reconnut Henri pour son successeur. En 1154, la maison d'Anjou ou des Plantagenets succéda à la dynastie normande.

5. La dynastie des Plantagenets — La dynastie

des Plantagenets a régné sur l'Angleterre pendant plus de trois siècles; elle a donné à ce pays plusieurs rois très glorieux. Deux grands faits dominent l'histoire du royaume anglais sous les princes de cette maison : à l'intérieur, la monarchie absolue cède la place à une constitution politique nouvelle, à la royauté parlementaire; à l'extérieur, c'est surtout à la guerre contre la France que seront consacrées l'activité et les forces de l'Angleterre. Cette guerre peut se diviser en deux périodes principales : la première, qui commence à l'avènement de Henri II pour se terminer en 1259, sous le règne de saint Louis, est la lutte des Plantagenets contre les Capétiens; la seconde, qui embrasse la fin du quatorzième et la première moitié du quinzième siècle, est célèbre sous le nom de guerre de Cent ans.

6. Henri II Plantagenet (1154-1189). — Henri II était, à son avènement, le plus puissant prince de la chrétienté.

Enorgueilli par sa puissance, il voulut exercer dans son royaume et dans tous ses domaines une autorité absolue. En Angleterre, il fit abattre, la première année de son règne, cent quarante châteaux, et il reprit toutes les terres qui avaient été aliénées par ses prédécesseurs. En France, il fit valoir sa suzeraineté sur la Guyenne, sur la Gascogne, et il voulut s'emparer du comté de Toulouse. Mais Louis VII ne le lui permit pas : il se jeta bravement dans Toulouse, et Henri II, n'osant pas combattre son suzerain, se contenta d'occuper le Quercy.

7. Henri II et Thomas Becket. — Les prétentions de Henri II à l'autorité absolue rencontrèrent dans le clergé anglais une vigoureuse résistance. Thomas Becket fut l'âme de cette résistance.

Thomas Becket était, dit-on, fils d'un croisé saxon et d'une musulmane. Précepteur du jeune roi, il était devenu son confident et son favori; il avait approuvé sa politique autoritaire. Henri II l'avait fait nommer archevêque de Cantorbéry et primat d'Angleterre, et il croyait, grâce à lui, triompher aisément des résistances du clergé anglais. Mais, quand Thomas Becket fut élevé à cette haute dignité ecclésiastique, il changea sa manière de vivre; le courtisan devint un pieux évêque, très charitable, dévoué corps et âme aux intérêts temporels et spirituels dont il avait la charge.

8. Les Statuts de Clarendon (1164). — Henri II
fut surpris et irrité de ce changement ; mais il ne renonça
pas à ses projets. Il réunit une assemblée du clergé dans la
ville de Clarendon, et fit voter par elle des statuts, connus
sous le nom de *Statuts de Clarendon* (1164).

Les articles principaux de ces statuts étaient les suivants :
Le roi devait avoir la garde et percevoir les revenus des évêchés vacants ; l'élection d'un évêque par le haut clergé du
diocèse n'était valable qu'après le consentement du roi. —
Tout clerc accusé d'un crime devait comparaître devant la
cour du roi. Enfin, aucun membre du clergé, quel qu'il fût,
ne pouvait sortir d'Angleterre sans la permission du roi.

Sous la pression des évêques, qui étaient presque tous des
créatures du roi, Thomas Becket avait d'abord consenti à
signer les Statuts de Clarendon. Mais bientôt il se rétracta,
souleva la colère de Henri II par ses déclarations énergiques,
et fut obligé de se réfugier en France, d'où il lança l'excommunication contre les évêques anglais partisans du roi.
Louis VII le reçut avec empressement, et, après plusieurs
années d'efforts et de négociations, le réconcilia, au moins
en apparence, avec Henri II.

9. Meurtre de Thomas Becket (1170). — Becket
se montra aussi intraitable gardien de ses droits que par le
passé, et, comme pour braver de nouveau Henri II, il renouvela l'excommunication qu'il avait déjà lancée contre les
usurpateurs des biens de l'Église. Henri II apprit cette
nouvelle en Normandie ; saisi d'une rage aveugle, il mordait
son lit et poussait des cris sauvages : « Misérable, disait-il,
il est venu à ma cour sur un cheval boiteux, il a mangé
mon pain, et il ose me braver ! Pas un de ceux que je nourris
ne me délivrera donc de lui ? » Quatre chevaliers normands
partirent sans délai pour l'Angleterre et massacrèrent l'archevêque au pied du maître-autel de son église (1170).

10. Conquête de l'Irlande (1172). — La papauté lui
adressa les plus graves menaces. Pour les écarter, Henri II
dut se soumettre à plusieurs conditions. L'une d'elles fut la
conquête de l'Irlande qui refusait de payer au pape le de-
nier de saint Pierre. Henri II passa en Irlande. Dublin et
toute la partie orientale de l'île furent soumises et acceptèrent la suzeraineté anglaise. L'Église irlandaise fut ratta-

chée à celle d'Angleterre, et placée sous la haute direction de l'archevêque de Cantorbéry.

11. Pénitence de Henri II. — La conquête de l'Irlande ne satisfit ni la papauté ni les ennemis du roi en Angleterre. Pour désarmer le Saint-Siège, le roi consentit à abroger les Statuts de Clarendon. Pour calmer les partisans et les admirateurs de Thomas Becket, il glorifia la mémoire de l'archevêque, et fit à son tombeau, devenu un lieu de pélerinage, une pénitence publique. Nus pieds, couvert d'une simple tunique de laine, il alla s'agenouiller sur le tombeau de son ancien ennemi, et y passa vingt-quatre heures en prière, sans prendre aucune nourriture.

12. Henri II et ses fils. — Ce fut dans sa propre famille que Henri II rencontra ses ennemis les plus redoutables. Il passa la fin de son règne à combattre la révolte de ses quatre fils, Henri Court-Mantel, Richard, Geoffroy et Jean. Ces jeunes princes, soutenus par le roi de France, Louis VII, et plus tard par Philippe-Auguste, revendiquaient tous les territoires que le roi d'Angleterre possédait sur le continent : la Normandie, la Bretagne, l'Aquitaine.

Le vieux roi épuisa ses forces dans cette guerre impie. Il mourut de douleur en apprenant que son plus jeune fils, Jean sans Terre, son préféré, s'était joint aux rebelles « Maudit soit le jour où je suis né! s'écria-t-il; maudits soient de Dieu les fils que je laisse! » La légende raconte que, lorsque Richard Cœur de Lion vint au monastère de Fontevrault voir le cadavre de son père, il vit couler du sang de la narine et de la bouche du mort. C'était le signe de la malédiction.

13. Richard Cœur de Lion (1189-1199). — Richard Cœur de Lion passa tout son règne à guerroyer d'abord contres les Sarrasins en Palestine, puis en France contre le roi Philippe-Auguste. Il ne vint en Angleterre que pour y chercher des soldats et de l'argent; il y souleva un mécontentement général. Aussi, tandis qu'il se signalait un peu partout par des exploits fabuleux et par des aventures romanesques, également inutiles à son pays et au pouvoir royal, la féodalité et le clergé d'Angleterre s'affermissaient dans leurs biens et consolidaient leur puissance. Richard Cœur

Sceau de Richard Cœur de Lion.

de Lion mourut sans enfants. Il eut pour successeur son frère Jean sans Terre, le dernier des fils de Henri II.

14. Louis VI le Gros (1108-1137). — Sous les quatre premiers Capétiens, le pouvoir royal n'avait fait que peu de progrès. Le roi n'était alors qu'un des seigneurs féodaux de la France septentrionale. Ce fut seulement au douzième siècle que le caractère national de la royauté commença à se dégager. Le roi apparut alors comme le représentant d'une autorité sacrée et comme le protecteur des humbles et des opprimés.

Elevé dans l'abbaye de Saint-Denis avec le moine Suger qui devint son conseiller et son ministre, Louis VI donna à la royauté un caractère de pouvoir médiateur pour rétablir partout l'ordre et la paix. « Il entreprit de pourvoir aux besoins des églises, et, ce qui avait été négligé longtemps, de veiller à la sûreté des laboureurs, des artisans et des pauvres. »

Louis VI, surnommé le Gros à cause de sa corpulence,

mérita aussi d'être appelé l'Éveillé et le Batailleur. Ce fut
un prince très actif, qui ne cessa de conduire des expéditions
et de lutter contre tous les ennemis de l'autorité royale.

15. Le domaine royal à l'avènement de Louis VI.

— « C'était alors un bien petit royaume que le domaine

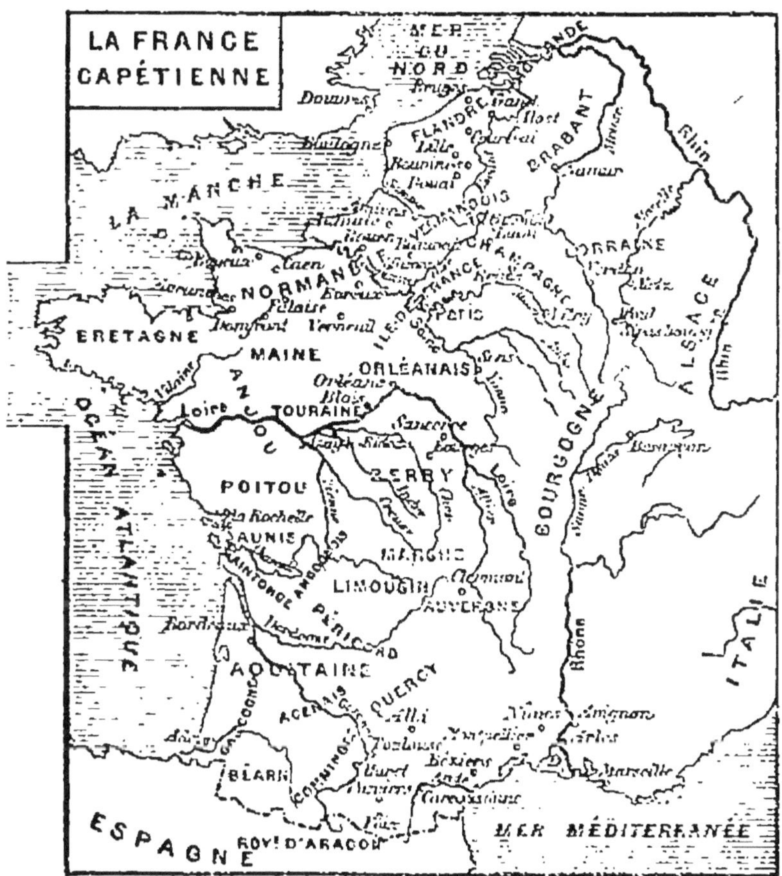

propre et direct du roi de France. L'Ile-de-France proprement dite et une partie de l'Orléanais, à peu près les cinq
départements de la Seine, Seine-et-Oise, Seine-et-Marne,
Oise et Loiret, plus, par des acquisitions récentes, le Vexin
français, la moitié des comtés de Sens et de Bourges : telle

était toute son étendue. Mais ce modeste État était aussi agité, aussi souvent troublé et aussi laborieux à gouverner que les plus grands États modernes ; il était plein de petits seigneurs, presque souverains sur leurs terres et assez forts pour lutter contre leur royal suzerain [1]. »

Les plus redoutables et les plus turbulents des vassaux directs du roi étaient : au nord de Paris, Bouchard de Montmorency, qui ravageait les terres de l'abbaye de Saint-Denis ; Enguerrand de Coucy et son fils Thomas de Marle, qui, maîtres de plusieurs châteaux sur les bords de la Somme et de l'Aisne, ne cessaient de troubler la paix publique ; vers le sud, le châtelain de Montlhéry et surtout Hugues du Puiset, qui infestait de ses brigandages toute la région comprise entre Orléans et Chartres.

16. Louis VI et ses vassaux directs. — Louis VI entreprit contre eux une guerre acharnée. Suger a raconté seize des nombreuses expéditions intérieures que le roi entreprit pour accomplir son œuvre de répression ou de châtiment exemplaire. La prise du château du Puiset lui coûta trois années d'efforts ; aussi le détruisit-il de fond en comble ; et, par une ordonnance royale, une foire fut établie sur l'emplacement même de cette caverne de bandits.

17. Louis VI et les grands feudataires. — Hors de son domaine. Louis VI intervint avec la même activité, au nom de la royauté suzeraine des grands feudataires et protectrice des opprimés.

En 1124, l'évêque de Clermont porta plainte au roi contre le comte d'Auvergne qui s'était emparé de la ville et de l'église épiscopale. Louis VI se rendit deux fois en Auvergne ; la seconde fois, il emporta le château de Montferrand.

Louis VI intervint ensuite en Flandre pour venger la mort du comte Charles le Bon, son vassal et son allié. Il s'empara du château de Bruges, fit mettre à la torture les meurtriers du comte et donna la Flandre à Guillaume Cliton. Mais, après le départ du roi, les Flamands appelèrent le neveu de Charles le Bon, Thierry d'Alsace, qui reconnut la suzeraineté du roi de France.

18. Relations de Louis VI avec l'Angleterre et

1. Guizot.

avec l'Allemagne. — Le roi de France fit preuve de la même fermeté dans ses relations avec ses deux puissants voisins, le roi d'Angleterre et l'empereur d'Allemagne. Louis VI chercha à détacher la Normandie de la couronne d'Angleterre, en soutenant les prétentions de Guillaume Cliton, fils de Robert Courte-Heuse, contre Henri Ier Beauclerc. Allié aux comtes de Flandre et d'Anjou, il envahit le duché; mais il fut vaincu au combat de Brenneville (1119).

En 1124 les deux rois se brouillèrent encore au sujet de la Normandie ; cette fois, Henri Ier détermina l'empereur d'Allemagne Henri V, son gendre, à envahir la France. En présence de ce danger qui menaçait tout le territoire, Louis prit la direction de toutes les forces féodales et parut un puissant roi. Henri V, effrayé, ne dépassa pas la Champagne, et Henri Ier fit la paix. Ce déploiement de forces fut très utile à la royauté, parce qu'il montra, dit l'abbé de Saint-Denis, « jusqu'où va la puissance du royaume de France, lorsque tous ses membres sont réunis. »

19. Mariage du fils de Louis VI avec Eléonore d'Aquitaine. — Louis VI termina son règne par un acte d'une grande habileté politique. Le duc d'Aquitaine avait confié au roi, en partant pour le pèlerinage de Saint-Jacques-de-Compostelle en Espagne, la tutelle de sa fille Eléonore, son unique héritière. Louis VI s'empressa de la marier à son fils Louis. La dot de la jeune princesse se composait de l'Aquitaine, de la Gascogne, de l'Agenais, du Limousin et du Poitou, avec la suzeraineté sur l'Aunis, l'Angoumois, la Saintonge, la Marche et le Périgord. Louis VI mourut pendant que ce mariage se célébrait à Bordeaux (1137).

20. Louis VII le Jeune (1137-1180). — Le fils de Louis VI, Louis VII le Jeune, ne sut pas faire porter à la politique de son père tous les fruits qu'elle contenait. C'était un prince d'une grande piété et d'une rare bravoure personnelle. Mais il manquait de décision. Il laissa les gens d'église prendre sur lui une influence considérable, et il apporta sur le trône, au lieu de l'énergie d'un roi, la dévotion d'un moine. Pendant les premières années de son règne, il garda du moins comme principal conseiller l'homme qui avait été le compagnon et le collaborateur assidu de son père, l'abbé de Saint-Denis, Suger.

21. L'abbé Suger. — Suger est certainement l'une des physionomies les plus remarquables du douzième siècle. Il était né à Saint-Omer, vers 1080. Fils de parents pauvres,

L'abbé Suger (d'après un vitrail de Saint-Denis).

il fut recueilli et élevé dans le monastère de Saint-Denis. Il s'y lia d'amitié avec le prince Louis, fils de Philippe Ier; et, quand celui-ci monta sur le trône, il devint son principal conseiller. Louis VII, élevé par lui, lui donna toute sa confiance. « Élu abbé de Saint-Denis dès 1121, il fit admirer à tous la force, la sagesse et la magnificence de son gouvernement. Les moines de Saint-Denis avaient des colonies jusqu'en Bourgogne et tout un peuple de serfs à gouverner. Suger doubla les revenus de l'abbaye par les progrès de la culture et le défrichement des terres; il appela de tous les pays de la France les artistes et les ouvriers les plus habiles pour embellir le cloître et l'église, la cathédrale des sépultures. On lui attribue la fondation des fameuses *Chroniques de Saint-Denis*, archives précieuses de la monarchie.

» Les évêques du royaume reconnaissaient volontiers une supériorité de caractère et d'esprit qui se montrait sans orgueil. Le clergé, consulté par le roi, le renvoyait toujours à la décision de Suger. Les rois d'Angleterre, de Sicile et d'Écosse l'appelaient leur ami. Il mena de front les affaires du royaume et celles de l'abbaye [1]. »

1. Toussenel.

22. Premiers actes de Louis VII. — Louis VII combattit d'abord avec beaucoup de violence tous les adversaires de l'autorité royale.

Il châtia cruellement les bourgeois d'Orléans qui avaient voulu former une commune. Il entra en conflit avec Thibaut, comte de Champagne, qui s'était allié avec le pape pour soutenir un candidat à l'archevêché de Bourges. Louis VII envahit la Champagne pour se venger de son vassal, ravagea ses terres et brûla la ville de Vitry.

Les flammes gagnèrent l'église où s'étaient réfugiés la plupart des habitants, hommes, femmes et enfants. Treize cents personnes périrent.

Le roi, ému de cet horrible événement, résolut de prendre la croix, et, malgré les conseils de Suger, il partit pour la croisade (1147).

23. Régence de Suger. — Avant de quitter la France pour entreprendre de concert avec l'empereur Conrad III la deuxième croisade, Louis VII confia l'administration du royaume, pendant son absence, à Suger. Celui-ci fit respecter son autorité par les barons, même par le frère du roi, doubla les revenus du domaine royal, et fournit à toutes les dépenses du roi pendant la croisade.

Son biographe résume ainsi l'œuvre qu'il accomplit pendant sa régence : « Faisant plus qu'un bon père de famille, il améliora ce qu'il était chargé de conserver; il restaura les maisons royales en ruines, les tours et les murailles... Et afin que la dignité royale ne souffrît pas de l'absence du roi, on payait régulièrement les troupes, et, à certains jours, on distribuait aux hommes d'armes des habits et de royales largesses.

» Suger pourvoyait à toutes les dépenses plutôt sur ses propres ressources qu'à l'aide des revenus du trésor; car l'argent qui entrait dans les coffres royaux fut ou envoyé au roi ou réservé comme une ressource pour l'avenir. » Par là l'abbé de Saint-Denis mérita le beau surnom de Père de la Patrie.

24. Mort de Suger. — Louis VII revint enfin en 1149. Suger ne survécut que peu d'années au retour du roi. L'avenir de la royauté lui inspirait des craintes très graves. Il savait que Louis VII et Eléonore d'Aquitaine étaient de plus en plus désunis.

Suger redoutait la rupture d'un mariage qui avait donné l'Aquitaine à la couronne. En outre, prestige du roi avait été affaibli par l'échec de la seconde croisade. Ce fut au milieu de ces tristes pressentiments et de ces alarmes que la mort le surprit en 1152.

25. Divorce de Louis VII. — Les craintes du grand ministre n'étaient pas exagérées. L'année même de la mort de Suger, Louis VII fit prononcer, sous prétexte d'une parenté lointaine, par le concile de Beaugency, son divorce avec Eléonore d'Aquitaine.

Cette faute politique eut de graves conséquences. Eléonore donna sa main à Henri de Plantagenet, le futur roi d'Angleterre.

26. Puissance du roi Henri Plantagenet. — Henri Plantagenet possédait par sa mère, Mathilde, petite-fille de Guillaume le Conquérant, la Normandie et le Maine ; par son père, Geoffroy Plantagenet, la Touraine et l'Anjou. Son mariage lui donna le Poitou, la Guyenne et la Gascogne, avec la suzeraineté sur l'Aunis, la Saintonge, l'Angoumois, le Quercy, la Marche, l'Auvergne et le Périgord. Deux ans plus tard, il fut reconnu roi d'Angleterre, sous le nom de Henri II, plus tard enfin, il gouverna la Bretagne, comme tuteur de son jeune fils, Geoffroy, époux de l'héritière de ce duché.

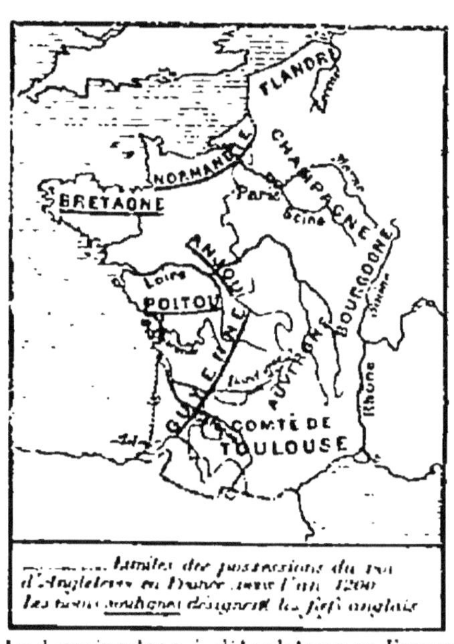

Le domaine des rois d'Angleterre en France à la fin du douzième siècle.

Ainsi Henri II possédait toutes les côtes de la France, depuis la Somme jusqu'à l'Adour.

Ses domaines couvraient cinquante-trois de nos départements, et ceux du roi en comprenaient à peine six. La monarchie capétienne paraissait bien faible à côté de la puissante monarchie des Plantagenets!

L'avènement d'Henri II Plantagenet ouvre pour la France et l'Angleterre une période de conflits, qui dura plus d'un siècle (1154-1259).

27. Rivalité de Louis VII et de Henri II. — La rivalité des deux rois éclata à l'occasion des prétentions de Henri II sur le comté de Toulouse. Louis le Jeune se jeta bravement dans cette ville pour la défendre. Le roi d'Angleterre n'osa pas combattre contre son suzerain ; il craignit d'être à son tour abandonné par ses vassaux, s'il violait le premier la loi féodale.

La lutte de Henri II contre le clergé et l'archevêque de Cantorbéry, Thomas Becket, détourna pendant quelque temps son attention de la France. Thomas Becket, proscrit par son roi, se réfugia auprès de Louis VII, qui, malgré les menaces d'Henri II, lui accorda sa protection.

Plus tard, quand l'évêque revenu en Angleterre périt assassiné, Louis VII dénonça le roi comme l'auteur du crime.

Louis VII soutint encore contre Henri II ses fils révoltés. Il fut vaincu à Verneuil et dut signer la paix de Montlouis, qui laissait au roi d'Angleterre ses possessions du continent (1174).

28. Mort de Louis VII (1180). — Lorsque le roi sentit sa fin approcher, il fit couronner son fils Philippe-Auguste, et il tint à ce que la cérémonie fût célébrée en grande pompe.

Elle eut lieu à Reims, en présence d'un immense concours de prélats et de barons. Les fils du roi d'Angleterre, Henri II, figurèrent comme vassaux du nouveau roi parmi les pairs de France. Philippe fut le dernier prince sacré avant son avènement. Désormais le principe de l'hérédité était solidement établi. Louis VII mourut l'année suivante (1180).

LECTURE. — La levée en masse de 1124.

En 1124, le roi d'Angleterre, Henri Ier Beau-Clerc, entraîna son gendre, l'empereur d'Allemagne, Henri V, dans une alliance offensive contre Louis VI. Henri V envoya au roi des Francs un message insolent. Louis VI fit face au danger en organisant avec rapidité la levée en masse. « Indignée de l'insolence des étrangers, la France met de toutes parts en mouvement l'élite de ses soldats. Quand de tous les points du pays une armée nombreuse se fut rassemblée à Reims, il se trouva une si grande quantité de cavaliers et de fantassins, qu'ils semblaient couvrir comme une nuée de sauterelles toute la surface de la terre. Le roi attendit là pendant toute une semaine l'arrivée des Allemands : pendant ce temps les grands du royaume se disposaient au combat et délibéraient entre eux : « Marchons hardiment contre eux : qu'ils ne s'en retournent pas impunément dans leur pays; qu'ils soient châtiés de la présomption avec laquelle ils ont attaqué la France; que leur arrogance soit punie, non dans notre terre, mais sur leur propre territoire qui, par le droit royal des Français, a si souvent été soumis à la France. » Mais d'autres, plus sérieux et plus expérimentés, conseillaient d'attendre que les ennemis eussent pénétré dans l'intérieur de la Marche, et quand ils seraient surpris, de les battre et de les exterminer sans pitié comme des Sarrasins... »

Devant une pareille levée de bourliers, l'empereur Henri V jugea prudent de ne pas franchir la frontière.

(G. CARRÉ. Le Moyen Age.)

Livres à consulter : GREEN, *Histoire du peuple anglais* (trad. Monod). — Aug. THIERRY, *Histoire de la conquête de l'Angleterre par les Normands.* — LAVISSE et RAMBAUD, *Histoire générale.* — H. MARTIN, MICHELET, DARESTE, BORDIER et CHARTON, V. DURUY, E. LAVISSE, *Histoire de France.* — LUCHAIRE, *Louis VI le Gros.* — *Études sur l'administration de Louis VII.* — G. CARRÉ, *Le Moyen Age.*

CHAPITRE XIX

PHILIPPE AUGUSTE

SOMMAIRE

1. PHILIPPE AUGUSTE. — Philippe Auguste (1180-1223) fut, par ses conquêtes et ses institutions, le véritable fondateur de l'unité monarchique en France.

Par son mariage avec Isabelle de Hainaut, dernière descendante de Charlemagne, il consolida la dynastie capétienne. En même temps il agrandit le domaine royal des comtés d'Amiens et de Vermandois.

2. PHILIPPE AUGUSTE ET L'ANGLETERRE. — Il reprit la lutte de la France contre l'Angleterre et soutint les fils révoltés de Henri II. Cette lutte fut interrompue par la troisième croisade. Philippe Auguste profita de la captivité de Richard Cœur de Lion pour attaquer la Normandie.

Excommunié par Innocent III, à cause de son divorce avec Ingeburge, Philippe ne put ni envahir les possessions anglaises, à l'avènement de Jean sans Terre, ni prendre part à la quatrième croisade.

3. PHILIPPE AUGUSTE ET JEAN SANS TERRE. — Le meurtre d'Arthur de Bretagne par Jean sans Terre lui fournit l'occasion de reprendre la lutte avec l'Angleterre. Il s'empara de la Normandie, du Maine, de l'Anjou et d'une partie du Poitou (1203-1205), et doubla ainsi l'étendue du domaine royal.

Aussi Philippe Auguste fut-il assez fort pour vaincre la redoutable coalition de l'Allemagne, de l'Angleterre et de la Flandre; pendant que son fils était vainqueur à la Roche-aux-Moines, dans le Poitou, il remporta lui-même la grande victoire nationale de Bouvines sur Othon de Brunswick et Ferrand, comte de Flandre (1214).

4. ADMINISTRATION DE PHILIPPE AUGUSTE. — Philippe Auguste fut un roi législateur. Il assura la bonne administration du domaine royal par les baillis et les prévôts; il rendit les guerres privées plus rares par l'établissement de la *quarantaine-le-roy*; il embellit Paris de nombreux monuments, l'entoura d'une enceinte fortifiée, et fonda l'Université.

5. LOUIS VIII (1223-1226). — Son fils Louis le Lion, se fit un moment reconnaître roi d'Angleterre, et retira tous les profits de son intervention dans la croisade des Albigeois.

RÉCIT

1. Philippe Auguste (1180-1223). — La faiblesse et les fautes de Louis VII avaient, sinon compromis, du moins arrêté les progrès de l'autorité royale en France. Ce fut le fils de Louis VII, Philippe Auguste, qui fonda vraiment l'unité et la monarchie françaises. Il était d'une grande bravoure personnelle, comme tout chevalier féodal ; mais il

Sceau de Philippe Auguste.

dédaignait la vaine gloire, et il cherchait surtout son profit. Ambitieux et tenace, il savait pourtant être souple et patient, quand ses intérêts l'exigeaient : il se préoccupait plus d'atteindre le but qu'il s'était fixé que de choisir les moyens pour y arriver. Il fut avec tous ses adversaires, même avec l'Eglise, d'une habileté consommée, et il n'éprouva pour ainsi dire aucun échec sérieux pendant son long règne de quarante-trois ans.

Par ses conquêtes, il doubla l'étendue du domaine royal ; par ses institutions, il affermit le pouvoir du roi. Philippe Auguste a été un des plus grands rois du moyen âge.

2. Le mariage de Philippe Auguste. — Philippe Auguste avait à peine quinze ans quand il succéda à son père Louis VII.

Sa mère et ses oncles pensaient régler la conduite du roi enfant. Mais il était déjà jaloux de son pouvoir et il voulut choisir librement ses conseillers et sa femme. Il épousa la nièce du comte de Flandre, Isabelle de Hainaut, et reçut le Vermandois pour dot.

Isabelle était la dernière descendante de Charlemagne : ce mariage donna une légitimité nouvelle à la dynastie capétienne, et, quand le roi fit dans Paris son entrée solennelle avec sa reine de treize ans, le peuple les reçut avec des transports de joie.

3. Philippe Auguste et Henri II. — Philippe-Auguste, fidèle à la politique de Louis VI et de Louis VII, soutint contre Henri II ses fils révoltés. Le roi d'Angleterre, abandonné de tous ses serviteurs, trahi par ses fils, par ses barons d'Aquitaine et de Normandie, dut signer, en 1189, la paix humiliante d'Azay-le-Rideau, par laquelle il cédait le Berry à Philippe Auguste. La même année, il mourut désespéré, maudissant ses fils et lui-même.

4. Philippe Auguste et Richard Cœur de Lion. — Richard, surnommé Cœur de Lion, succéda à son père Henri II sur le trône d'Angleterre. C'était un prince bouillant et chevaleresque, plus aventurier que roi, tantôt cruel et tantôt magnanime ; il n'avait aucune des qualités politiques qui distinguaient le roi de France.

La lutte entre les Capétiens et les Plantagenets fut un moment suspendue par la troisième croisade, à laquelle prirent part Richard et Philippe Auguste. Mais, dès le début de l'expédition, l'amitié, qui avait jadis uni les deux princes, fit place à une rivalité violente, d'où la guerre devait fatalement sortir.

Le roi de France quitta le premier la Palestine, pendant que l'armée des croisés assiégeait la place de Saint-Jean-d'Acre. Il avait hâte, disait-il, de revoir son royaume ; mais surtout il voulait mettre à profit l'absence du roi d'Angleterre.

La captivité de Richard en Allemagne servit encore ses projets. Philippe Auguste s'allia avec Jean sans Terre, frère de Richard, et se jeta sur la Normandie. Mais la vieille reine Éléonore s'occupa de la délivrance de son fils aîné ; elle le recommanda au pape, et l'empereur, menacé d'excommunication, fut obligé de relâcher le croisé : « Prenez garde à vous, écrivit-il à Philippe et à Jean, le diable est déchaîné ! »

5. Guerre entre les deux rois. — Richard, délivré de sa prison, débarqua en Angleterre, reprit ses domaines qu'il avait aliénés au moment de partir en Terre Sainte, et passa en Normandie pour avoir raison du roi de France. Jean, qui attendait en tremblant l'arrivée de son terrible frère, acheta sa grâce par le massacre de la garnison française qu'il avait introduite lui-même dans Evreux, et la guerre commença.

Le combat de Fréteval, où furent saisies les archives de France, fut suivi d'une trève qui devait durer dix ans.

La guerre reprit bientôt. Richard, vaincu à Aumale, prit à sa solde des routiers brabançons et gallois : ces brigands, enveloppés aux Andelys, furent massacrés par les Français. Dans sa rage, le roi d'Angleterre fit arracher les yeux à quinze prisonniers, et les envoya à Philippe, sous la conduite d'un chevalier à qui il avait laissé un œil. Aussitôt le roi de France fit aveugler quinze chevaliers anglo-normands, « afin que nul ne le pût estimer inférieur à Richard en force et en courage, ou penser qu'il le redoutât. »

La même année, Richard assiégeait le château de Chalus en Limousin, lorsqu'un archer lui creva l'œil droit d'un coup d'arbalète ; il en mourut.

6. Démêlés de Philippe Auguste avec Innocent III. — Philippe-Auguste ne put pas profiter de la mort subite de Richard Cœur de Lion. Il était alors aux prises avec de graves embarras. A la mort de sa première femme, il avait épousé Ingeburge de Danemark et l'avait répudiée le lendemain même du mariage, pour s'unir avec Agnès de Méranie.

La malheureuse Ingeburge, seule, sans appui, dans un pays dont elle ne connaissait même pas la langue, en appela au pape, et Philippe, contempteur de la morale publique, fut excommunié. Le royaume fut mis en interdit ; le roi ne put prendre part à la quatrième croisade.

Philippe Auguste ne tarda pas à sentir que dans cette lutte le bon droit et la justice étaient du côté d'Innocent III ; il comprit qu'il jouait peut-être sa couronne et son trône. Il se soumit et se sépara d'Agnès de Méranie.

7. Philippe Auguste et Jean sans Terre. — Réconcilié avec le Saint-Siège, Philippe Auguste poursuivit le cours de ses conquêtes politiques. Le successeur de Richard Cœur de Lion, Jean sans Terre, était un ennemi peu redoutable. Lâche, cupide et cruel, il était détesté et méprisé de tous.

Profitant des vices et de l'odieuse tyrannie de son rival, Philippe Auguste investit le jeune neveu de Jean sans Terre, Arthur de Bretagne, de toutes les possessions anglaises en France, sauf la Normandie qu'il se proposa de prendre lui-même.

Arthur fut armé chevalier par le roi de France et devint son gendre. Puis il alla guerroyer en Poitou contre les partisans de Jean sans Terre ; mais il fut fait prisonnier par son oncle (1202). La légende raconte qu'il fut assassiné près de la Tour de Rouen : ce qui est certain, c'est qu'il disparut complètement. Jean sans Terre avait trop d'intérêt à la disparition d'Arthur, pour qu'on ne l'en considère pas avec raison comme l'auteur.

8. Condamnation de Jean sans Terre par la cour des pairs. — Philippe se déclara le vengeur du prince assassiné et somma le meurtrier de comparaître devant la cour du roi ou cour des pairs. Jean demanda un sauf-conduit. « Il peut venir sans crainte, dit Philippe. — Et retourner aussi, seigneur ? demanda l'évêque d'Ely. — La cour des pairs en décidera. » L'accusé se le tint pour dit ; il déclara qu'en sa qualité de duc de Normandie il était vassal du roi de France et tenu de se soumettre à ses plaids, mais que, en sa qualité de roi d'Angleterre, il ne relevait de personne et était tenu de ne point abaisser sa couronne.

La cour des pairs condamna Jean sans Terre par contumace à la mort et à la confiscation, et chargea le suzerain d'exécuter la sentence (1203).

9. Conquête de la Normandie (1203-1206). — Philippe, aidé par les contingents féodaux, entra en Normandie, prit rapidement Falaise, Domfront, Caen, Bayeux, Avranches, et mit le siège devant Rouen, « ville très opulente, dit l'historien Rigord, remplie de nobles hommes et capitale de la Normandie tout entière ». Sur la demande des habitants, le roi leur accorda une trêve de trente jours pour leur permettre d'envoyer des députés à leur roi ; ils promettaient de

rendre la ville à l'expiration du délai s'ils n'avaient pas reçu
de secours. Jean était à Douvres; les députés se jetèrent à
ses pieds pour le supplier de garder la capitale de Guillaume
le Conquérant. Il jouait aux échecs et continua sa partie sans
répondre. A la fin il s'écria brusquement qu'il n'avait pas
de secours à leur donner et qu'ils n'aient qu'à se garder
eux-mêmes. Rouen se rendit ; la Normandie avait été séparée
pendant près de trois cents ans du domaine royal. La Touraine, l'Anjou, le Maine et le Poitou furent aussi rapidement
conquis.

10. Jean sans Terre et Innocent III. — Bientôt ce
ne fut plus seulement avec Philippe Auguste que Jean sans
Terre entra en conflit, il devint odieux à tous ses sujets et
en particulier au clergé d'Angleterre. Le pape Innocent III
prit parti contre lui.

Jean sans Terre avait nommé un courtisan au siège pri-
matial de Cantorbéry. Le pape cassa l'élection, et fit donner
l'archevêché au savant Etienne Langton. A cette nouvelle,
Jean sans Terre tomba dans un de ces accès de fureur qui
semblent particuliers à sa famille : il menaça de faire fustiger
les évêques, jura qu'il couperait le nez aux légats, qu'il jet-
terait à la mer tout le clergé anglais, et qu'il se ferait musulman. Innocent l'excommunia, le déclara déchu de son
trône, fit prêcher une croisade contre lui et chargea Philippe
Auguste d'exécuter la sentence.

Le roi de France réunit ses barons et fit d'immenses préparatifs pour descendre en Angleterre. Alors Jean, plein de
terreur et se défiant de tous ceux qui l'entouraient, s'humilia,
accepta toutes les conditions qui lui furent imposées par
Innocent III, se déclara vassal de la papauté et promit de
payer mille marcs d'argent comme tribut annuel. Philippe
Auguste dut renoncer à son expédition, la rage au cœur. Il
se vengea de sa déception sur la Flandre, dont le comte,
Ferrand, s'était allié au roi d'Angleterre.

11. Coalition contre Philippe Auguste. — Jean
sans Terre et le comte de Flandre formèrent alors contre le
roi de France une ligue redoutable dans laquelle entrèrent
les ducs de Brabant et de Lorraine, les barons du Poitou et
l'empereur d'Allemagne, Othon IV de Brunswick. Cette ligue
se proposait d'envahir par deux côtés le royaume de Phi-

lippe Auguste. Jean sans Terre vint débarquer à la Rochelle, railla autour de lui les seigneurs de l'Ouest, et s'avança vers les bords de la Loire, mais il fut vaincu par le fils du roi de de France, Louis, à la Roche-aux-Moines.

12. Bataille de Bouvines (1214). — En même temps les coalisés de l'Est et du Nord, soutenus par Othon IV,

Un guerrier à l'époque de Philippe Auguste.

s'avançaient par la Flandre. Le roi Philippe Auguste, entouré de presque tous ses grands vassaux, d'innombrables chevaliers et de nombreuses milices communales, les attendait de pied ferme.

Le choc eut lieu à Bouvines, entre Lille et Tournai. L'ennemi, arrivé au ruisseau de la Marcq, le passa lentement et parut se diriger vers Tournai, puis, se retournant tout à coup, fondit sur l'arrière-garde. Le roi, fatigué par le poids de ses armes et la longueur du chemin, avait quitté son casque et sa cuirasse, et s'était couché à l'ombre d'un frêne, près d'une chapelle de saint Pierre, quand il apprit l'approche de l'ennemi. Il entra dans la chapelle, fit une courte prière, sortit pour prendre ses armes, et, le visage animé, « avec une joie aussi vive

que si on l'eût appelé à une noce », il sauta sur son cheval et se plaça sur le front de la bataille.

Le combat commença par des charges de cavalerie qui ne décidèrent rien. Mais bientôt arrivèrent, avec la bannière de Saint-Denis, les gens des communes. Ceux de Corbie, Amiens, Beauvais, Compiègne et Arras, pénétrèrent dans les rangs des chevaliers et se placèrent devant le roi lui-même. Philippe courut un grand danger : tiré à bas de son cheval, il allait être percé de coups, lorsque les siens le sauvèrent. L'empereur Othon lui-même faillit périr. Guillaume des Barres, le plus fort de son temps, le tenait par la tête et le frappait à coups d'épée. Mais une troupe d'Allemands dégagea l'empereur qui prit la fuite, entraînant l'armée après lui.

Le comte de Flandre, Ferrand, qui commandait la droite, fut blessé et fait prisonnier.

13. Importance de la bataille de Bouvines. — Cette victoire était un événement national ; la France entière en ressentit la joie. Partout, sur le passage du roi, les rues et les maisons étaient tendues de tapisseries, les paysans quittaient leurs travaux, pour voir le comte de Flandre enchaîné : « Ferrand, disaient-ils, te voilà maintenant ferré, tu ne regimberas plus, tu ne pourras plus ruer et lever le talon contre ton maître. »

Les habitants de Paris, et, par-dessus tout, la multitude des écoliers, allèrent au-devant du roi et se livrèrent à la joie, pendant la nuit suivante, au milieu de nombreux flambeaux, « en sorte que la nuit paraissait aussi brillante que le jour ».

14. Louis de France en Angleterre. — Les deux princes vaincus par Philippe n'étaient plus redoutables pour lui. Othon IV, dépouillé de la couronne impériale par son compétiteur Frédéric II, mourut obscurément. Jean sans Terre entra en lutte avec son clergé et sa noblesse, qui offrirent la couronne au prince Louis de France. Louis accepta et passa en Angleterre : il fut d'abord accueilli avec faveur ; mais bientôt, abandonné par ses alliés, il dut rentrer en France.

15. Les dernières années de Philippe Auguste. — Pendant les dernières années de son règne, Philippe-Auguste ne se mêla personnellement à aucune entreprise considérable. Il suivait avec attention les événements qui se passaient alors dans le midi de la France ; en 1219, il autorisa même son fils Louis à intervenir dans la croisade des Albigeois. Quatre ans plus tard, il mourut après avoir fait de grandes libéralités aux églises.

16. Gouvernement de Philippe Auguste. — Philippe Auguste n'agrandit pas seulement le domaine royal ; il lui donna une bonne administration. Il fut un roi conquérant et législateur. Le gouvernement central fut plus

fortement organisé avec les grands officiers de la couronne,
le sénéchal, le chancelier, l'échanson, le panetier, le chambrier. Leurs attributions furent déterminées avec soin.

L'administration du domaine royal était confiée à des
prévôts qui avaient le pouvoir judiciaire, la perception des
revenus du roi et la police. Avant de partir pour la croisade,
Philippe-Auguste publia une ordonnance, appelée le *testament du roi*, qui fixait un nouveau plan d'administration. Il
institua des officiers supérieurs appelés *baillis*, dont la circonscription ou *bailliage* comprenait plusieurs prévôtés. Tous
les ans, les baillis faisaient une tournée dans leur bailliage,
reformaient les abus, et rendaient compte de leur inspection au sénéchal du roi. C'était une première tentative de
centralisation administrative.

17. Philippe Auguste et les seigneurs. — Le roi
fit valoir sur tous les seigneurs, ses vassaux, sa suzeraineté
féodale. Il convoqua souvent dans des parlements les grands
vassaux de la couronne et les vassaux du duché de France.
C'est dans une de ces assemblées que fut publiée la fameuse
ordonnance la *quarantaine-le-roy*, qui prescrivait pour les
luttes privées un intervalle de quarante jours entre la déclaration de guerre et le commencement des hostilités. Comme
la trêve de Dieu, la quarantaine du roi eut pour but de
rendre les guerres privées plus difficiles et plus rares.

18. Philippe Auguste et les bourgeois. — Philippe Auguste chercha son appui dans la bourgeoisie contre
la féodalité. Il accorda des chartes d'affranchissement à un
grand nombre de villes; à Paris, il confirma les privilèges
de la hanse des marchands avec son prévôt, ses échevins et
ses armoiries. Il encouragea le commerce et favorisa les corporations. Mais il se montra sans pitié pour les villes qui
voulaient s'ériger en communes indépendantes. A Paris et à
Orléans, il réprima cruellement des révoltes contre l'autorité
royale.

19. Les embellissements de Paris. — Paris, sa
capitale, attira spécialement son attention, et il commença
des embellissements qui nous paraissent aujourd'hui bien
modestes. Les rues n'étaient point pavées, et la boue était
si épaisse que les voitures s'y enfonçaient jusqu'au moyeu.
Dans les plus élégantes et les plus fréquentées, on semait

du foin et de la paille, et on appelait ces rues favorisées rue
du *Fouin* ou rue du *Fouarre*. Philippe commença le pavage de
la ville ; il construisit le château du Louvre, continua à
bâtir la cathédrale Notre-Dame, commencée sous Louis VII,
en 1163, éleva les halles et l'Hôtel-Dieu, et agrandit l'enceinte fortifiée.

20. L'Université. — En 1200, Philippe Auguste organisa l'Université de Paris. Les écoles furent affranchies du
chapitre de Notre-Dame, dont elles dépendaient ; elles s'établirent autour de la montagne Sainte-Geneviève ; ce fut le
quartier latin. Elles devinrent bientôt illustres. « On ne voit
pas, dit Guillaume le Breton, qu'il y ait jamais eu un si
grand nombre d'étudiants à Athènes ni en Égypte. Cela
tenait aux privilèges et à la protection spéciale que le roi
accordait aux écoliers. »

21. Louis VIII (1223-1226). — Le fils de Philippe
Auguste, Louis VIII, ne régna que trois ans, mais il continua
la politique de son père, et agrandit encore le domaine royal.
Il conquit sur les Anglais le bas Poitou, la Saintonge, l'Angoumois, le Limousin, le Périgord et la moitié du Bordelais.
Les Anglais ne possédaient plus en France que l'Aquitaine,
avec Bordeaux.

D'autre part, Louis VIII retira tout le profit de la croisade
des Albigeois. Héritier du comte de Toulouse, Amaury de
Montfort, il partit pour le Midi de la France. A la tête d'une
armée de cinquante mille hommes, il mit le siège devant
Avignon et fit capituler cette ville. Les Albigeois effrayés
livrèrent sans combat Nîmes, Carcassonne, Béziers, Albi.
Toulouse seule résista.

Le roi soumit et organisa tout le pays compris entre le
Rhône et le Tarn. Il établit des sénéchaux royaux à Beaucaire, à Béziers et à Carcassonne. Louis VIII mourut, à son
retour, à Montpensier, en Auvergne. Il laissait un fils mineur
sous la tutelle d'une femme étrangère : mais cet enfant était
saint Louis, et cette femme, Blanche de Castille.

« Qui pourrait dire, au retour du roi, les joyeux applaudissements,
les hymnes de triomphe, les innombrables danses des peuples, les

doux chants des clercs, les sons harmonieux des instruments dans les églises, les rues, les maisons, les chemins tendus de courtines et de tapisseries de soie, couverts de fleurs, d'herbes et de branches vertes, tous les habitants de toutes classes, de tout sexe et de tout âge accourant voir un si grand triomphe? Des paysans et des moissonneurs, interrompant leurs travaux (c'était alors le temps de la moisson) se précipitaient en foule vers les chemins pour voir dans les fers ce Ferrand dont auparavant ils redoutaient les armes. Les vilains, les vieilles et les enfants ne craignaient point de se moquer de lui et de se jouer sur le sens équivoque de son nom qui pouvait s'entendre aussi bien d'un homme que d'un cheval. Par un merveilleux hasard les deux chevaux qui le traînaient dans une litière étaient de ceux auxquels leur couleur a fait donner ce nom. Aussi ils lui disaient : « Eh! Ferrand, te voilà enferré, tu ne pourras plus regimber, toi qui auparavant gonflé d'embonpoint, ruais et levais le talon contre ton maître. » Toute la route se passa ainsi jusqu'à Paris. Les bourgeois et par-dessus tout les écoliers allèrent à la rencontre du roi, en chantant des hymnes et des cantiques, et montrèrent par leurs gestes la grande joie de leurs cœurs. Ils firent une fête sans égale, et, comme si le jour ne leur suffisait pas, ils prolongèrent leurs plaisirs durant la nuit, et même pendant sept nuits consécutives, au milieu de nombreux flambeaux, en sorte que la nuit paraissait aussi brillante que le jour. Les écoliers surtout ne cessaient de faire de somptueux festins, chantant et dansant continuellement. » (D'après Guillaume LE BRETON).

G. CARRÉ. Le Moyen Age.

Livres à consulter : H. MARTIN, MICHELET, DARESTE, BORDIER et CHARTON, V. DURUY, E. LAVISSE. *Histoire de France.* — LAVISSE et RAMBAUD, *Histoire générale,* — LUCHAIRE. *Philippe Auguste.*

CHAPITRE XX

SAINT LOUIS. — L'ANGLETERRE
AU XIIIe SIÈCLE.

SOMMAIRE

1. RÉGENCE DE BLANCHE DE CASTILLE (1226-1236). — Louis IX régna d'abord sous la tutelle de sa mère, Blanche de Castille. Celle-ci défendit l'autorité de son fils contre les coalitions féodales favorisées par le roi d'Angleterre; elle imposa à Raymond VII le traité de Paris et assura ainsi l'action du pouvoir royal sur la France méridionale.

Elle prépara le retour du Languedoc et de la Provence au domaine royal par le mariage du roi et de son frère avec les héritières de ces grands fiefs. Elle se fit céder par Thibaut de Champagne les comtés de Blois et de Chartres; enfin elle imposa l'autorité royale au clergé et à l'Université.

2. POLITIQUE DE SAINT LOUIS. — Devenu majeur (1236), saint Louis intervint avec autorité dans les luttes de l'Église et de l'Empire.

Il assura par ses victoires de Taillebourg et de Saintes la victoire de la royauté sur les seigneurs de l'Ouest et sur le roi d'Angleterre.

Partisan d'une politique loyale, il restitua au roi d'Angleterre les conquêtes de Louis VIII, mais fit légitimer celles de Philippe Auguste; il intervint comme arbitre entre Henri III et les barons révoltés; il refusa la couronne impériale à la mort de Frédéric II et vit avec regret Charles d'Anjou accepter la couronne de Naples.

3. SES CROISADES. — Saint Louis fit la septième croisade en Égypte et ne rentra en France que rappelé par la mort de sa mère (1254).

C'est sur les instigations de Charles d'Anjou qu'il fit la huitième croisade à Tunis, où il mourut (1270).

4. ADMINISTRATION DE SAINT LOUIS. — Saint Louis donna à la royauté une grande force morale par ses vertus et une force matérielle considérable par ses institutions. Il interdit les guerres privées et le duel judiciaire; il permit qu'on en appelât aux tribunaux royaux; il régla ses rapports avec la féodalité dans ses *Établissements*, et il organisa l'industrie de Paris par les *Statuts* d'Étienne Boileau. Enfin il fit continuer la cathédrale de Paris, construire la Sainte-Chapelle et l'hospice des Quinze-Vingts.

5. LA GRANDE CHARTE (1215). — Les crimes et les fautes de Jean sans Terre provoquèrent l'union de tous ses sujets contre lui. En 1215, il fut obligé d'accorder aux barons anglais la Grande Charte. C'était un pacte destiné à garantir tous les sujets contre l'arbitraire et le despotisme du pouvoir royal. La Grande Charte peut être considérée comme l'origine de toutes les libertés anglaises. Jean sans Terre mourut en 1216.

6. HENRI III (1216-1272). — La minorité d'Henri III fut troublée par

les tentatives du fils de Philippe Auguste, Louis, pour s'emparer de la couronne d'Angleterre, et par les rivalités des barons anglais. Plusieurs interventions en France furent malheureuses ; la dernière se termina par les défaites de Taillebourg et de Saintes.

7. LES STATUTS D'OXFORD ET LE PARLEMENT. — La politique malheureuse de Henri III souleva la réprobation de tout son peuple. Les barons anglais, commandés par Simon de Montfort, duc de Leicester, imposèrent au roi les Statuts d'Oxford ; quelques années plus tard, en 1265, le premier parlement anglais était organisé.

RÉCIT

1. Régence de Blanche de Castille (1226-1236). — Louis VIII était mort subitement, et la reine Blanche ne soupçonnait pas la catastrophe qui la menaçait. Elle savait que le roi était parti du Languedoc, et elle-même avait quitté Paris avec ses enfants pour aller à sa rencontre, lorsque la fatale nouvelle lui parvint.

Blanche prit son parti avec décision. Elle mena rapidement son fils à Reims et le fit sacrer. Le voyage et la cérémonie se firent au milieu d'un grand appareil militaire : les milices des communes escortèrent la cour, et, le jour du sacre, trois cents chevaliers armés de toutes pièces et montés sur leurs chevaux de combat amenèrent dans leurs rangs serrés l'abbé de Saint-Remi qui portait la sainte ampoule. Tous les assistants jurèrent fidélité au roi, et prêtèrent hommage à sa mère.

2. Coalition féodale. — Mais les grands barons n'étaient pas tous venus à Reims. Les fêtes étaient à peine terminées que les luttes commencèrent. Une dangereuse coalition féodale se forma contre le jeune roi et sa mère. Le comte de Boulogne, Philippe Hurepel, Thibaut, comte de Champagne, Pierre Mauclerc, duc de Bretagne, le comte de la Marche, Hugues de Lusignan, enfin le comte de Toulouse voulaient profiter de la mort de Louis VIII, de la jeunesse de son fils et des embarras de la reine mère pour recouvrer le pouvoir ou les territoires qu'ils avaient perdus.

Cette ligue des grands vassaux de France, qui pouvait, au moins dans l'Ouest, compter sur l'appui du roi d'Angleterre, eût été très redoutable pour la royauté capétienne, si Blanche de Castille n'avait pas très habilement réussi à la rompre peu à peu, en en détachant l'un après l'autre les principaux coalisés.

3. Politique de Blanche de Castille. — Elle ramena d'abord à la cause royale le comte de Champagne. Thibaut était moins un seigneur féodal qu'un poète. En vrai troubadour, il la prit pour dame de ses pensées, l'assura de sa fidélité et défendit même le jeune roi contre les attaques de ses anciens alliés.

Après Thibaut, ce fut Philippe Hurepel que Blanche de Castille réduisit, par d'autres moyens, à l'obéissance. Hurepel n'était en possession de son comté de Boulogne que depuis la captivité de son beau-père Renaud, fait prisonnier à Bouvines : la reine mère menaça le comte de Boulogne de rendre la liberté à Renaud.

Contre les seigneurs de l'Ouest et du Midi, la lutte fut plus longue et plus sérieuse. Mais Blanche de Castille et son fils étaient soutenus par le clergé et par la bourgeoisie, qui préféraient une royauté forte au régime tumultueux et violent de la grande féodalité.

4. Fin de la guerre des Albigeois. — L'appui du clergé fut très utile à Blanche contre le comte de Toulouse, Raymond VII. La régente réveilla contre lui les anciennes accusations d'hérésie : une nouvelle croisade, dirigée par le légat du pape et par les archevêques de Bordeaux et d'Auch, envahit les domaines du comte de Toulouse et refoula Raymond jusque sous les murs de sa capitale. La ville résista vaillamment, mais l'armée royale dévasta tous les environs, et bientôt le comte rebelle se résigna à demander la paix ; il signa avec Blanche le traité de Meaux confirmé par celui de Paris (1229).

Il cédait définitivement à la couronne le duché de Narbonne, avec Béziers, Agde, Nîmes, Uzès, Viviers et le Gévaudan ; il abandonnait au pape le comtat Venaissin ; il se réservait le duché de Toulouse avec le Quercy, le Rouergue, l'Agenais et une partie de l'Albigeois. Mais il assurait cette riche succession à son unique héritière, sa fille Jeanne, qui était fiancée au frère du roi, Alphonse de Poitiers.

La guerre des Albigeois se terminait, au profit de la royauté capétienne, par la victoire politique du Nord sur le Midi. Les tribunaux de l'Inquisition poursuivirent l'œuvre commencée par Simon de Montfort et réprimèrent sans pitié, en même temps que toute hérésie, tout esprit d'indépendance locale.

5. Lutte contre Pierre Mauclerc; fin des coalitions féodales. — Blanche de Castille et le jeune roi ne triomphèrent qu'après plusieurs expéditions des intrigues et des révoltes du duc de Bretagne, Pierre Mauclerc. Le roi d'Angleterre, Henri III, ne profita point de ces guerres intestines pour reconquérir les territoires qu'avaient perdus Richard Cœur de Lion et Jean sans Terre; s'il débarqua en Bretagne, il commit faute sur faute et retourna en Angleterre sans avoir rien fait. Le duc de Bretagne, abandonné par le roi d'Angleterre qui lui avait promis des secours, signa le traité de Saint-Aubin-du-Cormier par lequel il faisait sa soumission au roi. Ce fut la fin des coalitions féodales qui avaient troublé la régence de Blanche de Castille.

6. Gouvernement de Blanche de Castille. — Mais Blanche de Castille ne se contenta pas de défendre victorieusement l'autorité et les domaines du roi contre la ligue des grands vassaux. Elle sut agrandir ces domaines et par d'heureux mariages leur assurer pour l'avenir d'autres accroissements. En 1234, elle maria le roi avec la fille aînée du comte de Provence, la belle et pieuse Marguerite; puis, quand le comte de Provence, qui n'avait point eu de fils, eut proclamé sa dernière fille, Béatrix, héritière de ses domaines, Blanche de Castille obtint sa main pour le plus jeune frère de saint Louis, Charles d'Anjou.

Enfin elle acheta à Thibaut de Champagne la suzeraineté des comtés de Blois, de Chartres, de Sancerre et de la vicomté de Chateaudun.

La régente ne se montra pas moins ferme vis-à-vis de la bourgeoisie et du clergé. Elle réprima avec énergie quelques désordres fomentés par les écoliers de l'Université de Paris; elle obligea l'archevêque de Rouen et l'évêque de Beauvais à respecter l'autorité royale et les prérogatives de la couronne.

Blanche de Castille continua dignement le règne de Philippe-Auguste et prépara celui de saint Louis.

7. Saint Louis. — A partir de 1236, saint Louis prit le gouvernement de son royaume.

« Louis IX, dit Voltaire, paraissait en tout le modèle des hommes. Sa piété, qui était celle d'un anachorète, ne lui ôta aucune vertu de roi. Une sage économie ne déroba rien à sa libéralité. Il sut accorder une politique profonde avec une justice exacte ; et peut-être est-il le seul souverain qui mérite cette louange : prudent et ferme dans le conseil, intrépide dans les combats sans être emporté, compatissant comme s'il n'avait jamais été que malheureux. Il n'est pas donné à l'homme de porter plus loin la vertu. »

Saint Louis s'inspira de la politique suivie par sa mère ; mais il l'appliqua avec plus de douceur, plus de modération, parfois même avec des scrupules exagérés.

8. Nouvelle coalition féodale. — Il eut bientôt à lutter contre une nouvelle coalition féodale. Hugues de Lusignan, comte de la Marche, excité par sa femme, l'orgueilleuse Isabelle, avait refusé de prêter l'hommage féodal à son suzerain, le comte de Poitiers, Alphonse, frère du roi ; puis il avait formé une nouvelle ligue avec Raymond de Toulouse. Les rebelles comptaient sur l'appui des rois de Castille et d'Angleterre.

Saint Louis.

9. Combats de Taillebourg et de Saintes (1242). — Saint Louis déjoua les espérances de cette nouvelle ligue par la rapidité et la décision de ses mouvements. Tandis que beaucoup de barons d'Aquitaine et de Poitou hésitaient à se joindre aux coalisés, le roi se portait en toute hâte vers Bordeaux. Le choc eut lieu sur les bords de la Charente. L'armée royale emporta le pont de Taillebourg et mit les Anglais et leurs alliés en pleine déroute sous les murs de Saintes. Hugues de Lusignan vint faire humblement sa soumission. Raymond VII renouvela le traité de Paris.

10. Saint Louis et la septième croisade. — Depuis plusieurs années, saint Louis était préoccupé des événements qui se passaient en Orient. Il mit plusieurs années à préparer la croisade ; mais le résultat ne répondit pas aux efforts dépensés. Saint Louis, fait prisonnier en Egypte par les Mameluks, dut revenir en France sans avoir délivré la Palestine du joug musulman [1]. Pendant son absence, le royaume avait été de nouveau gouverné par Blanche de Castille ; mais la reine mère était morte en 1253, et saint Louis retourna en France l'année suivante.

11. Politique extérieure de saint Louis. — Saint Louis s'inspira toujours dans sa politique extérieure comme dans son gouvernement des sentiments de droiture, de loyauté et de justice.

Bien qu'il eût remporté sur Henri III d'Angleterre deux victoires éclatantes, il pensait néanmoins que les provinces enlevées jadis à Jean sans Terre, ne lui appartenaient pas légitimement. « La conscience lui remordait de la terre de Normandie, » dit Guillaume de Nangis. Ses conseillers, au contraire, étaient d'avis de ne rien rendre de ce qu'on pouvait garder ; les habitants du Limousin et de la Saintonge tremblaient de rentrer sous la mauvaise administration de Henri III. Mais rien ne put ébranler le roi : sa conscience avait parlé. Il voulut donner la sanction du droit aux conquêtes de son père et de son aïeul. Il signa donc avec Henri III le traité d'Abbeville, par lequel il lui rendait le Limousin, le Périgord, le Quercy, l'Agenais et une partie de la Saintonge. Henri, de son côté, renonça à toute prétention sur la Normandie, le Maine, la Touraine et le Poitou, et fit hommage comme duc d'Aquitaine.

Dans ses rapports avec l'Espagne, il suivit la même politique, dictée par les mêmes scrupules. Le roi d'Aragon avait la suzeraineté de beaucoup de fiefs dans le Languedoc et l'Auvergne : Louis obtint au traité de Corbeil qu'il y renonçât en lui abandonnant les anciennes prétentions de la couronne de France sur la Catalogne et le Roussillon.

12. Autorité morale de saint Louis — Cette droiture de saint Louis, cet amour de la justice, ces scrupules qui témoignent de tant de loyauté, donnèrent au roi de

[1] Voir le chapitre XV : les Croisades.

France une grande autorité morale. Pendant tout son règne, on invoqua son arbitrage, comme autrefois on invoquait celui du pape. Partout il intervint comme pacificateur. En Flandre, il fit cesser la lutte entre les deux compétiteurs à la succession de la comtesse Marguerite. En Angleterre, il chercha à réconcilier Henri III et ses barons révoltés (1264). Dans la lutte du sacerdoce et de l'empire, il apporta le même esprit d'équité et de sagesse. Saint Louis déplorait cette lutte sans pitié, et adressait tour à tour aux deux adversaires ses prières et ses reproches. Lorsque Grégoire IX déposa Frédéric II sans jugement, et offrit la couronne au comte Robert d'Artois, frère du roi, Louis refusa sans hésiter.

Plus tard encore, après la mort de l'empereur Frédéric II, saint Louis refusa pour un de ses fils la couronne des Deux-Siciles, que lui offrait le pape Urbain IV ; c'est malgré lui que son frère, l'ambitieux Charles d'Anjou, l'accepta pour lui-même.

Par le caractère de sa politique et par la nature de ses interventions dans les affaires européennes, Saint Louis mérita d'être appelé par le pape Innocent IV le « messager de paix. ».

13. Gouvernement intérieur de saint Louis. — Le gouvernement intérieur de saint Louis fut peut-être plus remarquable encore que sa politique extérieure. Il fut surtout un roi administrateur et législateur. Il fit beaucoup pour le *bon mesnage* du royaume, et il laissa après lui, au peuple, le souvenir de ses bienfaits ; à ses successeurs, l'autorité de ses exemples.

Le roi était un saint et un chevalier : aussi dans son gouvernement se fit-il un cas de conscience de respecter les droits établis. Il n'était animé d'aucune hostilité contre les institutions féodales au milieu desquelles il avait grandi. Mais s'il ne porta aucune atteinte aux droits d'autrui, il entendit faire valoir dans toute son étendue son droit de roi, seigneur suzerain du royaume.

14. Administration du domaine royal. — Saint Louis conserva dans ses traits généraux l'administration établie par Philippe Auguste.

Pour surveiller l'administration des baillis et des prévôts,

saint Louis créa des enquesteurs royaux, commissaires extraordinaires, analogues aux *missi dominici* de Charlemagne.
Ils parcouraient les provinces, s'assuraient que la justice
était partout rendue avec équité, et s'efforçaient de faire
disparaître les abus.

15. Institutions de saint Louis. — L'attention de
saint Louis se porta principalement vers la justice, qui reposait encore sur deux principes barbares : le droit de guerre
privée et le duel judiciaire. En 1245, il renouvela l'ordonnance de Philippe Auguste, la *quarantaine le-roy*, et il la
compléta par une institution nouvelle, l'*asseurement*. En cas
de guerre privée, le vassal le plus faible pouvait demander
à son suzerain l'asseurement, c'est-à-dire l'assurance de ne
plus être attaqué par les armes. La cause du conflit était
alors appelée devant la cour du parlement du suzerain et la
guerre privée se changeait en procès.

Le duel judiciaire fut aussi aboli parce qu'il n'était pas
voie de droit. Désormais les tribunaux jugèrent surtout
d'après les témoignages ; leurs sentences furent par là sous-
traites à la tyrannie de la force brutale. Ainsi la force ne
primait plus je droit.

Enfin saint Louis multiplia les *cas royaux*. C'étaient les
procès dont la connaissance était réservée aux magistrats du
roi.

16. Les légistes et le parlement. — La substitu-
tion du droit à la force amena toute une révolution. Puisque
les hommes d'épée étaient remplacés par des hommes de
loi, il fallut connaître la loi et avoir des juges pour l'appliquer. Aussi l'influence des hommes de loi ou légistes grandit-
elle sous ce règne. Saint Louis attira auprès de lui des jurisconsultes comme Pierre de Fontaines, Georges de Villette,
Philippe de Beaumanoir. Il fit rédiger un recueil des lois et
usages de son temps, appelé les *Etablissements de saint Louis*.

La composition des tribunaux fut aussi modifiée. Désormais les seigneurs « ne voulant pas changer leurs épées en
écritoires », abandonnèrent leurs places de juges à des
hommes de loi.

La cour du roi, qui jugeait tous les appels, prit à cette
époque une importance plus grande. Elle devint la plus
haute cour de justice du royaume. Elle s'appela exclusive-
ment le *Parlement*.

17. Saint Louis et les communes. — Saint Louis fut bienveillant pour les communes, mais il intervint dans leurs affaires et réprima les abus de leurs magistrats.

Sa bonne ville de Paris fut l'objet particulier de ses soins. Il choisit comme prévôt Étienne Boileau, qui purgea Paris des meurtriers et des voleurs, donna aux marchands et aux artisans leur charte dans son *Livre des Métiers de Paris*, et augmenta la population, en garantissant la sécurité des personnes et des biens.

Saint Louis n'épargna rien pour embellir la capitale de son royaume. Parmi ses créations, il faut citer au premier rang : la Sainte-Chapelle, ce bijou gothique, destinée à recevoir la couronne d'épines du Christ, que l'empereur de Constantinople, Baudoin II, avait vendue au roi de France ; la Sorbonne, fondée par le confesseur du roi, Robert de Sorbon, pour servir d'asile à des écoliers pauvres, et les Quinze-Vingts, hôpital d'aveugles, construits pour trois cents croisés auxquels les infidèles avaient fait crever les yeux.

La Sainte-Chapelle.

18. La huitième croisade ; mort de saict Louis (1270). — Cette œuvre intérieure, si sage et si heureuse, fut malheureusement interrompue par la huitième croisade. Charles d'Anjou, qui venait de conquérir le royaume de Naples et qui voulait étendre sa domination sur les côtes de l'Afrique du Nord, persuada à saint Louis que le bey de Tunis désirait vivement embrasser la foi chrétienne, et qu'il n'attendait pour se convertir qu'une occasion favorable. Le zèle religieux l'emporta dans l'âme du roi de France sur toute autre considération ; en 1270, il s'embarqua à Aigues-Mortes et fit voile vers Tunis. On sait quelle fut la triste issue de cette lamentable expédition. Avant de mourir, le pieux roi remit à son fils Philippe les *Enseignements* qu'il avait écrits pour lui.

Saint Louis a plus fait pour la royauté que bien des rois batailleurs. Le peuple en a gardé le souvenir : il aime à se représenter le bon roi rendant la justice, assis sous le chêne de Vincennes.

19. Jean sans Terre (1199-1216). — En Angleterre, le successeur de Richard Cœur de Lion, Jean sans Terre, est un des princes les plus méprisables, une des physionomies les plus odieuses de tout le moyen âge. C'était un homme à la fois lâche et cruel, d'une perversité sans égale, d'une barbarie inouïe et d'une révoltante immoralité. L'Angleterre assista sous son règne à la première victoire de l'aristocratie et à l'établissement des premières libertés publiques.

Sa politique extérieure fut déplorable. Meurtrier de son neveu Arthur de Bretagne, vaincu par Philippe Auguste, il perdit la moitié de ses domaines en France. Il pressura le peuple pour rassembler de nouvelles forces et souleva par ses cruautés et ses spoliations la haine et le mépris de tous.

20. La Grande Charte (1215). — Les barons et le haut clergé d'Angleterre, las de subir un gouvernement aussi despotique qu'il était faible, se liguèrent sous la direction du primat Étienne Langton. Le jour de Noël 1214, ils se présentèrent en armes devant le roi qui tenait sa cour à Worcester, lui remirent une charte que le roi Henri Ier Beau-Clerc avait jadis donnée à sa noblesse et l'invitèrent à la confirmer. « Que ne me demandez-vous mon royaume? » s'écria-il emporté par la colère, et il refusa de signer.

La noblesse quitta Worcester, se déclara *armée de Dieu et de la sainte Église*, et occupa Londres où elle fut reçue par les habitants avec de grandes démonstrations. Jean se reconnut incapable de lutter, et il signa solennellement la *Grande Charte*.

Par cet acte célèbre, les trois classes de la nation anglaise obtenaient d'importantes garanties contre le despotisme royal.

1° Le clergé faisait reconnaître les libertés de l'Église d'Angleterre. Il recouvrait son droit d'élection et ses tribunaux particuliers ;

2° Les barons imposaient des limites aux droits féodaux du roi. Les droits de relief, de tutelle, de mariage, étaient rigoureusement fixés ;

3° Les bourgeois ne pouvaient plus être imposés arbitrairement. Tous les impôts devaient être votés par le commun conseil du royaume, origine du Parlement. Aucun homme libre ne pourrait désormais être emprisonné qu'en vertu d'un jugement rendu par ses pairs, et suivant la loi du pays. C'est là l'origine du *jury*.

La Grande Charte stipulait, en outre, que les barons éliraient à leur gré vingt-cinq barons du royaume, chargés de veiller au maintien et à l'exécution de la Charte.

21. Mort de Jean sans Terre (1216). — Jean sans Terre avait juré malgré lui la Grande Charte qui portait atteinte à son autorité royale. Il résolut de la détruire. Il se mit en campagne avec ses routiers, avides de pillage. Les barons offrirent la couronne à Louis de France, fils de Philippe Auguste. Le prince français passa le détroit, débarqua à Douvres et entra à Londres, où il fut proclamé roi.

Mais la mort de Jean sans Terre détruisit ses espérances.

A un prince étranger qui pouvait s'appuyer sur les forces d'un puissant royaume, les grands préférèrent le jeune Henri, fils de Jean, qu'ils comptaient élever dans le respect de leurs droits. Henri III, fils de Jean sans Terre, fut reconnu roi.

22. Henri III (1216-1272). **La Charte des forêts.** — Les barons profitèrent de la minorité du roi pour obtenir de nouveaux privilèges. Ils firent signer par le régent, Guillaume de Pembroke, la Charte des forêts (1217). Cette charte, ainsi que son nom l'indique, avait pour but d'assurer aux barons la possession de leurs propriétés, de prévenir l'extension illimitée des forêts royales et de fixer le droit de chasse.

Mais Henri III ne tarda pas à suivre une politique toute contraire ; il gouverna avec des étrangers, Poitevins et Provençaux ; il se fit battre par saint Louis à Taillebourg et à Saintes ; enfin il révoqua la Grande Charte. Ainsi il provoqua un nouveau soulèvement de la féodalité anglaise.

23. Les Statuts d'Oxford (1258). — Les barons

prirent les armes et se donnèrent pour chef Simon de Montfort, comte de Leicester, l'un des fils du vainqueur des Albigeois. Le roi promit de leur donner satisfaction et de s'entendre avec eux pour mettre fin aux abus du royaume.

Une commission de réforme fut nommée; elle était composée de vingt-quatre barons, dont douze étaient choisis par
le roi. Elle se réunit à Oxford, et fut surnommée le *Parlement
enragé*. C'est la première assemblée anglaise qui ait porté le
nom de Parlement.

Ce Parlement adopta les Statuts d'Oxford, qui donnaient
la plus grande part de la souveraineté au conseil des barons.
A eux appartenaient le droit de nommer annuellement le
chancelier, le trésorier, les juges, la garde des châteaux
royaux, le pouvoir de désigner douze d'entre eux pour con-
stituer une commission permanente. Le roi était tenu de
convoquer trois parlements par an.

24. Organisation du Parlement (1264). — Plus
tard, Simon de Montfort compléta cette organisation du Parlement en y appelant deux ou quatre bourgeois de chacune
des principales villes d'Angleterre. Ce fut l'origine de la
Chambre des communes. Dès lors étaient créés les deux éléments principaux du célèbre Parlement d'Angleterre : la
Chambre des seigneurs ou Chambre des lords et la Chambre
des bourgeois ou Chambre des communes.

LECTURE. — Saint Louis et les évêques.

Malgré la vive piété dont il était animé et le respect dont il entou-
rait les évêques, le saint roi ne sacrifia jamais à l'Église les intérêts et
la dignité de sa couronne. Au treizième siècle, le clergé usait et
abusait de l'excommunication. On ne pouvait avoir la moindre contes-
tation avec les gens d'église sans être exposé à être excommunié, et
le tribunal ecclésiastique, qui avait prononcé la sentence, requérait
l'assistance du bras séculier; l'officier laïque, s'il refusait son ministère,
était frappé lui-même d'excommunication. Saint Louis n'était pas
homme à se faire le docile exécuteur des sentences épiscopales.

« Tous les prélats de France, raconte Joinville, assemblés à Paris,
mandèrent un jour au roi qu'ils voulaient lui parler, et le roi alla au
palais pour les voir. Et là était l'évêque Guy d'Auxerre qui, au nom
de tous les prélats, parla ainsi au roi : « Sire, ces seigneurs qui sont
ici, archevêques et évêques, m'ont dit de vous dire que la chrétienté se
périt en vos mains. » Le roi se signa et dit : « Or, dites-moi comment
cela est. » — « Sire, fit-il, c'est qu'on ne tient plus compte des excom-

munications; nuit et jour les gens se laissent mourir excommuniés sans qu'ils se fassent absoudre et sans faire satisfaction à l'Eglise. Nous vous requérons donc, Sire, pour Dieu et pour ce que vous devez faire, que vous commandiez à vos prévôts et à vos baillis que tous ceux qui seront restés excommuniés un an et un jour soient contraints par la prise de leurs biens de se faire absoudre. » Le roi répondit qu'il le leur commanderait volontiers, mais qu'il tenait à avoir connaissance des causes pour savoir si les sentences étaient droiturières ou non. Et l'évêque dit qu'il ne lui appartenait pas, à lui laïque, de connaître des causes d'Eglise. Et le roi lui dit qu'il ne le ferait autrement; car ce serait contre Dieu et contre raison, s'il contraignait les gens à se faire absoudre, quand les clercs leur feraient tort. « Et à ce sujet, dit le roi, je vous donne un exemple. Le comte de Bretagne a plaidé sept ans contre les prélats de Bretagne, tout excommunié qu'il était; il a tant exploité que le pape les a condamnés tous. Si donc j'eusse contraint le comte de Bretagne à se faire absoudre dès la première année, j'eusse mefait envers Dieu et envers lui. » Lors sortirent les prélats ni oncques plus n'ai ouï dire que demande ait été faite des choses susdites. »

(G. Carré, Le Moyen Age.)

Livres à consulter : H. Martin, Michelet, Dareste, Bordier et Charton, V. Duruy, E. Lavisse, *Histoire de France*. — Lavisse et Rambaud, *Histoire générale*. — Wallon, *saint Louis et son temps*. — Legoy de la Marche, *La France sous saint Louis*. — G. Carré, *Le Moyen Age*.

CHAPITRE XXI

PHILIPPE LE BEL

SOMMAIRE

1. PHILIPPE III LE HARDI (1270-1285). — Sous le règne de Philippe III, le domaine royal fut considérablement agrandi ; mais hors de France, la politique des Capétiens subit des échecs en Sicile et en Espagne.

2. PHILIPPE IV LE BEL (1285-1314). — Philippe IV le Bel se préoccupa surtout de donner à la royauté française le caractère d'un pouvoir absolu. Entouré de légistes, il combattit avec acharnement tous les ennemis de l'autorité royale et créa en France un gouvernement despotique.

3. LUTTES CONTRE L'ANGLETERRE ET LA FLANDRE. — Philippe le Bel voulut d'abord étendre le domaine royal. Il essaya d'enlever la Guyenne au roi d'Angleterre, Edouard Ier ; il fit plusieurs expéditions en Flandre, marquées par la défaite de Courtrai et la victoire de Mons-en-Puelle.

4. CONFLIT AVEC LE PAPE. LES TEMPLIERS. — Philippe le Bel entra en lutte avec le pape Boniface VIII à l'occasion d'un nouvel impôt qui frappait les biens ecclésiastiques. Le conflit devint rapidement très aigu. Le roi de France eut recours à la force brutale et le pape, insulté dans Anagni, mourut quelques jours plus tard (1303).

Après la mort de Boniface VIII, la papauté tomba dans la dépendance de Philippe le Bel, et quitta Rome pour Avignon. Le roi put alors détruire l'ordre des Templiers, dont il convoitait les grandes richesses (1314).

5. ADMINISTRATION DE PHILIPPE LE BEL. — Philippe le Bel, par son administration et ses réformes, fit faire de grands progrès à l'autorité royale. Il organisa le Conseil du roi, le Parlement et la Cour des Comptes ; le premier, il réunit les Etats généraux, en 1302.

6. LES FILS DE PHILIPPE LE BEL (1314-1328). — Les trois fils de Philippe le Bel, Louis X le Hutin, Philippe V le Long et Charles IV le Bel, occupèrent successivement le trône de France. A la mort de ce dernier, la famille des Capétiens directs s'éteignit ; la dynastie des Capétiens Valois lui succéda.

RÉCIT

1. Philippe III le Hardi (1270-1285). — Philippe III le Hardi commença son règne sous de tristes auspices. Il ramena en France plusieurs cercueils de princes ou de princesses de la famille royale ; en quelques mois il avait vu mourir son frère Tristan, son père, sa sœur Isabelle, sa propre femme, son oncle Alphonse de Poitiers et sa tante Jeanne, femme du comte de Poitiers et héritière des comtes de Toulouse. Ces morts eurent du moins un heureux résultat pour le domaine royal. De son frère Tristan, Philippe III hérita l'apanage du Valois; de son oncle Alphonse de Poitiers, le comté de Toulouse avec le Poitou, l'Auvergne, le Rouergue, l'Albigeois, le Quercy, l'Agénois et la Provence. Il est vrai qu'il céda le comtat Venaissin au pape et l'Agénois au roi d'Angleterre; mais ce qui lui resta de ce magnifique héritage en était la plus grande et la meilleure part; désormais la domination du roi de France atteignait presque les Pyrénées.

Enfin Philippe III fit épouser à son fils Philippe, Jeanne, l'héritière de la Champagne et de la Navarre.

2. Les Vêpres siciliennes (1282). — Charles d'Anjou, oncle du roi, avait conquis Naples et la Sicile, avec l'appui du pape. Il se rendit bientôt odieux à ses nouveaux sujets par sa rapacité et sa tyrannie; à son exemple, ses officiers et ses fonctionnaires outragèrent et pressurèrent à l'envi les Italiens. Une conspiration se forma pour secouer le joug des Français. Le lundi de Pâques de l'an 1282, à l'heure des vêpres, les Siciliens surprirent à Palerme les Français et les massacrèrent. Ce massacre prit le nom de Vêpres siciliennes. L'insurrection se propagea dans l'ile tout entière qui se donna au roi d'Aragon, Pierre III.

3. Expédition en Espagne. — Le roi de France s'empressa de déclarer la guerre au roi d'Aragon. Son armée passa les Pyrénées et pénétra en Catalogne; mais elle y fut bientôt décimée par les maladies. Philippe III, atteint lui-même de la fièvre, battit en retraite et vint mourir à Perpignan (1285).

4. Philippe IV le Bel (1285-1314). — Le fils et successeur de Philippe III, Philippe IV, n'avait que dix-sept ans. C'était un jeune homme d'une figure belle et froide, d'un caractère taciturne. Il s'entoura de légistes, tels que Guillaume de Nogaret, Guillaume de Plassian, Pierre de Flotte, Enguerrand de Marigny, qui donnèrent à la royauté un caractère nouveau.

« Ces légistes travaillent à rendre la royauté absolue en matière de lois, en matière de justice, en matière de finances. Ils n'ont souci, ni des droits des nobles, ni de ceux de l'Eglise, ni de ceux du peuple. Ils n'ont en vue que les droits du souverain, tels qu'ils sont consignés dans les lois de l'empire romain. Ces lois, ils s'en inspirent comme jurisconsultes ; ils les appliquent commes juges ; au besoin ils les font exécuter comme guerriers. Le règne de Philippe le Bel est vraiment le règne des légistes. C'est avec des procès qu'il brise toutes les grandes puissances du temps : procès contre Edouard Ier, roi d'Angleterre, auquel il enlève la Guyenne ; procès contre le comte de Flandre. qu'il retient en prison ; procès contre le pape Boniface VIII, que les agents du roi vont appréhender au corps dans Anagni ; procès contre les Templiers, dont les biens immenses sont confisqués et qui expirent sur le bûcher [1]. »

5. Fin de la guerre d'Espagne. — Philippe le Bel continua sans vigueur la guerre d'Espagne que son père avait si malheureusement commencée. C'est pourquoi, fatigué de cette lutte sans résultats, il signa la paix qui laissait la Sicile aux Espagnols et l'Italie méridionale aux Angevins (1291).

6. Guerre en Guyenne. — Philippe aima mieux employer toutes ses forces à des conquêtes utiles, faites en deçà des frontières naturelles de la France, et qui, tout en satisfaisant son ambition, remplissaient son trésor.

La Guyenne appartenait à Edouard Ier, roi d'Angleterre. Philippe profita d'une querelle obscure, qui avait éclaté à Bayonne entre matelots anglais et français, pour demander réparation. A la suite de pourparlers préliminaires, il occupa les places de Guyenne avec l'autorisation d'Edouard Ier lui-même ; puis aussitôt il déclara Edouard félon et privé de ses fiefs pour n'avoir pas comparu en personne devant la cour du parlement.

La lutte se réduisit à quelques faits d'armes. En 1299, le pape Boniface VIII fit signer la trève de Montreuil ; Philippe le Bel rendait la Guyenne et mariait sa fille Isabelle avec l'héritier de la couronne d'Angleterre, fatal mariage d'où sortit la guerre de Cent ans.

---

1. Rambaud, *Histoire de la civilisation française*, Paris, A. Colin et Cie.

7. Guerre en Flandre. — Philippe le Bel espérait se dédommager en Flandre de son insuccès en Guyenne. La Flandre était alors le pays le plus riche de l'Europe. Gand, Bruges, Ypres, avaient des fabriques de draps sans rivales au monde. L'Angleterre fournissait à la Flandre les laines nécessaires pour alimenter ses métiers. Les villes flamandes, enrichies par le commerce et par l'industrie, étaient de véritables républiques. Elles étaient fières de leurs franchises et elles avaient, pour les défendre, des milices bourgeoises, la meilleure infanterie de l'époque.

Guy de Dampierre, comte de Flandre, allié des Anglais, avait fiancé sa fille au fils d'Édouard Ier. Philippe le Bel le

La Flandre et le nord de la France sous Philippe le Bel.

fit arrêter comme traître et le retint prisonnier au Louvre. Puis il envahit la Flandre, remporta la victoire de Furnes et annexa toute la Flandre wallonne.

En 1300, Philippe le Bel et la reine firent un voyage dans le pays pour visiter leurs nouveaux sujets. Les Flamands étalèrent toutes leurs richesses. « Je croyais, dit la reine avec dépit, qu'il n'y avait qu'une reine en France; j'en vois ici plus de six cents. » Philippe le Bel fut saisi de convoitise à l'aspect de toutes ces richesses et il nomma gouverneur de la Flandre, avec mission de lever des subsides et des impôts, Jacques de Châtillon, qu'il savait capable de comprendre et de réaliser ses véritables désirs.

8. Bataille de Courtrai (1302). — Mais bientôt les
Flamands, rançonnés sans miséricorde par les agents du roi,
se révoltèrent. Bruges s'indigna, se souleva à la voix du
tisserand Pierre Kœnig, massacra sa garnison française, fut
imitée par les autres villes, et la Flandre fut perdue pour
Philippe parce qu'il avait mieux aimé la tyranniser que
la gouverner. Une armée de quarante-huit mille hommes,
sous le commandement du connétable Raoul de Nesle et du
comte Robert d'Artois, partit pour la reconquérir et vint
livrer bataille près du canal de Courtrai. La noblesse, mépri-
sant cette *ribaudaille*, se jeta en avant avec une folle témé-
rité et se précipita pêle-mêle dans le canal. Les Flamands
firent un massacre de tous ces nobles chevaliers. C'est la
première grande défaite des troupes féodales par les bourgeois.

Philippe passa deux ans à préparer sa revanche; il la
prit à Mons-en-Puelle (1304). Mais, le lendemain de sa
victoire, quarante mille Flamands vinrent de nouveau lui
présenter la bataille. Le roi céda à cette obstination : il se
contenta de la Flandre française ou wallonne comprise entre
la Lys et l'Escaut (1305).

9. Nouvelles acquisitions. — Philippe le Bel compléta cet agrandissement du domaine royal par des acquisitions plus durables. Son mariage avec Jeanne de Navarre
lui avait donné la Champagne et la Brie. Il acheta Montpellier à l'évêque de Maguelonne, et la ville de Lyon à son
archevêque. Enfin il annexa les comtés de la Marche et
d'Angoulême.

Le roi de France était alors le souverain le plus puissant
de l'Europe. Suzerain du roi d'Angleterre, allié du roi
d'Écosse, parent des rois de Naples et de Hongrie, il aspirait
à une sorte de suprématie universelle. Alors éclata la lutte
avec le pape Boniface VIII.

10. Boniface VIII et Philippe le Bel. — Boniface VIII avait une idée très élevée des droits de l'Église.
Comme ses illustres prédécesseurs, Grégoire VII et Innocent III, il pensait que le Saint-Siège était au-dessus de
toutes les puissances temporelles et que le pape était suzerain
des rois et des princes. Cette ambition, qui avait déjà provoqué les redoutables conflits du sacerdoce et de l'empire, ne

pouvait manquer de soulever de nouvelles difficultés avec un roi comme Philippe le Bel, tout pénétré de sa puissance et peu disposé, par son caractère violent et tyrannique, à des ménagements.

Les causes de conflit ne manquaient pas. Le pape et le roi voulaient lever des impôts sur le clergé de France, l'un comme chef de l'Eglise, l'autre comme souverain du royaume. Philippe le Bel prétendait que le pape ne pouvait pas imposer ses sujets sans son consentement.

D'autre part, les causes jugées par les tribunaux de l'Eglise étaient portées en appel devant la cour de Rome. Philippe le Bel, appuyé par ses légistes, prétendait que tous les appels des tribunaux devaient être déférés devant la cour du roi.

La lutte était inévitable.

11. Démêlés de Philippe le Bel avec Boniface VIIl. — Elle éclata à l'occasion des impôts. Pendant la guerre de Flandre le roi établit un impôt général qui pesait sur les biens ecclésiastiques. Le pape protesta par la bulle *Clericis laïcos* et menaça d'excommunier à la fois ceux qui lèveraient l'impôt et ceux qui le payeraient. Philippe le Bel de son côté défendit d'exporter du royaume l'or et l'argent. Le trésor pontifical, qui chaque année recevait de France des subsides considérables, fut très affaibli par cette mesure. Cependant les évêques de France s'interposèrent et la querelle s'assoupit.

Elle recommença à l'occasion de l'évêque de Pamiers (1301). Cet évêque, Bernard de Saisset, avait été nommé par le pape malgré le roi, dont il était un ennemi personnel. Philippe le fit arrêter comme coupable d'avoir voulu livrer Pamiers au roi d'Aragon. Boniface VIII prit avec ardeur la défense de l'évêque. Il publia contre Philippe le Bel la nouvelle bulle *Ausculta Fili*, dans laquelle il lui reprochait ses exactions, ses altérations de monnaies, sa tyrannie. Enfin il convoqua à Rome un concile pour juger le roi et réformer le royaume. Philippe le Bel interdit aux évêques de sortir de France, et il fit appel à l'opinion publique.

12. Premiers Etats généraux (1302). — Le 10 avril 1302, Philippe le Bel réunit à Notre-Dame de

Paris un grand parlement, où, à côté des seigneurs et des prélats, siégeaient pour la première fois les députés des villes. L'apparition du tiers état dans les assemblées du royaume était un fait d'une grande importance. Le chancelier Pierre de Flotte dénonça les prétentions du pape à la suprématie temporelle. La noblesse et la bourgeoisie jurèrent de défendre le roi et déclarèrent qu'il ne devait reconnaître aucun souverain en son royaume « fors Dieu ». Le clergé, plus réservé, se contenta de faire des vœux pour la paix, en conjurant le pape de ne point convoquer le concile dont il avait menacé Philippe le Bel (1302).

13. Attentat d'Anagni (1303). — Le pape répondit aux États généraux en maintenant la convocation du concile. Malgré la défense du roi, beaucoup de prélats français se rendirent à Rome. Philippe le Bel venait d'être battu à Courtrai (juillet 1302). Cette défaite donna confiance à Boniface VIII. Il fit proclamer par le concile de Rome la supériorité des papes sur les rois et il confirma cette suprématie dans la bulle *Unam sanctam*; puis il prépara contre Philippe le Bel une sentence d'excommunication, qui devait en même temps délier les sujets du roi de leur fidélité.

Philippe le Bel résolut de prévenir le pape. Un légiste, Guillaume de Nogaret, fils d'un hérétique autrefois brûlé, intenta une accusation d'hérésie à Boniface VIII et demanda au roi de le traduire devant un concile général. Il se chargea de porter lui-même à Rome l'appel au concile.

Nogaret s'entendit à Rome avec Colonna, ennemi personnel de Boniface VIII. Tous deux, accompagnés d'une bande d'aventuriers, pénétrèrent dans Anagni, où le pape restait alors. Ils forcèrent les portes du palais pontifical et arrivèrent jusqu'au pape aux cris de : « Mort à Boniface, vive le roi de France ! » Le pontife, malgré ses quatre-vingt-six ans, ne faiblit pas devant les menaces. Assis sur son trône, portant sur les épaules le manteau de saint Pierre, tenant à la main la croix et les clefs, il resta inébranlable. « Voilà ma tête, dit-il, je mourrai dans la chaire où Dieu m'a assis. » Pendant deux jours, il refusa toute nourriture. Enfin, délivré par le peuple d'Anagni, il put revenir à Rome. Mais, brisé par cette scène violente, il y mourut presque aussitôt, emporté par une fièvre ardente (1303).

14. Les papes à Avignon (1309-1378). — Rome fut

alors livrée aux intrigues de Philippe le Bel qui parvint à
faire élire un évêque dévoué à sa cause. Le nouveau pape
prit le nom de Clément V. Il n'alla pas en Italie, mais,

Palais des Papes à Avignon.

après avoir erré pendant quatre ans dans le Languedoc et la
Guyenne, il s'établit à Avignon (1309). La papauté y resta
soixante-dix ans, loin de Rome, sous la main de la France,
dans une sorte d'exil qui a été appelé la *captivité de Babylone*.

15. Philippe le Bel et les Templiers. — Clément V

dut bientôt payer à Philippe le Bel l'appui qu'il en avait reçu
pour son élection pontificale. S'il n'osa pas condamner la mémoire de Boniface VIII, il fut du moins obligé de révoquer
tous ses actes. Enfin, il dut livrer aux rigueurs de Philippe
le Bel l'ordre des Templiers.

Les Templiers étaient accusés d'hérésie et de débauches ;
mais leur principal crime aux yeux de Philippe le Bel,
prince spoliateur et despote, était de posséder d'immenses
richesses et d'être indépendants.

Le grand-maître de l'ordre, Jacques de Molay, fut arrêté et,
en même temps que lui, tous les Templiers en France. Leur
procès fut instruit aussitôt. La torture leur arracha des
aveux qui furent rétractés. Le roi convoqua à Tours les

Etats généraux ; ils se prononcèrent pour l'abolition de l'ordre.

En même temps Clément V, se conformant aux décisions du concile de Vienne, supprima l'ordre des Templiers (1312). Le roi confisqua tous les trésors du Temple et les deux tiers de ses biens ; le reste fut donné aux Hospitaliers.

Deux ans plus tard, le grand-maître de l'ordre, Jacques de Molay, fut extrait de sa prison et condamné à être brûlé vif. Il mourut en véritable martyr. Une tradition populaire prétendit que du haut du bûcher le grand-maître avait cité le pape et le roi à comparaître dans l'année au tribunal de Dieu. Philippe le Bel et Clément V moururent en effet cette même année (1314).

16. Gouvernement de Philippe le Bel. — Philippe le Bel continua l'œuvre qu'avaient entreprise ses prédécesseurs; mais il usa de moyens différents. Philippe Auguste et saint Louis avaient respecté les droits de la féodalité et de l'Eglise. Philippe le Bel, inspiré par les légistes, voulut les détruire. Il chercha à concentrer dans les mains du roi la souveraineté que le régime féodal avait morcelée. Ce fut un roi novateur.

17. Administration centrale. — Une des conséquences de la politique de Philippe le Bel fut la création d'un personnel administratif plus nombreux, avec des attributions mieux définies. L'ancienne cour du roi forma désormais trois conseils ; le *conseil du roi* ou *grand conseil*, pour les affaires politiques et administratives; le *parlement*, pour les affaires judiciaires ; enfin la *chambre des comptes*, pour les affaires financières.

18. Les revenus du roi. — Pour suffire aux dépenses de toutes ses guerres, de ses relations extérieures et de son administration, Philippe le Bel avait besoin de ressources nouvelles.

Les revenus du roi consistaient : 1° dans les revenus du domaine royal; 2° dans les redevances payées par les seigneurs pour se racheter du service militaire; 3° dans les ressources extraordinaires, telles que la spoliation des Templiers, les impôts sur les juifs, les produits des amendes et enfin l'altération des monnaies. Philippe le Bel abusa de cette dernière ressource ; il fut un faux monnayeur. Le peuple de Paris, irrité de la perturbation que de telles pratiques jetaient dans les relations commerciales, fit une émeute et brûla la maison du maître des monnaies. Le roi fut obligé de se réfugier dans la tour du Temple.

19. Appréciation. — Philippe le Bel a fait faire à la royauté des progrès considérables. Et cependant, il n'a pas laissé comme saint Louis, un souvenir populaire. Ses violences, ses fourberies, ses exactions ont fait déchoir la royauté de cette suprématie morale que lui avaient acquise les vertus du saint roi.

20. Les fils de Philippe le Bel (1314-1328). — Philippe le Bel laissait trois fils qui régnèrent successivement, Louis X le Hutin, Philippe V le Long et Charles IV le Bel. Cette période fut marquée par une réaction féodale. Le surintendant des finances, Enguerrand de Marigny, fut pendu au gibet de Montfaucon, qu'il avait fait construire.

Avec Charles IV disparut la famille des Capétiens directs, qui occupait le trône de France depuis 987. Cette dynastie, qui avait compté plusieurs souverains remarquables, laissait dans le royaume tous les éléments d'une grande puissance, une royauté bien assise, une noblesse guerrière, un peuple nombreux.

La guerre de Cent ans allait compromettre ces brillants résultats. L'incurie des Valois devait précipiter notre pays dans les effroyables désastres de l'invasion anglaise.

LECTURE. — Philippe le Bel et Enguerrand de Marigny.

Vers la fin de sa vie, Philippe le Bel investit de la plus haute faveur un gentilhomme normand, ancien chambellan de la reine, Enguerrand de Marigny, financier habile et surtout dévoué, qui atteignit un degré de puissance extraordinaire. Le roi finit par ne plus voir que par les yeux de son ministre, ce qui excita la jalousie des princes du sang, surtout de Charles de Valois.

Cette animosité donna même naissance à une piquante anecdote : la cour était au château de Vincennes; le roi de Navarre, Louis le Hutin, qui était entré dans le complot contre Marigny et à qui tout semblait permis, annonça un divertissement auquel il pria le roi d'assister avec son ministre et toute sa cour. Il s'agissait d'une représentation de marionnettes sous la direction d'un jongleur habile.

Le théâtre représentait la chambre royale, tendue de tapisseries fleurdelisées. « Il y avait, dit un chroniqueur, un lit paré de drap d'or, sur lequel gisait un personnage fait à la semblance du roi. Puis avait ledit jongleur plusieurs images fait et ordonné à la semblance de plusieurs grands seigneurs, lesquels vinrent pour parler au roi l'un après l'autre. Premier y vint Charles de Valois, qui heurta à l'huis de la chambre, et dit qu'il voulait parler au roi; le chambellan lui répondit : « Monseigneur, vous ne pouvez parler; car le roi l'a défendu, » dont se partit de l'huis tout courroucé. Puis y vinrent les autres frères du roi, et puis Louis de Navarre et Charles de la Marche, à qui on répondit tout pareillement. Après ceux-ci vint Enguerrand de Marigny, auquel on ouvrit la chambre en disant : « Monseigneur, soyez le bienvenu; le roi a grand désir de vous parler », puis s'en alla jusqu'au lit du roi. Quand Enguerrand de Marigny, qui était à la fenêtre, s'aperçut que l'on se moquait de lui, moult en fut irrité. Louis de Navarre et Charles dirent que c'était leur fait. Le roi s'emporta et punit son fils Louis. »

(BOUTARIC, *La France sous Philippe le Bel.* — Paris, Plon, 1861.)

Livres à consulter : H. MARTIN, MICHELET, DARESTE, BORDIER et CHARTON, V. DURUY, LAVISSE, *Histoire de France.* — LAVISSE et RAMBAUD, *Histoire générale.* — G. PICOT, *Histoire des États généraux.* — Aug. THIERRY, *Histoire du tiers état.* — LUCHAIRE, *Manuel des institutions monarchiques sous les Capétiens directs.* — Ch.-V. LANGLOIS, *le Règne de Philippe le Hardi.* — BOUTARIC, *La France sous Philippe le Bel.* — KERVYN DE LETTENHOVE, *Histoire de la Flandre.*

CHAPITRE XXII

LA CIVILISATION AU MOYEN AGE : L'industrie. —
Le commerce. — Les métiers. — Les foires. —
L'habitation. — Les écoles. — Les lettres. — Les
monuments romans et gothiques.

SOMMAIRE

1. LE TREIZIÈME SIÈCLE. — Le treizième siècle est pour la France le
plus grand siècle du moyen âge. La civilisation française s'épanouit
alors dans tout son éclat.

2. INDUSTRIE, COMMERCE. — Dans les villes, de nombreuses industries s'étaient développées, toutes organisées en corps de métiers ou
corporations. Les produits fabriqués étaient vendus sur place ou dans
de grandes foires qui se tenaient chaque année; les échanges de pays
à pays se faisaient par l'intermédiaire d'associations commerciales,
appelées *hanses.*

3. L'UNIVERSITÉ DE PARIS. — Cette prospérité économique provoqua
un très réel progrès intellectuel. Des écoles s'ouvrirent partout, sous
le patronage du clergé séculier et du clergé régulier. Plusieurs universités furent créées : la plus célèbre est l'Université de Paris, qui attira
bientôt les étudiants de toute l'Europe.

4. LES LETTRES. — La poésie et la prose française prirent à la même
époque un très vif essor : dans le Midi, les troubadours s'adonnèrent,
dans la langue d'oc, à la poésie lyrique; dans le Nord, la langue d'oïl
servit à composer des chansons de gestes, des poèmes allégoriques et
satiriques, des fabliaux, enfin des mystères, les premières œuvres dra-
matiques écrites en français. Quant à la prose, elle abandonna le latin.
Villehardouin et Joinville écrivirent les premiers en français, et firent
du dialecte national une langue littéraire.

5. LES ARTS. — En même temps les arts atteignaient leur apogée.
L'architecture, sous ses deux formes, romane d'abord, puis ogivale ou
gothique, couvrit la France d'édifices superbes, que la sculpture, la
peinture, l'orfèvrerie embellirent encore.

6. LE SIÈCLE DE SAINT LOUIS. — Ce fut sous le règne de saint Louis
que cette civilisation, à la fois économique, littéraire et artistique, fut
le plus brillante; aussi a-t-on pu dire avec raison que le treizième
siècle était le siècle de saint Louis.

RÉCIT

1. Prospérité de la France au treizième siècle.
— Le treizième siècle est certainement pour la France le

plus grand siècle du moyen âge. L'habile politique de Louis VI, de Suger et de Philippe-Auguste, continuée par Blanche de Castille et par son fils, porte alors tous ses fruits.

Le mouvement communal a favorisé, dans toutes les villes, l'essor d'une classe sociale jusque-là opprimée : la bourgeoisie, qui vit non point de la guerre ni des combats, comme les seigneurs féodaux, mais du travail pacifique et fécond. Les croisades, en ouvrant les routes de l'Orient, ont facilité les relations commerciales et excité la curiosité des voyageurs. L'autorité royale, en réprimant

Vanniers (vitrail de la cathédrale de Chartres).

les guerres privées et le banditisme de quelques barons, a donné au commerce une sécurité relative. Ces progrès économiques ont eu naturellement pour conséquence l'éclosion des arts de la paix.

Marchands de draps (vitrail de la cathédrale de Chartres).

2. L'industrie. — Pendant les premiers siècles du moyen âge, l'industrie s'était bornée à fabriquer des objets usuels, armes et objets de sellerie pour les chevaliers, étoffes communes pour le peuple. Mais bientôt son champ d'action s'étendit ; on apprit à mettre en œuvre les matières premières importées d'Orient, à la suite des croisades ; on prit modèle sur les fabriques, très prospères, des musulmans de l'Espagne, de la Sicile et du Levant. Alors, dans les principales villes de France naquirent des filatures de coton, des manufactures de soieries et de tapis, des verreries, des

Sculpteurs et tailleurs de pierres (vitrail de la cathédrale de Chartres).

teintureries. L'accroissement du bien-être et du luxe dans les villes donna une grande impulsion à certaines industries, en particulier à celles de la fourrure, de la pelleterie, de la ganterie. La renaissance et le progrès des arts ne furent pas non plus sans influence sur la prospérité industrielle de la France au treizième siècle : orfèvres, ciseleurs et ivoiriers furent les collaborateurs des architectes, des sculpteurs et des peintres de vitraux.

Vignerons (vitrail de la cathédrale de Chartres).

3. Organisation de l'industrie : corporations et métiers. — Toutes ces industries étaient constituées en *corps de métiers* ou *corporations*. Le principe de cette organisation n'était autre que

celui de l'association. Les artisans avaient éprouvé le besoin de s'unir entre eux, pour s'assurer protection mutuelle.

Chaque corporation était un groupe fermé, dans lequel on ne pouvait être admis qu'après un certain temps d'apprentissage ; les membres du groupe s'appelaient *ouvriers*, com-

Charpentiers, menuisiers, charrons et tonneliers (vitraux de la cathédrale de Chartres).

pagnons ou *valets* ; ils ne pouvaient devenir *patrons* ou *maîtres*, qu'après avoir subi un examen devant les maîtres et avoir justifié de leur habileté par un *chef-d'œuvre*. Les règlements ou *statuts* de chaque corporation étaient appliqués et sauvegardés par la *maîtrise* ou *jurande*, conseil composé de maîtres.

Chaque corporation avait son trésor commun, qui jouait souvent le rôle d'une caisse de secours mutuels ; elle prévenait les fraudes, jugeait les différends, et assurait une protection efficace à tous ses membres. A Paris seulement, il y avait sous saint Louis cent cinquante corporations, dont les intérêts étaient souvent opposés. De là des contestations, des rivalités, des luttes même, auxquelles le pouvoir royal

s'efforça de mettre fin, en confiant au prévôt de Paris,
· Etienne Boileau, la publication du fameux *Livre des métiers*.

4. Les foires. — Les progrès de l'industrie contribuèrent à la prospérité du commerce. Jadis les produits
fabriqués dans chaque ville pour la vie quotidienne se ven-

Une boutique au treizième siècle.

daient sur place au fur et à mesure des besoins de la population locale. Au douzième et au treizième siècle, le commerce
devint international, et certaines villes devinrent en quelque
sorte le rendez-vous des marchands de tous les pays. C'était
dans ces villes ou auprès de ces villes que se tenaient les
grandes foires du moyen âge.

Les principales foires de France étaient celles du Landit,
entre Saint-Denis et Paris, de Beaucaire, sur le Rhône ; de
Narbonne, de Lyon, et surtout les foires de Champagne,
dont les deux plus importantes étaient les deux grandes
foires de Troyes, qui duraient chacune près de deux mois.

5. Les associations commerciales ou hanses. —
Le commerce avait été pendant longtemps entravé par le
manque de sécurité et par la multitude des péages établis

sur les routes et les ponts ; aussi les marchands avaient-ils
éprouvé le besoin de s'unir entre eux pour se défendre contre
les dangers qui les menaçaient et contre les obstacles de
toutes sortes qu'ils rencontraient. Ils avaient formé des
associations commerciales appelées *hanses*.

Dans le nord de la France, l'une des plus importantes
était la hanse parisienne des *Marchands de l'eau*, l'ancienne
association des *Nautes de la Seine*, qui existait déjà sous
l'empire romain. Ces marchands de l'eau avaient obtenu du
roi le monopole de la batellerie sur la Seine moyenne.

A Rouen, une association semblable s'était constituée sous
le nom de *Compagnie normande*. D'autres hanses étaient formées par une fédération de villes commerciales ; ainsi les
principales cités de Champagne, de Picardie et de Flandre
formaient la *hanse de Londres*, qui négociait surtout avec
l'Angleterre ; dans la Méditerranée, au douzième siècle,
Narbonne, Barcelone et Gênes ; au treizième siècle, Marseille, Montpellier, Pise, s'étaient unies et avaient constitué
une véritable ligue.

En Allemagne, où l'ordre et la sécurité manquaient plus
que partout ailleurs, s'étaient développées des hanses très
puissantes : la *Ligue du Rhin*, à laquelle adhéraient de
nombreuses villes rhénanes, entre autres Bâle, Strasbourg,
Mayence et Cologne ; et la *Hanse teutonique*, dont le noyau
principal était formé par les ports de l'Allemagne septentrionale, mais qui étendait de nombreuses ramifications sur
toute l'Europe du nord, jusqu'en Suède et en Norvège.

Toutes ces associations commerciales avaient leurs milices
et leurs bateaux de guerre. Elles ne craignaient pas d'entrer
en lutte avec les pirates de terre et de mer, qui infestaient
les principales voies du négoce. Elles contribuèrent puissamment à répandre en Europe un peu de sécurité et à faci-
liter les communications de pays à pays.

6. Progrès social. Les mœurs. — Ces progrès de
l'industrie et du commerce exercèrent une grande influence
sur l'état social de la France. Une classe nouvelle se forma,
composée de tous ces bourgeois, artisans et négociants, que
le travail enrichissait ou du moins faisait vivre. Cette classe
nouvelle fut le tiers état.

En même temps le bien-être commença à se répandre.
Les bourgeois habitèrent des maisons plus saines, plus élé-

gantes. Les vêtements devinrent plus commodes et plus
riches. Les relations sociales furent rendues plus faciles par
le mouvement même des échanges. Les mœurs dépouillèrent
leur rudesse barbare. On commença à s'intéresser aux choses
de l'esprit. Les nobles mêmes, comme Thibaut de Champagne, goûtèrent les plaisirs de la culture intellectuelle.

7. Les écoles. — Beaucoup d'écoles avaient été détruites ou s'étaient fermées pendant les troubles du neuvième
et du dixième siècle. A partir du douzième siècle, les écoles
se multiplièrent de nouveau. Chaque cathédrale importante,
chaque abbaye considérable en renfermait une; en outre,
dans beaucoup de petites villes et même de simples bour-
gades, existait une école publique. Guibert de Nogent, qui
vivait au début du douzième siècle, rapporte que de son
temps il n'y avait pas en France une seule localité où les
enfants de basse extraction ne pussent se faire instruire.
Dans les écoles primaires ou petites écoles, on apprenait à
lire, à écrire, à compter et à chanter. Dans les *grandes écoles*,
qui correspondaient à peu près aux collèges d'aujourd'hui,
on enseignait la grammaire, la littérature, la rhétorique et
la poétique.

8. Les universités; l'Université de Paris. —
Enfin dans quelques grandes villes existaient des universités,
dont la plus célèbre était alors l'Université de Paris. Elle
comprenait de très nombreux étudiants, divisés, suivant leur
origine, en nations : la nation de France, la nation de Picardie, la nation de Normandie et la nation d'Angleterre.
Elle était partagée en quatre facultés : la théologie, le droit
canon, la médecine, les arts.

Créée par Philippe Auguste, l'Université de Paris avait
reçu d'importants privilèges. Elle formait une puissante corporation. Elle tenait des assemblées générales; elle élisait
ses dignitaires et son recteur; elle avait sa juridiction particulière. Au treizième siècle, elle était le foyer de lumières le
plus brillant de toute l'Europe occidentale, et elle attirait les
hommes les plus distingués de tous les pays : Etienne Langton, Dante, le pape Innocent III vinrent compléter et terminer leurs études sur les bancs de l'Université de Paris.

D'autres universités se fondèrent bientôt en France et hors
de France. Les plus importantes furent celles de Toulouse

et de Montpellier; d'Oxford, de Salamanque, de Bologne, de Naples et de Salerne. Elles prirent toutes pour modèle l'Université de Paris.

9. Les collèges; fondation de la Sorbonne. —

Les étudiants des universités étaient le plus souvent très pauvres. Pour se créer des ressources, les uns devenaient mendiants, d'autres dévalisaient les passants ou pillaient les boutiques. Afin de mettre un terme à cette situation lamentable, quelques pieux personnages fondèrent des collèges et y créèrent des bourses. A l'origine, ces collèges étaient comme des maisons de charité où l'on accueillait les jeunes étudiants pauvres. Le plus célèbre fut la Sorbonne, fondée en 1254 par Robert de Sorbon, chapelain et confesseur de saint Louis, pour les étudiants en théologie.

Plus tard ces collèges, dont le nombre augmenta beaucoup, reçurent, à côté de pauvres boursiers, de riches jeunes gens qui payaient pension. C'est ainsi que se développèrent les collèges d'Harcourt, du Plessis, de Navarre, de Montaigu, etc.

10. Renaissance littéraire; langue d'oc et langue d'oïl; la poésie. —

Sous l'influence de ces remarquables progrès intellectuels, les lettres prirent en France un très vif essor. La France se trouvait alors divisée, au point de vue de la civilisation et de la langue, en deux régions bien distinctes : la France méridionale et la France septentrionale. La Loire formait à peu près la limite. Au sud, la langue était restée plus voisine du latin ; elle avait reçu moins d'apports germaniques ; elle avait conservé plus de douceur et la prononciation en était plus harmonieuse : c'était la langue d'oc. Au nord, on parlait une langue plus rude, où le latin s'était mêlé de termes et d'accents introduits par les barbares venus des pays situés à l'est du Rhin : c'était la langue d'oïl. A ces deux langues correspondent deux littératures différentes, dont les caractères respectifs sont originaux : la littérature provençale et la littérature française proprement dite.

11. La littérature provençale. —

La littérature provençale a surtout produit des poésies lyriques.

Les poètes provençaux ou troubadours récitaient eux-mêmes leurs œuvres; ils allaient de château en château, pour égayer les fêtes brillantes qu'aimaient à donner les seigneurs du Midi. Ces seigneurs étaient souvent poètes : tels le comte de Poitiers, Guillaume IX, et le fameux Bertrand de Born.

12. La littérature française. — Dans la France du nord, la littérature fut plus variée et plus riche. Au douzième siècle elle donna naissance à la magnifique épopée des chansons de geste, groupées en trois cycles principaux : le cycle de France, dont le héros est Charlemagne, entouré de ses barons et de ses preux ; le cycle de Bretagne, dont les héros sont le roi Arthur et les chevaliers de la Table-Ronde ; le cycle de Rome, où furent surtout chantés les exploits des héros antiques, Hector, Énée, Alexandre, etc.

Peu à peu la poésie épique fit place à des poésies plus légères ; l'esprit gaulois, hardi et moqueur, s'aiguisa de plus en plus dans les fabliaux, petits tableaux de mœurs bourgeoises ou populaires, et dans les longs poèmes allégoriques et satiriques comme le Roman de Renard, où la société tout entière est dépeinte avec ses défauts, ses vices, ses ridicules.

Enfin, c'est dans la France septentrionale que naquit la poésie dramatique. L'origine en fut surtout religieuse. Les premiers drames représentés furent des mystères, ou scènes tirées de la Bible, de la Passion, de la Vie des Saints. Les représentations avaient lieu d'abord à l'intérieur de l'église ; puis, quand elles attirèrent le peuple en foule, on craignit que cette affluence ne troublât la célébration du culte, et les mystères furent représentés hors de l'église, sur le parvis. Alors se créèrent des associations ou confréries pour jouer ces drames à la fois religieux et populaires. La plus célèbre de ces confréries fut la Confrérie de la Passion.

13. La prose française ; Villehardouin et Joinville. — La prose française naquit au treizième siècle. Avant cette époque, les prosateurs avaient toujours employé la langue latine, considérée, à l'exclusion de toute autre, comme la langue savante. Les chroniqueurs du onzième et du douzième siècle, les philosophes, les théologiens, avaient écrit leurs ouvrages en latin.

Ce furent deux historiens, Villehardouin et Joinville, qui, les premiers, racontèrent en français les événements dont ils

avaient été les acteurs ou les témoins. Villehardouin prit
part à la quatrième croisade. De retour dans sa patrie, il
écrivit la relation de cette croisade. Son récit est vif et animé,
sans détails superflus ; il est parfois très dramatique, dans
sa concision même.

Joinville fut un des compagnons fidèles de saint Louis.
Après la mort du bon roi, il voulut raconter sa vie dont il
avait été le témoin loyal, sincère, plein d'enjouement et de
naïveté.

14. Les arts en France. — En même temps que la
littérature, les arts brillèrent d'un très vif éclat. Après
l'an 1000, lorsque les terreurs inspirées par l'approche de
cette année eurent disparu, lorsque les esprits furent ras-
surés, on éprouva le besoin de relever les monuments écrou-
lés ; comme la foi religieuse était alors plus vive que jamais,
ce fut elle qui devint la grande inspiratrice de tous les arts.
Architectes, sculpteurs, peintres, émailleurs, orfèvres, consacrèrent à l'envi leur génie, leur habileté, leurs ressources,
à construire et à décorer ces églises. Les temples s'élevèrent
en foule dans tout l'Occident. « On eût dit que le monde en
se secouant avait rejeté ses vieux habillements pour se couvrir d'un blanc vêtement d'églises. » (Raoul GLABER.)

15. L'architecture romane. — L'architecture du
moyen âge traversa deux périodes que l'on peut distinguer
nettement : la période dite romane qui se place au onzième
siècle et dans la première moitié du douzième, et la période
dite gothique ou ogivale, qui commence vers la fin du
douzième siècle et qui atteint son apogée pendant le treizième.

L'élément principal d'une église romane, c'est l'arc en
plein cintre. De là découlent les caractères distinctifs de
l'architecture romane. « Le poids énorme de la nef a forcé
les constructeurs à augmenter l'épaisseur des murs et à
substituer aux colonnes plus ou moins svelles des édifices
précédents, des piliers courts et trapus. » Aussi la plupart
des églises romanes ont-elles un aspect massif et lourd, mais
aussi grandiose et sévère. L'architecture romane a surtout
laissé des traces dans le centre et dans le midi de la France,
en Auvergne, par exemple, ainsi qu'à Poitiers, à Angou-
lème, à Toulouse, à Arles.

16. L'architecture gothique ou ogivale. — L'architecture gothique, tout à fait distincte de l'art roman, en découle pourtant. Plus hardie et plus savante, elle élève les voûtes des nefs, qui s'élancent audacieusement vers le ciel, elle allège la masse des piliers, elle élargit les baies par

Cathédrale de Reims.

où le jour pénètre dans le sanctuaire. La pierre est alors sculptée, percée à jour comme une fine dentelle; les galeries, les balcons, les balustrades, les colonnettes, les chapiteaux, acquièrent une sveltesse et une grâce infinies.

De l'Ile-de-France où il est né, l'art gothique se répand au loin, porté par nos architectes et par nos artistes au delà du Rhin, des Alpes et des Pyrénées, plus loin encore, jusqu'à Chypre et en Orient par les croisés.

C'est au treizième siècle que l'architecture gothique produit ses œuvres les plus admirables et les plus pures : les cathédrales de Paris, d'Amiens, de Chartres, de Reims, et enfin la Sainte-Chapelle.

Toutes ces églises sont ornées de statues et de magnifiques vitraux. Sculpteurs et peintres, guidés par les architectes et inspirés par la foi chrétienne, réalisent, sous des formes simples et élégantes, l'idéal le plus élevé. Les statues sont vivantes, expressives ; les compositions des bas-reliefs, bien ordonnées ; les vitraux sont presque toujours des chefs-d'œuvre de coloris.

17. Architecture civile. — L'architecture civile grandit en même temps que l'architecture religieuse. C'est alors que s'élèvent ces châteaux féodaux avec leur enceinte continue, flanquée de tours et garnie de créneaux. A l'intérieur, les habitations, les citernes, l'arsenal, la chapelle, les prisons, le donjon avec ses archives et son trésor. Parmi les plus redoutables châteaux de ce temps, il faut citer le château Gaillard, en Normandie, construit sous la direction même de Richard Cœur de Lion, et surtout le château de Coucy, dont les murs avaient plus de sept mètres d'épaisseur.

Grand nombre de marchands et d'artisans avaient des maisons bien construites, d'un aspect élégant et pittoresque. Les riches bourgeois possédaient de véritables hôtels. Les bourgeois font aussi construire leur maison commune ou hôtel de ville, avec le beffroi municipal dont les cloches appellent les citoyens aux assemblées. C'est surtout dans la Flandre, si riche par son industrie et son commerce, que s'élevèrent les beaux hôtels de Gand, Bruges, Bruxelles.

18. Le siècle de saint Louis. — Le treizième siècle a donc été pour la France une période prospère et brillante ; la civilisation dont elle était alors le foyer et qui rayonnait sur toute l'Europe, s'épanouissait en tous sens et sous toutes les formes de l'activité nationale. L'industrie, le commerce, les lettres et les arts, rivalisaient de succès et d'éclat. D'autre part, il est à cette époque un homme dont le nom est universellement respecté et vénéré : saint Louis.

LECTURE. — Un marchand au moyen âge.

Le marchand du douzième siècle sacrifiait peu au luxe et à l'ostentation. Rien n'était plus modeste que ces boutiques étroites et sombres,

avec leurs enseignes qui se balançaient au-dessus de la porte ou qui
tournaient au vent sur leurs gonds rouillés, leurs fenêtres grillées, leurs
auvents qui interceptaient l'air et la lumière, et leurs étalages qui em-
piétaient sur la voie publique. Quelques vieilles rues de Lisieux, de
Rouen, de Limoges ou de Morlaix, aux maisons de bois à pignon pointu,
aux étages supérieurs en saillie, aux poutres bizarrement sculptées,
aux façades cuirassées d'ardoises, peuvent seules nous donner une idée
de ce qu'étaient, au moyen âge, les rues commerçantes de toutes nos
grandes villes, encore serrées par leur ceinture de remparts.

(H. PIGEONNEAU, *Histoire du commerce de la France.*)

Livres à consulter : H. MARTIN, MICHELET, DARESTE, BORDIER et
CHARTON, V. DURUY, LAVISSE, *Histoire de France.* — LAVISSE et
RAMBAUD, *Histoire générale.* — GUIZOT, *Histoire de la civilisation
en France.* — RAMBAUD, *Histoire de la civilisation française.* —
PIGEONNEAU, *Histoire du commerce de la France.* — G. FAGNIEZ,
*Études sur l'industrie et la classe industrielle à Paris au trei-
zième siècle.* — THUROT, *l'Organisation de l'enseignement dans
l'Université de Paris au moyen âge.* — GRÉARD, *Nos adieux à la
vieille Sorbonne.* — G. PARIS, *la Poésie française au moyen âge;
— la Littérature française au moyen âge.* — PETIT DE JULLEVILLE,
les Mystères. — BAYET, *Précis de l'histoire de l'art.* — P. LACROIX,
les Arts au moyen âge. — CHÉRUEL, *Dictionnaire des institutions
de la France.* — VIOLLET-LE-DUC, *Dictionnaire raisonné de l'architecture française.*

CHAPITRE XXIII

LA FIN DU MOYEN AGE ;
les débuts de la renaissance italienne ; les grandes inventions.

SOMMAIRE

1. LA FIN DU MOYEN AGE : LA PREMIÈRE RENAISSANCE ITALIENNE. — Dès le quatorzième siècle, l'Italie brilla d'un vif éclat littéraire et artistique. Les causes de la première renaissance italienne furent principalement l'influence de l'antiquité classique et le caractère libéral de la civilisation dans la péninsule.

2. LA RENAISSANCE DES LETTRES OU HUMANISME. — On a donné le nom d'humanisme à cette première renaissance des lettres en Italie. Dante Alighieri (1265-1321), auteur de la *Divine Comédie;* Pétrarque (1304-1374), surtout célèbre par les poésies que lui inspira son amour pour Laure de Noves, et Boccace (1313-1375), le gai conteur du *Décaméron*, donnèrent une très vive impulsion à l'étude de l'antiquité latine.

3. LA RENAISSANCE DES ARTS. — Pendant le quatorzième siècle, Pise et Florence assistent à une véritable rénovation de l'art italien. Les sculpteurs Nicolas et Jean de Pise, le peintre Giotto, sont les plus brillants représentants de cette première période.

4. LES INVENTIONS. — L'avénement des temps modernes fut encore marqué par plusieurs grandes inventions; la boussole, la poudre à canon, le papier et l'imprimerie, qui modifièrent considérablement les conditions de la vie en Europe.

RÉCIT

1. La première renaissnace italienne. — Tandis qu'en France et dans presque toute l'Europe occidentale la civilisation du moyen âge caractérisait encore, tout en se transformant, les quatorzième et quinzième siècles, à la même époque une véritable rénovation intellectuelle et artistique se produisait en Italie. Il ne faut pas croire en effet que la renaissance italienne date seulement du seizième siècle; bien avant Léonard de Vinci, Michel-Ange, Raphaël, l'Arioste et le Tasse, de grands écrivains et d'admirables artistes avaient créé des chefs-d'œuvre immortels. Il y eut alors, dans l'histoire des lettres et des arts de l'Italie, une période très féconde et très originale, à laquelle on a donné le nom de *première renaissance italienne*. Cette période commence à la fin du treizième siècle.

2. Caractère de la première renaissance italienne. — Cette première renaissance italienne ne doit pas être considérée, au sens étroit et littéral du mot, comme la restauration pure et simple des lettres et des arts de l'antiquité classique. Bien au contraire, ce qui la caractérisa, dès ses débuts, ce fut une réaction très vive contre l'imitation servile des œuvres byzantines, dernier legs de la civilisation gréco-romaine à l'Italie du moyen âge. Le rôle joué par l'antiquité dans la Renaissance fut plus élevé et plus fécond. En observant les monuments de l'architecture et de la sculpture antique, en lisant les chefs-d'œuvre littéraires grecs et latins alors connus, en étudiant plus attentivement et en comprenant mieux le monde classique, les Italiens commencèrent à éprouver, dès la fin du treizième siècle, un sentiment depuis longtemps affaibli et effacé, le sentiment de la beauté. D'autre part, les artistes ouvrirent les yeux sur la nature; ils s'habituèrent à regarder autour d'eux; les peintres, les architectes, les sculpteurs s'inspirèrent de la vie très active qui s'agitait alors partout, et qui donne à l'histoire des républiques italiennes du moyen âge un intérêt si poignant. Telle fut la double source à laquelle puisa l'art italien du quatorzième siècle, l'antiquité, étudiée avec intelligence, et la nature curieusement observée, furent les deux grandes écoles auxquelles les artistes d'alors se mirent avec enthousiasme.

3. Causes de la renaissance italienne. — Cette rénovation artistique fut favorisée par plusieurs causes.

L'Italie était le pays de l'Europe où avaient survécu le plus de monuments et de souvenirs de l'antiquité. La tradition du rôle glorieux joué jadis par Rome y était demeurée vivante. L'usage du latin s'y était mieux conservé qu'ailleurs; enfin, dans le sud de la péninsule et en Sicile, de superbes édifices, les temples de Pæstum et d'Agrigente, les théâtres de Tauromenium et de Syracuse rappelaient brillamment la civilisation hellénique,

Au milieu de tous ces vestiges du monde antique. l'Italie

avait été moins opprimée que la France et que l'Allemagne
par le régime féodal. La vie municipale s'y était réveillée de
très bonne heure. Les républiques de la Lombardie, de la
vallée du Pô, des Romagnes et de la Toscane furent pendant
longtemps des foyers d'activité laborieuse et féconde. Lors
même que les libertés communales eurent disparu, les cités
italiennes restèrent très vivantes ; les lettres et les arts continuèrent d'y briller d'un vif éclat, sous la haute protection
des tyrans, comme les Sforza à Milan, les Malatesta, à Ri-
mini, les Médicis à Florence.

Enfin, ce qui contribua à hâter la renaissance italienne,
ce fut la liberté intellectuelle, très grande et très réelle, dont
l'Italie ne cessa pour ainsi dire pas de jouir au moyen âge.
Le génie italien ne subit pas la domination de la philosophie d'Aristote, qui fut dans d'autres pays si lourde, et parfois si stérile. L'Église même y fut plus libérale qu'ailleurs ;
ce fut du dehors que l'Inquisition vint en Italie, et elle n'y
fut apportée qu'après la première renaissance italienne.

Sous l'influence de ces diverses causes, une double renaissance, littéraire et artistique, se produisit en Italie. La renaissance des lettres est plus spécialement connue sous le
nom d'*humanisme* ; le terme de renaissance proprement dite
désigne de préférence la renaissance des arts.

**4. L'humanisme au quatorzième siècle : Dante,
Pétrarque et Boccace.** — L'histoire de l'humanisme
en Italie peut se diviser en deux grandes périodes, qui correspondent à peu près exactement, la première au quatorzième siècle, la seconde au quinzième siècle. La première
période est illustrée par les trois grands noms de Dante Alighieri (1265-1321), Pétrarque (1304-1374) et Boccace (1313-
1375).

Dante Alighieri, né à Florence, fut mêlé à toutes les
luttes qui troublèrent sa patrie ; il fut exilé et se retira à
Vérone. C'est là qu'il composa sa *Divine Comédie*, poème
divisé en trois chants : l'Enfer, le Purgatoire et le Paradis ;
Virgile guide le poète dans l'Enfer et le Purgatoire ; Béatrix,
l'amie de sa jeunesse, dans le Paradis. La *Divine Comédie* est
le premier grand monument de la langue italienne : elle en
est restée le chef-d'œuvre.

Pétrarque résida longtemps à Avignon, où était alors la
cour des papes, et à Vaucluse. Son amour pour Laure de

Noves lui inspira ses plus gracieuses poésies, qui ont été réunies sous le titre de *Canzonière* on *Chansonnier*.

Boccace, né à Florence comme Dante, a créé dans son *Décaméron*, recueil de récits empruntés à nos troubadours provençaux, la prose italienne.

Bien que les chefs-d'œuvre de Dante, de Pétrarque et de Boccace soient écrits en italien, ces trois grands écrivains n'en étaient pas moins des admirateurs fervents de l'antiquité classique. Il est vrai qu'ils n'en connaissaient guère qu'une partie, la littérature latine. Dante a pris Virgile pour guide dans son voyage aux Enfers ; Pétrarque n'a pas cessé de rechercher et de copier des manuscrits de Cicéron, et Boccace a partagé cette passion. A leur instigation, l'usage du latin comme langue littéraire et l'étude des lettres latines se répandirent non seulement parmi les érudits, mais encore dans toute la société instruite et intelligente. On se prit alors d'un grand enthousiasme pour les manuscrits, et on les collectionna avec ardeur.

5. La renaissance artistique. Première période : les Pisans, Giotto et les primitifs. — Dans les arts comme dans les lettres, la Renaissance s'affirme dès la fin du treizième siècle et le début du quatorzième. Deux villes toscanes, Pise et Florence se partagent l'honneur d'avoir donné le jour aux plus illustres rénovateurs de l'art italien. A Pise, Nicolas de Pise, Jean de Pise, André de Pise, sont pendant un siècle et demi les maîtres incontestés de la sculpture : Nicolas, pour le Baptistère de sa patrie, sculpte une chaire monumentale où pour la première fois au moyen âge l'inspiration antique apparaît ; Jean et André marchent sur ses traces,

A Florence, Giotto (1270-1336) crée vraiment la peinture italienne ; il y introduit l'expression, la vie, le sentiment de la composition. Devenu rapidement célèbre dans toute l'Italie du nord, Giotto décore de nombreuses églises, Santa-Croce de Florence, San-Francesco d'Assise, Santa-Maria dell' Arena de Padoue. De lui procèdent les plus grands artistes italiens du quatorzième siècle, les Orcagna de Florence et les Lorenzetti de Sienne, auxquels on attribue les fresques si puissantes et si curieuses du Campo Santo de Pise. L'influence de Giotto fut d'abord très féconde, mais plus tard, ses disciples, les primitifs, se bornèrent à imiter

les œuvres du maître et tombèrent dans la répétition banale
des mêmes formes. L'école de Giotto s'épuisa, parce qu'elle
cessa de chercher son inspiration directement dans l'étude
de l'antiquité et dans l'observation de la nature

6. Les inventions du quatorzième siècle. —

La fin du moyen âge et l'avènement des temps modernes
furent encore marqués dans l'histoire de la civilisation par
une série d'inventions, qui amenèrent de profonds changements dans la vie sociale et intellectuelle. Ces inventions
préparèrent ou rendirent plus faciles quelques-uns des événements les plus importants du seizième siècle.

Les principales inventions furent : la boussole, la poudre à
canon, le papier de linge. En réalité, la boussole, la poudre
à canon et le papier furent plutôt apportés de l'Orient en
Europe et perfectionnés que réellement inventés.

L'imprimerie ne fut inventée que plus tard, au quinzième
siècle.

7. La boussole. —

Les anciens navigateurs suivaient
timidement les côtes et ne s'aventuraient que rarement hors
de la vue des terres. Les Chinois découvrirent que l'aimant
se tourne toujours vers le nord, et ils se servirent d'une
aiguille aimantée placée sur un morceau de liège dans un
vase plein d'eau. L'Italien Flavio Gioja d'Amalfi suspendit
l'aiguille sur un pivot d'acier, et il rendit ainsi les indi-
cations plus précises. Désormais le marin ne craignit plus
de se lancer sur des mers inconnues, sûr de pouvoir trouver
sa route au moyen de la boussole et du compas. L'ère des
grands voyages d'explorations et des découvertes maritimes
était ouverte.

8. La poudre à canon. —

La découverte et l'emploi
de la poudre firent une révolution complète dans l'art de la
guerre.

L'invention de la poudre, quelquefois attribuée au moine
allemand Schwartz, est due très probablement aux Chinois
qui la transmirent aux Arabes. Les Arabes l'introduisirent à
leur tour en Europe.

Les Anglais s'en servirent pour la première fois dans la
guerre de Cent ans, à la bataille de Crécy, en 1346. Une
histoire de cette époque dit que « les bombardes faisaient

trembler la terre avec un tel fracas qu'il semblait que Dieu tonnât ».

On se servit d'abord de canons grossièrement fabriqués avec des lames de métal cerclées de fer. L'opération de la charge était un travail long et difficile. Le plus fameux canon de cette époque, celui avec lequel Mahomet II battit les murs de Constantinople, ne tirait que sept coups par jour; encore éclata-t-il entre les mains des soldats. Mais bientôt l'artillerie fit des progrès; on inventa les bombes, les boulets en fer : on apprit à fondre des canons et à les placer sur des affûts à roues pour les manœuvrer plus facilement.

Désormais, les guerres ne furent plus, comme au moyen âge, des parades militaires, sortes de tournois, où les chevaliers, bardés de fer, lance au poing, faisaient assaut de force et d'adresse. L'invention de la poudre à canon en bouleversa les conditions. Il fallut opposer les unes aux autres des armées toujours plus nombreuses; modifier et perfectionner leurs armements; faire manœuvrer avec habileté ces masses de soldats sur le champ de bataille. La guerre devint une science; pour être grand capitaine, le courage ne suffit plus; il fallut connaître la tactique et la stratégie.

9. Le papier. — Au moyen âge on employait pour écrire soit le papyrus, tiré de la plante de ce nom, soit le parchemin, ou peau de mouton préparée. Après les croisades, on importa d'Orient du papier de coton. Mais le prix en était trop élevé, et l'usage ne s'en répandit pas. Au quatorzième siècle on apprit à fabriquer du papier de chiffe, ainsi nommé parce qu'il était fait avec des chiffons. Le bon marché vulgarisa ce papier. Cette invention était précieuse au moment surtout où naissait l'art de l'imprimerie.

10. L'imprimerie. — La plus grande invention de cette époque si féconde fut l'imprimerie. Au moyen âge, les moines copiaient à la main les ouvrages qu'ils voulaient conserver : aussi ces *manuscrits* étaient-ils rares et chers. Une comtesse d'Anjou, au dixième siècle, paya pour un manuscrit deux cents brebis, un muid de froment, un autre de seigle, un troisième de millet et un certain nombre de peaux de martre. Les habiles copistes étaient considérés comme des hommes divins.

Ce fut Jean Gutenberg, né à Mayence et établi à Strasbourg, qui inventa dans cette ville l'art de l'imprimerie.

L'imprimerie.

Mais ce progrès, si important dans l'histoire de l'esprit humain, ne fut réalisé que pendant le quinzième siècle.

LECTURE. — Giotto.

Profitant des progrès techniques que la peinture devait à Cimabue et la sculpture à Nicolas de Pise, Giotto s'affranchit des traditions hiératiques, améliore l'art du dessin, accomplit toute une révolution pour laquelle c'est à peine si les éloges qu'on lui décerne sont suffisants. Sec au début, malgré sa merveilleuse dextérité de main, et trop embarrassé dans ses lignes droites, il donne avec le temps plus de variété aux personnages divers que trace son pinceau. Il ressuscite l'art du portrait; il sait composer et représenter une scène. S'il manque parfois de proportion, d'agrément, d'élégance, il a le trait d'une pureté rare, il distribue habilement la lumière et les ombres, il donne à ses tons une réelle vigueur.....

Imitateur fidèle dans l'exécution, il est dans la conception, ou plutôt dans la méthode, le plus hardi des novateurs. Il ose détourner ses yeux des modèles consacrés pour regarder la nature en face, peindre ce qu'il voit...

Sans lui, l'art de peindre se fût traîné, qui sait combien d'années encore, dans l'étroite et affreuse ornière où l'enfonçaient de plus en plus les Byzantins.

Pour les grandes compositions qui lui sont partout demandées, cet esprit clair et pénétrant, positif et joyeux, se plie aux obscurités des sujets symboliques et légendaires qui en usent librement avec l'histoire et reflètent la foi. Il s'inspire des hardis tableaux de l'enfer burinés par Dante, son glorieux ami, mais il ne les copie point, quoiqu'il eût pu le faire en restant original, la copie d'une œuvre poétique par le pinceau ne pouvant être qu'une assez libre transcription. Habile à représenter les supplices du corps par les attitudes, et les tortures de l'âme par l'expression des physionomies, il excelle à rendre par quelques traits déliés les élans de l'amour et de la joie, les plus délicates nuances du sentiment.

(F. T. PERRENS, La Civilisation Florentine. —
Librairies-Imprimeries réunies).

Livres à consulter : LAVISSE ET RAMBAUD, *Histoire générale.* — CH. BAYET, *Précis d'histoire de l'art.* — EUG. MÜNTZ, *Les précurseurs de la Renaissance; — Le Musée d'art.* — M. MONNIER, *La Renaissance de Dante à Luther.* — ÉM. GEBHART, *Les origines de la Renaissance en Italie.*

REVISION·DES GRANDS FAITS

SOMMAIRE GÉNÉRAL DU COURS

L'empire romain avait fait un seul État de toutes les régions voisines de la mer Méditerranée. Cette unité fut brisée au début du moyen âge. Tandis que l'empire d'Orient survivait pendant onze siècles encore, malgré les attaques répétées des barbares, des Arabes et des Turcs, l'empire d'Occident succombait en 476. De ses débris naissaient plusieurs royaumes : le royaume franc en Gaule, le royaume visigoth en Espagne, le royaume vandale en Afrique, et le royaume ostrogoth en Italie. De ces royaumes, un seul devait durer, le royaume franc, parce qu'il était soutenu par la plus haute puissance morale qui existât alors, l'Eglise chrétienne, et parce que le peuple franc avait conservé une grande énergie militaire. L'invasion arabe, en se répandant jusqu'aux Pyrénées, contribua, elle aussi, à placer le royaume franc au premier rang dans l'Europe occidentale. Sous Charlemagne enfin, l'alliance définitive des rois francs et de la papauté, les victoires des Francs sur les Lombards et les Arabes, la conquête de la Germanie aboutirent à la reconstitution, au moins partielle, de l'ancien empire d'Occident.

Cette reconstitution fut éphémère. Charlemagne avait su grouper et faire concourir au même but des forces très diverses. Après sa mort, ses faibles successeurs laissèrent son œuvre s'écrouler ; le traité de Verdun consacra la division territoriale de l'empire carolingien, et, dans chacun des royaumes ainsi créés, l'unité nationale fut d'abord compromise par le triomphe de la féodalité. Les incursions des Normands portèrent le comble à l'anarchie et à la misère, et les peuples crurent que le monde entier finirait l'an 1000.

Mais bientôt l'Eglise chrétienne joua dans la société féodale un rôle prépondérant. Elle dirigea la croisade contre tous les infidèles et tous les hérétiques ; elle voulut joindre

à sa primauté spirituelle la prééminence temporelle sur tous
les princes de l'Europe. Cette dernière prétention provoqua
la lutte séculaire du Sacerdoce et l'Empire entre le pape et
l'empereur d'Allemagne, lutte dont les deux adversaires
sortirent également affaiblis. Au moment où cette guerre se
terminait, la France, après les règnes de Philippe Auguste
et de saint Louis, était redevenue, dans ses limites nationales, le plus puissant royaume de l'Europe. Elle était alors
le centre et le foyer de la civilisation féodale, civilisation
très pénétrée de christianisme, profondément différente des
civilisations antiques, image fidèle de la société du moyen âge.

Pourtant, dès la fin du treizième siècle et le début du
quatorzième, cette civilisation féodale commence à subir
une évolution qui aboutira plus tard à la civilisation moderne. En Angleterre, apparaissent, avec la grande Charte
et les Statuts d'Oxford, les origines du gouvernement parlementaire. En France, Philippe le Bel donne à la royauté
le caractère et les organes qui lui permettront de triompher
de la féodalité.

En Italie la première renaissance italienne se personnifie en Dante et Giotto, deux génies précurseurs.

Les inventions du quatorzième siècle vont exercer sur la
civilisation, sur la vie publique et la vie privée, sur la politique, sur le commerce, sur les relations internationales une
influence prépondérante. L'ère moderne s'entr'ouvre.

REVISION GÉNÉRALE

TABLEAU CHRONOLOGIQUE DES PRINCIPAUX FAITS DE L'HISTOIRE DU MOYEN AGE JUSQU'EN 1328

395. Mort de Théodose.
406. La grande invasion.
410. Prise de Rome par Alaric.
451. Bataille des Champs Catalauniques.
455. Prise de Rome par Genséric.
476. Fin de l'empire d'Occident.
481. Avènement de Clovis.
486. Victoire de Clovis à Soissons.
489-493. Conquête de l'Italie par
  Théodoric.
496. Victoire de Clovis à Tolbiac.
507. Victoire de Clovis à Vouillé.
527. Avènement de Justinien.
534. Conquête de l'Afrique par
  Bélisaire.
554. Chute du royaume ostrogoth.
558. Clotaire Iᵉʳ, seul roi en
  Gaule.
568-575. Conquête de l'Italie par
  les Lombards.
587. Pacte d'Andelot.
590-604. Pontificat de saint Grégoire le Grand.
611. Premières prédications de
  Mahomet.
613. Clotaire II, seul roi.
615. Constitution perpétuelle de
  Paris.
622. L'hégire.
628-638. Règne de Dagobert Iᵉʳ.
660. Le khalifat des Ommiades.
687. Bataille de Testry.
732. Victoire de Charles Martel
  à Poitiers.
752. Pépin le Bref fonde la dynastie carolingienne.
771. Charlemagne, seul roi des
  Francs.
800. Charlemagne empereur. —

Egbert le Grand, seul roi
  d'Angleterre.
843. Traité de Verdun.
877. Edit de Kiersy-sur-Oise.
887. Diète de Tribur. Partage
  définitif de l'empire carolingien.
912. Etablissement des Normands
  en France.
919. Avènement de la dynastie
  saxonne en Allemagne.
962. Othon le Grand empereur.
987. Avènement des Capétiens.
1024. Avènement de la dynastie
  franconienne en Allema-
  gne.
1066. Conquête de l'Angleterre
  par les Normands.
1073. Grégoire VII pape.
1077. Henri IV à Canossa.
1095. Concile de Clermont. La
  première croisade.
1099. Prise de Jérusalem.
1122. Le concordat de Worms.
1130. Création du royaume des
  Deux-Siciles par les Normands.
1138. Avènement de la maison de
  Souabe en Allemagne.
1147. La seconde croisade.
1152. Divorce de Louis VII et
  d'Eléonore d'Aquitaine. —
  Avènement de Frédéric
  Barberousse.
1154. Avènement des Plantagenets
  en Angleterre.
1159. Alexandre III pape.
1177. Trêve de Venise.
1180. Avènement de Philippe Auguste.
1187. La troisième croisade.
1198. Pontificat d'Innocent III.

Treizième siècle.

1204. La quatrième croisade.
1208-1229. Croisade contre les Albigeois.
1212. Victoire des chrétiens d'Espagne sur les Arabes à Las-Navas-de-Tolosa.
1214. Bataille de Bouvines.
1215. La grande Charte d'Angleterre. — Avènement de Frédéric II.
1216. Avènement d'Henri III en Angleterre.
1217. La cinquième croisade.
1226. Avènement de saint Louis.
1229. La sixième croisade.

1242. Batailles de Taillebourg et de Saintes.
1243. Innocent IV, pape ; concile de Lyon.
1248. La septième croisade.
1250. Mort de Frédéric II. Le grand interrègne en Allemagne.
1258. Les statuts d'Oxford.
1265. Le premier Parlement anglais.
1270. Mort de saint Louis. Avènement de Philippe III.
1282. Les Vêpres siciliennes.
1285. Avènement de Philippe le Bel.

Quatorzième siècle.

1302. Bataille de Courtrai. — Les premiers États généraux.
1304. Bataille de Mons-en-Puelle.

1314. Mort de Philippe le Bel.
1328. Avènement des Valois.

TABLEAU CHRONOLOGIQUE

DES PRINCIPAUX RÈGNES DU MOYEN AGE JUSQU'EN 1328

France.

LES MÉROVINGIENS

Clovis, 481-511.

Les quatre fils de Clovis :

Thierry Ier, roi de Metz, 511-534.
Clodomir, roi d'Orléans, 511-534.
Childebert Ier, roi de Paris, 511-558.
Clotaire Ier, roi de Soissons, 511-561.
Clotaire Ier, seul roi, 558-561.

Les quatre fils de Clotaire Ier.

Caribert Ier, roi de Paris, 561-567.
Gontran, roi de Bourgogne, 561-593.
Sigebert Ier, roi d'Austrasie, 561-575.
Chilpéric Ier, roi de Neustrie, 561-584.

Clotaire II, seul roi, 613-628.
Dagobert Ier, seul roi, 628-638.
Les rois fainéants, 638-752.

LES CAROLINGIENS

Les maires du palais :

Pépin d'Héristal, 687-714.
Charles Martel, 714-741.
Pépin le Bref, 741-752.
Pépin le Bref, *premier roi de la dynastie carolingienne*, 752-768.
Charlemagne, 768-814, EMPEREUR en 800.
Louis le Débonnaire, 814-840.
Charles le Chauve, 840-877.

Louis II le Bègue, 877-879.
Louis III et Carloman, 879-884.
Charles le Gros, empereur, 884-887.
Eudes (origine des Capétiens), 887-898.
Charles le Simple, 898-922.
RAOUL DE BOURGOGNE (Capétiens), 923-936.
Louis IV d'Outremer, 936-954.
Lothaire, 954-986.
Louis V le Fainéant, 986-987.

LES CAPÉTIENS

Hugues Capet, 987-996.
Robert, 996-1031.
Henri Ier, 1031-1060.
Philippe Ier, 1060-1108.
Louis VI le Gros, 1108-1137.
Louis VII le Jeune, 1137-1180.
Philippe II Auguste, 1180-1223.

Louis VIII le Lion, 1223-1226.
Louis IX (saint Louis), 1226-1270.
Philippe III le Hardi, 1270-1285.
Philippe IV le Bel, 1285-1314.
Louis X le Hutin, 1314-1316.
Philippe V le Long, 1316-1322.
Charles IV le Bel, 1322-1328.

Angleterre.

ROIS NORMANDS

Guillaume le Conquérant, 1066-1087.
Guillaume II le Roux, 1087-1100.

Henri Ier, Beau-Clerc, 1100-1135.
Étienne de Blois, 1135-1154.

ROIS PLANTAGENETS

Henri II, 1154-1189.
Richard Cœur de Lion, 1189-1199.
Jean sans Terre, 1199-1216.

Henri III, 1216-1272.
Édouard Ier, 1272-1307.
Édouard II, 1307-1327.

Allemagne.

CAROLINGIENS

Arnulf Ier, 887-899.

Louis IV l'Enfant, 899-911.

PREMIÈRE MAISON DE FRANCONIE

Conrad Ier, 911-919.

MAISON DE SAXE

Henri Ier, le Fondateur, 919-936.
Othon le Grand, 936-973.
Othon II, 973-983.

Othon III, 983-1002.
Henri II le Saint, 1002-1024.

MAISON DE FRANCONIE

Conrad II le Salique, 1024-1039.
Henri III, 1039-1056.

Henri IV, 1056-1106.
Henri V, 1106-1125.

MAISON DE SAXE

Lothaire II, 1125-1138.

MAISON DE SOUABE (HOHENSTAUFEN).

Conrad III, 1138-1152.
Frédéric Barberousse, 1152-1190.
Henri VI, 1190-1197.

Philippe de Souabe, 1197-1208.
Othon de Brunswick, 1208-1215.
Frédéric II, 1215-1250.

TABLE DES MATIÈRES

SAINT-CLOUD. — IMPRIMERIE BELIN FRÈRES.